U0930185

2012

浙江公安年鉴

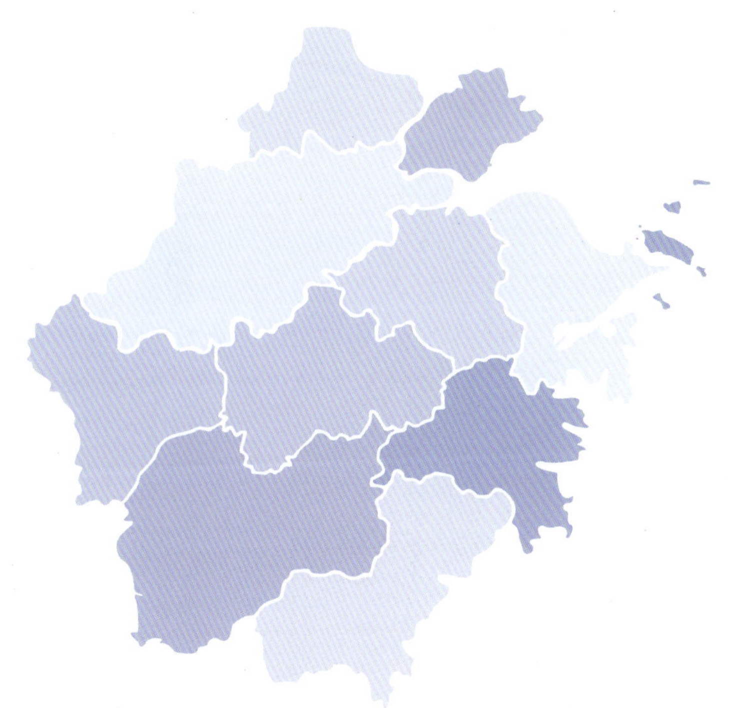

浙江公安史志编纂委员会
浙江人民出版社

编辑说明

壹《浙江公安年鉴》是在浙江省公安厅党委领导下，由浙江公安史志编纂委员会（《浙江公安年鉴》编纂委员会）组织编纂，按年发布浙江省公安工作和队伍建设成就与面貌的资料性工具书。它全面系统地反映浙江省公安机关在维护全省政治稳定和治安安定等方面做出的工作业绩和体现的精神风貌，具有为现实服务和为后人存史的双重作用。

贰本年鉴以邓小平理论、“三个代表”重要思想、科学发展观为指导，坚持党的基本路线、方针和政策，坚持解放思想、实事求是、与时俱进，追求年鉴的综合性、资料性、知识性和时效性。

叁本年鉴从2004年起逐年编纂出版，2012卷为第9卷。本卷年鉴着重记述和收载2011年度全省公安机关践行厅党委提出的“最大政治”和“最大政绩”两个“最大”理念，紧紧围绕“四平稳一提升”的工作目标，认真做好“纪念建党90周年”安全保卫工作、“清网行动”等重点工作，扎实推进“三项重点工作”、“三项建设”等方面做出的工作业绩。叙事时限原则上为2011年1月1日～12月31日（个别工作延续至2012年的，则记述时限相应顺延）。其中，省公安厅副处长以上领导的任职情况截至2012年9月底，各市、县（市、区）公安机关领导的任职情况截至2011年年底。叙事区划及专业范畴为浙江省行政范围和全省公安工作。

肆本年鉴采用分类编辑法编辑，由卷首、百科、卷尾三个基本单元和类目、分目、条目三个层次构成。卷首部分设专文、彩图、特载、大事记四个类目；百科部分设“组织机构”、“特色中心工作”、“防范打击犯罪”、“公安行政管理”、“行业公安”、“警务保障”、“队伍建设”、“市、县（市、区）公安”、“人物”、“典型案例”十个大类；卷尾部分设发文目录和索引两个类目。

伍作为资料性工具书，本年鉴内容资料的选题、选材和编排，条目的内容要素和记述程序等，都按照既定的体例加以规范。本年鉴所涉及统计数据，原则上采用厅属各部门和各市公安局提供的数据；全省综合性数据，一般以省公安厅办公室统计科核准数字为依据；专业术语以有关法律文书和专业权威部门规定为准。

陆虽经努力，但书中难免有疏漏、讹误和不当之处，敬请公安、方志等专家、学者和广大读者批评指正。

柒本年鉴在公安系统内部发行，免费赠阅。同时，本年鉴网络版上载于“浙江公安信息网”（网址：http://10.118.5.222/）。本年鉴所载录资料未经许可，不得随意公开引用。

本年鉴在策划、组稿、编辑、校对过程中，得到有关领导机关、浙江省公安厅各部门和全省各市及有关县（市、区）公安局的大力支持，谨表达衷心的感谢。

浙江公安史志编纂委员会办公室

2012年10月

本《年鉴》出现的主要公安专业术语解释

一、三项重点工作

2009年12月18日，中共中央政治局常委、中央政法委书记周永康在全国政法工作电视电话会议上提出要深入推进社会矛盾化解、社会管理创新、公正廉洁执法等三项重点工作。

二、三项建设

“三项建设”是公安部党委在2008年全国公安厅局长会议上提出的2009年全国公安机关的重要工作，即加强公安信息化建设、加强执法规范化建设、构建和谐警民关系建设。

三、“两个最大”理念

2007年7月5日，省委常委、政法委书记、省公安厅厅长王辉忠在全省各市公安局长会议上提出“两个最大”理念，即保稳定促发展创和谐是公安机关最大政治，多侦破一起案件、多化解一个矛盾、多消除一个隐患和少发生一起案（事）件、少伤亡一个人、少造成一点损失是公安机关最大政绩。

四、“双零”警务策略

2010年1月，省委常委、政法委书记、省公安厅厅长王辉忠在全省公安工作会议上提出，公安机关对群众急需急盼的事情要做到“零懈怠”，对群众深恶痛绝的事情要做到“零容忍”，即“双零”警务策略。

五、三懂四会

2009年9月，国务委员、公安部部长孟建柱在全国公安厅局长座谈会上要求民警做到：懂群众心理、懂群众语言、懂沟通技巧，会化解矛盾、会调处纠纷、会主动服务、会宣传发动。

六、四平稳一提升

2011年1月，省公安厅党委副书记、常务副厅长张景华在全省公安工作会议上，提出2011年全省公安机关的工作目标是“四平稳一提升”：一是政治安全领域保持平稳，力争不发生影响国家安全、社会稳定的重大案事件；二是社会治安领域保持平稳，刑事发案总量遏制在可控范围，力争不发生在全国造成重大影响的刑事案件；三是公共安全领域保持平稳，确保道路、火灾事故三项指数和一次死亡3人以上事故数不突破省政府下达的控制指标，力争不发生一次死亡10人以上的重特大事故；四是队伍管理领域保持平稳，力争不发生在全国造成恶劣影响的队伍违法违纪问题；五是群众安全感和满意度进一步提升。

七、四个坚决防止

2011年12月，国务委员、公安部部长孟建柱在全国公安工作会议上强调，2012年全国公安机关要做到“四个坚决防止”：坚决防止发生影响国家安全和政治稳定的重大事件、坚决防止发生严重暴力恐怖事件、坚决防止发生造成重大影响的群体性事件、坚决防止发生社会反映强烈的重大恶性案件和治安灾害事故。2012年1月召开的全省公安工作会议把它确定为2012年全省公安工作的总任务和总要求。

刘力伟

中共浙江省委常委、政法委副书记，省公安厅党委书记、厅长，省武警总队党委第一书记、第一政委，副总警监

回顾与展望

2011年，是全省公安机关处突压力特别大、专项战役特别多、维稳任务特别重的一年。面对繁重艰巨的公安工作任务，全省公安机关在省委、省政府和公安部的坚强领导下，统筹兼顾，沉着应对，全力维护全省社会政治稳定和治安平稳，积极投入各类专项战役，成功处置突发案事件，圆满完成一大批重大活动安保任务，较好实现了“四平稳一提升”的工作目标，为庆祝建党90周年创造了良好的社会环境，得到了各级党委、政府的充分肯定和人民群众的广泛赞誉。

2012年，是实施“十二五”规划承上启下的关键之年，也是党的历史上具有特殊意义的一年，我们将迎来党的十八大和省第十三次党代会胜利召开。全省公安机关要忠实履行保稳定、促发展、创和谐的重大责任，牢牢把握经济社会发展稳中求进、转中求好的总基调，紧紧围绕为党的十八大和省第十三次党代会胜利召开创造和谐稳定社会环境的总目标，牢牢扣住“四个坚决防止”（即坚决防止发生影响国家安全和政治稳定的重大事件、坚决防止发生严重暴力恐怖事件、坚决防止发生造成重大影响的群体性事件、坚决防止发生社会反映强烈的重大恶性案件和治安灾害事故）的总任务和总要求，坚持“两个最大”理念和“双零”导向，扎实履行公安职责，狠抓工作措施落实，为保障全省经济平稳健康发展、确保社会和谐稳定作出积极贡献。

要积极贯彻执行省委、省政府着力推进“四大国家战略举措”实施，加快培育新的增长极这一重要决策部署，主动服务浙江海洋经济发展示范区建设、舟山群岛新区建设、义乌市国际贸易综合改革试点、温州金融综合改革试验区，为经济社会发展创造良好的社会环境。要坚持把安全感和满意度统一起来，把传统方法和现代科技统一起来，把从严治警和从优待警统一起来，进一步加强和改进各项公安工作，强化公安机关自身建设，不断提高维护国家安全和社会稳定的能力水平。要坚持民意导向不动摇，始终把群众呼声作为第一信号、把群众需求作为第一选择、把群众满意作为第一标准，扎实构建民意导向型警务工作机制，把公安工作深深扎根于广大人民群众之中，为维护社会稳定赢得最广泛、最可靠、最牢固的群众基础和力量源泉。要高度重视基层基础工作，坚持不懈推进“三项重点工作”、“三项建设”，多做打基础、利长远的事，为全省公安工作可持续发展打牢根基。要扎实践行人民警察核心价值观，全面加强公安机关能力建设。要坚持解放思想、与时俱进、改革创新，最大限度激发和调动基层首创精神，积极探索顺应时代要求、符合我省实际的公安工作新路子，确保各项工作继续走在全国前列。

省公安厅党委成员

(2012年9月)

刘力伟

省委常委、政法委副书记，
省公安厅党委书记、厅长，副总警监

张景华

厅党委副书记、常务副厅长、正厅长级，
一级警监

柯良栋

厅党委委员、副厅长，杭州市委常委、
市公安局局长，一级警监

郑兴军

厅党委委员、副厅长、巡视员，一级警监

徐定安

厅党委委员、副厅长，二级警监

王　冰

厅党委委员、副厅长、
警卫局局长（副军职），武警少将

王海仁

厅党委委员、纪委书记，二级警监

凌秋来

厅党委委员、副厅长、巡视员，一级警监

华乃强

厅党委委员、副厅长、巡视员，一级警监

华远平

厅党委委员、副厅长，二级警监

叶寒冰

厅党委委员、副厅长，二级警监

黎伟挺

厅党委委员、副厅长级，二级警监

石小忠

厅党委委员、政治部主任，三级警监

① 2011年12月5~6日，中共中央政治局常委、中央政法委书记周永康在宁波视察工作。图为周永康视察宁波市公安局车管所

② 2011年5月23日，国务委员、公安部部长孟建柱，浙江省委书记赵洪祝等领导与省公安厅党委班子成员合影

③ 2011年6月8~9日，公安部党委副书记、常务副部长杨焕宁出席在杭州召开的第三届中国警学论坛。其间，视察杭州市公安工作

④ 2011年5月23日，公安部党委副书记、副部长李东生在杭州市江干区公安分局考察工作

⑤ 2011年6月28~29日，公安部副部长孟宏伟在宁波出席全国公安边防部队创建模范党组织活动暨主题教育实践活动会。图为孟宏伟和与会代表亲切握手

⑥ 2011年5月23日，公安部党委委员、政治部主任蔡安季在杭州市公安局考察执法规范化工作

⑦ 2011年6月15日，公安部副部长陈智敏在诸暨考察公安工作。图为陈智敏参观“枫桥经验”史迹陈列室

⑧ 2011年12月4~7日，公安部副部长黄明在宁波实地检查全国领导干部接访工作经验交流现场会安保工作

① 2011年8月5日，省委书记、省人大常委会主任赵洪祝，省委副书记、省长（时任省委副书记）夏宝龙等亲切接见全国第四届“我最喜爱的人民警察”先进事迹报告团成员

② 2011年9月21日，省委副书记、省长（时任省委副书记、代省长）夏宝龙，副省长陈加元在绍兴市公安局视察公安信息化建设和第八届全国残疾人运动会安保工作

③ 2011年8月18日，省委副书记、政法委书记（时任省委常委、秘书长、政法委书记）李强在义乌视察高速公路交警巾帼文明岗工作

④ 2011年5月30日，省委常委、纪委书记任泽民在温州市公安边防支队场桥边防派出所辖区视察工作

⑤ 2011年4月2日，省委常委、宁波市委书记王辉忠在宁波市公安消防支队视察工作

⑥ 2011年1月30日，省委常委、杭州市委书记黄坤明慰

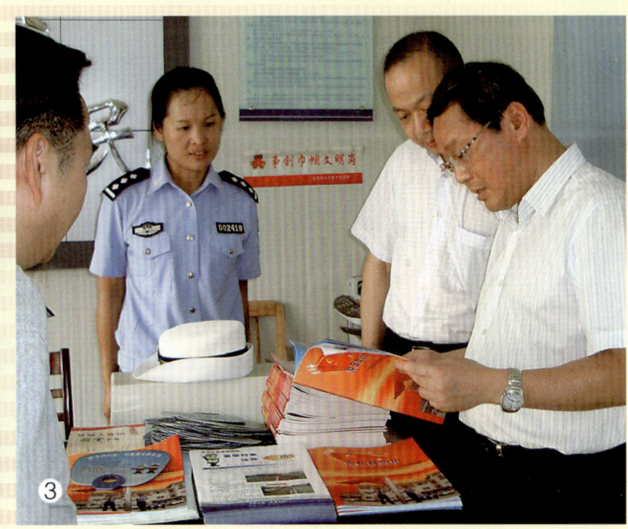

问执勤交警

⑦ 2011年8月16日，省委常委、副省长、省委宣传部部长（时任省委常委、副省长）葛慧君在宁波出席浙江省戒毒研究治疗中心揭牌仪式

⑧ 2011年3月23日，时任省委常委、宣传部部长茅临生在省公安厅视察互联网安全管理工作

⑨ 2011年2月21日，省委常委、常务副省长（时任副省长）龚正在省公安边防总队视察工作

⑩ 2011年8月9日，省委常委、温州市委书记（时任副省长、温州市委书记）陈德荣视察温州公安边防工作

⑪ 2011年1月19日，副省长毛光烈在杭州检查春运工作

⑫ 2011年10月15日，副省长王建满在杭州视察指导高速公路交通安全管理工作

⑬ 2011年5月9日，省人大常委会副主任厉志海在省公安厅调研指导

①

②

⑤

⑥

⑦

⑨

⑩

三项重点工作和三项建设

① 2011年12月14～15日，省委常委、省公安厅厅长刘力伟在衢州市公安局调研指导社会管理创新工作

② 2011年11月29日，省委常委、省公安厅厅长刘力伟在副厅长、杭州市委常委、市公安局局长柯良栋陪同下考察杭州市公安局交警支队西湖大队北山中队执法规范化工作

③ 2011年4月1日，省公安厅党委副书记、常务副厅长张景华在联系点绍兴县公安局调研指导执法规范化建设和社会管理创新工作

④ 2011年9月15～16日，省公安厅党委副书记、常务副厅长张景华在杭州江干区、建德市调研基层公安工作，实地察看执法办案功能区改造情况

⑤ 2011年5月17～18日，省公安厅副厅长郑兴军出席在温州召开的全省交警系统执法规范化建设推进会，并和与会代表实地参观温州市公安局交警支队三大队

⑥ 2011年6月21～22日，省公安厅党委委员、纪委书记、督察长华远平在嘉兴市公安局督导检查"涉案财物管理"等问题专项整治工作

⑦ 2011年3月29～30日，省公安厅副厅长凌秋来在海宁市公安局考察社区警务和派出所执法规范化建设工作

⑧ 2011年6月27日，金华市公安局指挥中心（金华市应急联动指挥中心）成为中国管理科学学会的社会管理创新基地。图为中国管理科学学会副会长姜平向金华市委常委、市公安局局长毛善恩授牌

⑨ 2011年10月17日，公安部执法规范化检查组在浙江省公安厅检查执法规范化建设情况

⑩ 2011年8月11日，宁波市公安局召开全市公安机关社会管理创新工作推进会

⑪ 2011年6月7日，台州市公安局举行台州市网上公安局运行启动仪式

全省公安机关深化“大走访”开门评警活动座谈会
①

②

⑤

⑥

⑦

⑨

⑬

⑭

⑮

大走访、民主评议和主题教育实践活动

③

④

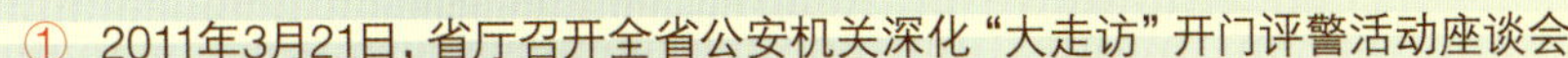

① 2011年3月21日，省厅召开全省公安机关深化"大走访"开门评警活动座谈会
② 2012年4月10日，省委常委、省公安厅厅长刘力伟在杭州市余杭区公安分局调研开展主题教育实践活动等工作
③ 2011年1月13日，省公安厅党委副书记、常务副厅长张景华走访慰问杭州市公安局江干区分局因公牺牲民警徐国跃家属
④ 2011年7月7日，省公安厅副厅长，杭州市委常委、市公安局局长柯良栋在扶贫点走访调研
⑤ 2011年1月19日，省公安厅副厅长董晓伟在湖州市看望慰问"省见义勇为先进分子"胡桂才、"一级英模"沈克诚烈士家属
⑥ 2011年1月24～25日，省公安厅副厅长郑兴军在台州走访慰问爱民模范
⑦ 2011年1月3日，省公安厅副厅长凌秋来在桐乡市看望慰问见义勇为勇士马幼金
⑧ 2011年1月21日，省公安厅党委委员、政治部主任华乃强在永嘉县溪下乡走访慰问当地群众

⑧

⑩

⑪

⑫

⑨ 2011年1月24日，省公安厅副厅长陈重天在金华市走访慰问困难企业和见义勇为勇士及民警家属
⑩ 2011年1月18日，省公安厅党委委员、纪委书记、督察长华远平在衢州市看望慰问见义勇为勇士家属
⑪ 2011年1月26日，省公安厅副厅长、警卫局局长王冰在丽水市走访慰问见义勇为人员和因公牺牲民警家属
⑫ 2011年1月18～19日，省公安厅副厅长徐定安在温州鹿城、文成慰问见义勇为先进个人和因公牺牲民警胡志沙家属
⑬ 2011年1月26日，绍兴市委常委、市公安局局长王海仁走访慰问群众
⑭ 2011年1月26日，温州市委常委、市公安局局长叶寒冰走访慰问老干部
⑮ 2011年1月27日，衢州市委常委、市公安局局长黎伟挺走访慰问群众

①
办公室

③

省公安厅纪念建党90
党史党建知识（书面）
④

1921-2011
歌经典
忠诚
⑥

知识竞赛
丽水市代表队
省公安厅代表队
⑦

大走访、民主评议和主题教育实践活动

纪念建党90周年

纪念建党90周年

①　2011年8月9日，省纪委领导王海超、施彩华在省公安厅调研指导民主评议工作

②　2011年5月25日，省公安厅机关青年民警在省看守所开展廉政文化主题教育实践活动

③　2011年6月29日，省公安厅隆重举行庆祝建党90周年暨表彰大会。图为全体民警向党宣誓

④　2011年5月20日，省公安厅举行纪念建党90周年党史党建知识（书面）竞赛

⑤　2011年6月30日，省公安厅机关党委在庆华饭店召开庆祝建党90周年座谈会

⑥　2011年6月14日，省公安厅举行“红歌经典颂忠诚”庆祝建党90周年合唱大赛

⑦　2011年6月17日，省公安厅代表队参加全省党史党建知识抢答赛并获三等奖

① 2011年8月15日，省公安厅召开全省公安机关打击侵犯知识产权和制售伪劣商品犯罪“亮剑”专项行动电视电话会议

② 2011年8月12日，新昌县公安局破获一起公安部挂牌督办的特大制售假药案

③ 2011年2月4日，金华市公安机关破获“7·20”制售假药案。图为办案民警正在清理涉案假药

④ 2011年11月30日，绍兴、温州等地公安机关侦破一起制售假冒高档白酒系列案。图为现场缴获的假冒高档白酒

⑤ 2011年3月9日，嘉善县公安局破获一起生产、销售假冒伪劣产品案。图为现场缴获的假烟

⑥ 2011年6月29日，嘉兴市公安局破获一起特大组织领导传销案。图为办案民警押解犯罪嫌疑人

⑦ 2011年3月28日，湖州市公安局破获“3·28”信用卡诈骗案。图为办案民警在抓捕犯罪嫌疑人

⑧ 2011年5月11日，杭州市公安局破获一起特大普洱茶非法集资案。图为民警当场缴获的部分犯罪证据

⑨ 2011年9月26日，衢州市公安局破获部督“12·2”骗取出口退税案。图为侦查人员在了解情况

亮剑行动 亮剑行动 亮剑行动

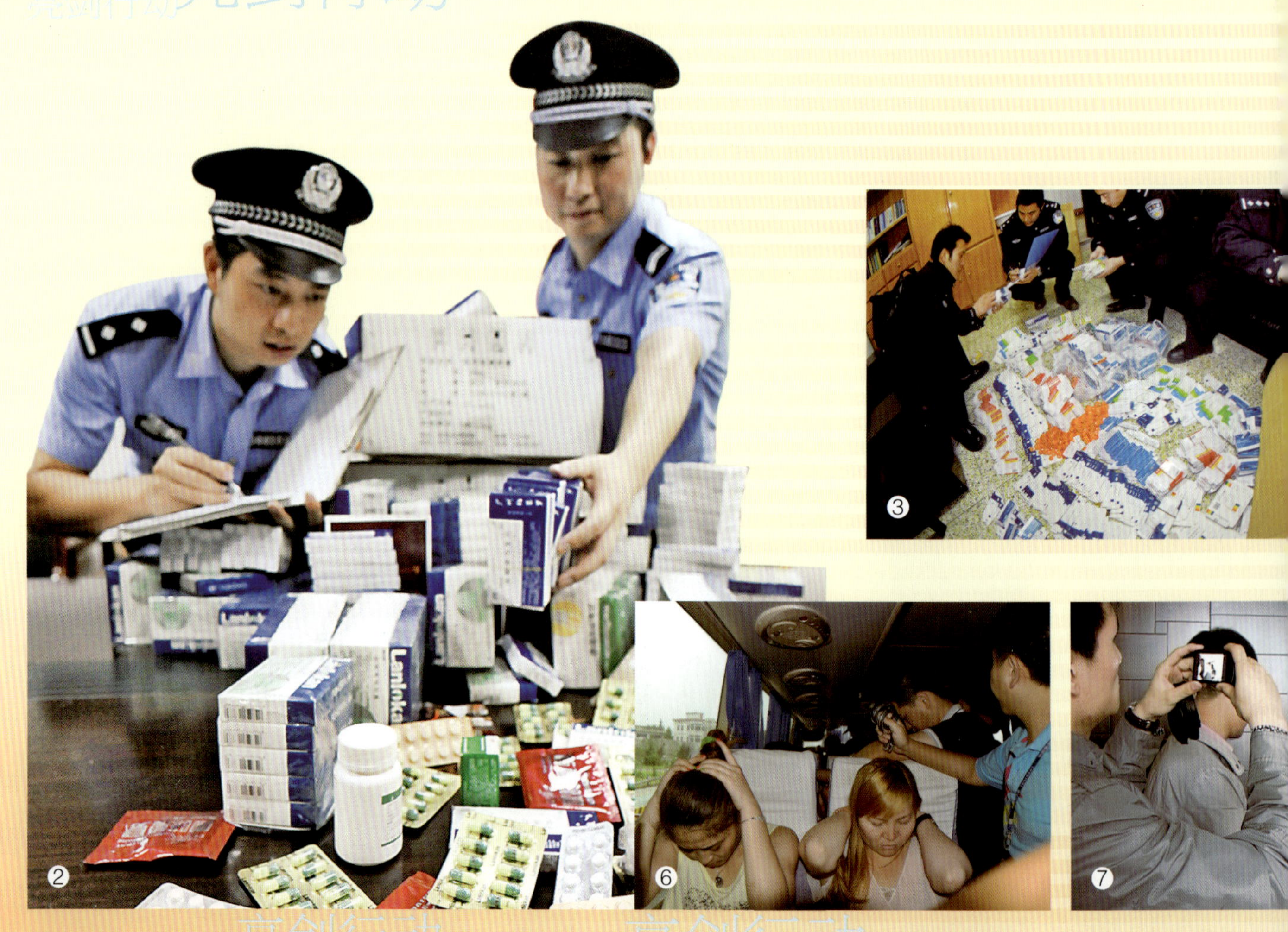

亮剑行动 亮剑行动 亮剑行动 亮剑行动 亮剑行动 亮剑行动

亮剑行动 亮剑行动 亮剑行动 亮剑行动 亮剑行动 亮剑行动

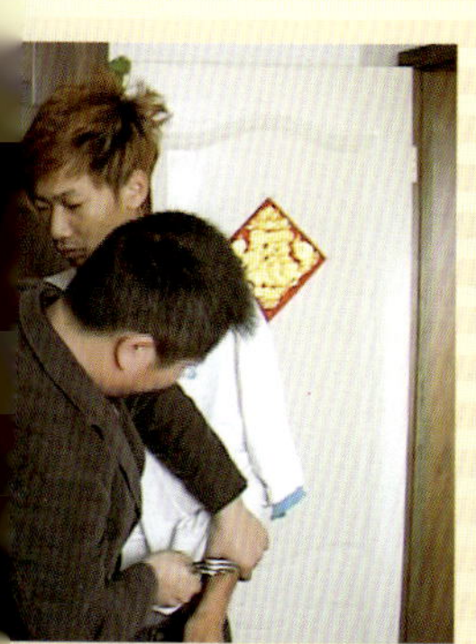

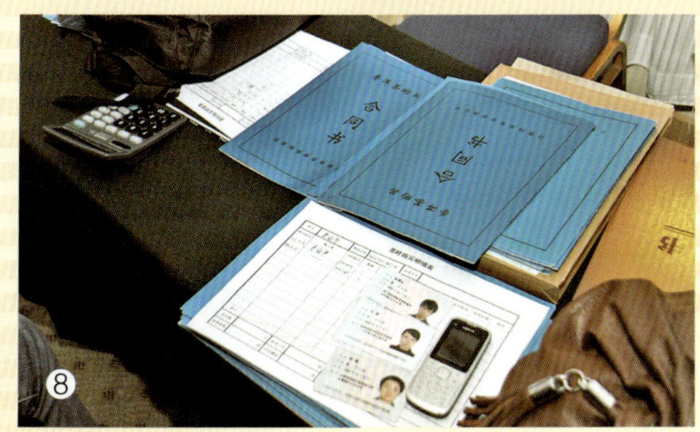

打四黑除四害

打四黑除四害
打四黑除四害

①

②

③

⑥

零点行动

零点行动  
零点行动

⑨

⑩

零点行动
零点行动
零点行动

① 2011年11月16日，省公安厅召开全省公安机关深入推进“打四黑除四害”专项行动电视电话会议

② 2011年4月21日，衢州市公安机关成功破获林某某生产销售病、死猪肉伪劣商品案。图为查获的病、死猪肉

③ 2011年11月17日，庆元县公安局侦破一起特大销售假药保健品案。图为销售窝点里的假保健品

④ 2011年8月22日，磐安县公安局民警在新渥镇上加村一出租房中查获假冒洗涤品

④

⑤

⑦

8

⑤ 2011年3月2日，海盐县公安局和质监局在通元镇捣毁一个隐藏在居民家中生产销售假冒名牌浴霸的窝点

⑥ 2011年6月12日，绍兴市公安局越城分局民警抓获涉黄、涉毒违法犯罪嫌疑人

⑦ 2011年2月25日，温州市公安局鹿城分局摧毁一个聚众赌博窝点，抓获一批参赌人员

⑧ 2011年3月7日，台州市公安局路桥分局捣毁一个销售盗版光盘的窝点

⑨ 2011年2月16日，温州市公安边防支队破获一起特大聚众赌博案件。图为温州灵昆边防派出所官兵在清点缴获赌资

⑩ 2011年4月18日，温州市公安局抓获“2011·3·29”特大绑架案犯罪嫌疑人

⑪ 2011年10月27日，台州市公安局黄岩公安分局破获“2011·10·25”8岁女孩被拐骗案。图为警方将被拐女孩送交其家长

⑪

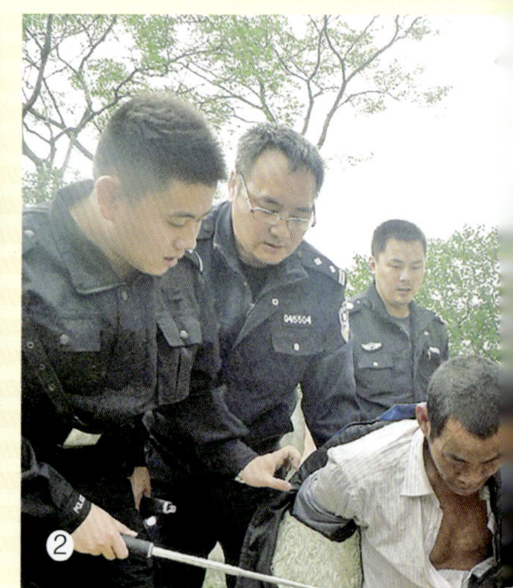

① 2011年6月8日，省公安厅召开全省公安机关网上追逃专项督察“清网行动”动员部署电视电话会议

② 2011年10月10日，嘉兴市公安局南湖区分局破获“9·29”恶性凶杀案。图为民警抓获杀害爷孙3人的犯罪嫌疑人苏某

③ 2011年9月29日，全省公安机关破获“6·30”跨国特大电信诈骗案。图为公安民警将犯罪嫌疑人押解回国

④ 2011年8月30日，台州市公安局椒江分局刑警将在常州市抓获的杀人后潜逃17年的犯罪嫌疑人郑某押回椒江

⑤ 2011年11月30日，杭州市公安局上城区分局追逃组将在云南省弥勒县抓获的在逃15年的命案逃犯李某某押解回杭

⑥ 2011年1月25日，庆元县公安局破获一起17年前发生的命案。图为民警将潜逃在外的犯罪嫌疑人押解回庆元

⑦ 2011年7月13日，杭州铁路公安处清网行动小组将在吉林省吉林市昌邑区抓获的潜逃19年的金华“6·23”故意杀人案犯罪嫌疑人杨某某押解回杭

⑧ 2011年8月22日，金华、武义警方调集警力，在温州、缙云、武义分头行动，抓捕舒某为首的涉黑涉恶犯罪团伙成员

⑨ 2011年2月21日，慈溪市公安局破获新中国成立以来涉案价值最大的“2·3”特大盗窃案。图为缴获的赃物

⑩ 2011年1月18日，春运期间，杭州铁路特警冒雪在火车站巡逻，维护治安秩序

清网行动
清网行动
清网行动

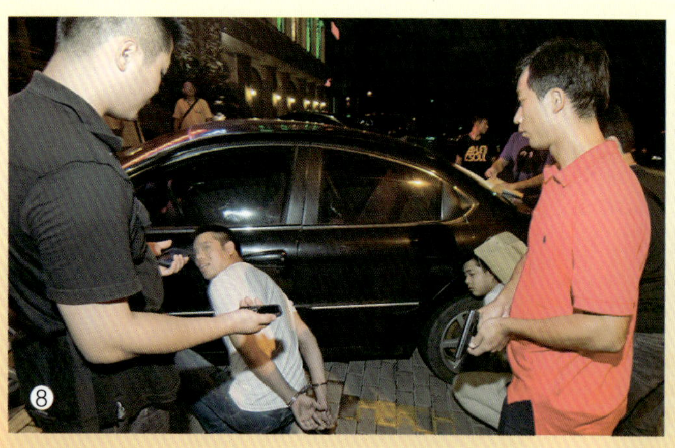

公安

NIKE

特警
警犬
POLICE DOG

①

②

禁毒工作

⑤

⑥

⑤ 2011年3月24日，杭州市公安局余杭区分局破获一起特大贩毒团伙案。图为缴获的毒品、毒资及作案工具

⑥ 2011年2月11日，武义县公安局禁毒大队民警在汽车站、火车站等地开展禁毒“流动课堂”宣传活动

⑦ 2011年5月10日，森林公安民警开展禁种铲毒专项行动

⑧ 2011年8月24日，杭州海关缉私局破获“8·22”浙江省首起艾滋病患者人体藏毒走私案。图为犯罪嫌疑人排出的藏有毒品海洛因的“毒丸”

⑨ 2012年2月3日，杭州海关缉私局破获“11·01”走私进口旧机动车案。图为现场查获的走私汽车

⑩ 2011年6月29日，宁波海关缉私局侦破一起走私进口象牙制品案

⑪ 2011年7月5日，仙居县看守所民警与留所服刑人员谈心

⑫ 2011年6月16日，嘉兴市公安局南湖派出所民警组织大妈在社区巡逻

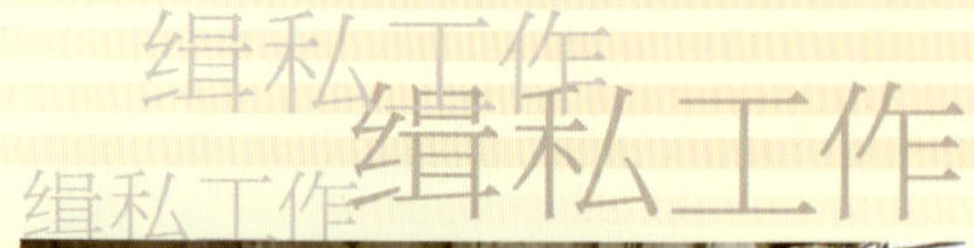

缉私工作

⑨

① 2011年3月30日~4月1日，省公安厅召开全省公安网警侦查打击网络犯罪现场会

② 2011年6月13日，省公安厅副厅长董晓伟在嘉兴市公安局指挥部指挥“3·23”特大网上传播淫秽物品专案集中收网行动

③④ 2011年8月15日，台州市公安局破获“6·23”特大网络贩卖枪支案。图为民警在四川成都抓获犯罪嫌疑人并在现场清点、清查涉案枪支

打击网络犯罪

③

④

禁毒工作

⑦

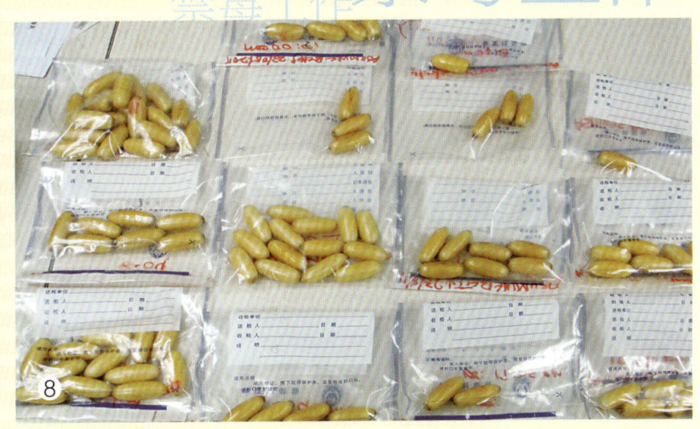

⑧

治安防范

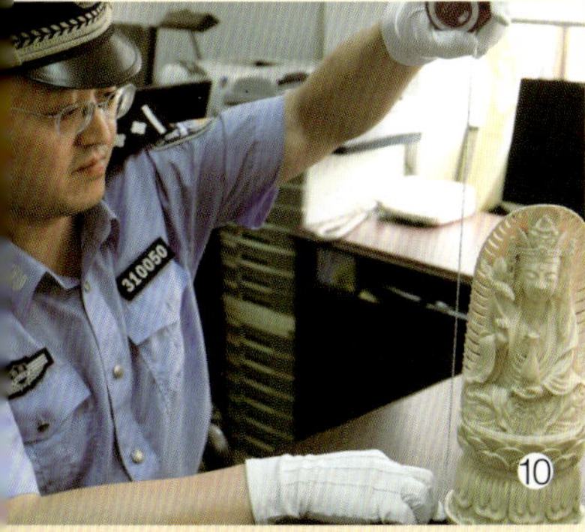

⑩

⑪

⑫

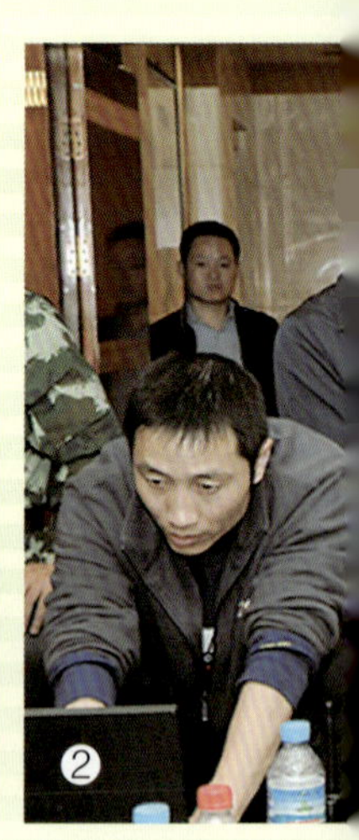

①② 2011年10月28日，省委、省政府、省公安厅和湖州市领导在湖州织里现场指挥处置织里镇群体性事件

③ 2011年10月28日，公安民警在湖州织里维护社会治安秩序

④⑤⑥ 2011年7月23日，北京至福州的D301次列车行驶至温州市双屿路段时，与杭州开往福州的D3115次列车发生特大追尾事故。图为公安民警、消防和武警官兵在现场组织抢险救援

⑦ 2011年1月1日，温州市公安局领导在乐清市坐镇指挥处置2010年“12·25”交通肇事案引发的公共舆情事件

⑧ 2011年1月1日，公安民警在乐清市2010年“12·25”交通肇事案现场维护社会治安秩序

特SWAT警
③

⑤
⑥

⑧

刘力伟
交管局
信访人

浙江之声
浙江广播主频率
FM101.6

浙江省
临时居住证
浙江省公安厅制

丽水消防

① 2011年11月25日，省委常委、省公安厅厅长刘力伟在省厅信访接待室接待来访群众

② 2011年7月8日，省公安厅党委副书记、常务副厅长张景华在"浙江之声"广播电台直播室就人民群众关注的热点问题与听众进行互动交流

③ 2011年10月，绍兴市公安机关做好第八届全国残运会游泳比赛安保工作

④ 2011年8月26日，省公安厅召开网上办事大厅研讨会，对"浙江公安门户网站"进行改版

⑤ 2011年2月15日，宁波市公安民警下工地为外来务工人员办理临时居住证

⑥ 2011年4月9日，丽水市公安消防支队官兵在市区成功救援路基下方水沟中的两人

⑦ 2011年4月11日，苍南县公安消防官兵成功扑救发生在苍南县龙港镇纺织二街民房的大火

⑧ 2011年8月4日，温州市公安边防支队官兵对沿海沿江一线的堤坝进行加固加高，做好抗台防汛工作

①

②

⑤

⑥

① 2011年4月13日，平湖市公安局出入境管理大队民警对出国务工人员进行行前教育

② 2011年6月18日，省公安厅在浙江图书馆举行全省防范各类网络诈骗犯罪集中宣传启动仪式

③ 2011年7月27日，省公安厅召开严厉查处严重交通违法行为坚决遏制重特大道路交通事故电视电话会议

④ 2011年1月20日，省公安厅高速公路交警总队湖州支队安排警车为途经辖区的春运客车带路开道

⑤ 2011年5月30日，德清县公安交警在路边护送回家的

⑧

⑨

小学生上新的美式校车

⑥ 2011年8月4日，湖州市公安局交警支队开展警民心连心 文明交通行——"夏季纳凉"广场警务活动

⑦ 2011年6月9日，宁波市公安交警和市民参加"文明交通万人签名"活动

⑧ 2011年11月5日，省公安厅交通管理局、《平安时报》和杭州市交警支队在杭州青少年活动中心举行"你我手拉手 平安路上行"儿童交通安全公益宣传活动启动仪式。图为全国优秀人民警察蒋定军和杭州少年交警队在现场表演交通手势操

⑨ 2011年1月25日，桐乡市公安局禁毒大队民警在桐乡汽车站向返乡民工讲解禁毒知识

⑩ 2011年5月11日，东阳市公安局白云派出所民警采集两名乞讨、流浪儿童DNA信息，以帮助他们早日找到家人

⑪ 2011年11月22日，海盐县公安局民警在夜巡中检查银行ATM机及报警器

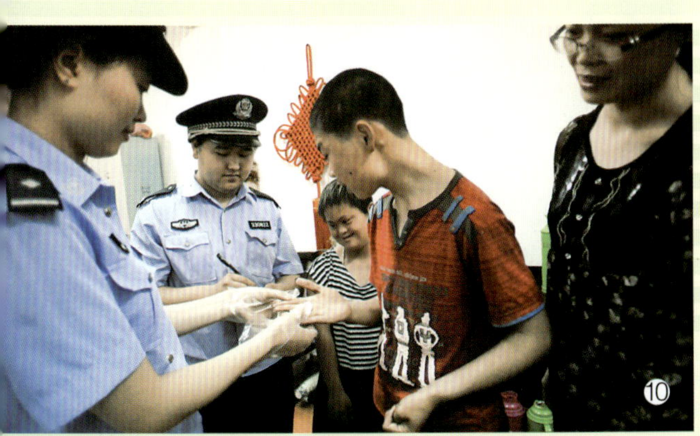

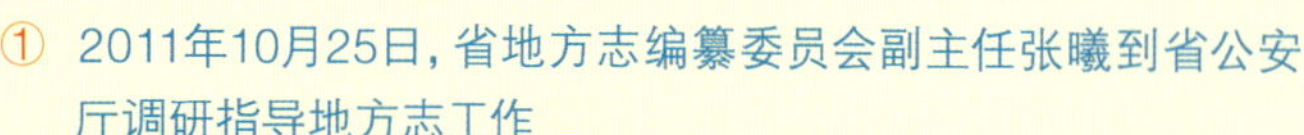

① 2011年10月25日，省地方志编纂委员会副主任张曦到省公安厅调研指导地方志工作

② 2011年5月18日，省公安厅党委委员、纪委书记、督察长华远平到杭州市公安局萧山、滨江区分局指导督察涉案财物管理工作

③ 2011年10月15日，省公安厅党委委员、办公室主任石小忠在厅信访接待室接待来访群众

④ 2011年6月16日，省公安厅指挥中心领导在舟山市公安局定海分局考察可视化指挥体系建设试点经验

⑤ 2011年2月25日，全省公安理论研讨会暨省警察协会工作会议在杭州召开

⑥ 2011年6月22~24日，省公安厅后勤处专项督导组在宁波市公安局督导检查涉案财物管理问题专项治理工作

⑦ 2011年11月13~14日，全省公安机关法制岗位业务技能抽考活动在浙江警察学院举行

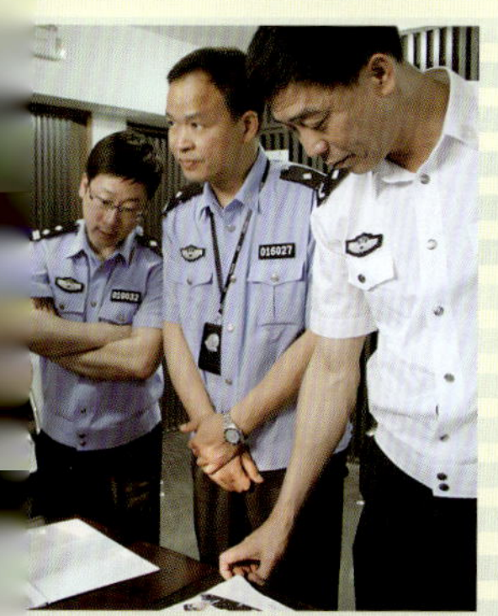

③

④

⑦

① 2011年12月28日，省委常委、省公安厅厅长刘力伟在杭州会见香港特别行政区保安局代表团

② 2011年1月18日，省公安厅党委副书记、常务副厅长张景华出席浙江省警用直升机采购合同签字仪式

③ 2011年6月20～24日，省公安厅副厅长郑兴军出席在温州召开的首届中英跨国绑架案件侦查指挥员培训研讨班

④ 2011年7月23日，省公安厅副厅长凌秋来在杭州会见沙

特内政部执法培训代表团

⑤ 2011年4月21日，出席"警察教育国际化"研讨会的外国专家在海宁市公安局参观"一室四中心"、办证服务大厅。图为美国驻华大使馆法律顾问雷心义在民警心理室考察

⑥ 2011年8月1日，省公安厅党委副书记、常务副厅长张景华，厅党委委员、政治部主任华乃强与赴利比里亚维和警队人员合影

⑦ 2011年11月7日，2011"警察与媒体国际讲坛"在浙江警察学院隆重开幕

⑧ 2011年11月29日~12月9日，省公安厅党委副书记、常务副厅长张景华率团赴南非、匈牙利、捷克考察。图为张景华在捷克考察

⑨ 2011年3月19~28日，省公安厅副厅长董晓伟随公安部代表团参加在维也纳召开的第54届联合国麻醉药品会议

⑩ 2011年8月26日~9月4日，省公安厅副厅长凌秋来率团在瑞典、芬兰考察。图为凌秋来在参观救护车设备

⑪ 2011年3月27日~4月2日，省公安厅厅党委委员、政治部主任华乃强率团赴利比里亚慰问中国赴利比里亚第九支维和警队民警

⑫ 2011年11月1~6日，省公安厅厅党委委员、办公室主任石小忠率团在美国考察直升机监造工作

① 2011年10月25~28日，省公安厅厅党委副书记、常务副厅长张景华率团赴江苏、安徽考察公安信息化建设工作

② 2011年4月11~15日，省公安厅副厅长凌秋来率团赴湖北、重庆考察学习

③ 2011年2月23日，新疆维吾尔自治区公安厅副厅长陈壮为率团考察浙江公安执法规范化建设情况

④ 2011年6月10日，上海市公安局代表团来浙江研究道口公安检查站常态安检工作

⑤ 2011年10月25日，江苏省公安厅副厅长王琦率团考察浙江禁毒工作

⑥ 2011年12月13日，浙江省公安厅与新疆阿克苏地区公安局签订合作框架协议

⑦ 2011年8月20日，厅党委副书记、常务副厅长张景华出席在上海举行的苏浙皖沪三省一市公安应急装备物资区域联勤保障合作框架协议签约仪式

⑧ 2011年10月13日，时任省公安厅厅长孙建国、副厅长凌秋来出席在上海召开的苏浙皖沪公安机关区域警务合作第二次联席会议

⑨ 2011年9月26～28日，省公安厅副厅长董晓伟在江西省南昌市参加第十二届华东地区禁毒协作会议

⑩ 2011年7月20～22日，省公安厅副厅长郑兴军参加在江西省南昌市召开的2011年民航华东地区空防安全工作会议

④

⑤

⑥

⑧

④ 2011年9月1日，省公安厅举办机关全体民警集中教育培训班

⑤ 2011年10月11~12日，全省公安机关举行人民警察基本级执法资格考试。图为省公安厅党委委员、政治部主任华乃强在省厅考场巡考

⑥ 2011年3月17~18日，省公安厅召开全省公安机关反腐倡廉建设会议

⑦ 2011年3月31日~4月1日，省公安厅党委委员、纪委书记、督察长华远平在宁波调研指导公安廉政文化建设

⑧ 2011年4月12日，省公安厅民警在省人民大会堂参观“惩治和预防渎职侵权犯罪展览”

⑨ 2011年7月5日，省公安厅召开厅直机关党员先锋岗授牌暨深化创先争优推进会

⑩ 2011年4月8日，省公安厅在高速交警总队杭州支队五大队召开厅直属机关窗口单位深入开展创先争优活动（现场）推进会。图为与会代表在该大队参观

① 2011年12月16日，全省公安机关十大"警界先锋"先进事迹报告会在省厅机关报告厅举行，省委常委、省公安厅厅长刘力伟在会上发表讲话

② 2011年2月4日，省公安厅机关召开2010年度表彰大会

③ 2011年10月8日，省公安厅召开加强厅直机关自身建设会议

②

③

⑦

⑨

⑩

数据统计

2011年末全省人口比例图

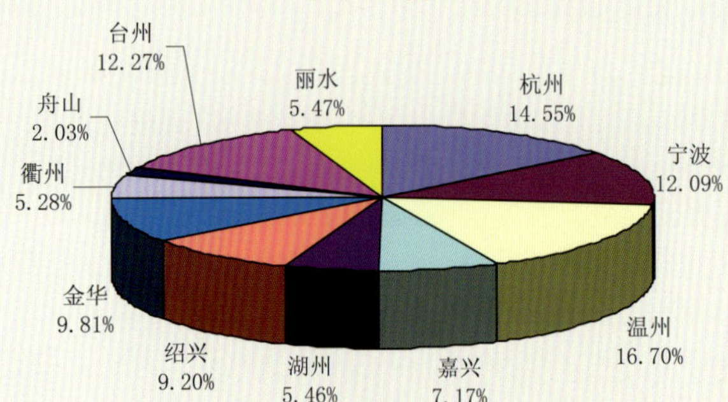

2011年接处警情况分布图

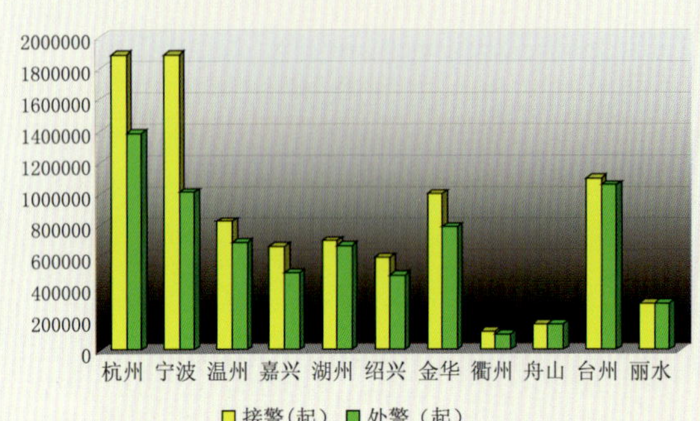

2011年全省侵财犯罪案件分处所比例图

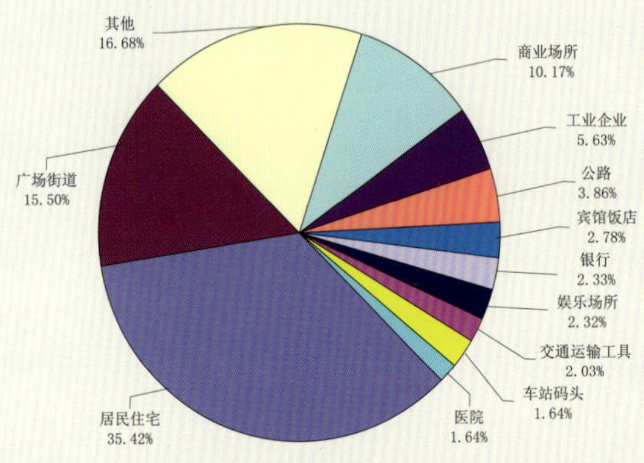

2011年全省各市交通事故统计图

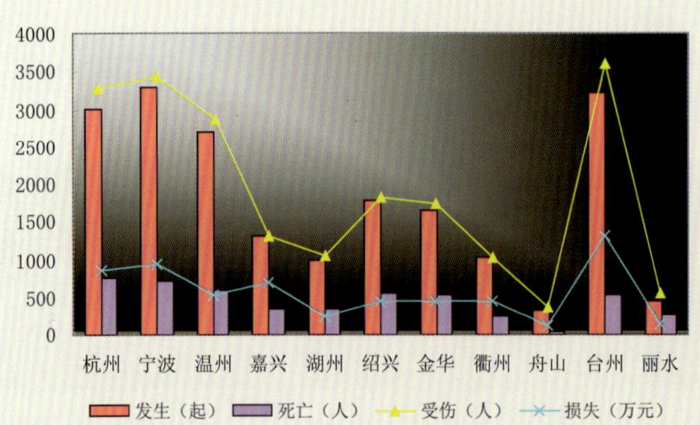

2011年刑事案件立破案分布图

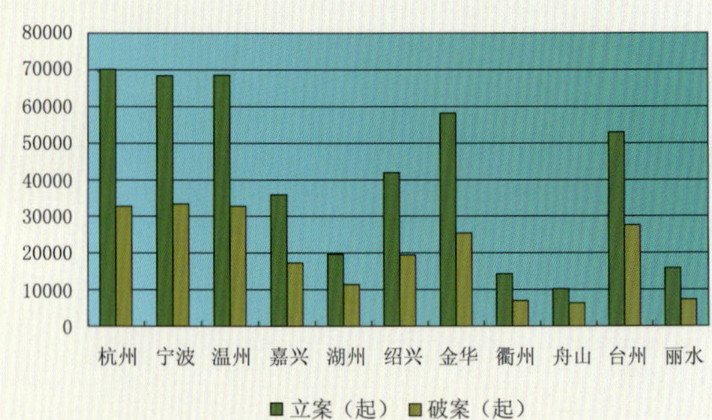

2011年全省刑事案件分类比例图

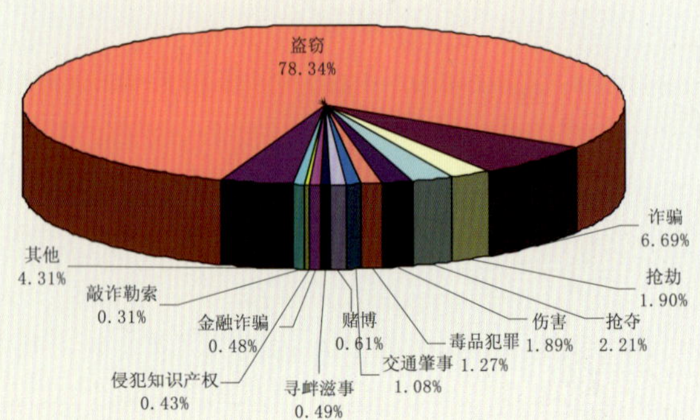

2011年全省各市逮捕人员比例图

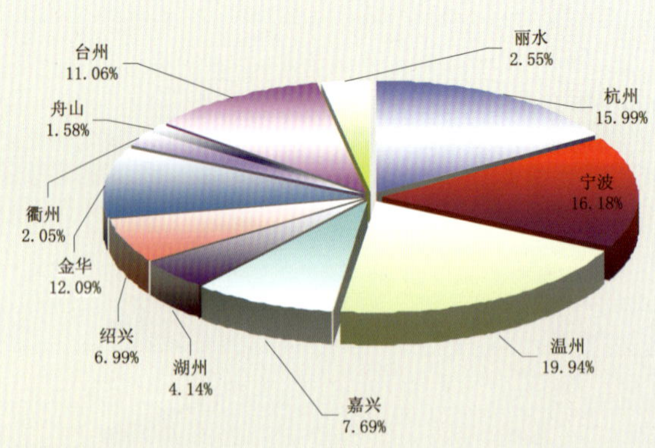

2011年全省各市火灾起数与损失情况统计图

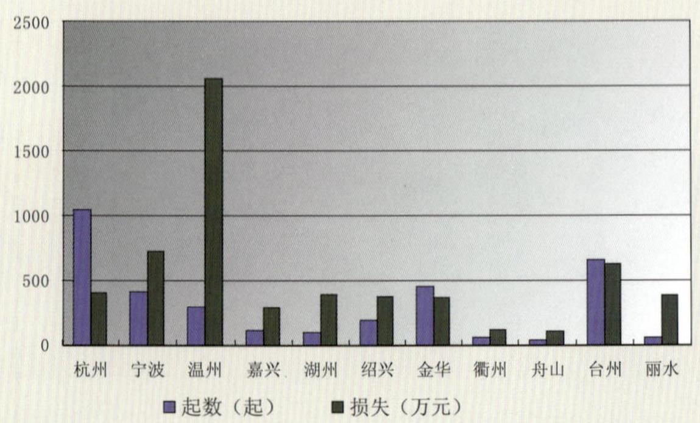

（省公安厅办公室统计科供稿）

浙江省公安机关分布图
本图未能标明的公安分局
杭州市公安局
西湖风景名胜区分局
经济技术开发区分局
宁波市公安局
海曙分局
江东分局
江北分局
高新区分局
宁波港公安局
机场分局
温州市公安局
鹿城区分局
湖州市公安局
吴兴区分局
经济开发区分局
太湖旅游度假区分局
嘉兴市公安局
南湖区分局
绍兴市公安局
越城区分局
袍江分局
镜湖分局
金华市公安局
婺城分局
江南分局
衢州市公安局
柯城分局
柯山分局
舟山市公安局
新城分局
台州市公安局
椒江区分局
开发区分局
丽水市公安局
莲都区分局
经济开发区分局
图例
省公安厅
设区市公安局
县级公安局 公安分局
乡、镇、街道
村庄
省、直辖市界
设区市界
县（市）、区界
铁路
高速公路
建筑中高速公路
国道
省道
运河
主、支渠道
河流 湖泊 水库
机场 关隘 山峰
浙江省第一测绘院 编制 电话：0571-88893003
地图审核：浙S（2010）192号
本图界线不作划界依据，基础地理底图资料由
浙江省测绘与地理信息局提供
浙江省公安厅
地址：杭州市清泰街民生路66号 邮编：310009
浙江省公安厅位置图

荣誉榜

全国公安优秀基层单位
全国公安优秀基层单位
全国公安优秀基层单位

宁波市公安局
鄞州分局高桥派出所
地址 宁波市鄞州区高桥镇杨家漕路
电话 0574-88015110

舟山市公安边防支队
罗家岙边防派出所
地址 岱山县衢山镇向阳路2号
电话 0580-4750004

江山市公安局
地址 江山市环城西路147号
电话 0570-8811013

海宁市公安局
地址 海宁市水月亭西路501号
电话 0573-87233101

淳安县公安局
地址 淳安县千岛湖镇排岭北路30号
电话 0571-64812244

全国优秀公安局
全国优秀公安局
全国优秀公安局

① 2012年5月6日，国务院授予宁波市公安局鄞州分局高桥派出所“人民满意派出所”称号

② 2012年5月7日，国务院、中央军委授予舟山市公安边防支队罗家岙边防派出所“执法为民模范边防派出所”称号

③④⑤ 2012年5月2日，公安部评选江山市公安局、海宁市公安局、淳安县公安局为“全国优秀公安局”

目 录

特 载

大事记

组织机构

特色中心工作

防范打击犯罪

公安行政管理

行业公安

警务保障

队伍建设

市、县（市、区）公安

人　物

典型案例

发文目录

索　引

特 载

国务委员、公安部部长孟建柱要求
浙江公安机关创新工作理念完善工作机制提高队伍素质

2011年5月23日下午，国务委员、公安部部长孟建柱率参加全国公安厅局长座谈会的全体代表来浙江考察指导公安工作。孟建柱在视察时强调，浙江省公安机关要认真贯彻落实胡锦涛总书记和周永康同志的重要指示精神，深入梳理、系统总结近年来公安机关重大活动安保工作创造的宝贵经验，牢牢把握新形势下公安工作的规律，创新工作理念，完善工作机制，提高队伍素质，进一步提升全省公安机关维护社会公共安全的能力与水平。

在浙江省委书记、省人大常委会主任赵洪祝，国务院副秘书长汪永清，全国政协外事委副主任刘京，中国警察协会主席田期玉，公安部副部长黄明，以及省领导王辉忠、李强、黄坤明、葛慧君等陪同下，孟建柱先后听取了省公安厅和杭州市、嘉兴市公安局的工作汇报，并实地考察了杭州市公安局以及杭州市公安局交警支队西湖大队北山中队、嘉兴市公安局南湖分局新兴派出所等基层单位。

在省公安厅听取厅党委副书记、副厅长张景华的工作汇报后，孟建柱发表了重要讲话。他充分肯定了近年来浙江公安工作所取得的成绩。他说：近年来，浙江省公安机关在省委、省政府的有力领导下，圆满完成了奥运会、国庆60周年庆典、世博会、亚运会等一系列大型活动安保工作，特别是在去年上海世博会“环沪护城河”安保工作中，全省公安机关和广大民警做了大量艰苦卓绝的工作，付出了巨大努力，实现了省委、省政府提出的“确保浙江去上海的人不惹事，上海来浙江的人不出事，全省面上少出事”的目标和要求。在此，代表公安部党委对大家表示感谢。

孟建柱指出，近年来浙江省的公安工作不断发展进步，不管是公安信息化建设，还是执法规范化建设、和谐警民关系建设，以及坚持和发展新时期“枫桥经验”等方面都取得了新的明显进步。特别是在坚持公安工作走群众路线方面从“为民作主”转为“由民作主”，这些理念对全国公安机关都具有很好的借鉴意义。在这次全国公安厅局长座谈会上，浙江省公安厅还将作大会经验介绍发言，这充分表明了公安部对浙江公安工作的肯定。

对于下阶段工作，孟建柱提出两点总体要求：一是全省公安机关要抓住这次全国公安厅局长座谈会系统总结大型活动安保工作经验的有利时机，系统总结这些年来在省委、省政府的正确领导下浙江公安所走过的历程，善于从工作规律性上去把握，努力把工作水平提升到一个新层次。二是既要立足当前，把各项公安工作一项一项抓落实、见成效，同时还要多做打基础、利长远

图为孟建柱、赵洪祝等领导听取浙江公安工作汇报（5月23日）

的事，不断把浙江公安工作推向前进，更好地适应浙江经济社会快速、持续、科学发展的良好势头，努力实现浙江公安工作的持续发展、科学发展。

杨焕宁、李东生、孟宏伟、蔡安季、陈智敏等公安部领导和参加全国公安厅局长座谈会的其他代表，还分别考察了杭州市公安局江干分局、刑侦支队、交警支队拱墅大队、西湖分局文新派出所、上城分局湖滨派出所、下城分局东新派出所。省公安厅以及杭州市公安局、嘉兴市公安局领导陪同考察。

浙江省委书记、省人大常委会主任赵洪祝要求以创新为动力推动公安工作科学发展

2011年3月中旬，省委书记、省人大常委会主任赵洪祝接受《人民公安报》记者的书面采访，就如何评价浙江公安机关和队伍建设状况，加强党委、政府对公安工作和公安队伍的领导，以及加强社会管理创新，推动浙江公安工作科学发展等问题回答记者的提问。3月22日，《人民公安报》头版全文刊登采访文章。

记者：浙江是一个经济强省，也是全国最具安全感的地区之一。在经济社会高速运转的同时，保持社会稳定和平安，已成为浙江发展的一个优势。您对浙江公安机关和队伍建设如何评价？

赵洪祝：浙江之所以经济健康平稳发展、人民群众安居乐业，这与全省公安机关和广大民警的恪尽职守和不懈努力是分不开的。这几年可以说是浙江省大事、难事、急事比较集中的时期。面对一次又一次的严峻挑战和繁重任务，浙江公安机关勇往直前、毫无畏惧，充分发挥主力军作用，大力发扬连续作战、顽强拼搏的精神，为维护社会和谐稳定、保障人民群众安居乐业作出了重大贡献。

令我印象最深刻的是，在去年长达200多天的上海世博会“环沪护城河”安保工作中，为了守好上海南大门，浙江公安机关在上海世博安保协调小组、公安部和省委、省政府的统一领导下，牢固树立“万无一失”的责任意识和“一失万无”的忧患意识，全系统发动、全警种参战，超常规部署、超常规举措、超常规投入，圆满完成了各项安保任务，为上海世博会的成功举办作出了应有贡献。实践证明，浙江公安队伍是一支党和人民完全可以信赖的队伍。

浙江广大公安民警用他们的鲜血和汗水换来了浙江人民的幸福和安宁，以他们的无私奉献谱写了一曲曲可歌可泣的时代颂歌，涌现出了王法金、孙炎明等许多可亲可敬的英雄人物。可以说，公安队伍是“平安浙江”建设的最大功臣之一。

记者：对于公安工作和队伍建设，您一直高度重视，不但要求将其摆上各级党委、政府工作的重要位置，还多次视察公安机关，听取公安工作专题汇报并作出批示和指示。请问，这是基于怎样的考虑？

赵洪祝：邓小平同志讲过：“稳定压倒一切。”稳定是改革、发展的前提和基础，没有稳定，改革发展将无从谈起。公安机关作为武装性质的国家治安行政力量和刑事司法力量，肩负着打击敌人、保护人民、惩治犯罪、服务群众、维护国家安全和社会稳定的重要使命。当前，我们正处于人民内部矛盾凸显、刑事犯罪高发的特殊历史时期，做好这一时期的维稳工作显得尤为重要。因此，省委、省政府始终把维稳工作摆在突出位置，强调“发展是第一要务，稳定是第一责任”。省委常委会定期专题听取公安工作情况汇报，分析形势和任务，研究部署加强公安工作的具体措施。同时，各级党委、政府也非常重视和加强对公安工作的领导，切实将其摆上重要议事

日程，经常听取公安机关的汇报，及时帮助解决存在的问题和困难。

对于公安工作来说，队伍建设是根本，也是保障。从一定程度上讲，公安队伍代表党和政府的形象，体现党和政府的公信力。因此，我经常强调，一定要把队伍建设摆在更加突出的位置来抓，切实加强对公安民警的宗旨意识、忠诚意识、法治意识教育，扎实开展反腐倡廉建设，确保队伍不出问题。当然，一支队伍光靠严管是不行的，还要懂得去关心、爱护。各级党委、政府和领导干部应该关心、理解和支持我们这支可爱、可敬的公安队伍，把从优待警工作做到民警的心坎上。

记者：近日，中央提出加强和创新社会管理的重大课题。请问您对浙江公安机关有怎样的希望和要求？

赵洪祝：近日，中央举办了省部级主要领导干部社会管理及其创新专题研讨班，胡锦涛总书记、习近平副主席和周永康同志作了重要讲话，对加强和改进新形势下社会管理工作提出了明确要求，为我们推进社会管理创新指明了方向。我们正组织全省各级党委、政府认真学习贯彻，努力提高浙江省的社会管理水平。对于公安机关来说，推进社会管理创新必须突出抓好“三个统筹”：

第一，要把群众工作与专门工作统筹起来抓。人民群众是维护社会稳定的铜墙铁壁。“专群结合、依靠群众”是当年毛泽东同志批示的“枫桥经验”的核心所在，也是做好社会治安工作的基本方针。这些年的“平安浙江”建设之所以取得显著成效，很重要的一条就是把群众工作贯穿于平安建设的全过程，组织群众、发动群众、依靠群众。要坚持把人民群众在维护治安中的基础作用和公安机关在专业职能上的主导作用有机结合起来，积极探索创新群众工作与专门工作的结合点、着力点，不断提高维护社会治安稳定工作的社会化水平。

第二，要把常态管理与应急处置统筹起来抓。推进社会管理创新，维护公共安全，既要提高常态管理水平，又要增强危机处置能力，两者缺一不可。加强常态管理是前提和基础，要重在平时、重在日常、重在防范，说到底，就是要抓好基层基础工作，织密社会管理的网络。同时，要加强危机处置能力建设。要进一步完善应急处置预案，开展实战演练，配好配强应急处置力量和装备，提高快速反应能力，确保一旦发生公共安全突发事件，能够在最短的时间内进行有效处置，把社会影响和危害降到最低程度。

第三，要把打击犯罪与化解矛盾统筹起来抓。当前各种社会矛盾相互交织、相互影响，维护社会公共安全的形势十分复杂。公安机关必须坚持一手抓打击、一手抓化解，做到两手都不放松。要在提高打击犯罪的能力上下工夫，通过加强专门手段和信息化建设，向科技要警力、要战斗力。同时，要加强和改进新形势下的群众工作，深入开展社会矛盾纠纷排查化解工作，及时发现可能影响社会和谐稳定的苗头性、倾向性问题，千方百计加以化解，最大限度地增加和谐因素，最大限度地减少不和谐因素。

省公安厅召开领导干部会议
刘力伟任浙江省委常委、政法委副书记、省公安厅党委书记

2011年11月7日，省公安厅召开领导干部会议，宣布中央、省委关于浙江省公安厅主要领导调整的决定。省委常委、秘书长、政法委书记李强出席会议并作重要讲话。

会上，省委组织部常务副部长吴顺江宣布了中央、省委关于浙江省公安厅主要领导调整的决定：刘力伟任中共浙江省委委员、常委、政法委副书记，省公安厅党委书记（编者注：11月25日，浙江省十一届人大常委会第29次会议决定任命刘力伟为省公安厅厅长）。刘力伟在会上讲话。省公安厅党委副书记、副厅长张景华主持会议。

李强说：这次省公安厅主要领导同志的调整，是中央从全国工作大局和浙江省、湖南省领导班子建设的实际出发，根据工作需要和干部交流精神，通盘考虑、慎重研究决定的。希望全省公安机关和广大民警把思想和行动统一到中央、省委的决定精神上来，以实际行动认真贯彻落实省委、省政府的决策部署，全力支持刘力伟同志的工作，实现省公安厅主要领导顺利交接和公安工作的平稳过渡，把我省公安工作做得更好，让公安部放心，让省委、省政府放心，让全省人民满意。

李强充分肯定了今年7月以来以孙建国为“班长”的省公安厅领导班子紧紧围绕省委、省政府工作大局，认真履行职责，在维护社会稳定、服务经济社会发展等方面所做的工作，并对刘力伟的基本情况作了介绍。

李强指出，全省公安机关要按照深化“平安浙江”、“法治浙江”建设的总体部署，始终牢记使命、忠实履行职责，维护和谐稳定，服务科学发展，为全面建成惠

及全省人民的小康社会作出新的贡献。一是要以推进社会管理创新为重点，进一步提高维护社会和谐稳定的水平。二是要以保障和促进科学发展为己任，进一步提高服务经济社会发展的水平。三是要以开展政法核心价值观教育为抓手，进一步提高全省公安队伍建设的水平。

刘力伟在讲话中表示，将虚心学习，尽快熟悉浙江情况和公安业务，不辜负中央和省委的期望。希望在大家的帮助支持下，创新、发展工作，使浙江的公安工作继续走在全国前列。要认真贯彻党的十七届六中全会精神，团结带领省公安厅党委一班人，紧紧围绕省委工作大局和“创业富民，创新强省”总战略，忠实履行维护国家安全和社会和谐稳定的神圣职责，推进“平安浙江”、“法治浙江”建设。加强创新社会管理，组织开展好“清网行动”、“亮剑”、“打四黑除四害”等专项行动，提高服务经济社会发展的水平。带头执行廉洁自律各项规定，做到公道正派、作风民主、务实创新、勤政廉洁，要求全体民警做到的，自己带头做到；要求全体民警不做的，自己带头不做。

张景华代表省公安厅党委班子表示，坚决拥护中央和省委的决定，全力支持刘力伟同志开展工作，认真做好当前的各项工作。

省公安厅党委成员，厅副巡视员，厅机关各部门、直属单位正处职及副厅级干部；边防总队、消防总队、警卫局军政主官，警察学院党委书记、院长；各市公安局局长，厅机关副厅级以上离退休干部等出席会议。

省公安厅召开领导干部会议
孙建国任浙江省公安厅党委书记、厅长

2011年7月29日上午，省公安厅召开领导干部会议，宣布省委、省人大常委会关于浙江省公安厅主要领导职务调整的决定。省委常委、组织部部长蔡奇出席会议并作重要讲话。

会上，省委组织部常务副部长吴顺江宣布了省委、省人大常委会关于浙江省公安厅主要领导调整的决定：孙建国任中共浙江省公安厅委员会委员、书记，省公安厅厅长。孙建国在会上讲话。省公安厅党委副书记、副厅长张景华主持会议。

蔡奇说，这次省公安厅主要领导的调整是省委从全省公安工作的大局和浙江的实际出发，通盘考

虑、慎重研究决定的，体现了省委、省政府对公安工作的重视和支持，希望全省公安机关把思想和行动统一到省委、省政府的决定上来，全力支持孙建国同志开展工作。

蔡奇充分肯定了2003年以来以王辉忠为“班长”的厅领导班子对我省公安事业发展所作的贡献，以及我省公安机关和广大公安民警在维护国家安全和社会稳定方面所取得的成绩，并对孙建国的基本情况作了介绍。

蔡奇指出，全省公安机关要从战略高度牢固树立以人为本、执法为民的理念，不断创新工作方法，完善工作机制，适应人民群众的新期待、新要求，服务人民，构建和谐警民关系。全省公安机关要认真贯彻落实中央和省委的一系列重要决策部署，全面推进新时期公安工作和队伍建设。

孙建国在讲话中表示，坚决贯彻省委、省政府和公安部的各项决策部署，要继承和发扬老一辈浙江公安人的优良传统，更加注重向基层学习，始终坚持民主集中制，坚持依法办事，紧紧依靠班子和机关全体同志开展工作，尽快适应新岗位要求，不断提高履职能力水平。努力多做打基础、利长远的工作，多做服务人民群众的工作，多做为基层民警排忧解难的工作。

张景华代表省公安厅党委班子表示，坚决拥护和服从省委的决定，全力支持孙建国同志开展工作，认真做好当前的各项工作。

省公安厅党委成员，厅副巡视员，厅机关各部门、直属单位正处职及副厅级干部；边防总队、消防总队、警卫局军政主官，警察学院党委书记、院长；各市公安局局长，厅机关副厅级以上离退休干部等出席会议。

张景华强调要坚持以民意为导向 深化警务实践创新
努力为“十二五”良好开局创造稳定和谐的社会环境

2011年1月6~7日，省厅在杭州召开全省公安工作会议，深入贯彻落实十七届五中全会、省委十二届八次全会精神，以及全国与全省政法工作会议和全国公安厅局长会议、全国公安机关深入开展“大走访”开门评警活动电视电话会议精神，回顾总结去年工作，分析面临形势，对2011年的工作进行研究部署。省厅党委副书记、副厅长张景华代表厅党委作工作报告，省厅党委委员、副厅长，杭州市委常委、市公安局局长柯良栋主持会议并作会议小结，省厅党委委员、政治部主任华乃强宣读有关表彰决定。会议还隆重表彰了全省市级公安机关2010年度工作综合考评、打防控工作考评、全省执法质量考评、队伍正规化建设等优秀单位和全省优秀人民警察代表。在家厅党委委员出席会议，厅副巡视员、厅属各部门主要负责人，各市公安局局长、政治部主任、办公室主任，各县（市、区）公安局局长参加会议。

图为张景华副厅长在大会上讲话

张景华在讲话中回顾总结了2010年全省公安工作，深刻分析了当前全省维护稳定工作和公安队伍自身建设面临的新形势、新任务、新挑战。指出，尽管当前我省社会和谐稳定，经济平稳发展，百姓安居乐业，但受国内外各种复杂因素的影响，公安机关面临的维稳形势仍然复杂，肩负的维稳任务依然艰巨。同时，全省公安机关在思想观念、警务机制、方式方法、自身建设等方面还存在一些不适应的地方，一些基础性、机制性、保障性问题需要进一步破解。

张景华强调，做好2011年的全省公安工作意义重大。全省公安机关要以党的十七届五中全会和省委十二届八次全会精神为指导，认真践行“两个最大”理念，进一步改进新形势下的群众工作，深入推进“三项重点工作”和“三项建设”，不断深化实践创新、手段创新，着力向打防控一体化要控制力，向警务信息化要战斗力，向

图为厅领导给先进集体和个人代表颁奖

执法规范化要公信力，向队伍正规化要亲和力，积极推动各项工作的深化、优化、量化，努力为“十二五”良好开局创造稳定和谐的社会环境，以优异成绩迎接建党90周年。工作目标是“四平稳一提升”：一是政治安全领域保持平稳，力争不发生影响国家安全、社会稳定的重大案事件；二是社会治安领域保持平稳，刑事发案总量遏制在可控范围，力争不发生在全国造成重大影响的刑事案件；三是公共安全领域保持平稳，确保道路、火灾事故三项指数和一次死亡3人以上事故数不突破省政府下达的控制指标，力争不发生一次死亡10人以上的重特大事故；四是队伍管理领域保持平稳，力争不发生在全国造成恶劣影响的队伍违法违纪问题；五是群众安全感和满意度进一步提升。

张景华强调全省公安机关要坚持以民意为导向，重点抓好“七项工作”：一是进一步提高对敌斗争水平。不断提高发现预警、控制处置、教育转化和谋略运用的能力，始终做到情况有数、打击有力、控制有效、化解有方。二是深入排查、调处各类矛盾纠纷。切实做到防患于未然、化解于未乱。三是切实维护社会治安稳定。以打好“合成战、科技战、信息战、证据战”为重点，进一步健全工作机制，提升打击效能。进一步深化“三基”工程建设，健全街面巡逻、社区群防、重点部位监控、卡点堵截和区域警务协作“五网合一”的社会治安动态防控网络，完善挤压犯罪常态化工作机制。四是不断推进社会管理创新。围绕健全“六大机制”、强化“五大支撑”的总体思路，进一步创新管理理念、完善管理机制、整合管理资源、改进管理方式，不断深化实有人口日常管理、社会组织常态监管、网络社会动态管控、社会联动机制建设、惠民惠商和社会公共安全管理等工作。五是继续深入推进执法规范化建设。继续按照全警种、全建制、全要素推进的要求，以问题牵引破题，以标准促进规范，进一步完善功能区使用规范、强化执法能力锻炼、严密执法程序和标准体系、深化执法信息化建设、规范执法监督考评等工作。六是着力深化公安信息化建设。以大情报体系建设为龙头，以深化“两大应用”为主线，进一步强化信息资源整合，使大情报平台能与综合业务平台、执法办案平台、PGIS平台以及相关警种的业务系统有效对接，努力形成“有用采集、全警共享、专业研判、实战应用”的大情报工作格局，全面提升信息化支撑下的战斗力。七是切实提升公安队伍的综合素质。认真组织开展纪律作风教育、创先争优、“大走访”开门评警等活动，并通过强化全警岗位练兵、加强涉警舆情引导、完善干部人事制度和深化从优待警工作，不断强化思想建设、组织建设、能力建设和作风建设，努力造就一支高素质的公安队伍。

2011年浙江公安大事记

1月4日 **省厅发布《关于表彰全省公安系统优秀单位和优秀人民警察的命令》。**

1月4日 **省厅通报全省市级公安机关2010年度工作综合考评结果** 宁波市公安局、金华市公安局、嘉兴市公安局、舟山市公安局分列一、二、三类地区前茅，予以通报表扬。

1月4日 **省厅通报2010年度打防控工作市级、县级优胜单位** 确定金华市公安局、嘉兴市公安局、宁波市公安局为市级优胜单位，义乌市公安局等36个单位为县级优胜单位。

1月4日 **省厅通报2010年度全省公安机关执法质量考评结果。**

1月4日 **省厅通报2010年度全省公安队伍正规化建设优秀单位** 确定海宁市公安局等21个单位为2010年度全省公安队伍正规化建设优秀单位。

1月4日 **省厅通令嘉奖绍兴越城、磐安、岱山、云和公安（分）局** 以上四单位因各项工作成绩突出，受到省厅通令嘉奖。

1月6日 **省委、省政府召开全省世博安保总结表彰大会** 全省200余个单位、800名个人受到表彰。

1月6～7日 **全省公安工作会议在杭召开** 会议要求努力实现全省政治安全领域、社会治安领域、公共安全领域、队伍管理领域保持平稳以及群众安全感和满意度进一步提升的目标，努力为"十二五"良好开局创造稳定和谐的社会环境，以优异成绩迎接建党90周年。

图为厅领导给先进集体和个人代表颁奖

1月10日 **省政协主席周国富视察省厅推进惩防体系建设和落实党风廉政建设责任制工作** 厅党委副书记、副厅长张景华向检查组一行汇报工作情况。

1月10日 **夏宝龙看望慰问消防官兵** 是日，省委副书记夏宝龙在厅党委副书记、副厅长张景华，厅党委委员、副厅长凌秋来陪同下，至厅消防总队看望慰问消防官兵。

1月10日 **省政府召开2011年全省春运工作电视电话会议。**

1月11日 **省厅下发《关于认真做好全省村级组织换届选举社会稳定和治安秩序维护工作的通知》。**

1月11日 **省厅印发《浙江省公安机关人员信息采集室建设管理办法和装备标准及操作规范》。**

1月12日 **省厅下发《关于切实做好雨雪冰冻天气防范应对工作的通知》** 要求加强交通疏导管理，全力化解恶劣天气造成的不利影响。1月14日，省厅下发《低温雨雪冰冻恶劣天气公路交通应急处置方案》。1月19日，省厅再次下发《关于认真贯彻省领导重要批示精神切实做好应对雨雪冰冻灾害工作的通知》，要求各级公安机关落实省委书记赵洪祝、省长吕祖善的批示精神，确保道路交通安全畅通，努力维护社会面治安平稳，切实做好各项应急准备工作。

1月12日 **省厅发布《关于开展打击银行卡犯罪"天网—2011"专项行动的通知》** 决定从2011年1月开始，在全省范围开展为期10个月的打击银行卡犯罪"天网—2011"专项行动。

1月12～27日 **全省各市公安局局长开展"大走访"活动。**

1月13日 **省厅召开严打假种子假农药假化肥犯罪活动电视电话会议** 决定自2011年1月至3月底，在"亮剑"

行动中，集中力量打击制售假冒伪劣种子、农药、化肥等犯罪活动。

1月17日 **省厅印发《全省公安机关深入开展“大走访”开门评警活动实施方案》** 决定从2011年初开始到6月底，以市、县公安机关特别是基层所队和窗口单位为重点，开展“大走访”开门评警活动。

图为厅党委委员、政治部主任华乃强走访慰问因公牺牲民警家属

1月18日 **浙江40个单位被公安部命名为全国一级责任区刑警队。**

1月18日 **省公安厅、省人力资源和社会保障厅、省卫生厅、省妇联联合转发公安部等《关于在查禁卖淫嫖娼等违法犯罪活动中加强对卖淫妇女教育挽救工作的通知》** 要求各地防止和纠正重打击查处、轻教育挽救的做法，努力实现执法效果和社会效果的有机统一。注意保护卖淫妇女和娱乐服务场所从业人员的人身权和健康权、名誉权、隐私权，不得歧视、辱骂、殴打，不得采取游街示众、公开曝光等侮辱人格尊严方式羞辱妇女。

1月20日 **省委书记赵洪祝看望省消防总队党委扩大会议与会代表并发表讲话** 省委常委、秘书长李强，副省长毛光烈等陪同看望。

1月21日 **省厅印发《全省公安机关社会治安“春季攻势”工作方案》** 明确“春季攻势”时间为1月下旬至“五一”前，工作重点是：严厉打击涉枪涉爆等严重暴力犯罪；严厉打击“两抢一盗”等多发性侵财犯罪；严密社会面的防范控制；严密重点要害部位的防范控制；严密防范控制个人极端暴力犯罪。1月28日，省厅召开全省公安机关“春季攻势”行动部署电视电话会议，徐定安副厅长主持会议，凌秋来副厅长作动员部署。

1月27日 **省厅印发《看守所在押人员物品管理规定》。**

1月30日 **温州市区两级公安机关破获“1·28”特大杀人分尸案。**

1月下旬 **全省公安机关全力投入抗雪防冻工作** 1月19日以来，浙江北部普降大雪，强降雪集中在杭州、湖州、嘉兴及绍兴、金华北部地区，给春运交通通行秩序和安全管理造成严重影响。全省各级公安机关全警动员，启动交通管理二级应急响应机制，努力保障道路畅通，同时做好春运社会面治安秩序和萧山国际机场航班滞留秩序维护工作。

2月6日 **省厅部署社会治安“春季攻势”——村级组织换届选举维稳工作。**

2月9日 **省厅印发《2011年全省流动人口服务管理工作要点》** 要求力争在年内形成较为系统完整的省、市、县（市、区）、乡镇（街道）、村居（社区）五级流动人口服务管理组织网络。

2月10日 **省厅印发《浙江省公安机关命案积案侦查工作机制》。**

2月11日 **省厅颁发上海世博安保记功嘉奖令。**

2月14日 **省厅召开厅机关2010年度表彰大会** 厅党委副书记、副厅长张景华在会上对2011年厅机关工作提出要求：一是走在前列，始终瞄准先进、跟随先进、赶超先进，确保浙江公安工作走在全国前列；二是贵在创新，努力在方法手段创新方面为基层公安机关作出表率；三是赢在执行，确保各项工作部署真正落地，见到实效；四是重在能力，努力造就一支职业特色鲜明、业务知识深厚、工作技能精湛的专业人员队伍；五是根在风气，深化以“治庸治懒、提能增效、狠抓落实”为主要内容的作风建设活动。

2月14日 **东阳市看守所民警孙炎明入选“感动中国2010年度人物”。**

2月15日 **省厅通报2010年全省公安机关侦办命案工作评估结果** 2010年，全省共发命案982起，破945起，破案率达96.23%，70个县（市、区）命案全破，7个县（市、区）全年未发命案，实现了命案破案率高、办案质量高、发案数低“两高一低”工作目标。

2月16日～3月1日 **公安部、省委、省厅召开系列全国“两会”维稳工作会议** 2月16日，公安部召开全国公安视频会议，传达中央领导关于做好全国“两会”期间维稳工作的重要指示精神，省厅随后迅速召开续会，对加强全国“两会”安保工作进行再动员、再部署；2月19日上午，公安部召开紧急视频会议，对加强维稳工作进行进一步部署。同日下午，省委通过公安视频系统召开全省会议，传达中央领导重要批示和讲话精神，对维稳工作进行部署；3月1日，省厅召开全国“两会”期间信访工作视频会议，传达中央领导指示，分析信访形势，对全国“两会”期间信访工作进行再动员再部署。

2月17日 **省厅下发《关于认真做好打击拐卖儿童犯罪和加强流浪乞讨儿童救助工作的通知》** 要求各地结合正在开展的“春季攻势”行动，坚决打击组织儿童乞讨和强迫未成年人从事违法犯罪活动的幕后操纵人员。

2月18日 **省公安厅、教育厅、交通厅联合下发《关于进一步加强学生接送车交通安全工作的通知》** 要求对学生接送车开展一次集中摸底排查，发现有交通安全隐患的，立即整改；要加强学生接送车特别是农村道路学生接送车路面管控工作，从严查处严重交通违法行为。

2月21日 **省厅召开全省公安机关世博安保工作总结表彰大会** 62个先进集体和113名先进个人受到表彰。

图为厅领导给获奖集体和个人代表颁奖

2月21日 **省公安厅、省教育厅联合发布《关于命名2010年度全省消防安全教育示范学校的决定》** 经推荐考评，杭州江南实验学校、宁波余姚市实验小学、上海外国语大学附属浙江宏达学校（在嘉兴海宁市）3所学校为2010年度“全国消防安全教育示范学校”，杭州江滨职业学校等33所学校为2010年度“全省消防安全教育示范学校”。

2月22日 **省厅印发《全省公安机关深化禁“酒驾”五条严管措施》。**

2月22日 **省厅印发《浙江省交通警察道路执勤卡点设置规范（试行）》。**

2月23日 **省厅召开全国公安机关“亮剑”行动电视电话会议续会** 是日，公安部召开全国公安机关“亮剑”行动电视电话会议。省厅随后召开续会，徐定安副厅长在会上要求，各地要把打击生产窝点、批发团伙、盗版网站三类犯罪源头，和公安部提出的制售假冒伪劣种子、农药、化肥、农用薄膜等抗旱春耕农资，制售假冒伪劣食品、药品、日化用品等民生商品，以及制售假冒伪劣知名品牌商品三类犯罪，作为打击工作的重中之重，加大侦查攻坚力度。

2月25日 **张景华、凌秋来出席在上海召开的苏浙皖沪公安机关区域警务合作第一次联席会议** 厅党委副书记、副厅长张景华在会上讲话，副厅长凌秋来代表浙江与上海签署《常态机制下浙江省与上海市对应陆路道口安检分工和检查站建设协议》。

3月4日 **省厅召开全省公安机关2010年度执法质量考评情况通报电视电话会议** 厅党委副书记、副厅长张景华通报了执法质量考评情况，点评了经侦、治安、刑侦、交警四大警种存在的主要执法问题，要求各地抓住执法规范化建设有利时机，进一步建立健全执法标准体系，强化执法主体能力建设，努力避免和减少各类执法过错与执法瑕疵问题的发生。

图为张景华副厅长在会上讲话

3月7日 **省厅召开全省公安机关执法主体素质专题教育培训电视电话会议** 厅党委副书记、副厅长张景华在动员讲话中，要求全省各级公安机关通过不断强化实战培训练兵来锤炼执法能力，通过严密执法标准体系来牵引执法能力，通过加强执法管理来提升执法能力，通过强化监督考评来倒逼执法能力。厅党委委员、政治部主任华乃强对各地贯彻落实省厅意见、组织好执法主体素质专题教育培训工作进行部署。

3月14日 **省公安厅、省教育厅、团省委、省少工委联合印发《浙江省“你我手拉手，平安路上走”中小学生交通安全主题宣传教育活动方案》** 决定3～12月间，以在校中小学生、少先队员和团员青年为对象，以“3·28”全国中小学生交通安全宣传日为契机，在全省开展“你我手拉手，平安路上走”系列活动。

3月15日 **省厅党委印发《全省公安机关深入开展“发扬传统、坚定信念、执法为民”主题教育实践活动**

实施方案》 决定在2011年3月中旬至2012年3月底开展教育活动。

3月16日 **省厅印发《浙江省公安机关表彰奖励授奖仪式试行办法》。**

3月17～18日 **全省公安机关反腐倡廉建设会议在杭召开** 厅党委副书记、副厅长张景华代表厅党委讲话，厅党委委员、纪委书记、督察长华远平作工作报告。

3月18日 **省厅印发《浙江省县级公安机关DNA实验室建设规范（试行）》。**

3月22日 **《人民公安报》刊发省委书记赵洪祝专访《以创新为动力推动公安工作科学发展》。**

3月22日 **省厅党委发布《关于2011年全省公安机关反腐倡廉建设的意见》。**

3月22日 **省公安厅、交通厅、安监局联合发布《关于公布2011年省级道路交通事故多发点段和临水临崖高落差危险路段的通知》** 决定将28处事故多发点段和72处临水临崖高落差危险路段列为省级年度整治目标，11月25日前须完成治理任务。

3月23日 **省公安厅、省国资委联合发布《关于加快推进我省国有企业信息安全等级保护工作的通知》** 决定建立由公安和国资部门共同参加的国有企业信息安全等级保护工作协调配合机制。

3月23日 **"猎手"行动浙江战区收网** 1月底，绍兴市越城区公安机关联合工商部门对市区两家知名星级酒店开展突击检查，查获假冒茅台372瓶、假冒五粮液220瓶。经深入调查，发现一涉及全国29个省、市、区和97个城市的特大制售假冒高档白酒犯罪网络。公安部据此在全国部署开展代号"猎手"的打击制售假酒专项行动。温州先期侦查经营所获的非法制造注册商标标识犯罪线索，也由省厅一并纳入"猎手"行动。3月23日，在公安部指挥下，全国涉案地区统一行动，浙江的温州、绍兴、杭州、舟山等地同步收网，浙江地区前后抓获销售假冒高档白酒及制造相关商标标识犯罪嫌疑人115名，捣毁生产窝点99个、仓储窝点28个，打掉犯罪团伙12个，缴获假冒茅台、五粮液、水井坊等高档白酒5700余瓶，商标标识1000余万件（套），各类机器设备120余台，涉案金额高达20多亿元。

图为省厅和温州市局领导在温州坐镇指挥收网行动

3月25日 **省委副书记夏宝龙在温州视察公安工作** 其间，夏宝龙慰问一线公安民警，听取温州、乐清两级公安机关的工作汇报，对公安机关在"平安建设"中的工作成绩给予肯定。

图为夏宝龙副书记与民警亲切握手

3月28日 **省厅下发《关于在全省公安机关深化"三查一治"专项工作的通知》** 决定在2010年治理基础上继续深化"三查一治"专项工作，即查涉案财物管理问题、查民警及辅警人员涉赌问题、查民警及亲属入股经营休闲娱乐场所问题，以及整治执法过程中涉案人员非正常死亡问题。

3月30日 **省厅通报超标电动自行车防盗备案登记工作情况** 自开展超标电动自行车防盗备案登记工作以来，全省各地共设立超标电动自行车防盗备案登记网点3842个，排摸超标电动自行车销售点5420个、超标电动自行车457.9万辆，备案登记超标电动自行车431.6万辆，开展集中返还活动230次，返还被盗电动自行车8739辆。

3月30日 **省厅印发《浙江省公安机关法医学人体损伤检验鉴定室建设规范（试行）》。**

3月31日 **省厅印发《全省公安机关涉案财物管理问题专项治理工作实施方案》** 决定在4月初至11月底开展专项治理工作。

4月6日 **省厅通报2010年全省公安派出所功能区改造工作情况** 截至2010年底，全省完成改造的派出所达952家，占总数的90.6%，远超计划"2010年底完成50%"的目标。

4月8日 **省卫生厅、公安厅、药督局等联合印发《关于深入推进社区药物维持治疗工作的意见》** 要求各地建立完善"政府负责，财政保障，卫生部门牵头，公安、药监、人力社保等部门参与"的戒毒治疗管理机制，其中公安部门要加大对阿片类成瘾人员排查力度和对强制隔离戒毒所内阿片类成瘾人员筛选力度，协同街道（乡镇）等单位动员更多吸毒人员参加治疗，并做好治疗脱失人员后续管控工作。

4月13日 **省厅印发《浙江省公安机关执法质量考核评议实施办法》** 《办法》共6章32条。

4月13日 **省厅印发《浙江省公安机关常见出入境管理行政处罚案件裁量标准》。**

4月18日 **省厅下发《浙江省公安机关刑侦部门现场物证保管室建设规范（试行）》。**

4月18日 **央视“焦点访谈”曝光浙江一些地方存在色情表演现象** 对浦江、萧山、嘉善、临安、余姚等地色情演出现象进行曝光。当晚，凌秋来副厅长主持召开紧急视频会议，就曝光问题进行通报。相关地方当晚紧急行动，对色情演出场所采取停业整顿和对当事人开展调查取证。同时，在全省范围重点排查歌舞娱乐场所有无涉黄违法活动、有无低级庸俗广告等，并对未履行备案手续、演出内容低俗的予以取缔，构成犯罪的依法追究刑事责任。

4月20日 **省厅印发《全省公安队伍正规化建设评估要点（2011年度）》。**

4月20日 **省厅传发《关于开展银行业金融机构自助机具防护舱安装工作有关事项的通知》** 决定在全省银行业金融机构推广自助机具安装防护舱工作，力争2012年底前完成。

4月20～21日 **全省县级公安机关集中开展局长开门接访活动** 两天共接待来访群众1012批1718人次，同比增长2.3%，其中初访占57%，重访占43%；属公安机关管辖的占84.8%，非公安机关管辖的占15.2%。

4月21日 **省厅传发《关于认真吸取事故教训切实做好消防安全工作的通知》** 要求各地深刻吸取教训，针对春季火灾事故多发期和重特大火灾事故高发期的特点，进一步强化消防安全措施，坚决遏制重特大火灾尤其是群死群伤火灾事故的发生。

4月22日 **省政府在杭州召开全省禁毒工作会议。**

4月22日 **省公安厅、教育厅联合召开进一步加强学校幼儿园安全工作紧急电视电话会议** 传达4月21日公安部、教育部紧急视频会议精神，部署全省校园安全工作任务。省公安厅副厅长凌秋来、省教育厅领导出席会议并讲话。

图为凌秋来副厅长在会上讲话

4月25日 **省公安厅、省军区司令部、中国电信浙江分公司、中国移动浙江有限公司、中国网通浙江省分公司联合印发《全省军警民联合护线宣传月活动实施方案》** 决定在5月10日至6月10日开展军警民联合护线宣传月活动。

4月25日 **全省贯彻实施《保安服务管理条例》工作现场会在台州召开** 凌秋来副厅长在会上提出要求，各地要把《条例》贯彻工作作为一项重要工作纳入议事日程，强化监管，推进机制改革，确保《条例》贯彻实施目标任务顺利完成。

4月27日 **省厅召开全省公安机关打击黄赌违法犯罪专项行动电视电话会议** 凌秋来副厅长通报全省黄赌违法犯罪情况，并就开展治安系统大清查和打击黄赌违法犯罪专项行动进行部署。

4月29日 **省厅发布《关于办理危险驾驶刑事案件有关问题的通知》** 就贯彻十一届全国人大常委会第十九次会议审议通过的刑法修正案提出指导意见。

5月3日 **省厅传发《浙江省公安机关刑侦部门现场物证保管规范（试行）》。**

5月10日 **省厅通报全省信访积案集中清理情况** 2010年5月中央和省政法委部署开展集中清理信访积案活动以来，至2011年4月底，全省1158起公安信访积案化解1061起，化解率为91.62%，其中167起进京重复信访化解134起，化解率为80.24%。

5月10日 **省厅印发《浙江省公安机关110现场取证及处警人员着装携装补充规定》。**

5月12日 **省厅组织召开全省公安机关保密工作电视电话会议** 厅党委副书记、副厅长张景华通报近期发生的有关泄密案件情况以及全省公安机关保密检查中发现的薄弱环节和问题，并对全面开展保密安全大教育、大排查、大整改工作作动员部署。

5月13日 **省厅召开全省深化打拐专项行动暨打击拐**

骗、操纵新疆籍未成年人违法犯罪专项行动电视电话会议　徐定安副厅长在会上要求各地要深入开展大排查，全面推动如实立案；强化侦查破案，切实提高打击实效；加大血样采集和线索核查力度，尽力查找被拐儿童；妥善安置被救妇女儿童，维护社会和谐。

5月18日　**省厅印发《浙江省公安机关鉴定规则（试行）》。**

5月18日　**《浙江日报》发表张景华署名文章《充分发挥公安史志资政育警作用》**　厅党委副书记、副厅长张景华在文章中指出，加强全省公安机关的传统教育，引导广大民警全面了解公安发展史，对于广大民警理解公安队伍的性质特点，牢固树立人民警察核心价值观，忠实履行职责，都具有十分重要的意义。

5月18～19日　**各市公安局开展局长开门接访活动。**

5月23日　**孟建柱视察指导浙江公安工作**　是日，国务委员、公安部部长孟建柱率全国公安厅局长座谈会代表至浙江视察指导。其间，孟建柱听取了浙江省公安厅和杭州市、嘉兴市公安局的工作汇报，并实地考察了杭州市公安局，以及杭州市公安局交警支队西湖大队北山中队、嘉兴市公安局南湖分局新兴派出所等基层单位。浙江省委书记、省人大常委会主任赵洪祝，国务院副秘书长汪永清，全国政协外事委副主任刘京，中国警察协会主席田期玉，公安部副部长黄明，以及浙江省领导李强、王辉忠、黄坤明、葛慧君等陪同视察。杨焕宁、李东生、孟宏伟、蔡安季、陈智敏等公安部领导和参加全国公安厅局长座谈会的其他代表分别考察了杭州市公安局江干分局、景区分局、刑侦支队、交警支队拱墅大队、西湖分局文新派出所、上城分局湖滨派出所、下城分局东新派出所、滨江分局高新派出所以及阿里巴巴集团。

图为孟建柱、赵洪祝等领导在杭州市拱墅交警大队视察

5月24日　**省公安厅、民政厅联合召开反拐工作协调会**　会议要求各级公安机关、民政部门贯彻落实公安部“4·12”全国深化打拐专项行动电视电话会议、“4·26”全国打击拐骗操纵新疆籍未成年人违法犯罪专项行动工作会议和民政部“5·4”全国打拐被解救人员救助保护工作视频会议的精神，在全国深化打拐专项行动和打击拐骗操纵新疆籍未成年人违法犯罪专项行动等工作中，加强协作配合，建立健全长效协作机制。

5月25日　**“猎鹰”二号行动浙江战区收网**　4月，永康市公安局在对一长期盘踞永康，利用互联网络销售假药、假保健食品的湖南娄底籍犯罪团伙侦查时，发现该案涉及全国10个省、市及浙江5个市。5月25日，浙江省公安机关在公安部、省公安厅统一指挥下，以永康为主战场，辐射省内杭州、温州、绍兴、台州等市，以及河南、湖北、广东、陕西、江苏数省，开展统一抓捕行动，公安部“亮剑”办将此命名为“猎鹰”二号行动。至5月底，共抓获涉案人员280名（刑拘95人），捣毁制假窝点64个，摧毁犯罪团伙27个，缴获假药1.7万余瓶，假保健品成品、半成品69万余盒（瓶），各种假冒药品、保健品包装材料、商标标识、防伪标识等1700余万件（套）及大量作案工具。

5月26日～6月1日　**完成浙台文化交流活动安全保卫任务**　其间，省委书记赵洪祝率团赴台开展以“富春合璧、两岸同缘”为主题的文化交流活动。省公安厅警卫局随团警卫人员在省厅副厅长、警卫局局长王冰直接指挥下，顺利完成安保任务。

5月30日　**省厅召开厅党委理论学习中心组（扩大）学习会**　传达学习全国公安厅局长座谈会精神，组织观看中央政法机关光荣传统教育报告会实况录像。

6月4日　**杭新景高速杭州段发生危险品泄漏事故**　是日22时55分许，杭新景高速往江西方向48km＋200m处发生一起交通事故，一装载苯酚的危险品槽罐车被撞，苯酚泄漏，造成一名施救人员死亡，部分苯酚流入富春江。因担心自来水受污染，部分杭州市民大量购买饮用水以备不时之需。至6日14时30分，钱塘江水域各取水口监测正常，城区各水厂自来水供应正常。

6月8日　**省厅召开全省公安机关网上追逃专项督察“清网行动”动员部署电视电话会议**　厅党委委员、纪委书记、督察长华远平到会讲话。

6月8日 **省厅发布贯彻实施《保安服务管理条例》工作意见** 要求各级公安机关进一步加强保安服务监督管理机构和队伍建设，有序推进保安服务市场开放，推进现有保安服务公司脱钩改制工作，2012年6月底前必须与所办保安服务公司脱钩。

6月8～9日 **杨焕宁视察指导杭州执法规范化建设工作** 公安部党委副书记、常务副部长杨焕宁在杭出席第三届中国警学论坛。其间，先后视察杭州市公安局刑侦支队、交警支队西湖大队北山中队以及市局机关治安支队、法制支队、指挥中心等单位，对杭州市公安机关的执法规范化建设给予充分肯定，并要求在规范化、精细化、信息化上进一步下工夫，不断提升执法能力和水平。

图为杨焕宁副部长在杭州市局指挥中心视察

6月8～9日 **第三届中国警学论坛在杭州举行** 公安部党委副书记、常务副部长杨焕宁出席开幕式并讲话，省委常委、杭州市委书记黄坤明到会致辞。省公安厅副厅长、杭州市委常委、杭州市公安局局长柯良栋的《执法规范化建设是推动警务工作转型升级的战略抉择》等11篇浙江论文获奖，省警察协会获优秀组织奖。

6月9日 **吴仁贤、王义生分别被授予二级英模和全国特级优秀人民警察称号。**

6月10日 **省厅印发《浙江省公安排爆工作规范（试行）》。**

6月13日 **省厅印发《关于加强吸毒人员驾驶机动车辆管理工作的通知》** 要求各地对机动车驾驶证持有人涉嫌吸毒情况进行全面排查梳理，摸清底数。

6月13～14日 **苏浙皖沪公安刑侦、经侦、禁（缉）毒部门区域警务合作第一次联席会议在上海举行** 就深化和推进区域警务合作事项进行磋商。董晓伟副厅长率厅相关人员赴会。

6月14日 **省厅通报表彰全省连续十年以上安全无事故监所和全市连续五年以上监所安全无事故监管支队** 其中，玉环县看守所和武义县看守所为连续30年以上安全无事故监管场所。

6月15～16日 **公安部副部长陈智敏至诸暨、温州视察指导** 其间，陈智敏视察枫桥派出所，参观"枫桥经验"史迹陈列室，并听取了温州市维稳工作情况汇报。

6月15～16日 **2011年度浙江省公安厅厅长开门接访活动在浙江警察学院举行** 厅领导张景华、董晓伟、郑兴军、凌秋来、华乃强、华远平、石小忠带领厅机关相关部门负责人接待群众来访，共接待来访群众130批241人次，接访量比2010年下降26.14%。

6月20日 **省厅召开全省公安机关开展民主评议工作动员部署电视电话会议。**

6月23～24日 **全省各市公安局局长会议在嘉兴召开** 厅党委副书记、副厅长张景华代表厅党委作工作报告。会议系统总结了近年来全省公安机关参与奥运、新中国成立60周年、世博会以及省内一系列大型活动安保工作经验。会议强调，要抓住各级党委、政府高度重视社会管理创新工作的时机，围绕维稳工作深化社会管理创新、顺应民情民意深化社会管理创新、突出重点项目深化社会管理创新、彰显公平正义深化社会管理创新、依托信息警务深化社会管理创新。

图为与会代表参观嘉兴南湖革命纪念馆

6月24日 **省委常委会召开社会稳定形势分析会** 会议强调，要按照省委十二届九次全会提出的目标任务，不断深化"平安浙江"建设，切实加强维护社会稳定工作，努力解决影响社会和谐稳定的源头性、根本性、基础性问题，增强加强和创新社会管理的实效，为全省经济社会平稳健康发展提供有力保障。

6月24日 **省公安厅、省社会治安综合治理委员会办公室、省社会治安综合治理协会表彰2010年度省级治安安全示范单位** 浙江大学等420家单位榜上有名。

6月24日 **"猎手二号—405"专案浙江战区收网** 是日，在公安部"亮剑"办、省厅"亮剑"办统一指挥下，温州市公安机关出动警力500余人，对"猎手二号—405"专案实施统一收网行动，共抓获犯罪嫌疑人21名，查获制假机器18台，缴获假冒茅台、五粮液、洋河天之蓝、洋河海之蓝、剑南春、郎酒等注册商标标识1000万件（套）。

6月27日 **G50(申苏浙皖高速公路)长兴段发生死亡7人交通事故。**

6月28日 **全国公安边防部队创建模范党组织生活暨主题教育实践活动座谈会在宁波召开** 公安部党委委员、副部长孟宏伟出席会议并讲话,浙江省委常委、宁波市委书记王辉忠到会致辞。

6月29日 **省厅举行庆祝建党90周年暨表彰大会** 会议表彰了全省公安机关"一先两优"代表(全省公安机关先进基层党组织、优秀共产党员、优秀党务工作者和先进纪检监察组织、优秀纪检监察工作者)和浙江省"十大警界先锋",厅党委委员、政治部主任华乃强带领全体与会党员重温入党誓词,会上还举行了"红歌经典颂忠诚"——浙江省公安厅纪念建党90周年合唱汇报演出。厅党委副书记、副厅长张景华就加强全省公安机关党的建设提出五点要求,即坚定信念,永葆忠诚;恪尽职守,为党分忧;顺应民意,关注民生;规范执法,累积公信;提升素质,强化执行。

6月29日 **省厅表彰浙江省"十大警界先锋"。**

图为厅领导与"十大警界先锋"合影

6月 **全省公安民警奋力开展抗洪抢险** 6月3日开始,浙江连续遭受四轮强降雨影响,至6月20日7时,全省有10个市57个县(市、区)受灾,受灾人口441万人,倒塌房屋8400余间,因灾死亡2人、失踪1人,726条次公路中断,352条次供电线路中断,损坏堤防5557处840千米,因灾造成直接经济损失76.9亿元。全省各地特别是绍兴诸暨、金华兰溪、衢州常山等灾情严重地区公安民警、边防、消防及武警官兵全警动员,全力奋战在抗洪抢险第一线,积极开展疏散转移群众、抢救人员财产、疏导道路交通、维持灾区治安秩序等行动。6月20日,凌秋来副厅长率厅指挥中心、治安总队人员至兰溪慰问抗洪一线公安民警。

7月1日 **省厅印发《浙江省保安员资格考试实施办法(试行)》。**

7月5日 **省厅印发《浙江省公安机关110接处警常见警情处置工作指导意见(试行)》和《浙江省公安机关110接处警疑难警情处置工作指导意见(试行)》。**

7月6日 **省厅召开厅党委理论学习中心组(扩大)学习会** 学习胡锦涛总书记"七一"重要讲话精神。厅党委副书记、副厅长张景华主持会议并讲话。

7月6日 **省厅传发《关于规范违反〈浙江省消防条例〉的违法行为名称的通知》** 根据公安部《违反公安行政管理行为的名称及其适用意见》,对《浙江省消防条例》中设定的消防违法行为名称作出规范。

7月7~17日 **第八届全国残疾人运动会提前批赛事在湖州(长兴)举行** 省厅副厅长凌秋来率厅治安总队负责人等在湖州(长兴)赛区实地检查指导并坐镇协调指挥安保工作。

图为凌秋来副厅长与有关人员在研究工作

7月8日 **张景华作客"阳光行动"** 是日10时,厅党委副书记、副厅长张景华作客"浙江之声"广播电台《阳光行动·厅长在线》直播节目,就全省公安机关执法规范化建设、"开门评警"大走访活动、打击电信诈骗、查禁"酒驾"、出入境办证等群众关注的热点问题与听众进行交流。

7月8日 **省厅转发公安部三局贺电** 对宁波市公安机关成功侦破济南格林生物能源有限公司非法使用地沟油制售食用油案件表示祝贺。

7月8~9日 **完成毛里求斯共和国总统阿内罗德·贾格纳特一行访浙警卫任务。**

7月11日 **省厅印发《浙江省公安机关110接处警工作规定》。**

7月14日 **夏宝龙到舟山边防辖区视察工作** 省委副书记夏宝龙在舟山市委、市政府领导陪同下,到舟山边防支队台门边防派出所辖区视察工作。

7月18日 **省厅召开环沪省际卡点工作会议** 省厅副厅长郑兴军就环沪省际卡点落实全天候、全功能安检职能进行研究部署,并对进一步加强环沪省际卡点建设、确保各项职能落实提出要求。

7月18日 **浙江省高级人民法院、浙江省人民检察院、浙江省公安厅联合印发《关于当前办理集资类刑事案件**

适用法律若干问题的会议纪要(二)》。

7月18日 **省厅召开公安微博建设工作座谈会** 就公安微博建设的指导思想、发布内容、职责任务、运行管理等方面进行讨论研究。

7月21日 **甬台温高速公路温州段发生9死4伤交通事故。**

7月23日 **甬温线发生特别重大铁路交通事故** 是日20时27分许,北京南开往福州南的D301次动车与杭州开往福州南的D3115次动车在温州鹿城区黄龙街道双岙村下岙路段高架桥面发生追尾碰撞事故,造成39人死亡、190多人受伤。事发后,公安、武警、消防、卫生、铁路等部门及温州各界群众数千人迅速展开营救。其中,温州市公安局立即启动突发性事件应急处置预案,全警动员、全力以赴,共出动2400余名警力投入抢险、抢救、现场维护、旅客安抚、交通维护、走访旅客和群众、固定相关证据等工作,救出数百名群众,疏散1600余名被困旅客,确认40名遇难者身份。同时,积极协助配合做好家属安抚工作,排查化解各类不稳定因素,有效维护了社会面稳定。省公安消防总队调集温州消防支队和增援的杭州、宁波、台州、金华、丽水、应急救援等6个支队共28个中队、64辆各类抢险车辆、643名官兵投入抢救,连续战斗67小时。公安民警在列车乘务人员配合下,共救出被困受挤压乘客212人(含遇难人员)。23日晚,省领导夏宝龙、李强,厅领导张景华、郑兴军、华乃强在省厅指挥中心通过视频指挥系统指挥处置。副厅长凌秋来率厅有关部门人员赶赴温州事故现场指导救援。24日,中共中央政治局委员、国务院副总理张德江率有关部门负责人到温州指导紧急救援、善后处理和事故调查工作。27日,省委副书记夏宝龙再次到省厅,通过视频指挥系统了解处置情况。28日,温家宝总理到温州看望事故中受伤的人员,慰问死伤人员家属,查看事故现场,为遇难者献花,并在事故现场会见中外记者。

图为夏宝龙等领导在省厅指挥中心坐镇指挥事故处置工作

7月25日 **省厅完成专兼职教官大轮训** 历时近4个月的省、市、县三级公安机关专兼职教官大轮训日前完成。其间,共办培训班8期37个班次,每期10天,培训学员1945人。轮训规模大、人数多,参训学员满意率达98%以上。

7月26日 **公安部召开"亮剑"行动电视电话会议** 副部长刘金国作重要讲话。厅党委副书记、副厅长张景华在省厅分会场参加会议,并就浙江省开展专案集群战役的做法作交流发言。会后省厅召开续会,对下阶段全省"亮剑"专项行动进行再强调再部署。

图为张景华副厅长在会上讲话

7月27日 **省厅印发《浙江省公安机关反恐怖基础排查工作规定》** 共6章18条。

7月27日 **省厅召开严厉查处严重交通违法行为坚决遏制重特大道路交通事故电视电话会议续会** 公安部召开全国预防重特大道路交通事故电视电话会议后,省厅召开续会,副厅长郑兴军在会上就重特大道路交通事故预防工作提出要求。

7月28日 **省厅印发《关于开展网警警务室创建工作的意见》** 对建立网警警务室提出工作目标、创建要求、工作职责、工作要求等方面的意见。

7月29日 **孙建国任职** 是日上午,省十一届人大常委会第二十六次会议第三次全体会议决定任命孙建国为省公安厅厅长,免去王辉忠的厅长职务。此前省委于7月11日决定:孙建国任省公安厅党委委员、书记;免去王辉忠省公安厅党委委员、书记职务。

7月30日 **孙建国厅长分别给省公安消防部队、温州市公安机关全力救援处置"7·23"特别重大铁路交通事故颁布嘉奖令。**

8月1日 **杭州市发生出租车大规模停运事件** 杭州全城8000多辆出租车中,有一半到三分之二的车辆大规模停运。停运司机的主要诉求是"份子钱太高",要求提高运价,由于堵车严重,要求提高"等候费"。杭州市政府迅速推出措施,决定在10月底完成出租车运价调整前对出租车进行临时补助,每辆车每做一笔生意补助1元钱。

8月1日 **孙建国厅长接见回国的浙江赴利比里亚维和警队。**

8月1日 **孙建国主持厅党委成员碰头会** 厅党委书记、厅长孙建国指出：2003年来，以王辉忠同志为“班长”的厅领导班子，带领全省公安民警完成了一系列任务，为我省公安事业发展作出了重大贡献、奠定了坚实基础。去年10月后，由张景华同志主持厅日常工作，厅党委班子团结协作、恪尽职守，为推动各项工作的有序开展和维护全省社会稳定发挥了关键作用。孙建国希望厅机关各部门各司其职，抓好落实，把浙江公安机关的好传统、好机制传承下去，确保全省社会大局稳定。

8月2日 **夏宝龙、李强批示肯定全省公安机关全力做好“7·23”特别重大铁路交通事故抢险救援工作** 省委副书记夏宝龙在省厅上报的《全省公安机关全力做好“7·23”特别重大铁路交通事故抢险救援工作》报告上批示：“7·23”发生至今，我省公安、消防、武警发挥了重要的作用，充分展示了这条战线同志们的精神风貌、过硬作风、大局意识、以民为重的素质和品德，出现了很多可歌可泣的事情，待事故处理告一段落后，要认真总结表彰。请转达我的新问候。同日，省委常委、秘书长、政法委书记李强也在该材料上批示：“7·23”事故发生后，公安机关迅速启动处置预案，及时组织和调集各方面力量投入现场救援和秩序维护工作。消防、特警、武警官兵冒着雷电暴雨，不惧艰难，不顾个人安危，争分夺秒，连续作战，受到社会各界的广泛好评，充分展示了公安系统干警的精神风貌和大爱情怀。下一步要认真做好总结工作，完善各类处置预案，表彰先进，把工作做得更好。

8月3日 **省厅印发《全省消防安全排查整治大会战方案》** 决定8至9月部署开展全省消防安全排查整治大会战。

8月5日 **第四届“我最喜爱的人民警察”先进事迹报告会在省厅举行** 省厅党委书记、厅长孙建国出席报告会并发表讲话。是日下午，省领导赵洪祝、夏宝龙、李强等接见报告团成员。

图为赵洪祝等领导与报告团成员合影

8月5日 **省厅转发公安部《关于积极推动制定城市烟花爆竹禁限放政策切实加强烟花爆竹燃放安全管理的通知》** 要求全省各地公安机关按照《烟花爆竹安全管理条例》、《浙江省烟花爆竹安全管理办法》规定和《通知》要求，提请当地政府制定出台城市烟花爆竹禁限放政策。

8月5日 **省厅聘任浙江省公安机关第四届刑事犯罪侦查专家和行家。**

8月6日 **全省公安机关抗击强台风“梅花”** 8月4日，省厅下发《关于做好今年第9号台风“梅花”防御工作的紧急通知》，各地公安机关迅速按照超强台风“正面袭击”浙江的抗台标准要求，启动防台抗台工作预案。6日，全省共投入2万余名警力参加抗台抢险。

8月8日 **孙建国主持召开厅党委会，研究部署社会维稳和安全工作** 厅党委书记、厅长孙建国主持召开厅党委会，传达贯彻省委常委会会议和全国反恐怖工作会议精神，听取厅机关相关部门情况汇报，对进一步做好社会面维稳工作和预防重大道路交通、火灾事故等工作进行研究部署。

8月8～29日 **孙建国到各市公安机关调研** 省厅党委书记、厅长孙建国先后到温州、丽水、金华、杭州、宁波、湖州、嘉兴、绍兴、舟山、台州等地公安机关及厅机关相关部门调研指导工作。其间，孙建国要求各地各部门要清醒认识、科学判断面临的维稳形势，保持严打高压态势，严密社会面治安防控，努力创新社会管理，不断提高广大群众的安全感、满意度。要坚持民意主导警务不动摇，积极探索做好新形势下群众工作的新机制、新载体、新方法。要大力加强公安队伍正规化建设，特别是各级领导班子要做好表率、带好队伍。坚持从严治警与从优待警两手抓、同样硬。要逐步将从严治警、从优待警的措施向协辅警队伍延伸。厅党委委员、办公室主任石小忠陪同调研。

图为孙建国厅长在湖州市公安机关调研

8月9日 **省纪委领导到省厅指导民主评议工作。**

8月9日 **浙江省高级人民法院、浙江省人民检察院、浙江省公安厅、浙江省司法厅印发《浙江省社区矫正审**

前社会调查实施办法（试行）》 《办法》共6章29条。

8月11日 **孙建国对东阳市公安局一民警醉酒驾车肇事逃逸事件作出重要批示** 是日23时20分，东阳市公安局横店派出所民警郭江剑（男，24岁）驾驶私家车将3名行人撞伤，其中一人经抢救无效死亡。郭江剑驾车逃逸，后被查获。经检测，郭江剑血液酒精含量为1.07mg/ml，属醉酒驾车。郭江剑被刑拘。12日，省厅党委书记、厅长孙建国作出重要批示："这起事故性质恶劣，后果严重，全省公安机关一定要引以为戒，采取更严格措施落实'五条禁令'，决不能再发生类似事件，要进一步加大道路交通安全管理力度，严厉查处酒驾等违法行为。"16日，省厅传发《关于我省公安机关民警违反"五条禁令"案件情况的通报》，通报1月20日以来杭州、温州、金华等地相继发生的8起违令案件。19日上午，省厅召开全省公安机关进一步加强涉警交通事故防范工作电视电话会议。

8月11日 **省厅印发《浙江省公安机关打击成品油走私"国门利剑"专项行动方案》** 要求进一步打击浙江沿海及海上走私违法犯罪活动，切实堵住成品油海上走私通道，切断陆路运输、销售链条，净化成品油市场，力争破获一批大要案件，打掉一批成品油走私团伙。

8月12日 **省厅印发《全省道路交通安全隐患排查整治工作方案》** 决定自即日起至9月30日，在全省开展道路交通安全隐患排查整治工作。

8月14日 **赵洪祝批示肯定全省公安工作** 省委书记、省人大常委会主任赵洪祝在省厅上报的《2011年上半年全省公安工作总结》上作出重要批示：上半年，全省公安系统围绕中心，服务大局，充分发挥职能作用，有效维护了我省社会和谐稳定。希望继续开拓进取，不断加强和创新社会管理，着力提高公安队伍整体素质，为促进科学发展、构建和谐社会创造良好的环境。

8月15日 **孙建国等厅领导慰问一线执勤民警和消防官兵。**

8月16日 **浙江省戒毒研究治疗中心在宁波挂牌成立。**

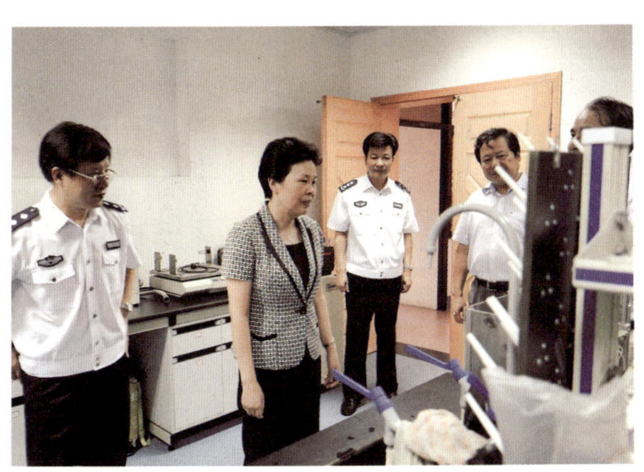

图为省委常委、副省长葛慧君在中心检查工作

8月18日 **全省社会面维稳会议在杭州召开** 凌秋来副厅长主持会议，传达17日公安部视频调度会议精神，并结合近期省内外发生的几起事件，要求各地认识当前维稳形势的严峻性、复杂性，切实加强忧患意识和责任意识，完善社会治安防控体系，全力维护社会治安稳定。

8月18日 **全省反恐怖工作会议在义乌召开** 会议传达中央领导同志关于反恐怖工作重要指示和全国反恐怖工作会议精神，分析当前面临的反恐怖斗争形势，对深入推进全省反恐维稳工作作出全面部署。省委常委、秘书长、政法委书记李强和省委常委、副省长葛慧君出席会议并作重要讲话。孙建国厅长出席会议并就做好反恐怖工作作具体部署。

8月23日 **省厅贯彻落实公安部召开的"打四黑除四害"专项行动电视电话会议精神** 是日，公安部召开全国公安机关"打四黑除四害"专项行动电视电话会议，副厅长凌秋来在省厅分会场参加会议，并就浙江省破获的全国首起利用地沟油生产食用油特大案件作交流发言。公安部会议后，凌秋来主持召开续会，对继续做好全省社会面治安维稳工作以及组织开展"打四黑除四害"专项行动进行部署。

8月23日 **浙江省高级人民法院、浙江省人民检察院、浙江省公安厅、浙江省司法厅印发《关于敦促在逃人员投案自首的通告》。**

8月23日 **浙江省公安厅、浙江省工商行政管理局、浙江省质量技术监督局印发《关于开展防火涂料及防火建材类产品质量专项整治的通知》** 决定9月1日至11月30日在全省开展以防火涂料及防火建材类产品质量为重点的专项整治活动。

8月25日 **省政府办公厅印发《浙江省见义勇为人员奖励和保障工作若干规定》** 9月5日，省公安厅发文要求全省公安机关认真贯彻执行该规定。

8月26日 **省厅印发《浙江省公安机关涉案财物管理实施细则（试行）》。**

8月28日～9月4日 **"安邦护航"杯第五届全国公安系统大城市警察体育三项比赛在杭州举行** 由中国前卫

体协主办、浙江省前卫体协协办、杭州市公安局承办的“安邦护航”杯第五届全国公安系统大城市警察体育三项比赛在杭州市隆重举行，来自全国22个大城市公安局及澳门代表队近230名教练员、运动员和公安部抽调的近50名裁判员参加此次赛会。

8月29日 **省厅召开厅党委理论学习中心组（扩大）学习会暨厅机关全警集中教育培训开班仪式** 厅党委书记、厅长孙建国及在家厅领导参加学习会。厅党委委员、政治部主任华乃强主持学习会，并就开展集中教育培训活动作动员讲话。省委党校李涛教授作题为《新时期中国周边形势与发展问题》的辅导报告。

8月30～31日 **全省公安机关涉案财物管理和非正常死亡问题专项治理工作现场推进会在东阳召开** 厅党委副书记、副厅长张景华出席会议并讲话，厅党委委员、纪委书记、督察长华远平主持会议。

图为与会代表在现场参观

9月6日 **诸暨破获“8·23”、“8·29”两起持枪抢劫杀人案。**

9月8日 **孙建国厅长到浙江警察学院调研并慰问教师和驻校教官。**

9月9日 **温岭市一鞋业公司发生7死5伤重大火灾** 是日凌晨位于温岭横峰街道石刺头村的鑫卓鞋业有限公司一临时厂房发生火灾，殃及周围民房，造成7人死亡、5人受伤。省委书记赵洪祝，省委副书记、代省长夏宝龙等作出批示，要求查清事故原因，做好善后工作。接到报警后，横峰专职消防队火速赶到现场，温岭市消防大队出动5辆消防车，并调集大溪等5支专职消防队扑救。大火于5时20分被扑灭。

9月13日 **省厅命名2010年度二级公安（边防）派出所和撤销部分二级公安派出所。**

9月15日 **海宁成功处置因环境污染引发的群体事件。**

9月15日 **省厅转发公安部《关于公安机关办理醉酒驾驶机动车犯罪案件的指导意见》。**

9月19日 **省厅命名“全省公安机关执法示范单位”。**

9月20日 **省厅转发公安部监管局关于印发《看守所告知在押人员权利和义务的规定》。**

9月21日 **省厅印发《保安服务公司审批细则（试行）》。**

9月21日 **省厅印发《浙江省公安机关水上接处警工作规定（试行）》。**

9月21日 **夏宝龙到绍兴市指导八届残运会安保工作** 是日，省委副书记、代省长夏宝龙在副省长陈加元、省政府秘书长张鸿铭等陪同下，到绍兴市公安局视察指导第八届全国残疾人运动会安保工作。

9月21日 **赵洪祝批示肯定温州公安工作** 省委书记赵洪祝在新华社《国内动态清样》第3331期《温州警方打造“三警务”保社会平安》一文作出专门批示：温州公安以及整个政法系统，近几年工作成效显著，包括在“7·23”特大铁路交通事故处突中的表现。希望再接再厉，为维护社会和谐稳定，保一方平安，再创佳绩。

9月22日 **省厅副厅长董晓伟参加公安部召开的“亮剑”行动领导小组视频扩大会议并在省厅分会场就我省决战“亮剑”行动工作情况作了发言。**

9月22日 **省厅转发公安部《关于印发〈公安机关人民警察职业道德规范〉的通知》。**

9月22日 **省厅印发《关于贯彻落实公安部进一步加强公安特警队正规化建设意见的通知》** 提出加强组织领导，规范执勤执法，完善力量建设，加强实战化训练，完善警务保障等要求。

9月22日～10月11日 **完成第八届全国残运会火炬接力传递安保工作** 其间，第八届全国残运会火炬在全省10个设区市（除嘉兴）进行传递，共有485名火炬手参加传递，40余万群众到现场观看。传递里程30公里，交通转场1328公里。全省公安机关出动安保力量2.8万人次，确保传递活动的安全顺利进行。

图为凌秋来副厅长和安保小组成员在安保工作现场

9月27日 **省厅印发《全省公安机关深化消防安全五大活动开展清剿火患战役实施方案》** 要求全省公安机关从9月26日至2012年2月29日，开展清剿火患战役，重点场所是：“三合一”场所、居住出租房屋、各类小单位小场所、未排查整治的区域和单位场所、高层地下建筑、人员密集场所。

9月27～28日 **完成2011“达之路”非洲投资高峰论坛安全保卫任务** 2011“达之路”非洲投资高峰论坛在杭州黄龙饭店举行，毛里求斯总统阿内罗德·贾格纳特出席论坛并作演讲，非洲40余国代表、使节与浙江企业家代表出席论坛。

9月28日 **公安部联合8国和台湾警方侦破“6·30”特大电信诈骗案。**

9月29日 **省厅公布2010年度全省一级公安（边防）派出所名单** 浙江被新命名一级公安派出所10家、一级公安边防派出所1家，被撤销原一级公安派出所2家。

9月29日 **孙建国主持厅领导信访接待日活动** 是日上午，孙建国厅长专程到厅信访接待室，听取来访群众的诉求，督促解决群众信访问题。

9月30日 **省厅转发公安部《关于学习宣传贯彻新修订〈公安机关督察条例〉的通知》** 8月31日，温家宝总理签署第603号国务院令，公布新修订的《公安机关督察条例》，自10月1日起正式施行。

10月1日 **孙建国在杭州检查指导“八残会”安保工作** 是日，厅党委书记、厅长孙建国一行到杭州黄龙饭店和黄龙体育中心，对“第八届全国残疾人运动会”住地宾馆、开幕式和田径赛事场馆的前期安保工作进行检查。

10月1日 **公安部部长孟建柱颁布嘉奖令** 对浙江省公安机关“清网行动”全体参战单位和民警予以通令嘉奖。

10月1日 **10省区跨省转递交通违法监控记录** 是日起，浙江与贵州、四川、吉林、黑龙江、江苏、江西、广东、青海、新疆等10个省（区）开始跨省转递交通技术监控设备采集的违法记录，异地交通违法行为将一样受到处罚。

10月1～7日 **全省公安机关完成国庆安保工作** 其间，全省未发生影响政治稳定和社会稳定的重大案（事）件，各大旅游景区秩序井然。接报警48.56万起，同比上升4.53%；其中有效报警22.17万起，同比上升5.60%。

10月3日 **浙象渔40136船发生6死4伤火灾事故。**

10月3～4日 **完成温家宝总理视察浙江警卫任务。**

10月6日 **台州路桥区发生7死1伤交通事故** 事发后，省公安厅副厅长郑兴军率厅交管局有关负责人赶赴事故现场指导处置工作，并到医院看望伤员。

10月8日 **省厅召开加强厅直机关自身建设会议。**

10月13日 **孙建国出席苏浙皖沪公安机关区域警务合作第二次联席会议** 是日，该会议在沪召开。厅长孙建国，副厅长凌秋来，厅党委委员、办公室主任石小忠等参加会议。孙建国厅长发表讲话，凌秋来副厅长代表浙江省公安厅与上海、江苏、安徽等省市公安厅（局）共同签署《苏浙皖沪三省一市公安机关区域警务合作机制足球赛事安全管理工作协议（试行）》、《苏浙皖沪公安特警队区域警务合作协议》。

10月13日 **省公安厅和省文物局联合转发公安部、国家文物局《关于进一步加强博物馆安全工作的通知》** 并要求全省各地进一步强化博物馆安全工作。

10月14日 **省厅印发《浙江省省际公安检查站管理工作规范（试行）》。**

10月14日 **省厅印发《浙江省公安机关防范处置金融犯罪专项行动工作方案》** 针对温州等地因民间借贷资金链断裂连续引发案（事）件，严重危害局部区域的金融安全和社会稳定，决定自2011年10月至2012年春节前开展此专项行动。

10月15日 **省委、省政府召开电视电话会议** 贯彻中央关于加强和创新社会管理的重大决策，专题研究部署进一步推进矛盾纠纷大调解工作。

10月15日 **王建满视察高速公路交通安全管理工作** 是日下午，副省长王建满在副厅长郑兴军的陪同下，到高速总队杭州支队五大队视察指导高速公路交通安全管理工作，听取交通安全管理情况汇报并实地参观大队执法规范化建设情况。

10月17日 **省厅召开全省公安机关决战“清网行动”**

电视电话会议续会 是日下午，省厅在公安部决战“清网行动”电视电话会议后召开续会，厅长孙建国对全省公安机关决战“清网行动”工作进行部署。

10月19日 **孙建国检查全国残运会闭幕式及世界浙商大会安保准备工作** 是日上午，厅长孙建国、副厅长凌秋来在杭州市检查指导全国残运会闭幕式安保工作和世界浙商大会安保准备工作，看望慰问参战安保人员。

10月19日 **完成第八届全国残疾人运动会安全保卫任务。**

图为张景华副厅长在现场检查安保工作

10月20日 **省厅传发《关于切实加强预防重特大道路交通事故工作的通知》** 要求全省加强7座以上客运车辆管控、严查酒后驾驶等严重交通违法、加强恶劣气候条件交通安全管理、实行重点违法综合排名、实行工作责任倒查制，以加强道路交通安全工作。

10月20日 **省厅印发《浙江省公安声像资料管理若干规定》** 对报送内容、声像编辑、制作、报送和管理等作出规定。

10月22日 **孙建国主持厅党委理论学习中心组（扩大）学习会** 研究部署贯彻落实党的十七届六中全会精神的具体措施，并强调重点工作。厅党委副书记、副厅长张景华传达党的十七届六中全会精神。

10月25日 **孙建国会见省地方志编纂委员会副主任张曦一行** 是日，省地方志编纂委员会副主任张曦一行到省厅调研指导地方志编纂工作。厅长孙建国，厅党委委员、政治部主任华乃强，厅党委委员、办公室主任石小忠向调研组介绍省公安厅史志工作情况，并汇报了做好下一步公安史志工作的意见。

10月25～28日 **张景华率团赴江苏、安徽考察公安信息化建设** 厅党委副书记、副厅长张景华率省厅和部分市局指挥（情报）中心、科通部门负责人赴江苏、安徽两地考察公安信息化建设。

10月26～29日 **成功处置湖州市织里镇群体性事件。**

10月27日 **省厅传发《全省公安机关集中整治严重交通违法行为专项行动方案》** 决定11月1日至2012年3月31日，在全省开展集中整治超速、客车超员、货车超载、疲劳驾驶（“三超一疲劳”）以及酒后驾驶违法行为专项行动。当日下午，省厅召开视频会议，对专项行动进行部署。

10月27日 **刘力伟任省委常委、省公安厅党委书记、厅长** 是日，中共中央中委〔2011〕379号通知，刘力伟任中共浙江省委常委。11月7日，省委浙干任〔2011〕58号通知，任命刘力伟为中共浙江省公安厅党委委员、书记，中共浙江省委政法委员会副书记。11月25日，省十一届人大常委会第二十九次会议任命刘力伟为省公安厅厅长。

10月28日 **省厅转发公安部《关于认真学习贯彻党的十七届六中全会精神的通知》。**

11月2～9日 **浙江公安机关通过公安部“审计整改年”活动考评验收。**

11月3日 **欢送孙建国赴湘履新** 是日下午，省公安厅党委成员和机关民警在机关大院欢送孙建国赴湖南省履新。根据10月27日中共中央中委〔2011〕379号通知精神，孙建国任中共湖南省委常委。11月7日，中共浙江省委通知，免去孙建国的中共浙江省公安厅党委书记、委员职务。11月25日，省十一届人大常委会第二十九次会议免去孙建国的省公安厅厅长职务。

图为孙建国与厅党委班子成员亲切话别

11月7日 **省公安厅召开领导干部会议** 省委常委、秘书长、政法委书记李强出席会议并作重要讲话，省委组织部常务副部长吴顺江宣读中共中央关于刘力伟任中共浙江省委委员、常委的通知，以及中共浙江省委关于刘力伟任省公安厅党委委员、书记，中共浙江省委政法委委员、副书记的决定。新任省委常委、政法委副书记、公安厅党委书记刘力伟作重要讲话，省公安厅党委副书记、副厅长张景华主持会议。

11月8日 **浙江省公安厅、浙江省高级人民法院、浙江省人民检察院、浙江省司法厅印发《人体损伤程度鉴定标准有关条款的适用意见（试行）》** 自颁布之日起执行。

11月9日 **省厅传发《关于进一步规范全省公安机关鉴定机构、鉴定人登记管理的通知》。**

11月9日 **公安部消防局奖给上虞农民一辆消防摩托车** 是日，公安部消防局表彰参与消防公益活动的社会团体、民间组织和个人，其中浙江上虞道墟镇普通农民阮炳炎被奖励一辆带有水泵和消防带的专业灭火四轮摩托车，价值10多万元。阮炳炎1989年组建浙江省第一支家庭义务消防队，22年来累计救火156起，挽回经济损失600多万元。

11月16日 **省厅召开全省公安机关深入推进“打四黑除四害”专项行动电视电话会议** 传达公安部“打四黑除四害”专项行动会议精神，通报全省行动情况，部署推进专项行动有关工作。凌秋来副厅长出席会议并讲话。

11月17日 **玉环发生一起5人死亡交通事故。**

11月17日 **“7·20”假药案集群战役成功收网** 是日，在公安部统一指挥下，浙江11个市公安机关出动1100名警力，实施集中收网行动，共破获案件47起，抓获犯罪嫌疑人83名，摧毁制售假药犯罪团伙14个，捣毁制假售假窝点98个，涉案金额1.2亿余元。12月29日，公安部部长孟建柱给浙江等省、市公安机关颁发嘉奖令。

11月17日 **杭州萧山机场海关查破特大运输毒品案。**

11月18日 **省厅印发《全省公安机关重点信访案件专项治理工作方案》** 决定从2011年11月至党的“十八大”召开前，组织全省公安机关开展信访案件专项治理。

11月18日 **刘力伟会见出席在杭州召开的全国公安消防部队正规化建设现场会代表** 省委常委、省公安厅党委书记刘力伟会见与会代表。厅党委委员、副厅长凌秋来出席会议并致辞。

11月18日 **省厅印发《浙江省公安基础设施建设“十二五”规划》。**

11月22日 **刘力伟主持厅党委理论学习中心组学习会** 是日，省厅召开厅党委理论学习中心组（扩大）学习会，传达学习浙江省委十二届十次全会精神。省委常委、省公安厅党委书记刘力伟在会上讲话，厅党委副书记、副厅长张景华传达全会主要精神。

11月22日 **省厅印发《浙江省消防监督执法若干规定》。**

11月24日 **省厅传发《浙江省公安机关清理整治“网络黑市”专项行动工作方案》** 决定自即日起至2012年2月20日，在全省范围内开展此专项行动。

11月24日 **省厅转发公安部关于印发《公安机关强制隔离戒毒所等级评定办法》的通知** 强制隔离戒毒所等级分为一级、二级、三级和未达标级，评定工作每年进行一次。自发布之日起施行。

11月25日 **《浙江省禁毒条例》修订后公布** 是日，浙江省第十一届人民代表大会常务委员会第二十九次会议通过修订后的《浙江省禁毒条例》，共6章52条，2012年1月1日起施行。

11月25日 **刘力伟接待来访群众** 是日下午，省委常委、省公安厅党委书记、厅长刘力伟在厅信访接待室接待来访群众6批9人。

11月26日 **赵洪祝到省厅视察** 是日上午，省委书记、省人大常委会主任赵洪祝到省厅视察工作。省委常委、省公安厅厅长刘力伟，厅党委副书记、副厅长张景华，厅党委委员、办公室主任石小忠陪同视察。

图为赵洪祝书记听取有关情况介绍

11月29日～12月27日 **刘力伟到各市公安机关调研** 省委常委、省公安厅厅长刘力伟在厅党委委员、办公室主任石小忠陪同下先后到杭州、嘉兴、舟山、绍兴、衢州、金华、湖州等地公安机关调研指导工作。刘力伟在调研中强调，公安工作与人民群众的生产生活息息相关，要创新对人的服务管理，既防止浙江成为高危人员流入的“洼地”，又为流动人口提供更好的服务。社区民警要真正融入社区，为群众办实事、解难事、做好事。探索实行“阳光警务”，让群众了解公安机关干什么、做什么，把公安工作扎根于群众之中，为维护社会和谐稳定赢得牢固的群众基础和力量源泉。需要不断赋予“枫桥经验”新内涵。要积极履行公安职责，把维护国家安全和社会政治稳定工作放在重要位置。必须坚持从严治警与从优待警相结合，激发民警创先争优、奋发有为的活力，努力造就一支高素质的公安队伍。

12月5～6日 **完成周永康警卫任务** 其间，中共中央政治局常委、中央政法委书记周永康，国务委员、国务院秘书长马凯一行在浙江宁波参加全国领导干部接待群众来访工作经验交流现场会，并考察宁波市社会管理创新工作。

12月7日 **赵洪祝对流动人口工作作出重要批示** 省委书记、省人大常委会主任赵洪祝在省流动人口服务管理工作领导小组办公室报送的《关于全省企业单位开工用工状况抽样调查情况的报告》上作出批示：“这份调研报告对我省企业开工、用工情况作了详尽分析，很有意义，很有说服力。尤其是重视分析用工结构情况，并提出了针对性的建议，对我们加快转型升级有许多启迪。”

12月7日 **省厅印发《浙江省公安厅关于支持浙商创业创新促进浙江发展的若干意见配套政策》。**

12月8日 **省厅召开全省加强公安特警队建设电视电话会议** 是日上午，省委常委、省公安厅厅长刘力伟出席会议并作重要讲话，凌秋来、华乃强、石小忠等厅领导出席会议。

12月9日 **全省公安机关完成三年为期警种部门岗位业务技能大抽考活动。**

12月9日 **省厅召开全省公安机关涉案人员非正常死亡和涉案财物管理问题专项治理视频调度会** 厅党委委员、纪委书记、督察长华远平在会上通报全省公安机关两个专项治理交叉检查情况，并对下一步工作提出要求。

12月9日 **省厅印发《关于进一步加强森林公安工作若干事项的通知》。**

12月12日 **全省公安机关开展打击黄赌“零点”行动** 是日0时至24时，浙江省公安机关治安部门开展打击整治以黄赌违法犯罪活动为重点，代号为“零点”的集中行动，其间，全省共出动警力3.2万余人次，检查场所14927家，查获问题场所655家，处罚场所124家，抓获各类涉黄涉赌犯罪嫌疑人383人、违法人员2534人、上网在逃人员26人，扣押和冻结涉案资金214.2万元，收缴各类枪支和管制刀具47把。其中，打掉一个涉及广西、安徽和浙江金华、温州、湖州、嘉兴等地以永嘉籍人员为首的组织、强迫妇女卖淫特大犯罪团伙，抓获涉案犯罪嫌疑人220余人，其中刑事拘留61人，治安拘留33人，解救失足妇女115人。

12月12日 **省厅印发《浙江公安门户网站网上来信办理规则》** 自发布之日起施行。

12月16日 **省厅召开全省公安机关“十大警界先锋”先进事迹报告会** 省委常委、省公安厅厅长刘力伟出席报告会并讲话。

图为刘力伟厅长亲切慰问“十大警界先锋”

12月16日 **省厅召开“三访三评”深化“大走访”活动动员部署电视电话会议。**

12月16日 **浙江省公安厅和宁波市公安局被公安部分记集体一等功** 是日，在公安部召开的全国公安机关网上追逃专项督察“清网行动”总结表彰会上，省厅和宁波市局被分记一等功，这是省公安厅历史上首次被授予一等功。

12月20日 **张景华出席苏浙皖沪三省一市公安应急装备物资区域联勤保障合作框架协议签约仪式** 该仪式在上海举行。厅党委副书记、副厅长张景华出席签约仪式并发言。

12月21日 **省厅转发省委政法委《关于全省政法系统贯彻落实省委十二届十次全会精神的实施意见》的通知** 要求把学习贯彻全会精神与开展社会主义法治理念教育、创先争优活动、主题教育实践活动、政法核心价值观教育活动有机结合起来，增强广大政法干警的文化自觉和文化自信，克服与己无关的思想，做建设文化强省的重要实践者、积极推动者、有力保障者。

12月22日 **省厅传达学习全国政法工作会议精神** 上午，厅党委副书记、副厅长张景华主持学习会，传达学习周永康同志在全国政法工作会议上重要讲话精神，厅领导和副厅级干部参加学习会。

12月26日 **省厅印发《浙江省省际公安检查站日常勤务工作规定(试行)》。**

12月27日 **浙江省公安厅、浙江省民政厅、浙江省人力资源和社会保障厅、浙江省卫生厅、浙江省财政厅、浙江省总工会印发《关于落实见义勇为人员医疗待遇有关问题的通知》。**

12月28日 **刘力伟会见香港特别行政区保安局代表团** 省委常委、省公安厅厅长刘力伟在杭州会见以香港特别行政区保安局局长李少光为团长的香港特别行政区保安局代表团一行。

12月28日 **浙江省公安厅、浙江省交通运输厅印发《关于表彰浙江省“安全运输先进企业”和“安全驾驶先进个人”的通知》** 表彰省级“安全运输先进企业”10家、“安全驾驶先进个人”20名。

12月29日 **刘力伟接待来访群众** 是日下午，省委常委、省公安厅厅长刘力伟在厅信访接待室接待来访群众2批5人，厅党委委员、办公室主任石小忠陪同接访。

12月31日 **省厅印发《关于全省公安机关2011年度打防控工作市级、县级优胜单位的通报》** 嘉兴市公安局、宁波市公安局、温州市公安局为市级优胜单位，杭州市萧山区公安分局等45个单位为县级优胜单位。

组 织 机 构

【概述】 浙江省陆域面积10.18万平方千米，海岸线总长6400余千米。全省有地级市11个，市辖区32个，县36个，县级市22个。据2011年5月省统计局发布的浙江省第六次全国人口普查主要数据，截至2010年11月1日零时，全省常住人口为5442.69万人，其中男性2796.57万人、女性2646.12万人；常住人口中，省外流入人口为1182.40万人。2011年，全省共有县级以上公安机关115个，其中省公安厅1个，副省级城市公安局2个，地级市公安局9个，县（市、区）公安（分）局90个，非行政区划公安分局13个；共有公安派出所 1133 个。全省共有警力（含行政编制工勤人员）6.59万余人，其中大专以上文化程度的占96.23%，40岁以下的占61.94%，警力占全省常住人口的1.17‰。

浙江省公安厅处级以上机构

浙江省公安厅

- 政治部
  - 警务处
  - 干部处
  - 宣传处
  - 教育训练处
  - 现役工作办公室
- 纪委·监察室
- 警务督察总队
- 直属机关党委
- 办公室（信访办公室）
- 警务保障部（2012年8月由后勤处更改为现名）
  - 警用物资管理中心
  - 人民警察培训中心（2011年11月，机构规格调整为县处级）
- 审计处
- 科技通信管理局
  - 信息技术处（信息中心）
  - 省公安科技研究所
- 离退休干部处
- 指挥中心
- 情报中心（2012年8月，省编委批复设立）
- 国内安全保卫总队
  - 反邪教处
- 经济犯罪侦查总队
- 治安总队
  - 流动人口服务管理处
  - 居民身份证制作中心
- 刑事侦查总队
  - 省公安物证鉴定中心（浙江省公安司法鉴定中心）
- 监管总队
  - 省看守所
- 出入境管理局
  - 机场签证办事处
  - 出入境证照制作中心
- 技术侦察总队
- 交通管理局
  - 车辆管理所（2012年8月，省编委批复设立）
- 网络警察总队
  - 省网络与信息安全信息通报中心
- 禁毒总队
- 反恐怖总队
- 法制总队
- 边防总队
- 消防总队
- 警卫局
- 铁路公安处
- 森林警察总队（森林公安局）
- 杭州走私犯罪侦查局
- 宁波走私犯罪侦查局
- 高速公路交通警察总队
- 机场公安局
- 省公安警务航空队
- 新闻传媒中心
- 浙江警察学院

注：信息技术处（信息中心）、反邪教处、流动人口服务管理处、省看守所、省网络与信息安全信息通报中心，由厅党委分别委托厅科技通信管理局、国内安全保卫总队、治安总队、监管总队、网络警察总队统一领导；机场签证办事处系省厅正处级派出机构，由出入境管理局统一领导；警用物资管理中心、人民警察培训中心、省公安科技研究所、居民身份证制作中心、省公安物证鉴定中心、出入境证照制作中心为事业单位，分别由厅警务保障部、科技通信管理局、治安总队、刑事侦查总队、出入境管理局统一领导；现役工作办公室、边防总队、消防总队、警卫局为公安现役正师级机构；省公安警务航空队同时挂“浙江省应急救援航空队”牌子；铁路公安处、森林警察总队以及杭州、宁波走私犯罪侦查局，分别序列省公安厅十五处、十七处、二十四处、二十五处。

浙江省公安厅副处长以上干部名录

机构	职务	姓名	警衔	附注
省公安厅	省委常委、政法委副书记，厅党委书记、厅长	刘力伟	副总警监	2011年10月任省委常委，11月任省委政法委副书记，厅党委书记、厅长
	厅党委书记、厅长	孙建国	副总警监	2011年7月任职，同年10月任湖南省委常委，11月免厅党委书记、厅长职务；2012年8月授衔
	党委副书记、常务副厅长、正厅长级	张景华	一级警监	
	党委委员、副厅长，杭州市委常委，市公安局党委书记、局长	柯良栋	一级警监	
	党委委员、副厅长、正厅级	董晓伟	一级警监	2011年10月确定为正厅级，同年12月至2012年1月免职，2012年2月退休
	党委委员、副厅长、巡视员	郑兴军	一级警监	
		凌秋来	一级警监	
		华乃强	一级警监	2012年1月任副厅长，8月免兼任的政治部主任职务
		陈重天	一级警监	2011年10月退休
	党委委员、副厅长	华远平	二级警监	2012年1月任副厅长，此前为厅纪委书记、督察长
		徐定安	二级警监	
	党委委员、副厅长、警卫局局长	王　冰	武警少将	副军职
	党委委员、纪委书记	王海仁	二级警监	2012年1月任职
	党委委员、副厅长	叶寒冰	二级警监	2012年1月任职
	党委委员、副厅长级	黎伟挺	二级警监	2012年1月任职
	党委委员、政治部主任	石小忠	三级警监	2012年8月任政治部主任，此前为办公室主任
	党委委员、消防总队政委	程永利	武警大校	2012年3月任厅党委委员，6月被“双规”，9月免消防总队政委职务
	副巡视员	朱志华	二级警监	2011年5月免职，7月退休
		刘爱国	二级警监	2012年3月免职并退休
政治部	副主任	胡明法	三级警监	
		朱思恩	三级警监	
		张申才	三级警监	
		叶基品	武警大校	2011年10月任职，11月调福建，2012年1月免职

续表

<table>
<tr><th>机 构</th><th>职 务</th><th>姓 名</th><th>警 衔</th><th>附 注</th></tr>
<tr><td rowspan="18">政治部</td><td rowspan="2">副主任</td><td>闫敬辉</td><td>武警大校</td><td>2012年1月任职</td></tr>
<tr><td>齐跃明</td><td>三级警监</td><td>2012年2月任职</td></tr>
<tr><td>警务处处长</td><td>吴高峻</td><td>三级警监</td><td></td></tr>
<tr><td rowspan="2">警务处副处长</td><td>谢国科</td><td>一级警督</td><td></td></tr>
<tr><td>陈剑远</td><td>二级警督</td><td></td></tr>
<tr><td>干部处处长</td><td>张申才</td><td>三级警监</td><td>（兼）</td></tr>
<tr><td rowspan="2">干部处副处长</td><td>叶昌德</td><td>二级警督</td><td></td></tr>
<tr><td>齐 宁</td><td>三级警督</td><td></td></tr>
<tr><td>宣传处处长</td><td>朱思恩</td><td>三级警监</td><td>（兼）2012年9月免职</td></tr>
<tr><td rowspan="2">宣传处副处长</td><td>洪 波</td><td>一级警督</td><td></td></tr>
<tr><td>詹肖冰</td><td>二级警督</td><td></td></tr>
<tr><td>新闻发言人办公室副主任</td><td>张宏亮</td><td>三级警督</td><td></td></tr>
<tr><td>教育训练处处长</td><td>夏文星</td><td>一级警督</td><td>2012年9月免职</td></tr>
<tr><td>教育训练处副处长</td><td>毛伟平</td><td>二级警督</td><td></td></tr>
<tr><td>现役工作办公室主任</td><td>闫敬辉</td><td>武警大校</td><td>（兼）2011年12月任职</td></tr>
<tr><td rowspan="2">现役工作办公室副主任</td><td>杨立山</td><td>武警大校</td><td>2012年3月调海警学院任职</td></tr>
<tr><td>孙荣华</td><td>武警大校</td><td>2012年3月任职</td></tr>
<tr><td rowspan="8">纪委·监察室（合署办公）</td><td>副书记、副督察长</td><td>邵金强</td><td>三级警监</td><td></td></tr>
<tr><td>副书记</td><td>刘美娟（女）</td><td>三级警监</td><td></td></tr>
<tr><td>副书记、副督察长</td><td>丁荟平</td><td>武警大校</td><td></td></tr>
<tr><td>案件检查室主任</td><td>俞永生</td><td>二级警督</td><td></td></tr>
<tr><td>案件审理室主任</td><td>邬海珍（女）</td><td>一级警督</td><td></td></tr>
<tr><td>办公室主任</td><td>刘永明</td><td>二级警督</td><td></td></tr>
<tr><td>监察室主任</td><td>张为民</td><td>三级警监</td><td></td></tr>
<tr><td>监察室副主任</td><td>刘永明</td><td>二级警督</td><td>（兼）</td></tr>
<tr><td rowspan="5">警务督察总队</td><td>总队长、副督察长</td><td>施亚夫</td><td>三级警监</td><td></td></tr>
<tr><td>政 委</td><td>杨岳成</td><td>三级警监</td><td></td></tr>
<tr><td>副总队长、维权办主任</td><td>施 远</td><td>三级警监</td><td></td></tr>
<tr><td rowspan="2">副总队长</td><td>陆文官</td><td>三级警监</td><td></td></tr>
<tr><td>王 杰</td><td>一级警督</td><td></td></tr>
<tr><td rowspan="2">直属机关党委</td><td>副书记</td><td>胡明法</td><td>三级警监</td><td>（兼）</td></tr>
<tr><td>厅工会委员会专职副主任</td><td>叶冬平</td><td>三级警监</td><td></td></tr>
</table>

续表

机 构	职 务	姓 名	警 衔	附 注
直属机关党委	办公室主任	费明福	三级警监	
	团委书记	江永志	二级警督	
办公室	主 任	石小忠	三级警监	2012年9月免职
		夏文星	一级警督	2012年9月任职
	副主任（正处长级）	谭功荣	二级警督	2012年4月任职
	副主任	黄思科	一级警督	
	政治协理员	余侠军	二级警督	
	副主任兼信访办公室副主任	陈忠良	一级警督	
	副主任	江锡华	二级警督	
警务保障部（2012年8月由后勤处改为现名）	主 任	张征宇	三级警监	2012年9月由处长改任主任
	副主任	施加强	三级警监	2012年9月由副处长改任副主任
		王祝兰	一级警督	
		管静（女）	一级警督	
	政治协理员	张郁平	一级警督	
	警用物资管理中心主任	施加强	三级警监	（兼）
审计处	处 长	王子云	三级警监	
	副处长	李静文	一级警督	
科技通信管理局信息技术处（信息中心）	局 长	孟 涛	三级警监	2012年9月免职
	政 委	罗 杰	一级警督	
	副局长	张明亮	三级警监	
		吴敏萍（女）	三级警监	
		许世祥	一级警督	
		孙小玲（女）	一级警督	
	信息技术处处长	吴敏萍（女）	三级警监	（兼）
	信息技术处副处长	商建学	一级警督	
		柳颖（女）	一级警督	
	公安科技研究所所长	张明亮	三级警监	（兼）
	公安科技研究所副所长	蒋乐中	一级警督	
离退休干部处	处 长	齐跃明	三级警监	（兼）
	副处长	王一初	一级警督	
指挥中心（情报中心）	主 任	裘永进	三级警监	
	政委兼情报中心主任	葛 牧	三级警监	

续表

机构	职务	姓名	警衔	附注
指挥中心（情报中心）	副主任	王文运	一级警督	
		左爱彬	一级警督	
国内安全保卫总队	总队长、副厅级	金江新	二级警监	
	政委	朱海鸥（女）	三级警监	
	副厅级	谷小妮（女）	二级警监	
	副总队长	张留声	三级警监	
		沈永兴	三级警监	
		翁生华	一级警督	
		陆敏敏	三级警监	
		张永彪	一级警督	
		陈林峰	二级警督	
	反邪教处处长	张留声	三级警监	（兼）
	反邪教处副处长	翁生华	一级警督	（兼）
		陈林峰	二级警督	（兼）
经济犯罪侦查总队	总队长	黄宝坤	三级警监	2012年1月调温州任职
		商 牛	三级警监	2012年9月任职
	政委、副厅级	马基（女）	二级警监	2012年9月免政委职务
	政委	张申才	三级警监	2012年9月任职
	副总队长	何小刚	三级警监	
		吕忠校	一级警督	
		丁平练	一级警督	
治安总队	总队长、副厅长级	陈石春	二级警监	
	政委、副厅级	沈鑫祥	二级警监	
	副总队长	韩丰平	三级警监	
		阮文广	三级警监	
		冯金寿	一级警督	
		王顺大	一级警督	
		丁仕辉	一级警督	
		朱国振	一级警督	
	居民身份证制作中心主任	韩丰平	三级警监	（兼）
	居民身份证制作中心副主任	王麟伟	三级警监	
		陈建跃	一级警督	
		鲍庆和	三级警监	

续表

机构	职务	姓名	警衔	附注
治安总队	流动人口服务管理处处长	阮文广	三级警监	(兼)
	流动人口服务管理处副处长	孙芝芳	一级警督	
	省驻京信访工作组副组长	马勇军	一级警督	
刑事侦查总队	总队长、副厅级	蒋庆明	二级警监	
	政委、副厅级	应剑峰	二级警监	
	副总队长	聂展云	三级警监	
		蔡鸿鸣	一级警督	
		沈　虹	一级警督	
		吕建平	一级警督	
		徐春法	一级警督	
	公安物证鉴定中心主任	聂展云	三级警监	(兼)
	公安物证鉴定中心副主任	朱虹辉	一级警督	
		马继雄	一级警督	
监管总队	总队长	陈溪和	三级警监	
	政　委	卫中强	三级警监	2012年1月调丽水任职后为三级警监
		李建平	三级警监	2012年9月任职
	副总队长	李建平	三级警监	2012年9月免职
		吴剑锋	三级警监	
		孟立新	一级警督	
	副政委	夏德俊	三级警监	
	省看守所所长	李建平	三级警监	(兼)2012年9月免职
	省看守所政委	宁国华	三级警监	
	省看守所副所长	陈　斌	二级警督	
		叶建军	二级警督	
出入境管理局	局长、副厅级	杨　建	二级警监	2012年9月免局长职务
	局　长	徐青(女)	三级警监	2012年9月任职
	政　委	孟　涛	三级警监	2012年9月任职
	副厅级	张建良	二级警监	2012年7月退休
	副局长	徐青(女)	三级警监	2012年9月免职
		刘静(女)	一级警督	
		傅肃贤	三级警监	
		张国芳	一级警督	
	机场签证办事处主任	刘静(女)	一级警督	(兼)
	机场签证办事处副主任	郑　斌	二级警督	

续表

机　构	职　　务	姓　名	警　衔	附　　注
出入境管理局	出入境证照制作中心主任	徐青（女）	三级警监	（兼）2012年9月免职
	出入境证照制作中心副主任	曾金火	一级警督	
技术侦察总队	总队长	丁　宏	三级警监	
	政　委	钱晓峰	三级警监	
	副总队长	单连升	三级警监	
		周　进	二级警督	
		陆　巧	二级警督	
交通管理局	局长、副厅级	缪德礼	二级警监	
	政委、副厅级	王伟业	二级警监	
	副局长	王文学	三级警监	
	副局长、高速公路交警总队总队长、副厅级	汪永和	三级警监	2012年3月任副厅级
	副局长	宋晓春	三级警监	
		吕水泉	三级警监	
		郑小林	一级警督	
网络警察总队	总队长	丁仁仁	三级警监	
	政　委	丁建忠	三级警监	
	副总队长	胡民力	三级警监	
		罗宁（女）	三级警监	
		陈　龙	一级警督	
	网络与信息安全信息通报中心主任	胡民力	三级警监	（兼）
	网络与信息安全信息通报中心副主任	骆恩标	一级警督	
		施雄伟	一级警督	
禁毒总队	总队长	蔺　牛	三级警监	2012年9月免职
		朱思恩	三级警监	2012年9月任职
	政　委	缪敏红（女）	三级警监	
	副总队长	林宝富	一级警督	
		钱吉伟	一级警督	
	副政委	石　尧	三级警监	
	省禁毒办公室副主任	周联盟	三级警监	
		梁力珲	二级警督	
反恐怖总队	总队长	袁忠民	三级警监	
	政　委	杜红阳	三级警监	

续表

机　构	职　　务	姓　名	警　衔	附　　注
反恐怖总队	副总队长	黄希和	二级警督	
法制总队	总队长	王　建	三级警监	2012年1月调衢州任职
		张晓峰	三级警监	2012年9月任职
	政　委	张晓峰	三级警监	2012年9月免职
	副总队长	徐芳根	一级警督	
		蔡高提	一级警督	
边防总队	党委书记、政治委员	张根恒	武警大校	
	党委副书记、总队长	郑师好	武警大校	
	党委常委、副总队长	章启忠	武警大校	
	党委常委、参谋长	王海兴	武警大校	
	党委常委、政治部主任	陈庆忠	武警大校	
	党委常委、后勤部部长	裘建华	武警大校	
消防总队	党委书记、政治委员	程永利	武警大校	2011年4月任副军职政治委员。2012年3月任厅党委委员，同年6月被“双规”，9月免政委职务
		琼　色	武警少将	2012年9月任职
	党委副书记、总队长	冷　俐	武警少将	2011年4月任副军职总队长，8月任党委副书记。2012年7月晋升少将
	党委委员、副总队长	吕照明	武警大校	2012年2月晋升正师职
		曹瑞明	武警大校	2012年1月退休
		王文锐	武警大校	2011年4月免职，调黑龙江消防总队任职
		邵裕桥	武警大校	正师职，2012年2月由副政委改任现职
		崔春起	武警大校	2011年10月任职
	党委委员、副政治委员	虞益元	武警大校	2012年2月由政治部主任改任现职
	党委委员、总工程师	赵庆平	武警大校	2012年2月由防火部部长改任现职
	党委委员、参谋长	刘维劲	武警大校	2012年2月任职
	党委委员、政治部主任	张飞军	武警大校	2011年10月任党委委员，2012年2月任政治部主任
	党委委员、后勤部部长	傅立新	武警大校	2012年2月任职
	党委委员、防火部部长	严晓龙	武警大校	2012年2月任职
警卫局	党委书记、局长	王　冰	武警少将	（兼）
	党委副书记、政委	傅永琪	武警大校	
	党委委员、副局长	王勇刚	武警大校	2011年5月晋升正师职
		朱景武	武警大校	2011年5月晋升正师职
		陈　刚	武警大校	2012年4月免职，调广西壮族自治区警卫局任职

续表

机构	职务	姓名	警衔	附注
警卫局	党委委员、办公室主任	傅立平	武警大校	
	党委委员、政治处主任	叶兵（女）	武警大校	
	党委委员、后勤处主任	翁卡尔	武警大校	2011年5月任副师职
	党委委员、正师职参谋	于文忠	武警大校	
	党委委员、副师职参谋	周建良	武警大校	2011年5月任副师职参谋，2012年2月免职
铁路公安处	党委书记、处长	薛　陶	三级警监	
	党委副书记、政委	崔　杰	三级警监	
	党委委员、副处长	姜　明	一级警督	
	党委委员、政治处主任	宋灵峰	一级警督	
	党委委员、副处长	夏永平	一级警督	
	党委委员、纪委书记	吴为人	一级警督	
	党委委员、副处长	姜马腾	一级警督	
	党委委员、金温分处处长	项秀平	一级警督	
森林警察总队	总队长	李永胜	二级警督	
	副总队长	卢　斌	一级警督	
杭州走私犯罪侦查局	局　长	陈保军	二级警监	杭州海关副关长兼
	政　委	朱英伟	三级警监	
	副局长	从　兵	三级警监	
		陶　谦	三级警监	
		朱康平	三级警监	2011年1月任职
宁波走私犯罪侦查局	局　长	邱刚毅	二级警监	宁波海关副关长兼
	政　委	黄元超	三级警监	
	副局长	杨　明	三级警监	
		陆　均	三级警监	
		杨　敏	三级警监	
高速公路交通警察总队	总队长、副厅级	汪永和	三级警监	（兼）2012年3月任副厅级
	政委、副厅级	何卸洪	三级警监	2012年3月任副厅级
	副总队长	孙　翔	三级警监	
		刘　渊	三级警监	
		王　展	一级警督	
		方向忠	二级警督	

续表

机 构	职 务	姓 名	警 衔	附 注
高速公路交通警察总队	副政委	方其冲	一级警督	
	党委委员、政治处主任	黄欣建	一级警督	
	党委委员、纪委书记	王 刚	三级警督	
	党委委员、副总队长兼杭州支队支队长	沈艾中	一级警督	2012年5月任副总队长，此前为党委委员、杭州支队支队长
	党委委员、办公室主任	张庆龙	一级警督	2012年5月任职
机场公安局	局 长	汤仲海	三级警监	
	政 委	单守疆	一级警督	2012年1月任党委副书记、政委，此前任党委委员、副局长
	副局长	高晓明	一级警督	
		匙秋棠	二级警督	
		林宏御	一级警督	2012年4月任职
	党委委员、政治处主任	胡永华	一级警督	
	党委委员、纪委书记	凌小冲	一级警督	2012年1月任职
省公安警务航空队（省应急救援航空队）	政 委	周源祥	三级警监	
	副队长（主持工作）	傅国森	一级警督	
		王立宁	武警上校	2012年7月任职（公安部下派挂职）
新闻传媒中心	主 任	陆子宝	一级警督	2012年1月任职，此前任副主任
	副主任	沈建军	三级警监	
浙江警察学院	党委书记	王 和	一级警监	
	党委副书记、院长	傅国良	一级警监	
	党委副书记	张福成	二级警监	
	党委委员、副院长	寿远景	二级警监	
		翁文（女）	二级警监	
	党委委员、政治部主任	何建军	二级警监	
	党委委员、纪委书记	沈慧敏	三级警监	
	党委委员、副院长	宫毅（女）	专业技术二级警监	2012年4月任职，此前为党委委员、教务处处长
	党委委员、院长助理、总务处处长	章金根	专业技术三级警监	
	党委委员、办公室主任	周 钦	一级警督	

注：省公安厅机关副处长和各部门党委成员以上干部名录收录时间截至2012年9月底。

各市公安局党委成员及县（市、区）公安局局长、政委名录

机构	职务	姓名	警衔	附注
杭州市公安局	省厅党委委员、副厅长 市委常委、局党委书记、局长	柯良栋	一级警监	
	党委副书记、常务副局长	郑贤胜	二级警监	
	党委副书记	童继伟	二级警监	
	党委副书记	郭建伟	二级警监	2011年11月任党委副书记，2012年12月免副局长
	党委委员、副局长	张　强	二级警监	2011年4月免党委委员，5月免副局长
		陈国元	二级警监	
		张建强	武警大校	2011年8月免党委委员，9月免副局长
		边卫跃	二级警监	2011年11月免政治部主任，12月任副局长
	党委委员、副局长、交警支队支队长	赵野松	三级警监	2011年11月免党委委员，12月免副局长、交警支队支队长
	党委委员、副局长	金　捷	三级警监	
	党委委员、纪委书记、督察长	汪劲浩	三级警监	
	党委委员、副局长	徐柏林	三级警监	2011年12月免特警支队支队长，任副局长
	党委委员、副局长、警卫处处长	喻福明	武警大校	2011年5月任警卫处处长，8月任党委委员，9月任副局长（兼任）
	党委委员、副局长、交警支队支队长	乐　华	三级警监	2011年11月任党委委员，12月任副局长、交警支队支队长
	党委委员、副局长	刘一敏	三级警监	2011年11月任党委委员，12月任副局长
	党委委员、政治部主任、 机关党委书记	翁金儿	三级警监	2011年11月任党委委员、政治部主任，12月任机关党委书记
	党委委员、刑侦支队支队长	余伟民	三级警监	2011年8月任党委委员
	党委委员	杨　军	三级警监	2011年10月任职
	党委委员、特警支队支队长	朱伟静	三级警监	2011年11月任党委委员，12月任特警支队支队长
杭州市公安局上城区分局	区委常委、局长	刘一明	三级警监	
	政　委	吴志平	三级警监	
杭州市公安局下城区分局	区委常委、局长	翁金儿	三级警监	2011年11月免党委委员，12月免局长
		郑洪彪	三级警监	2011年11月任区委常委，12月任局长
	政　委	程　毅	三级警监	

续表

机构	职务	姓名	警衔	附注
杭州市公安局江干区分局	区委常委、局长	王木刚	三级警监	
	政委	郑小华	一级警督	
杭州市公安局拱墅区分局	区委常委、局长	杨军	三级警监	2011年10月免区委常委，12月免局长
		金洪亮	一级警督	2011年11月任区委常委，12月任局长
	政委	齐明	三级警监	2011年3月免职
		曾伟成	三级警监	2011年3月任职
杭州市公安局西湖区分局	区委常委、局长	费敏儿	三级警监	
	政委	秦文(女)	三级警监	
杭州市公安局西湖风景名胜区分局	区党委委员、管委会副主任、局长	陈健	三级警监	
	政委	金明	三级警监	
杭州市公安局高新技术产业开发区（滨江）分局	区党工委委员、区委常委、局长	朱伟静	三级警监	2011年11月免区委常委，12月免局长
		周建杭	一级警督	2011年11月任区委常委，12月任局长
	政委	马根强	三级警监	
杭州市公安局经济技术开发区（下沙）分局	区党工委委员、管委会副主任、局长	李建平	三级警监	
	政委	冯惠民	三级警监	
杭州市公安局萧山区分局	区委常委、局长	乐华	三级警监	2011年11月免区委常委，12月免局长
		李磊	一级警督	2011年11月任区委常委，12月任局长
	政委	俞成良	一级警督	
杭州市公安局余杭区分局	区委常委、局长	刘一敏	三级警监	2011年11月免区委常委，12月免局长
		方国伟	三级警监	2011年11月任区委常委，12月任局长
	政委	胡先龙	三级警督	
富阳市公安局	市委常委、局长	姚利民	三级警监	
	政委	柳士明	一级警督	
桐庐县公安局	县委常委、局长	周建杭	一级警督	2011年11月免区委常委，12月免局长
		周郑	一级警督	2011年11月任区委常委，12月任局长
	政委	朱华能	一级警督	
临安市公安局	市委常委、局长	李磊	一级警督	2011年11月免区委常委，12月免局长
		李建明	三级警监	2011年11月任区委常委，12月任局长
	政委	吴勤校	二级警督	

续表

机　构	职　　务	姓　名	警　衔	附　　注
建德市公安局	市委常委、局长	郑洪彪	一级警督	2011年11月免区委常委，12月免局长
		郑学龙	未　授	2011年11月任区委常委，12月任局长
	政　委	崔杭勇	一级警督	2011年10月免职
淳安县公安局	县委常委、局长	金洪亮	一级警督	2011年11月免区委常委，12月免局长
		储志林	未　授	2011年11月任区委常委，12月任局长
	政　委	何　慧	一级警督	
宁波市公安局	市委常委、局党委书记、局长	王惠敏	一级警监	
	党委副书记、副局长	贺富昌	二级警监	2011年10月免职
		李　谦	二级警监	2011年11月任党委副书记
	党委委员、副局长	徐世伟	二级警监	巡视员
		王伟标	二级警监	巡视员
	党委委员、副局长、警卫处处长	邵国平	武警大校	
	党委委员、副局长	过露华	二级警监	巡视员
	党委委员、纪委书记、督察长	冯如庆	三级警监	
	党委委员、副局长	罗利达	三级警监	
	党委委员、政治部主任	张希平	三级警监	
	党委委员、副局长	励　健	三级警监	2011年11月任职
	党委委员、经侦支队支队长	冯　林	三级警监	2011年2月由治安支队长改任经侦支队长
	党委委员、交警支队支队长	汤长源	三级警监	
宁波市公安局海曙分局	区委常委、局长	陈志国	三级警监	2011年2月免职
		朱振甫	三级警监	2011年2月任职
	政　委	卢士平	三级警监	
宁波市公安局江东分局	区委常委、局长	陈　强	三级警监	2011年11月免职
		田　宾	一级警督	2011年11月任职
	政　委	余承嗣	三级警监	
宁波市公安局江北分局	区委常委、局长	柴大科	一级警督	
	政　委	裘跃进	三级警监	
宁波市公安局北仑分局	区委常委、局长	朱振甫	三级警监	2011年2月免职
		叶元杰	三级警监	2011年2月任职
	政　委	叶警青	三级警监	2011年11月免职

续表

机构	职务	姓名	警衔	附注
宁波市公安局镇海分局	区委常委、局长	褚瑞根	三级警监	
	政委	张剑波	三级警监	2011年10月免职
宁波市公安局鄞州分局	区委常委、局长	林琪	三级警监	2011年11月免职
		林东	三级警监	2011年11月任职
	政委	毛奇存	三级警监	
余姚市公安局	市委常委、局长	励健	三级警监	2011年11月免职
		赖根法	三级警监	2011年11月任职
	政委	周柏林	一级警督	
慈溪市公安局	市委常委、局长	施大年	三级警监	
	政委	余爱忠	一级警督	
奉化市公安局	市委常委、局长	叶元杰	三级警监	2011年2月免职
		赵永山	三级警监	2011年2月任职
	政委	毛鹏飞	一级警督	2011年2月任职
宁海县公安局	县委常委、局长	林东	三级警监	2011年11月免职
		叶警青	三级警监	2011年12月任职
	政委	范建富	一级警督	
象山县公安局	县委常委、局长	应春华	三级警监	
	政委	石岳吉	一级警督	
宁波市公安局大榭开发区分局	局长	蒋如军	三级警监	
	政委	李杰军	三级警监	
宁波市公安局东钱湖分局	局长	陆朝晖	三级警监	
	政委	谢维法	三级警监	2011年1月免职
宁波市公安局高新区分局	局长	张朝宁	三级警监	
	政委	毛海清	三级警监	
宁波港公安局	局长	费伟祥	三级警监	2011年7月免职
		王辉	三级警监	2011年7月任职
	政委	王辉	三级警监	2011年7月免职
		滕文懿	一级警督	2011年7月任职
宁波市公安局机场分局	局长	苏剑雄	三级警监	
	政委	崔忠芳	三级警监	
宁波市公安局水上分局	局长	陈均康	三级警监	

续表

机构	职务	姓名	警衔	附注
宁波市公安局交通治安分局	政委	许杰	三级警监	2011年8月免职
温州市公安局	市委常委、局党委书记、局长	叶寒冰	二级警监	2012年1月调任省厅
		黄宝坤	三级警监	2012年1月任职
	党委副书记、常务副局长	沈强	三级警监	
	党委副书记、督察长、机关党委书记	吴一剑	三级警监	2011年2月任机关党委书记，免督察长职务
	党委委员、副局长	陈锋进	三级警监	
		李江晖	三级警监	
	党委委员、副局长兼温州市新居民服务管理局副局长	郑建国	三级警监	
	党委委员、副局长	吴国钱	三级警监	
		叶望庆	三级警监	
		张文伟	三级警监	
	党委委员、副局长兼温州市城市管理与行政执法局副局长	胡松权	三级警监	
	党委委员、副局长兼警卫处处长	李善敏	武警上校	
	党委委员、副局长兼鹿城区委常委、鹿城分局党委书记、局长	王造	一级警督	2011年5月任市局副局长、调研员
	党委委员、交警支队支队长	曾绪贤	一级警督	
	党委委员、刑侦支队支队长	冯蒋龙	一级警督	
	党委委员、纪委书记、督察长	金国平	一级警督	2011年2月任督察长
	党委委员、政治部主任	金凌森	一级警督	
	党委委员、办公室主任	杨枝立	一级警督	
	机关党委书记	苑卫平	三级警监	2011年2月免职
温州市公安局鹿城区分局	区委常委、局长	王造	一级警督	
	政委	刘国珍	一级警督	
温州市公安局龙湾区分局	区委常委、局长	李伟	一级警督	
	政委	黄挺义	二级警督	
温州市公安局瓯海区分局	区委常委、局长	邱溢鹏	一级警督	2011年1月免职
		陈先微	一级警督	2011年1月任职
	政委	王志平	一级警督	2011年1月免职
		周剑波	一级警督	2011年3月任职
温州市公安局经济技术开发区分局（2011年12月成立）	经济技术开发区公安分局局长	林志佩	一级警督	2011年11月任职

续表

机构	职务	姓名	警衔	附注
瑞安市公安局	市委常委、局长	姜迪清	一级警督	
	政委	陈松鹤	一级警督	2011年1月免职
	政委	周立鹏	一级警督	2011年3月任职
乐清市公安局	市委常委、局长	金国平	一级警督	2011年1月免职
		伍建利	二级警督	2011年1月任职
	政委	陈国利	一级警督	
洞头县公安局	县委常委、局长	林宗仁	一级警督	
	政委	毛坚钢	一级警督	
永嘉县公安局	县委常委、局长	陈东晨	一级警督	2011年11月免职
		徐志宏	一级警督	2011年11月任职
	政委	汪建武	一级警督	2011年8月免职
平阳县公安局	县委常委、局长	林振江	一级警督	
	政委	杨波	一级警督	
苍南县公安局	县委常委、局长	冯蒋龙	一级警督	2011年1月免职
		蒋荣国	一级警督	2011年1月任职
	政委	罗纯长	一级警督	
文成县公安局	县委常委、局长	伍建利	二级警督	2011年1月免职
		黄小中	一级警督	2011年1月任职
	政委	王日健	一级警督	2011年1月免职
		褚长龙	一级警督	2011年1月任职
泰顺县公安局	县委常委、局长	欧阳后照	一级警督	2011年10月免县委常委职务，12月免局长职务
		潘国杰	一级警督	2011年10月任县委常委，12月任局长
	政委	卢昊列	三级警督	
湖州市公安局	市委常委、局党委书记、局长	金伯中	二级警监	
	党委副书记、副局长	杨军慧	三级警监	
	党委委员、副局长	沈利剑	三级警监	
		李泽福	三级警监	
		张甲宏	三级警监	
		孟正良	一级警督	
		章新泉	一级警督	
	党委委员、纪委书记、督察长	戚建明	三级警监	
	党委委员、政治部主任	马德才	一级警督	

续表

<table>
<tr><th>机 构</th><th>职 务</th><th>姓 名</th><th>警 衔</th><th>附 注</th></tr>
<tr><td rowspan="3">湖州市公安局</td><td rowspan="2">党委委员、副局长</td><td>徐志宏</td><td>一级警督</td><td></td></tr>
<tr><td>徐伟明</td><td>一级警督</td><td></td></tr>
<tr><td>党委委员、交警支队支队长</td><td>汪必成</td><td>一级警督</td><td></td></tr>
<tr><td rowspan="4">湖州市公安局吴兴区分局</td><td rowspan="2">区委常委、局长</td><td>徐伟明</td><td>一级警督</td><td>2011年6月免职</td></tr>
<tr><td>梅旗华</td><td>一级警督</td><td>2011年6月任职</td></tr>
<tr><td rowspan="2">政 委</td><td>梅旗华</td><td>一级警督</td><td>2011年6月免职</td></tr>
<tr><td>杨建新</td><td>二级警督</td><td>2011年7月任职</td></tr>
<tr><td rowspan="2">湖州市公安局南浔区分局</td><td>区委常委、局长</td><td>曹伟龙</td><td>一级警督</td><td></td></tr>
<tr><td>政 委</td><td>王晓明</td><td>一级警督</td><td></td></tr>
<tr><td rowspan="2">湖州市公安局经济开发区分局</td><td>区党委委员、局长</td><td>沈秋伟</td><td>一级警督</td><td></td></tr>
<tr><td>政 委</td><td>马 骁</td><td>二级警督</td><td></td></tr>
<tr><td rowspan="3">湖州市公安局太湖旅游度假区分局</td><td rowspan="2">区党委委员、局长</td><td>陈雄伟</td><td>二级警督</td><td>2011年12月免职</td></tr>
<tr><td>朱建祥</td><td>一级警督</td><td>2011年12月任职</td></tr>
<tr><td>政 委</td><td>施元章</td><td>二级警督</td><td>2011年12月免职</td></tr>
<tr><td rowspan="4">德清县公安局</td><td rowspan="2">县委常委、局长</td><td>顾吉生</td><td>一级警督</td><td>2011年11月免职</td></tr>
<tr><td>陈雄伟</td><td>二级警督</td><td>2011年12月任职</td></tr>
<tr><td rowspan="2">政 委</td><td>许建驰</td><td>一级警督</td><td>2011年5月免职</td></tr>
<tr><td>傅文虎</td><td>二级警督</td><td>2011年6月任职</td></tr>
<tr><td rowspan="2">长兴县公安局</td><td>县委常委、局长</td><td>沈连江</td><td>一级警督</td><td></td></tr>
<tr><td>政 委</td><td>徐凤根</td><td>一级警督</td><td></td></tr>
<tr><td rowspan="2">安吉县公安局</td><td>县委常委、局长</td><td>吴佩勋</td><td>一级警督</td><td></td></tr>
<tr><td>政 委</td><td>胡 伟</td><td>一级警督</td><td></td></tr>
<tr><td rowspan="10">嘉兴市公安局</td><td rowspan="2">市委常委、局长</td><td>梁 群</td><td>二级警监</td><td>2012年1月免职</td></tr>
<tr><td>李 浩</td><td>三级警监</td><td>2012年1月任职</td></tr>
<tr><td>党委副书记、副局长</td><td>沈楚赓</td><td>三级警监</td><td></td></tr>
<tr><td rowspan="5">党委委员、副局长</td><td>姚钰明</td><td>三级警监</td><td></td></tr>
<tr><td>陈一兵</td><td>三级警监</td><td>2011年7月因公牺牲</td></tr>
<tr><td>冷江浩</td><td>三级警监</td><td></td></tr>
<tr><td>吕桂华</td><td>一级警督</td><td></td></tr>
<tr><td>李新宝</td><td>一级警督</td><td>2011年12月任副局长</td></tr>
<tr><td>党委委员、交警支队支队长</td><td>司宏毅</td><td>三级警监</td><td></td></tr>
<tr><td>党委委员、纪委书记、督察长</td><td>刘保民</td><td>一级警督</td><td></td></tr>
</table>

续表

机 构	职 务	姓 名	警 衔	附 注
嘉兴市公安局	党委委员、政治部主任	李新宝	一级警督	2011年11月免职
		高海金	一级警督	2011年11月任职
	党委委员、办公室主任	曹雪龙	一级警督	2011年4月任职，11月免职
	党委委员、副局长兼南湖区委常委、分局党委书记、分局局长	杨永健	一级警督	2011年11月任市局党委委员，12月任副局长
	党委委员兼海宁市委常委、市局局长	张顺荣	一级警督	2011年11月任市局党委委员
	党委委员、警卫处处长（市委警卫局局长）	刘国强	一级警督	2011年10月任市局党委委员、市委警卫局局长，11月任警卫处处长
嘉兴市公安局南湖区分局	区委常委、局长	杨永健	一级警督	（兼）
	政 委	俞海福	一级警督	
嘉兴市公安局秀洲区分局	区委常委、局长	高海忠	一级警督	
	政 委	戴金明	一级警督	
嘉善县公安局	县委常委、局长	高海金	一级警督	2011年11月免职
		曹雪龙	一级警督	2011年12月任职
	政 委	夏中良	一级警督	
平湖市公安局	市委常委、局长	刘国强	一级警督	2011年10月免职
		傅金明	一级警督	2011年10月任职
	政 委	傅金明	一级警督	2011年10月免职
海盐县公安局	县委常委、局长	钱炳华	一级警督	
	政 委	吴忠耿	一级警督	
海宁市公安局	市委常委、局长	张顺荣	一级警督	（兼）
	政 委	朱忠华	一级警督	
桐乡市公安局	市委常委、局长	单志荣	一级警督	
	政 委	孙荣汉	一级警督	
嘉兴市公安局经济技术开发区（国际商务区）分局	区党工委委员、管委会副主任、局长	顾林荣	一级警督	
	政 委	连永刚	一级警督	
嘉兴市公安局港区分局	区党工委委员、管委会副主任、局长	金龙飞	一级警督	
	政 委	谢立中	一级警督	
绍兴市公安局	市委常委、局党委书记、局长	王海仁	二级警监	2011年12月调任省厅
		刘国富	三级警监	2012年1月任职

续表

机 构	职 务	姓 名	警 衔	附 注
绍兴市公安局	党委副书记、副局长	沈雄标	三级警监	
	党委副书记	施久海	三级警监	
	党委委员、副局长	叶 根	三级警监	
		潘和忠	一级警督	
	党委委员、纪委书记、督察长	马永定	三级警监	
	党委委员、副局长	徐明法	三级警监	
		何伟仕	一级警督	
	党委委员、政治部主任	王 争	一级警督	
	党委委员	谢新波	一级警督	
		朱永潮	二级警督	
	党委委员、交警支队支队长	童国强	一级警督	
绍兴市公安局越城区分局	区委常委、局长	章松青	一级警督	
	政 委	陈天恩	一级警督	
绍兴市公安局袍江分局	开发区管委会副主任、局长	王富灿	一级警督	
	政 委	徐新民	一级警督	
绍兴市公安局镜湖分局	新区管委会副主任、局长	陆伟香(女)	一级警督	
	政 委	吴志均	一级警督	
绍兴市公安局滨海公安分局	新城管委会副主任、局长	胡大江	一级警督	2011年3月任职
	政 委	徐 军	二级警督	2011年6月任职
绍兴县公安局	县委常委、局长	何伟仕	一级警督	2011年9月免职
		宋国新	一级警督	2011年9月任职
	政 委	蒋倬臣	一级警督	2011年12月免职
诸暨市公安局	市委常委、局长	袁立江	一级警督	2011年9月免职
		谢建平	一级警督	2011年9月任职
	政 委	宣国祥	一级警督	
上虞市公安局	市委常委、局长	丁松勇	二级警督	
	政 委	陈建华	一级警督	
嵊州市公安局	市委常委、局长	宋国新	一级警督	2011年9月免职
		张永明	未授	2011年9月任职
	政 委	马亦忠	一级警督	
新昌县公安局	县委常委、局长	尹国樑	一级警督	2011年12月免职

续表

机构	职务	姓名	警衔	附注
新昌县公安局	县委常委、局长	潘益民	一级警督	2011年12月任职
	政委	吕国军	一级警督	
金华市公安局	市委常委、局党委书记、局长	毛善恩	二级警监	
	党委副书记、副局长	施欣辉	三级警监	
	党委委员、副局长	高宪政	三级警监	2011年3月免职
		查宗贤	一级警督	2011年3月任职
		金盛	三级警监	
		刘胜和	一级警督	
	党委委员、纪委书记、督察长	查宗贤	一级警督	2011年3月免职
	党委委员、政治部主任	谢林平	一级警督	
	党委委员、局长助理	项平	一级警督	
	党委委员、纪委书记、督察长	孙安	一级警督	2011年3月任职
	党委委员、副局长	俞流江	一级警督	2011年3月任职
	党委委员、交警支队支队长	马尚伟	一级警督	
	党委委员、办公室主任	宋寅寨	二级警督	2011年7月任职
金华市公安局婺城分局	区委常委、局长	姜永根	三级警监	2011年3月免职
		吕会民	二级警督	2011年3月任职
	政委	毛秋洌	一级警督	
金华市公安局江南分局	开发区党工委委员、局长	孙安	一级警督	2011年3月免职
		江栋	一级警督	2011年3月任职
	政委	童三才	一级警督	
金华市公安局金东分局	区委常委、局长	刘勤	一级警督	2011年12月免职
		潘之江	一级警督	2011年12月任职
	政委	叶根祥	一级警督	
兰溪市公安局	市委常委、局长	叶旭池	一级警督	
	政委	陈伟通	一级警督	
义乌市公安局	市委常委、局长	吴益中	一级警督	
	政委	鲍建平	二级警督	
东阳市公安局	市委常委、局长	俞流江	一级警督	2011年3月免职
		陈锋	一级警督	2011年3月任职
	政委	王立平	一级警督	

续表

机 构	职 务	姓 名	警 衔	附 注
永康市公安局	市委常委、局长	徐 峰	一级警督	2011年12月免职
		傅建军	一级警督	2011年12月任职
	政 委	赵晨晓	一级警督	
武义县公安局	县委常委、局长	潘之江	一级警督	2011年12月免职
		胡海峰	未 授	2011年12月任职
	政 委	徐旗胜	一级警督	
浦江县公安局	县委常委、局长	吕会民	二级警督	2011年3月免职
		丰炳春	一级警督	2011年3月任职
	政 委	盛能剑	一级警督	
磐安县公安局	县委常委、局长	江 栋	一级警督	2011年3月免职
		傅建军	一级警督	2011年3月任职，同年12月免职
		李 强	未 授	2011年12月任职
	政 委	陈金宝	一级警督	
衢州市公安局	市委常委、局党委书记、局长	黎伟挺	二级警监	2011年12月调省厅任职
		王 建	三级警监	2012年1月任职
	党委副书记、副局长	郑增林	三级警监	
	党委委员、副局长	李 宁	三级警监	2011年7月任调研员
		陈惠平	三级警监	
		胡建明	一级警督	
	党委委员、交警支队支队长	李建安	一级警督	2011年2月任党委委员，同月免去交警支队支队长
	党委委员、政治部主任	鲁家荣	三级警监	
	党委委员、纪委书记、督察长	毛 勇	三级警监	
	党委委员、副局长	蔡建明	一级警督	2011年8月任职
	党委委员	李建安	一级警督	
	党委委员、刑侦支队支队长	江 海	一级警督	
	党委委员、	毛江泓	一级警督	2011年7月任职
	党委委员、交警支队长	潘银亮	一级警督	2011年7月任职
衢州市公安局柯城分局	区委常委、局长	毛江泓	一级警督	2011年7月免常委，8月免局长
		彭海生	一级警督	2011年7月任常委，8月任局长
	政 委	徐笑宇	二级警督	

续表

机　构	职　　务	姓　名	警　衔	附　　注
衢州市公安局衢江分局	区委常委、局长	汪名六	一级警督	2011年11月免职
		黄忠京	二级警督	2011年11月任职
	政　委	郑东清	一级警督	
衢州市公安局柯山分局	衢州高新园区党委委员、局长	彭海生	一级警督	2011年7月免常委，8月免局长
		姜文龙	未　授	2011年8月任职
	政　委	余水陆	一级警督	
衢州市公安局经济开发区分局	衢州经济开发区党工委委员、局长	汪　胜	一级警督	2011年11月免职
		汪史唯	一级警督	2012年1月任职
	政　委	蔡建国	一级警督	
龙游县公安局	县委常委、局长	汪德荣	一级警督	2011年7月免常委，12月免局长
		汪　胜	一级警督	2011年11月任常委，12月任局长
	政　委	金元玫	一级警督	2011年3月任职
江山县公安局	县委常委、局长	蔡建明	一级警督	2011年8月免常委，12月免局长
		汪名六	一级警督	2011年12月任职
	政　委	姜庆龙	二级警督	
常山县公安局	县委常委、局长	王小平	一级警督	2011年11月免常委，12月免局长
		张少华	二级警督	2011年11月任常委，12月任局长
	政　委	吴直丰	一级警督	2011年5月免职
		钱青平	二级警督	2011年12月任职
开化县公安局	县委常委、局长	潘银亮	一级警督	2011年7月免常委，12月免局长
		陈　玮	一级警督	2011年12月任职
	政　委	程佳良	二级警督	
舟山市公安局	市委常委、局党委书记、局长	蔡步雄	二级警监	
	党委副书记、常务副局长	邬振悦	三级警监	2011年3月免职
		姚国平	一级警督	2011年5月任职
	党委委员、纪委书记、督察长	吕　星	三级警监	
	党委委员、副局长	方国安	三级警监	
		陈优凤(女)	一级警督	2011年11月任职

续表

<table>
<tr><th>机　构</th><th>职　　务</th><th>姓　名</th><th>警　衔</th><th>附　　注</th></tr>
<tr><td rowspan="7">舟山市公安局</td><td rowspan="3">党委委员、副局长</td><td>姚国平</td><td>一级警督</td><td>2011年5月免职</td></tr>
<tr><td>刘岳康</td><td>一级警督</td><td></td></tr>
<tr><td>王国定</td><td>一级警督</td><td></td></tr>
<tr><td rowspan="2">党委委员、政治部主任</td><td>陈优凤(女)</td><td>一级警督</td><td>2011年11月免职</td></tr>
<tr><td>周雷波</td><td>一级警督</td><td>2011年11月任职</td></tr>
<tr><td rowspan="2">党委委员、边防支队支队长</td><td>钟伯钧</td><td>武警上校</td><td>2011年7月免职</td></tr>
<tr><td>叶建华</td><td>武警上校</td><td>2011年7月任职</td></tr>
<tr><td rowspan="3">舟山市公安局定海区分局</td><td rowspan="2">区委常委、局长</td><td>夏凯慧</td><td>一级警督</td><td>2011年11月免职</td></tr>
<tr><td>刘　涛</td><td>一级警督</td><td>2011年11月任职</td></tr>
<tr><td>政　委</td><td>罗彬涛</td><td>一级警督</td><td></td></tr>
<tr><td rowspan="2">舟山市公安局普陀区分局</td><td>区委常委、局长</td><td>周世海</td><td>一级警督</td><td></td></tr>
<tr><td>政　委</td><td>夏高峰</td><td>一级警督</td><td></td></tr>
<tr><td rowspan="2">岱山县公安局</td><td>县委常委、局长</td><td>俞连军</td><td>一级警督</td><td></td></tr>
<tr><td>政　委</td><td>毛文仕</td><td>一级警督</td><td>2011年11月免职</td></tr>
<tr><td rowspan="2">嵊泗县公安局</td><td>县委常委、局长</td><td>於石头</td><td>一级警督</td><td></td></tr>
<tr><td>政　委</td><td>虞桂宏</td><td>一级警督</td><td>2011年1月任职</td></tr>
<tr><td rowspan="2">舟山市公安局普陀山分局</td><td>普陀山管委会副主任、局长</td><td>邬振刚</td><td>一级警督</td><td></td></tr>
<tr><td>政　委</td><td>许文峰</td><td>二级警督</td><td></td></tr>
<tr><td rowspan="2">舟山市公安局洋山分局</td><td>局　长</td><td>於石头</td><td>一级警督</td><td>(兼)</td></tr>
<tr><td>政　委</td><td>虞桂宏</td><td>一级警督</td><td></td></tr>
<tr><td rowspan="3">舟山市公安局新城分局</td><td>新城管委会党委委员、局长</td><td>马远辉</td><td>二级警督</td><td></td></tr>
<tr><td rowspan="2">政　委</td><td>杨　健</td><td>二级警督</td><td>2011年11月免职</td></tr>
<tr><td>钟曙明</td><td>二级警督</td><td>2011年11月任职</td></tr>
<tr><td rowspan="9">台州市公安局</td><td rowspan="2">市委常委、局党委书记、局长</td><td>陈棉权</td><td>二级警监</td><td>2011年12月免去市委常委、党委书记，2012年2月免局长</td></tr>
<tr><td>蒋珍明</td><td>三级警监</td><td>2011年12月任市委常委、党委书记，2012年2月任局长，4月任督察长</td></tr>
<tr><td>党委副书记、常务副局长</td><td>许德佳</td><td>三级警监</td><td></td></tr>
<tr><td rowspan="2">党委副书记、副局长</td><td>邵先富</td><td>三级警监</td><td>2011年12月免职</td></tr>
<tr><td>周星耀</td><td>三级警监</td><td>2012年8月任党委副书记，此前任党委委员</td></tr>
<tr><td rowspan="4">党委委员、副局长</td><td>林广勇</td><td>三级警监</td><td></td></tr>
<tr><td>朱希望</td><td>三级警监</td><td>2011年2月免职</td></tr>
<tr><td>张　敏</td><td>三级警监</td><td>2011年2月免职</td></tr>
<tr><td>赵　明</td><td>三级警监</td><td></td></tr>
</table>

续表

机构	职务	姓名	警衔	附注
台州市公安局	党委委员、副局长	金建中	三级警监	2011年4月任副局长
		连吉兴	三级警监	2011年4月任副局长
	党委委员、纪委书记、督察长	陈伯恩	一级警督	2011年4月任纪委书记、督察长，2012年4月免督察长
		金建中	一级警督	2011年4月免职
	党委委员、政治部主任	王从志	一级警督	2011年4月任职
	党委委员、交警支队支队长	陈伯恩	一级警督	2011年11月免交警支队支队长
		江连清	一级警督	2011年11月任职
	党委委员	黄文清	一级警督	2011年4月任职
	党委委员、办公室主任	梅东晓	二级警督	2011年11月任职
台州市公安局椒江分局	区委常委、局长	连吉兴	三级警监	2011年4月免职
		黄文清	一级警督	2011年4月任职（兼）
	政委	徐正才	一级警督	
台州市公安局黄岩分局	区委常委、局长	江连青	一级警督	2011年11月免职
		王方林	一级警督	2011年11月任职
	政委	潘尧敏	一级警督	
台州市公安局路桥分局	区委常委、局长	邱福康	一级警督	2011年11月免职
		郑灵江	二级警督	2011年11月任职
	政委	叶锡勇	一级警督	
临海市公安局	市委常委、局长	黄文清	一级警督	2011年4月免职
		王小平	一级警督	2011年4月任职
	政委	蒋正林	一级警督	
温岭市公安局	市委常委、局长	应中华	一级警督	
	政委	杨德明	一级警督	
玉环县公安局	县委常委、局长	朱立国	一级警督	2011年11月免职
		沈云才	一级警督	2011年11月任职
	政委	翁振贵	一级警督	
天台县公安局	县委常委、局长	朱怀宏	一级警督	
	政委	王燮蛟	一级警督	
仙居县公安局	县委常委、局长	王小平	一级警督	2011年4月免职
		林向前	一级警督	2011年4月任职
	政委	陈军	一级警督	

续表

机 构	职 务	姓 名	警 衔	附 注
三门县公安局	县委常委、局长	王从志	一级警督	2011年4月免职
		王伫球	一级警督	2011年11月任职
	政 委	王阅乾	一级警督	
台州市公安局开发区分局	区党工委委员、局长	沈云才	一级警督	2011年4月免职
		陈正方	一级警督	2011年11月任职
	政 委	余秀清	一级警督	
丽水市公安局	市委常委、局党委书记、局长	陈 钟	二级警监	2012年1月免职
		卫中强	三级警监	2011年12月任市委常委，2012年1月任党委书记、局长
	党委副书记、常务副局长	王小荣	一级警督	2011年11月免职
	党委委员、副局长	马 平	三级警监	
		封宗祥	三级警监	
	党委委员、副局长兼经侦支队支队长	金珍(女)	一级警督	
	党委委员、副局长	诸葛俭	一级警督	
	党委委员、纪委书记、督察长	沈金清	一级警督	
	党委委员、政治部主任、机关党委书记	马正德	三级警监	
	党委委员、副局长	梅中仁	一级警督	2011年11月免交警支队支队长，任副局长
	党委委员、副局长、交警支队支队长	陈志斌	一级警督	2011年11月任职
	党委委员、副局长	陈正巧	未 授	2011年11月任党委委员，2012年6月任副局长
	党委委员、出入境管理局局长	毛毅平	一级警督	
	党委委员	谷江南	一级警督	2011年免职
	党委委员、办公室主任	金燕兰(女)	一级警督	
丽水市公安局莲都区分局	区委常委、局长	陈洪敏	未 授	2011年7月任职
		谷江南	一级警督	(兼)2011年7月免职
	政 委	林华明	一级警督	
青田县公安局	县委常委、局长	丁文伟	二级警督	
	政 委	程胜农	一级警督	
缙云县公安局	县委常委、局长	朱荣华	一级警督	
	政 委	钭泽泉	一级警督	
龙泉市公安局	市委常委、局长	周光洪	一级警督	2011年12月任职
		徐为民	一级警督	2011年12月免职
	政 委	季春宝	一级警督	2011年4月任职

续表

机　构	职　　务	姓　名	警　衔	附　　注
云和县公安局	县委常委、局长	李继仁	一级警督	2011年12月任职
		陈志斌	一级警督	2011年11月免职
		徐志雄	一级警督	
景宁畲族自治县公安局	县委常委、局长	叶利东	一级警督	2011年12月任职
		周光洪	一级警督	2011年12月免职
	政　委	柳浩宇	一级警督	
庆元县公安局	县委常委、局长	魏丽伟	一级警督	2011年11月任职
		李继仁	一级警督	2011年11月免职
	政　委	吴新美	一级警督	
遂昌县公安局	县委常委、局长	杜云峰	未　授	2011年12月任职
		叶金荣	一级警督	2011年12月免职
	政　委	王坚兵	二级警督	
松阳县公安局	县委常委、局长	罗孝林	未　授	2011年11月任职
		周松一	一级警督	2011年11月免职
	政　委	包金付	一级警督	
丽水市公安局经济开发区分局	区党工委委员、局长	钭启奎	一级警督	
	政　委	王世强	三级警督	2011年7月免职

特色中心工作

开展网上追逃专项督察“清网行动”

【概述】 2011年5月27日，公安部在全国公安机关部署开展网上追逃专项督察“清网行动”，浙江被公安部确定为全国5个重中之重的省份之一。全省公安机关在公安部和省厅党委的领导下，在各级党委、政府和广大群众的大力支持下，顽强拼搏，强势推进，取得十分显著的成绩。截至12月15日，全省行动前逃犯归案16880名，清网率达84.77%；抓获公安部B级逃犯6名，公安部督捕或挂牌督办逃犯14名，省厅督捕逃犯40名；抓获涉嫌故意杀人逃犯426名，潜逃10年以上逃犯1210名；从37个国家和地区抓获和劝返重大逃犯133人，提前并超额完成行动预期工作目标。由于逃犯被缉捕归案，带破历年积案1500余起，化解相关信访诉求案件120起，群众赠送感谢信、锦旗、牌匾130件。通过“清网行动”，实现消除社会治安隐患、震慑违法犯罪分子、锤炼队伍实战能力、夯实公安基层基础、促进警民关系和谐的既定目标。10月1日，国务委员、公安部部长孟建柱签发命令，通令嘉奖浙江公安机关。公安部副部长刘金国先后40次批示肯定浙江“清网行动”工作。

【李强批示肯定“清网行动”工作】 12月3日，省委副书记、政法委书记李强在省公安厅关于“清网行动”工作情况专报上作出批示：“我省‘清网行动’部署及时，措施有力，成效显著。特别是省、市、县三级公安机关主要负责人高度重视，靠前指挥，强力推进，发挥了总协调、总指挥的特殊作用。希望再接再厉，克难攻坚，夺取‘清网行动’的全面胜利。”2012年1月12日，省委副书记、政法委书记李强在省公安厅上报的《关于浙江公安机关网上追逃专项督察“清网行动”工作情况的报告》上作出批示：“成绩显著，效果很好。要不断总结经验，探索建立追逃长效机制，为社会和谐稳定贡献更大力量。”

【刘力伟视察指导“清网行动”工作】 11月30日，省委常委、省公安厅厅长刘力伟在厅党委委员、办公室主任石小忠等陪同下，到嘉兴市公安局视察指导“清网行动”，并慰问嘉兴市局“清网办”全体民警。刘力伟指出，“清网行动”对消除社会面治安隐患、提升公安机关打击水平、强化公安基层基础建设以及促进执法规范化建设都具有重大而深远的意义。现在离“清网行动”结束只剩十多天时间，全省公安机关一定要咬紧牙关，奋力拼搏，按照公安部要求，发起最猛烈进攻，坚决打好收官之战。

图为省委常委、公安厅厅长刘力伟在嘉兴市视察指导“清网行动”（11月30日）

【孙建国视察指导“清网行动”工作】 8月1日，厅党委书记、厅长孙建国在厅党委委员、政治部主任华乃强，厅党委委员、办公室主任石小忠陪同下，到省厅督察总队、“清网办”视察指导“清网行动”工作。9月14日，孙建国到省厅督察总队对全省“清网行动”工作情况进行调研。孙建国强调，在下一步工作中，要进一步提高认识，牢固树立有逃必抓的理念，正确处理好三个关系，即“最大限度地体现刑事政策”与严格依法办事的关系、敦促在逃人员投案自首与加大缉捕力度的关系、网上在逃人员下降率与缉捕重点逃犯的关系。

【张景华召集会议专题研究“清网行动”工作】 7月13日，省厅党委副书记、副厅长张景华主持会议，专题研究全省“清网行动”工作。会议要求各级公安机关加强组织领导，全力以赴抓好“清网行动”，各级刑侦部门要加强对追逃工作的针对性指导。

【华远平赴各地调研指导“清网行动”工作】 8月10～11日，省厅党委委员、纪委书记、督察长、“清网行动”领导小组常务副组长华远平赴绍兴督导“清网行动”。其间，听取了工作情况汇报，并到绍兴县局、嵊州市局等单位实地检查有关情况。9月21～22日，华远平陪同公安部警务督察局局长、“清网办”主任张京赴温州调研指导“清网行动”工作。10月14日，华远平出席衢州市公安局网上追逃专项督察“清网行动”表彰奖励电视电话会议，并宣读省公安厅嘉奖令。12月2～6日，华远平先后到衢州、金华检查指导“清网行动”相关工作。

【省厅党委会专题研究“清网行动”】 5月27日，省厅党委副书记、副厅长张景华主持召开厅党委会，专题研究贯彻落实“清网行动”的七项工作措施，提出全省“清网行动”的总体目标是：确保实现行动前网上在逃人员总量下降50%以上，力争达到60%；历年网上在逃人员、命案逃犯的抓获率明显上升；网上在逃人员信息质量、网上追逃工作规范化水平、全警追逃破案能力大幅提高，进而带动全省公安机关基层基础工作、队伍建设的全面加强。会议决定将此次“清网行动”列入各市2011年和2012年全省打防控考核内容。省厅出台绩效考核标准，对各地专项行动战果进行考核，并实行“一月一排名、一月一通报”制度，对工作不力的进行通报批评，对成绩明显的予以表彰奖励。会议决定成立由厅党委委员、纪委书记、督察长华远平担任组长（注：后根据公安部要求，改由厅长兼任组长，华远平担任常务副组长）的全省公安机关“清网行动”领导小组，领导小组办公室设在督察总队，从相关部门抽调人员集中办公，负责专项行动日常工作。会议同时决定由省厅拨付专款经费200万元对专项行动予以保障。

【省厅召开全省公安机关网上追逃专项督察“清网行动”动员部署电视电话会议】 6月8日，省厅召开全省公安机关网上追逃专项督察“清网行动”动员部署电视电话会议。省厅网上追逃专项督察“清网行动”领导小组组长、厅党委委员、纪委书记、督察长华远平主持会议并作动员部署，温州市公安局、省厅治安总队、省厅刑侦总队作表态发言。省厅有关部门负责人参加会议。

【省厅召开“清网行动”领导小组会议】 8月3日，省厅召开网上追逃专项督察“清网行动”领导小组会议。厅党委委员、纪委书记、督察长、“清网行动”领导小组组长华远平主持会议。厅“清网行动”领导小组成员单位负责人及办公室全体人员参加会议。会议再次传达了公安部“清网行动”辽宁现场会的主要精神，回顾了前阶段全省“清网行动”工作情况。各警种、部门就如何深化工作措施进行了讨论研究。

【全国公安监管部门“清网行动”推进会暨深挖犯罪工作机制创新现场会在桐乡召开】 8月30～31日，全国公安监管部门“清网行动”推进会暨深挖犯罪工作机制创新现场会在桐乡召开。省厅、桐乡市局在会上介绍了“清网行动”和深挖犯罪工作经验。公安部监管局局长赵春光和浙江省公安厅领导孙建国、董晓伟、华远平、石小忠等出席会议，全国各地公安监管战线的72位代表参加会议。

【省厅受公安部通令嘉奖】 10月1日，国务委员、公安部部长孟建柱签发嘉奖令，对“清网行动”成绩突出的浙江省公安机关“清网行动”全体参战单位和民警予以通令嘉奖。

【省厅表彰“清网行动”先进集体及先进个人】 2012年1月30日，省公安厅厅长刘力伟签发命令，对全省公安机关网上追逃专项督察“清网行动”成绩突出的50个集体和85名个人予以表彰并记功。

【省厅通令嘉奖“清网行动”成绩突出单位】 9月30日，省公安厅厅长孙建国签发嘉奖令，对“清网行动”成绩突出的衢州市公安机关“清网行动”全体参战单位和民警予以通令嘉奖。10月27日，孙建国签发嘉奖令，对“清网行动”成绩突出的宁波、湖州、嘉兴、绍兴、金华、舟山市公安机关“清网行动”全体参战单位和民警予以通令嘉奖。

【推动组建逃犯信息研判小组】 8月11日，省厅发文决定在全省各级公安机关组建逃犯信息研判小组，进一步提升全省公安机关追逃工作水平，加强对网上逃犯的主动缉捕措施，综合运用各类信息与专业手段，强势推动全省“清网行动”的深入开展。截至9月14日，全省11个地市公安局和104个县（市、区）公安局均按照省厅要求成立了“逃犯信息研判小组”。

【开展全省公安机关“清网行动”现场督察】 8月10～19日，省厅组织开展全省公安机关“清网行动”现场督察。厅党委委员、纪委书记、督察长、“清网行动”领导小组常务副组长华远平以及厅“清网办”负责人分7组对11个地市公安机关“清网行动”进行督导检查。

【省厅联合法、检、司部门发布敦促在逃人员投案自首通告】 8月23日，省厅联合省高级人民法院、省人民检察院、省司法厅发布《关于敦促在逃人员投案自首的通告》。

【召开全省公安机关决战“清网行动”电视电话会议】 10月17日，省厅召开全省公安机关决战“清网行动”电视电话会议，厅党委书记、厅长孙建国对全省公安机关决战“清网行动”工作进行部署，要求各级领导必须靠前指挥；要进一步强化奖惩督促，即日起对各地进展情况进行“日排名、月考核”，并加大奖惩力度；要进一步运用好各种缉捕手段；要加大克难攻坚力度。要把公安部A、B级通缉，公安部督捕，省厅督捕以及命案、涉枪、涉爆、涉毒、涉黑等严重暴力犯罪的重犯要犯作为决战重点，加大攻坚缉捕力度，坚决避免出现数量达标、质量跟不上的情况。厅党委委员、纪委书记、督察长华远平出席会议。

【省厅召开“清网行动”总结表彰大会】 12月16日，省厅召开全省公安机关“清网行动”总结表彰暨开展“三访三评”深化“大走访”活动动员部署电视电话会议。省委常委、省公安厅厅长刘力伟对全省“清网行动”情况进行总结。

【召开全省公安机关“清网行动”技战法培训会】 9月14日，省厅“清网办”组织召开全省公安机关“清网行动”技战法培训会。全省各市、县（市、区）公安局140余名“逃犯信息研判小组”骨干成员参加会议。

【开展全省重点公安机关“清网行动”现场督察】 10月21～26日，省厅“清网办”组织人员对杭州、宁波、温州、金华、台州5个重点市的“清网行动”工作情况进行交叉督察。

【警务督察部门开展“清网行动”】 5～12月，全省“清网行动”期间，省厅督察总队发挥厅“清网办”牵头作用，全面负责“清网行动”日常工作，组织协调各警种、部门深入推进行动开展。开设专栏，制定行动方案和考核办法，对各地、各警种行动情况实行“一月一排名、一月一通报”制度，在决战期间，更是“日排名、月考核”；6次召集领导小组成员单位研究部署行动，组织全省“清网行动”技战法培训会；草拟、编发各类报告、通知、材料2000余篇和简报660期，审核、修改、删除相关数据3000余条；启动省、市、县三级督察联动机制，分阶段派出督导组加强督导检查，查纠问题2961个，处理人员15名，督促办结涉及网上追逃信访件120件，核查“漂白”身份逃犯187人。

【刑侦部门开展“清网行动”】 5～12月，全省公安刑侦部门树立“主责”意识，主动参与逃犯信息研判小组工作，加强与有关警种的沟通、交流和指导、协调，大力攻坚，逃犯缉捕工作成效明显。7月21～22日，省厅刑侦总队在宁波召开全省刑侦部门“清网行动”工作会议，总结分析上阶段工作情况和存在问题，并对下步工作提出具体要求。其间，配合“清网行动”，组织开展“大鹏战役”等专项行动；举办培训班，推广追逃技战法，提升整体追逃工作水平；推动组建“逃犯信息研判小组”，依托各类信息系统，在组织缉捕要犯、攻坚克难方面成效特别显著。年内，全省公安刑侦部门共抓获逃犯3.26万名，同比上升2.5%，其中“清网行动”以来抓获逃犯1.69万名（包括公安部B级通缉令逃犯3名，部督逃犯5名，涉嫌故意杀人逃犯101名），下降率达84.77%。

【经侦部门开展“清网行动”】 5～12月，全省公安经侦部门深入开展“清网行动”。6月17日，省厅经侦总队召开全省公安经侦部门电视电话会议，部署“清网行动”工作。会议分析了5月26日前全省经侦部门上网逃犯的特点，并对下步经侦追逃工作提出具体要求。其间，省厅经侦总队多次由总队领导带队深入重点和落后地区进行推进督导和蹲点帮扶；召开全省经侦系统技战法研讨会，提升经侦追逃专业化水平；多次组织缉捕组赴外省开展集中追逃。全省公安经侦部门共抓获“清网行动”逃犯1090名，缉捕率达80.74%；去除未归案境外逃犯，清网率达91.29%，得到刘金国副部长及部经侦局肯定。

【监管系统开展“清网行动”】 5～12月，全省公安监管部门积极打好监管场所“第二战场”，通过自行开发的“CCIC比对查证”模块和“同户籍地在逃人员查询模块”，实现全省“被监管人员信息系统”与“全国在逃人员信息系统”的自动比对，在“清网行动”中查获逃犯343名，监管部门上网逃犯实现清零。

【网警部门开展“清网行动”】 5～12月，全省公安网警部门在“清网行动”中，发挥警种优势，网上网下结合，打整体仗、技术仗、合成仗，上下齐动、海量挖掘、全网布控，抓获45名行动前逃犯，清网率达100%，网警部门行动前逃犯抓获数全国网警部门排名第一；协助抓获各类行动前逃犯908名，其中公安部督捕逃犯1名、省厅督捕逃犯2名、“漂白”身份逃犯7名。

【行动技术总队开展“清网行动”】 5～12月，全省公安技侦部门配合办案单位适时抓捕在逃人员，全省技侦部门共协助其他警种抓获逃犯2502人，协破案件2741起。

【禁毒部门开展“清网行动”】 5～12月，全省公安禁毒部门全力投入“清网行动”。7月12日，省厅禁毒总队在绍兴召开全省各市公安禁毒支队长会议，对全省公安禁毒系统“清网行动”进行再动员再部署。其间，全省各级公安禁毒部门共抓获、清理涉毒逃犯117名，“清网”率达87.3%，超过公安部下达目标7.3个百分点。

【治安部门开展“清网行动”】 5～12月，全省公安治安部门全力以赴开展“清网行动”。其间，抓获行动前上网逃犯10954人，清网率91.4%，网上逃犯抓获总量位居全国治安系统第二，其中巡警、水警缉捕率达100%，派出所缉捕率达92%，治安部门缉捕率达83.7%。全省有13个基层派出所、3个治安支（大）队、3个巡特警支（大）队及19名治安民警分别被评为全国公安机关“清网行动”成绩突出集体和个人。

【出入境管理部门开展“清网行动”】 5～12月，全省出入境管理部门开展“清网行动”。其间，共抓获“清网”对象27名（本警种对象21名、其他警种对象6名），清网率达91.3%，提前完成上级下达的工作任务。

【边防部门开展“清网行动”】 5～12月，全省公安边防部队参与“清网行动”。其间，共抓获行动前自立网上逃犯161人，逃犯下降率达94.71%；抓获行动前户籍地网上逃犯161人，下降率达89.94%，其中抓获省督、命案等重大逃犯27人，108名逃犯被规劝感化后投案自首。省公安边防总队被公安部边防局评为“清网行动”先进单位，得到公安部副部长刘金国批示肯定。

【交警部门开展“清网行动”】 5～12月，全省公安交通管理部门开展“清网行动”。其间，省厅交管局将全省62起死亡2人以上交通肇事在逃案件列为挂牌督办案件，强化专案追逃。全省公安交警共抓获网上逃犯601人，占654名逃犯总数的91.90%。

【高速交管部门开展“清网行动”】 5～12月，省厅高速公路交警总队逐案落实职责任务，台州、温州、嘉兴、湖州、金华、衢州等支队主要领导带队，成立追逃工作小组，全面开展追逃工作。年内，列入“清网行动”的16起案件全部告破（共抓获网上逃犯16名），同时抓获其他网上逃犯8名。

【铁路公安部门开展“清网行动”】 6月10日起，杭州铁路公安处组织开展“清网行动”。该处对上网的管内逃犯逐一排摸，逐人制定追捕方案，根据逃犯原籍省份划分6个缉捕组和1个规劝投案自首组实施抓捕。截至11月底，该处上网的29名逃犯（其中2名命案逃犯）全部抓捕归案，提前实现清网率100%的目标。

【森林公安部门开展“清网行动”】 6月9日至年末，全省森林公安机关开展“清网行动”。其间，抓获行动前网上在册逃犯45人中的42人，逃犯下降率为93.3%。

【杭州海关缉私局开展“清网行动”】 6～12月，该局开展“清网行动”。其间，该局上网在逃人员下降率达95%，取得全国海关缉私部门重点单位排名第二的成绩。

【宁波海关缉私局开展“清网行动”】 6～12月，该局全力开展该行动。截至年底，抓获并撤销在逃人员16人，其中逃犯2人，自首7人，在逃人员下降51.6%，提前完成“清网行动”工作任务。

【省厅指挥中心为“清网行动”提供信息支持】 5～12月，全省开展“清网行动”期间，省厅指挥中心以“大情报”平台为载体，统一部署开展逃犯关系人信息采集录入工作，并在重点人员动态管控系统中自行开发设计“逃犯关系人”信息录入和预警模块。同时，加快社会信息资源整合应用步伐，为开展关系人追逃提供信息和技术支持。

【省厅法制总队为“清网行动”提供法律保障】 5～12月，全省“清网行动”期间，省厅法制总队组织开展网上逃犯信息专项清理工作，摸清上网在逃人员底数；推动省、市两级政法部门联合发布敦促逃犯投案自首的通告，注重政策攻心和法制教育；全面审核、把关网上逃犯案件质量，加速归案逃犯的消化处理。

【省厅政治部为“清网行动”提供宣传服务】 5～12月，全省“清网行动”期间，省厅政治部在门户网站公布举报电话，开通网上举报；积极协调中央和省级媒体对行动进行持续高密度宣传报道，营造浓厚舆论氛围和强大声势，扩大浙江公安在全国范围内的正面影响；对追逃成绩突出的单位和民警予以高规格、大范围表彰奖励，最大限度地发挥激励、引导和示范作用。

【省厅后勤处做好“清网行动”后勤保障工作】 5～12月，全省“清网行动”期间，省厅后勤处积极筹措资金，追加省厅“清网办”工作经费和追逃奖励资金200万元；将“清网行动”专项工作纳入2011年公安奖励性补助资金中办案（业务）经费的重要分配因素；督促、指导全省后勤部门落实专项经费和奖励经费2亿余元，全力做好“清网行动”后勤保障工作。

【省厅新闻传媒中心做好“清网行动”宣传报道工作】 5月起，省厅新闻传媒中心在《平安时报》上开设“清网进行时”、“清网故事”专栏，集中报道全省公安机关“清网行动”的典型案例、有效做法和重大战果。截至年底，共发“清网行动”报道100余篇。

【杭州抓获杀死2人重伤1人潜逃17年命案逃犯】11月28日，杭州市公安局接江西九江县公安局协查通报后，抓获已出家并改名为释惟迪，身份为杭州净慈寺、香积寺住持的命案逃犯徐心联。徐心联涉嫌于1994年伙同他人在江西九江县沙河街将徐某一家3口杀死2人、重伤1人，后潜逃至今，1994年9月5日被批准逮捕并上网追逃。

【温州、鹿城两级公安机关抓获潜逃17年命案逃犯赖富根】7月11日，温州、鹿城两级公安机关抓获潜逃17年的命案逃犯赖富根。1994年11月，赖富根伙同他人在温州市鹿城区双屿镇金鑫打火机厂内将该厂厂长杀死，杀伤3人，并抢走现金人民币34万余元。“清网行动”开始以后，温州、鹿城两级公安机关组成专案缉捕组赶赴西藏开展工作，并在西藏自治区公安机关支持下将赖富根抓获。

【绍兴县公安局抓获部督命案逃犯缪新炉】1996年1月9日，缪新炉（1976年生，江西上饶人）伙同毛大和、徐慈发、潘古和等人，流窜至绍兴县钱清镇浙江冶金电子实业总公司冷轧分厂实施盗窃，因被发现，缪新炉等将事主徐某某及其妻子、儿子（3岁）杀死，并抢走现金、金器等物潜逃，后被公安部列为督捕逃犯。15年来，绍兴县公安局一直未放松对缪的缉捕工作。2月10日，在上饶警方协助下，在一出租房内将其抓获。

【金华市公安局抓获潜逃13年“金华县税案”重要逃犯史宝月】9月27日19时许，该局经侦支队民警在江苏省张家港市成功抓获潜逃13年的上网逃犯史宝月（男，48岁，磐安县人）。史宝月涉嫌于1994—1995年间在金华、磐安等地注册金华市经济技术开发区双龙工艺品实业有限公司等7家公司，骗购增值税专用发票23本，涉嫌虚开价税合计5831万元，税款991万元。史在案发后逃至四川成都，花5万元做了假身份证。2001年，史宝月（化名“高山青”）应聘《泉州晚报》被录取，并于2003年7月被任命为《泉州晚报》编辑中心主任（科级）。2003年12月，史宝月利用张家港日报社向全国引进人才之机，应聘到张家港日报社工作，先后任总编辑助理、副总编辑。2010年4月，被任命为中共张家港市委党校副校长、市行政学校副校长。

【浦江县公安局抓获潜逃23年已任政协委员网上逃犯】11月28日，该局民警经辗转福建、广西、广东三省区，在深圳警方协助下，抓获潜逃23年的网上逃犯林捷。林捷的公开身份为广西南宁缘德福黄金珠宝公司董事长，旗下代理经营缘德福、中国黄金、周大生三大珠宝品牌，并担任广西南宁市兴宁区政协委员、广西壮族自治区珠宝协会常务副会长兼广西壮族自治区南宁市民营企业家协会副会长。林捷涉嫌于1988年6月20日以帮助浙江浦江棉纺织厂购买棉花为由，诈骗浙江浦江棉纺织厂购买棉花款59万元后潜逃。

【永康市公安局抓获潜逃12年公安部B级逃犯夫妻】11月30日，该局追逃组在广东警方配合下，抓获一对潜逃12年且身份“漂白”的公安部B级逃犯夫妻胡铁峰和应晓莉。1999年，胡铁峰以还贷款为由从受害人方某某等10多户农户手中骗得现金180多万元，后伙同其妻应晓莉挪用中国农业银行永康市支行公款200余万，携款潜逃。

【东阳市公安局抓获“潜伏”逃犯吉思光】12月8日，该局横店派出所在辖区郭新宅村协助黑龙江齐齐哈尔市公安局抓获潜逃13年之久的抢劫案逃犯吉世光。吉世光涉嫌于1998年12月6日晚，伙同他人抢劫齐齐哈尔市公安局铁锋分局刑警杨某夫妇后潜逃。潜逃期间，吉世光先后在热门电视剧《潜伏》中扮演保密局档案股股长盛乡、在《东方红1949》中扮演大特务严慧、在《神医大道公》中扮演大太监崔然，并在《武则天秘史》、《唐宫美人天下》等影视剧中扮演多个配角。

【台州椒江区公安分局抓获潜逃17年且身家上亿命案逃犯】8月28日，该分局在江苏无锡警方协助下，抓获潜逃17年、身家上亿且已“漂白”身份的命案逃犯郑国民。1994年5月6日晚，郑国民伙同他人在椒江城区椒江人民医院附近，持刀追杀受害人郑某，并致郑某当场死亡。

大走访“开门评警”、民主评议和“发扬传统、坚定信念、执法为民”主题教育实践活动

【概述】1～6月，全省公安机关组织开展“大走访”开门评警活动。其间，共走访各类单位、社会组织13.8万家，走访党政机关工作人员、工作对象、困难群众、特殊群体、案事件当事人8.6万人次；组织恳谈评议活动1.1万场次，参与恳谈交流群众160万余人次，发放并回收各类有效调查问卷440万余份，共征集到各类意见建议6.5万条。开通全省110接处警语音短信自动回访系统，跟踪测评满意度，回访群众736万人次，其中有效回复224万人次，群众满意率达92.7%。开展执法“千案回访”活动，回访案件5700起，收集反馈建议2000余条。根据征集到的群众意见建议，制定整改方案，明确整改期限，推动

群众呼声“第一信号”转为公安机关“第一行动”，共整改问题4581个，完善规章制度1518项。3月15日，省厅印发《全省公安机关深入开展“发扬传统、坚定信念、执法为民”主题教育实践活动实施方案》，决定从3月中旬开始至2012年3月底在全省公安机关开展“发扬传统、坚定信念、执法为民”主题教育实践活动，主要内容有：加强革命传统和理想信念教育，掀起学习党史特别是浙江公安发展史的热潮；开展“坚持执法为民、树立良好警风”为主题的纪律作风教育；开展“深化创先争优，争当岗位能手”活动；开展“大走访”开门评警活动；开展执法主体素质专题教育培训；加强先进典型选树培育。6月8日，省公安厅印发《全省公安机关开展民主评议工作实施方案》。6月20日，省厅召开全省公安机关电视电话会议，对开展民主评议工作进行动员部署，要求各地、各部门切实加强组织领导，精心谋划，着力解决人民群众反映的突出问题，进一步提升群众对公安机关的满意度。

【刘力伟对“三访三评”深化“大走访”活动提出要求】12月16日，省委常委、省公安厅厅长刘力伟在全国公安机关“清网行动”总结表彰暨开展“三访三评”深化“大走访”活动动员部署电视电话会议续会上讲话，对开展“三访三评”深化“大走访”活动提出要求，强调要更加注重民意引领，深入走访群众，了解民情，把握民需，真正把群众需求作为谋划工作的第一选择。通过全员走访、全方位走访、全领域走访，最大限度地把社会各阶层、各群体的真实需求和意愿收集上来，作为警务决策的重要依据。

【省厅党委成员开展走访慰问活动】1月，省厅党委带头组织开展走访慰问活动。其间，厅党委班子成员走访慰问全省因公负伤民警、牺牲民警家属、生活困难民警、省级见义勇为人员以及案件当事人100余名（户），发放慰问金数十万元。

【张景华到杭州市局调研指导“大走访”开门评警活动】2月12日，省厅党委副书记、副厅长张景华在厅党委委员、副厅长、杭州市委常委、公安局局长柯良栋，厅党委委员、办公室主任石小忠等陪同下，到杭州市公安局调研指导“大走访”开门评警活动。张景华强调，要通过扎实组织开展“大走访”开门评警活动，切实掌握人民群众和社会各界对公安工作的需求，并坚持民意主导，引领全省公安工作不断走上民本警务、常态警务良性发展轨道。张景华对杭州市局建立并落实“八必访六沟通”制度，以及通过运用领导带头访、民意调查访、结合本职访、专题会议访、网上互动访等多种形式开展“大走访”开门评警活动的做法予以赞赏。

【张景华到湖州市局调研群众工作】2月22～23日，省厅党委副书记、副厅长张景华到湖州市局调研群众工作。其间，张景华听取湖州市局及吴兴分局、开发区分局、度假区分局关于实施“警务广场”战略和开展“大走访”开门评警活动情况的汇报，深入吴兴分局八里店派出所、飞英派出所和开发区分局杨家埠派出所罗师庄村警务室、度假区分局滨湖派出所检查指导，与基层派出所负责人、民警进行座谈交流。湖州市委常委、公安局局长金伯中等陪同调研。

【张景华到绍兴县调研指导“大走访”等工作】4月1日，省厅党委副书记、副厅长张景华在厅党委委员、办公室主任石小忠等陪同下，到联系点绍兴县公安局调研指导工作。其间，张景华先后深入柯岩派出所、交警大队等基层所队调研“大走访”开门评警活动和社会管理创新工作。

【华乃强主持召开厅“大走访”开门评警领导小组成员会议】2月12日，省厅党委委员、政治部主任、厅“大走访”开门评警领导小组办公室主任华乃强主持召开领导小组成员会议，回顾全省“大走访”开门评警活动情况，分析工作进展，对下一步深化工作进行研究部署。会上，厅“三项办”通报了前阶段工作情况，厅指挥中心、治安总队、监管总队分别汇报了本警种开展“大走访”开门评警活动的情况。

【华乃强召集会议专题研究公安队伍建设创新工作】8月10日，省厅党委委员、政治部主任华乃强召集会议，就公安队伍建设创新工作进行专题研究和部署，并对如何进一步做好警力下沉等工作提出明确要求。厅有关部门负责人参加会议。

【华乃强召集会议专题研究深化“大走访”长效机制建设工作】8月11日，省厅党委委员、政治部主任华乃强召集会议，就深化大走访长效机制建设工作进行专题研究和部署。厅政治部、纪委、办公室、指挥中心、经侦总队、治安总队、交管局、法制总队等有关部门负责人参加会议。

【华远平主持召开“大走访”开门评警问题整改形势分析会】7月18日，省厅党委委员、纪委书记、督察长华远平主持召开“大走访”开门评警问题整改形势分析会。厅办公室、指挥中心、督察总队、经侦总队、治安总队、刑侦总队、监管总队、出入境管理局、消防局、交管局、网警总队、禁毒总队、法制总队、高速总队等部门负责人在会上作重点发言，厅政治部、纪委监察室、机关党委、后勤处、边防局、机场公安局、传媒中心等部门负责人参加会议。会上，华远平总结点评了各部门的问题整改情况，指出整改中的不足，并就进一步落实整改“大走访”开门评警涉及社会群众意见建议、做好与民主评议衔接工作提出要求。

【省厅部署开展“大走访”开门评警活动】 1月17日，省厅印发《全省公安机关深入开展“大走访”开门评警活动实施方案》，决定从2011年初开始到6月底，以市、县公安机关特别是基层所队和窗口单位为重点，开展“大走访”开门评警活动，以实现“广大民警受教育、人民群众得实惠、公安工作上水平、警民关系更和谐，人民群众安全感和满意度明显增强、公安机关执法公信力和作风形象明显提升”的总体目标。

【组织全省公安先进模范开展“大走访”活动】 1月，根据公安部和省厅统一部署，全省各地公安机关组织先进代表、优秀民警开展“大走访”开门评警活动，于春节前走访困难群众、街坊邻里，努力为群众排忧解难，主动接受群众评议监督，并代表公安机关送去新春祝福。

【省厅部署开展“发扬传统、坚定信念、执法为民”主题教育实践活动】 3月15日，省厅党委印发《全省公安机关深入开展“发扬传统、坚定信念、执法为民”主题教育实践活动实施方案》，决定从3月中旬开始至2012年3月底在全省公安机关开展此项活动。主要内容有：加强革命传统和理想信念教育，掀起学习党史特别是浙江公安发展史的热潮；开展“坚持执法为民、树立良好警风”为主题的纪律作风教育；开展“深化创先争优，争当岗位能手”活动；开展“大走访”开门评警活动；开展执法主体素质专题教育培训；加强先进典型选树培育。

【省厅出台《关于2011年全省公安机关反腐倡廉建设的意见》】 3月22日，省厅党委发布《关于2011年全省公安机关反腐倡廉建设的意见》，其中提出：严禁公安机关和民警参与征地拆迁等非警务活动；要围绕全省公安中心工作和庆祝建党90周年安保活动、“大走访”开门评警活动、打黑除恶专项行动等重大警务部署，开展执法监察和现场督察；组织开展“发扬传统、坚定信念、执法为民”和“坚持执法为民、树立良好警风”主题教育实践活动；深入开展廉政文化“三进”活动；抓好中纪委部署的“小金库”、公务用车等专项治理，同时按照公安部部署重点排查治理涉案财物管理问题、民警（协警）涉赌问题、民警及亲属参与经营休闲娱乐场所问题和执法过程中涉案人员非正常死亡问题；开展“五条禁令”再学习再教育活动；加强协（辅）警队伍规范管理；重点查办以权谋私、贪赃枉法、徇私舞弊、失职渎职案件，严重违反政治纪律和组织人事纪律案件，充当黑恶势力“保护伞”案件，严肃查处违反中央政法委“四个一律”和公安部“五条禁令”、“五个严禁”的案件；加强涉警信访受理、核查工作；做好民警维权工作；配齐配强纪检监察干部。

【开展“深化创先争优·争当岗位能手”活动】 3月24日，省厅印发《关于在全省公安机关组织开展“深化创先争优·争当岗位能手”活动的通知》，要求各地将此项活动作为公安政治工作的主线来抓，大力开展岗位竞赛和能手评选活动，积极营造立足岗位创先争优、争当能手的良好氛围。

【省厅召开厅直属机关窗口单位深入开展创先争优活动（现场）推进会】 4月8日，该会议在高速交警杭州支队五大队召开，厅党委委员、政治部主任、直属机关党委书记华乃强指出，要进一步提高认识，充分认识窗口单位创先争优工作的重要性和必要性；进一步明确目标，继续实行“三培养”活动，积极推进公安机关“深化创先争优，争当岗位能手”主题实践活动。

【省厅出台《全省公安队伍正规化建设评估要点（2011年度）》】 4月20日，省厅出台该文件，内容涉及主题教育实践活动、和谐警民关系建设、思想政治工作、宣传舆论引导、警力下沉、教育培训、执法规范化建设、作风建设、党风廉政建设、从优待警10个方面。

【开展纪念建党90周年系列活动】 2011年，为纪念建党90周年，省厅部署开展“学习历史、缅怀先烈、弘扬先进”为主题的纪念建党90周年系列活动。其间，4月9日，举办纪念建党90周年书画摄影作品比赛；5月15日，开展纪念建党90周年读书征文活动；5月18日至6月底，组织开展“全省公安机关党史、公安史知识竞赛活动”；5月20日，举办纪念建党90周年党史党建知识（书面）竞赛；6月14日，召开庆祝建党90周年暨表彰大会，重温入党誓词，举行“红歌经典颂忠诚”——浙江省公安厅纪念建党90周年合唱汇报演出；6月17日，组织人员参加全省机关党史党建知识抢答赛并获三等奖；6月25日，参加“浙江省庆祝中国共产党成立90周年展览”暨浙江省“百城万人寻访红色印记”活动；6月30日，召开“发扬优良传统坚定理想信念”——省公安厅庆祝建党90周年老同志、青年民警代表座谈会；“七一”前夕，组织开展省“两优一先”、“十大警界先锋”等评选表彰活动。7月1日，组织全省民警收看胡锦涛总书记在庆祝中国共产党成立90周年大会上的重要讲话。

【全省公安机关开展民主评议活动】 6月8日，根据省政府纠风办统一部署，省公安厅印发《全省公安机关开展民主评议工作实施方案》。6月20日，省厅召开全省公安机关电视电话会议，对开展民主评议工作进行动员部署，要求各地、各部门要切实加强组织领导，精心谋划部署，以制度机制建设为重点，着力解决人民群众反映的突出问题，进一步提升群众对公安机关的满意度。截至10月份，全省公安机关召开专题部署会556次，组织专项督导组782个，开展专项督导活动865次，检查基层站所1636个，其中由市、县公安机关领导带队的专项督导活动485次。组织开展全省公安机关领导开门接访活动，接访群众1529批2529人。在全省组织开展执法“千案回访”活动，走访案件当事人1万余名，回访案件5700余起，收集反馈建议2000余条。借助民调中心和网络、通信等第三方力量，开展民意调查9.93万次，发放各种调查表47.43万份，参与调查对象54万人。针对搜集到的意见建议，各级公安机关立项整改问题4581个，健全完善相应规章制度1518项。经省政府纠风办委托省统计局民生民意调查中心调查，群众对公安系统满意率为93.82%，在全省10个行政执法职能系统排名第五。

【进一步部署开展主题教育实践活动】 6月23～24日，在嘉兴召开的全省各市公安局局长会议上，省厅党委副书记、副厅长张景华在讲话中指出，全省各级公安机关要进一步深入开展“发扬传统、坚定信念、执法为民”主题教育实践活动，进一步坚定对中国特色社会主义的政治认同、思想认同和感情认同，确保“四个忠于”不褪色、不动摇。同时要深入开展“深化创先争优、争当岗位能手”活动，全面提升队伍整体素质。

【省厅举行庆祝建党90周年暨表彰大会】 6月29日，省厅召开该会议。会议表彰了全省公安机关“一先两优”代表（全省公安机关先进基层党组织、优秀共产党员、优秀党务工作者和先进纪检监察组织、优秀纪检监察工作者）和浙江省“十大警界先锋”。省厅政治部主任华乃强带领全体与会党员重温入党誓词。会上还举行了“红歌经典颂忠诚”——浙江省公安厅纪念建党90周年合唱汇报演出。省厅党委副书记、副厅长张景华就加强全省公安机关党的建设提出五点要求，即坚定信念，永葆忠诚；恪尽职守，为党分忧；顺应民意，关注民生；规范执法，累积公信；提升素质，强化执行。

【省厅召开厅特邀监督员暨民主评议座谈会】 8月19日，省厅召开厅特邀监督员暨民主评议座谈会，各位特邀监督员分别发言，对公安工作和队伍建设提出了意见建议。省厅党委副书记、副厅长张景华出席会议并讲话，厅党委委员、纪委书记、督察长华远平主持会议并通报2011年以来全省公安工作、队伍建设以及民主评议工作开展情况。

【省厅召开厅党委理论学习中心组（扩大）学习会】 7月6日，省厅党委召开该会议，学习胡锦涛总书记“七一”重要讲话精神。省厅党委副书记、副厅长张景华主持会议并讲话，省委党校副校长郑仓元教授作辅导报告。

【省厅举行第四届“我最喜爱的人民警察”先进事迹报告会】 8月5日，省厅举行该会议。省厅党委书记、厅长孙建国出席报告会并发表讲话，要求全省各级公安机关和广大民警要以“我最喜爱的人民警察”为榜样，认真学习他们的先进事迹和崇高精神。

【省纪委领导到省厅指导民主评议工作】 8月9日，省纪委副书记王海超，省纪委常委、监察厅副厅长施彩华等到省厅指导民主评议工作。省厅党委副书记、副厅长张景华主持汇报会，厅党委委员、政治部主任华乃强参加会议，厅党委委员、纪委书记、督察长华远平代表厅党委汇报了全省公安系统民主评议工作情况。

【省厅部署学习党的十七届六中全会精神】 10月28日，省厅转发公安部《关于认真学习贯彻党的十七届六中全会精神的通知》，要求全省各地公安机关按照厅党委部署要求，研究学习贯彻具体措施，组织全体党员民警学习。

【省厅部署进一步深化人民警察核心价值观教育活动】 11月17日，省厅印发《关于认真贯彻落实党的十七届六中和省委十二届十次全会精神 进一步深化人民警察核心价值观教育的通知》，要求全省公安机关要更加注重思想政治教育，引导民警坚定政治方向，永葆忠诚本色；要更加注重立足岗位践行，引导民警将人民警察核心价值观落实到本职岗位上，体现在具体工作中；继续巩固和深化“大走访”开门评警、民主评议、“警民恳谈”和“警务广场”等活动成效，使广大民警在创新社会管理、服务人民群众过程中强化人民警察核心价值观；要更加注重典型示范引领；要更加注重警营文化熏陶，为民警接受先进思想、获取有益信息、丰富文化生活创造有利条件；要更加注重领导带头作表率。

【厅党委会部署学习省委十二届十次全会精神】 11月22日，厅党委召开理论学习中心组学习会，传达学习省委十二届十次全会精神。省委常委、省公安厅党委书记刘力伟主持会议并讲话，厅党委副书记、副厅长张景华传达全会主要精神。

【省厅召开全省公安机关“十大警界先锋”先进事迹报告会】 12月16日，省厅举行该报告会，省委常委、省公安厅厅长刘力伟出席报告会并作重要讲话，全省公安民警在各地分会场收看报告会直播。

图为省厅召开全省公安机关开展"三访三评"深化"大走访"活动动员部署电视电话会议（12月16日）

【省厅部署开展"三访三评"深化"大走访"活动】 12月16日，公安部召开全国公安机关"清网行动"总结表彰暨开展"三访三评"深化"大走访"活动动员部署电视电话会议，决定从是年底到2012年6月底，在全国公安机关组织开展"三访三评"（访问民情、访察民意、访排民忧和评议工作、评查问题、评选先进）深化"大走访"活动。之后，省厅召开续会，省委常委、公安厅厅长刘力伟对全省公安机关开展"三访三评"深化"大走访"活动作动员部署。12月27日，省厅印发《全省公安机关开展"三访三评"深化"大走访"活动实施方案》，要求全省公安机关要重点开展好全警"大走访"爱民实践活动、矛盾纠纷集中排查调处活动、信访积案集中清理活动、突出治安问题专项整治活动、防范处置金融犯罪专项行动、110主题宣传日活动，制定出台一批新的便民利民惠民措施、人民警察核心价值观教育活动、勤政廉政教育活动、评选表彰先进活动等10项活动。

【警务督察部门参与"大走访"开门评警活动】 1～6月，全省公安机关警务督察部门开展"双百千"走访行动，由各地警务督察部门走访百个派出所、千名民警和百个村庄、千名群众。征求基层民警和社会各界对公安机关和督察部门的意见建议，同时对各警种、部门的走访情况进行督促检查。其间，省厅警务督察总队派出4个走访组，分片区进行走访、督导，与2名衢州贫困小学生结对帮扶。全省共出动督察走访组710个，走访群众1.4万名，走访基层所队5530个，召开座谈会8317个，发放征求意见表6万份，收集各类意见和建议5200余条。

【宣传部门开展"大走访"开门评警宣传报道】 3月和4月，省厅先后印发《全省公安"大走访"宣传工作方案》、《关于进一步加强"大走访"开门评警宣传工作的通知》，要求全省公安宣传部门把"大走访"开门评警活动作为宣传工作的重中之重。年内，省厅宣传处联合《浙江法制报》推出《开门评警·所队长日记》专栏，共推出系列报道20篇，记录公安机关在"大走访"活动中的点滴故事。利用各大电视媒体宣传报道各地公安机关领导深入一线开展大走访、"黄岩老公安走访"、"看守所QQ视频会客"、"网上派出所"等一系列为民服务措施等。全省开展开门评警活动期间，各级公安机关制作开门评警宣传展板、横幅、标语3.8万余块（条）；发放宣传资料624.8万份；在各类媒体刊发报道6500多篇，其中在中央级媒体刊发"大走访"开门评警报道250余篇；《人民公安报》、《浙江日报》的头版、要闻版刊发20余篇；拍摄编辑上网《我省公安开展"大走访"开门评警》等各类电视新闻节目100多条。同时，省厅宣传处在公安内网开设"公安网视频道"，每天接受各市上传的新闻专题与动态，及时遴选重点节目编辑上网，共计650多条。

【经侦部门推进警企协作工程建设】 1月19日，省厅经侦总队印发《浙江省公安经侦部门开展"大走访"开门评警暨"千警访万企回头看"活动方案》，部署开展经侦部门走访企业工作。3月7日，印发《2011年全省经侦部门推进警企协作工作指导意见》，明确2011年警企协作"明确职责、提高认识；明确重点、强化职能；创新举措、提升成效；健全机制、常抓不懈"四方面的总体要求。年内，全省公安经侦部门对4991家风险企业和1485家警企联系点逐一进行回访，开展各项服务，以防范企业受到经济犯罪侵害。全省职务侵占、挪用资金、合同诈骗三类涉企经济犯罪同比下降14.11%。

【监管部门推出便民利民措施】 5月，全省公安监管部门结合"大走访"开门评警活动，部署开展征求服务群众金点子和集中服务月活动，共征集金点子907个，出台服务群众举措515项。年内，各级监管部门积极开展监管网上办事大厅建设，制定实施被监管人员远程视频会见系统技术标准并全面完成系统建设，共安排视频会见5000余人次，省看守所和杭州、金华、台州等6个市在公安机关门户网站开通受理审批窗口，得到被监管人员亲属好评。

【网警部门开展"大走访"开门评警活动】 1～6月，全省公安网警部门开展"大走访"开门评警活动。其间，共走访单位5426家次、群众4368人次，开展各类评议活动496场次，收到各类意见建议1137条，反馈批评性意见和建设性建议289条，出台新工作机制55项，完善便民利民举措48条。

【边防总队深化推进爱民固边战略】 2011年，省公安边防总队继续深化推进爱民固边战略，施行五级走访责任制，部署开展“问计于民”、“千警入户化矛盾”和总队、支队两级机关干部下基层走访等活动，运用微博、QQ群、网络警务室等平台，拓展走访评警渠道，实现大走访“开门评警”活动制度化、规范化、常态化。截至年底，全省有438名官兵兼任边防辖区村官。走访慰问孤寡老人、残疾人、困难群众1.46万余人次，赠送慰问品、慰问金20余万元，为224名困难儿童发放爱心款11.9万元。年内，全省边防辖区有4个乡镇被确定为爱民固边模范乡镇，145个模范村被纳入地方新农村建设规划，129个模范村实现刑事案件“零发案”，123个模范村实现治安行政案件“零发案”，404村次被各级政府表彰为“先进村”、“示范村”。

【消防总队开展“大走访”开门评警活动】 2011年，省公安消防总队以“大走访”开门评警活动为载体，走访地方政府和有关部门，举办座谈、评议活动，倾听群众意见，并以“三个一点”（态度好一点、速度快一点、换位思考多一点）和“三化一联”（形象亮化、服务优化、考核量化、党群联动）为抓手，开展消防监督执法示范单位创建、优秀法制员评选等活动。年内，衢州消防支队消防安全重点单位QQ群联系制度和社会消防管理“6+1”工程得到省委书记赵洪祝的肯定；金华消防支队实施居住出租房标识管理、分类整改并纳入流动人口服务管理范畴经验得到副省长毛光烈、副厅长凌秋来等领导的肯定。

【森林公安机关开展“大走访”开门评警活动】2011年初至6月底，全省森林公安机关开展该活动。其间，共组织座谈会、咨询会等活动383次，走访林农7040户、单位1223家，出台便民利民措施65项，排查化解矛盾纠纷302起，清理化解涉法涉诉信访案件183起。

【省厅新闻传媒中心宣传“大走访”开门评警活动】 1月，省厅新闻传媒中心开设“访民意听民声——全省公安机关深化‘大走访’开门评警专题报道”栏目，对“大走访”活动进行全面报道。截至6月，共刊发稿件90余篇。

【省厅新闻传媒中心策划“纪念中国共产党成立90周年”系列报道】 5月，省厅新闻传媒中心策划“纪念中国共产党成立90周年”系列报道，通过“薪火相传”、“警心向党”、“警徽闪耀”、“热血警盾”4个系列，全方位反映浙江省公安保卫战线取得的成绩和公安英烈英模、优秀党员民警的事迹，教育和激励公安民警牢记党的宗旨，努力履行巩固党的执政地位、维护国家长治久安、保障人民安居乐业的重大历史使命。截至7月，共发表文章164篇，得到省委宣传部和省新闻出版局的肯定。

【警卫部门举行纪念建党90周年系列活动】 为纪念中国共产党成立90周年，5～7月，全省警卫系统举行多种纪念活动。其间，全省警卫系统举行“学党史、铸忠诚、知党恩、跟党走”主题演讲比赛；警卫队开展纪念建党90周年党史军事知识竞赛；厅警卫局组队参加省公安厅庆祝建党90周年“红歌经典忠诚颂”合唱比赛并获二等奖；警卫队、南屏服务中心和杭州师范大学音乐学院联合主办以“激情历史　闪亮青春”为主题的军民联欢晚会；柳莺宾馆举行“党旗迎风飘扬”红歌会；西湖国宾馆开展“唱红歌　颂祖国　促和谐”红歌合唱比赛。

【21个县（市、区）公安局被评为2011年度全省公安队伍正规化建设优秀单位】 2012年1月4日，省厅印发《关于2011年度全省公安队伍正规化建设优秀单位的通报》，确定杭州市公安局江干区分局、杭州市公安局西湖风景名胜区分局、临安市公安局、宁波市公安局北仑分局、慈溪市公安局、温州市公安局瓯海区分局、洞头县公安局、安吉县公安局、海宁市公安局、嘉善县公安局、绍兴市公安局越城区分局、上虞市公安局、金华市公安局婺城分局、兰溪市公安局、衢州市公安局柯山分局、龙游县公安局、舟山市公安局普陀区分局、台州市公安局椒江分局、台州市公安局路桥分局、龙泉市公安局、云和县公安局等为2011年度全省公安队伍正规化建设优秀单位。

防范打击犯罪

国内安全保卫

【概述】2011年，全省公安国内安全保卫（简称国保）部门深入开展隐蔽斗争和维稳工作，有效开展情报信息、侦察调查、防范保卫和教育转化等各项工作，继续推进基层基础建设和队伍建设，全力维护国家安全和全省社会政治稳定。省厅国保总队被省厅评为2011年度目标考核先进单位，总队专案组被省厅记集体二等功。

图为省厅在杭州召开全省公安国保工作会议（3月8日）

【防范打击法轮功邪教组织非法活动】2011年，全省立“法轮功”宣传煽动性案件若干起，侦破率为99%，继续实现“法轮功”“零进京、零滋事、零插播”的目标。

【加强国保信息化建设】2011年，全省公安国保部门推进省、市两级加密网国保综合业务平台建设，并在湖州开展公安网国保涉稳业务工作平台试点建设工作，与公安情报平台和地市警务工作平台全面对接，11月，在湖州召开现场会向全省部署推广建设。

【加强国保队伍建设】2011年，省厅继续推动市、县国保部门主要负责人高配和国保毕业生定向分配工作。截至年底，全省市级国保部门岗位全部确定高配，主要负责人高配比例达73%，较上年提高23%；县级国保部门高配岗位比例达93%，较上年提高15%，主要负责人高配比例达60%，较上年提高5%；县级国保队伍的国保班毕业生到位人数比例由原来的33%提高至40%。

【加强国保教育训练工作】2011年，省厅国保总队出台《2011年全省公安国保教育培训工作指导方案》，组织全省国保兼职教官及国保业务骨干专题培训班。11月，该总队在省警察学院组织开展全省公安国保民警岗位技能抽考，台州、舟山、温州等市代表队分别获得团体前三名。年内，全省公安国保部门被公安部业务局评定部级国保教官6名、一级法律专家2名。

经济犯罪侦查

【概述】2011年，全省公安机关深入贯彻落实第三次全国经济犯罪侦查工作会议精神，深入开展专项打击，积极应对处置局部地区金融风波，有力服务经济平稳较快健康发展，经侦工作继续走在全国前列。年内，全省公安经侦部门立集体二等功10次、集体三等功26次；1人立一等功，5人立二等功，65人立三等功；30个集体、153名民警被通令嘉奖；获各种荣誉称号181个。

【严厉打击经济犯罪】2011年，全省公安机关共立经济犯罪案件7731起，侦破7309起，移送起诉5762人；涉案价值182.91亿元，挽回经济损失32.21亿元；各地上报重大经济犯罪案件453起，同比上升32.07%。立案值1000万元至1亿元案件170起，亿元以上案件45起。省厅督办的65起案件全部告破，侦破部督案件59起，侦破率98.33%。

【开展打击侵犯知识产权和制售伪劣商品犯罪“亮剑”专项行动】2010年10月～2011年11月，全省公安机关开展该行动。其间，全省共侦破各类侵权假冒伪劣案件

图为省厅经侦总队和杭州经侦支队联合举办决战"亮剑"行动假冒伪劣商品集中展示销毁活动（11月6日）

4068起，捣毁假冒生产窝点4318处，打掉犯罪团伙316个，逮捕犯罪嫌疑人1007名，移送起诉2510人，关停传播盗版作品互联网站372个。浙江省专项行动绩效考核综合成绩居全国第一位。

【开展打击银行卡犯罪"天网—2011"专项行动】1～10月，全省公安机关开展该行动。其间，全省共立各类银行卡犯罪案件2398起，侦破2225起。抓获犯罪嫌疑人2300名，逮捕犯罪嫌疑人395名，移送起诉犯罪嫌疑人2094名，缴获各类银行卡6523张，挽回经济损失5835万元。抓获行动前历年上网逃犯69名，缉捕率95%。

【开展防范处置金融犯罪专项行动】2011年10月～2012年2月，全省公安机关开展该行动。其间，全省共立非法集资案件163起，非法经营案件21起，合同诈骗（诈骗）案件50起，拒不支付劳动报酬案件38起，其他涉及民间借贷案件27起，涉案金额共计289.6亿元。浙江省处置金融犯罪工作经验受到国务委员、公安部部长孟建柱，公安部副部长刘金国的批示肯定。

【开展积案清理专项活动】2011年，全省公安经侦部门深入开展该活动。年内，化解各类积案1449起，其中化解一般类积案1398起，特殊类积案51起，合计化解率59.48%。

【加强经侦追逃工作】2011年，全省公安经侦部门抓获各类经济犯罪逃犯2353名，逃犯缉捕率80.57%，其中境外逃犯26名。

【召开全省经侦系统第二届技战法研讨暨精品案例评审会】2月27～28日，省厅经侦总队在金华召开该会议。其间，对全省经侦部门层层推选产生的11个案例、20个技战法进行研讨评审。经评审，杭州"12·23"专案获精品案例一等奖；杭州富阳经侦大队信用卡诈骗案件视频分析技战法获技战法评审一等奖。此外，还分别评出精品案例、技战法二等奖各2个，精品案例三等奖3个，技战法三等奖4个。

【召开全省经侦部门社会管理创新工作经验交流会暨义乌经济案件预警平台建设现场会】11月3日，省厅经侦总队在义乌召开该会议。会议对推进经侦部门社会管理创新提出推进"警企协作工程建设、社会防控工程建设、经侦基础工程建设、信息支撑工程建设"四项建设工作要求。听取了浙江中国小商品城集团股份有限公司、义乌市公安局建立"义乌经济案件预警平台"的经验介绍，并观看有关宣传片。温州、绍兴、衢州等地公安机关经侦部门就开展社会管理创新作交流发言。

【召开全省公安经侦部门执法质量情况通报暨推进"两个专项行动"电视电话会议】4月13日，省厅经侦总队召开该会议，通报全省公安经侦部门受理、立案、强制措施、涉案财物处理等执法环节存在的突出问题，就开展案件评查、积案清理、涉案财物管理、经侦信访等执法工作进行部署。会议还通报了各地开展"亮剑"行动、"天网—2011"行动的情况，就进一步开展好专项行动提出要求。

【经侦情报和信息工作成绩均为全国第一】2011年，全省各地向省厅经侦总队上报情报1822条，省厅经侦总队向公安部经侦局、省厅情报中心报送重大情报745条，分别同比上升48.5%和52.7%；其中跨省情报线索334条，成案99条；被公安部经侦局录用124条，同比上升58%；评为特级情报1条，一级情报3条，二级情报3条，三级情报12条。通过情报，在"亮剑"行动中发起全国性侦破集群战役22起。浙江情报工作综合积分居全国经侦系统第一。年内，全省各地通过"浙江经侦信息网"向省厅经侦总队报送各类信息1.4万余条，录用发布信息8053条。公安部经侦局网站录用浙江信息922条，绩效考核积分997.35分，居全国经侦系统第一。

【加强经济犯罪防范宣传】2011年，全省公安经侦部门在省级以上媒体发布宣传报道2900余篇，在浙江省经济犯罪预警举报中心发布预警信息470余条。组织开展“5·15”全省打击和防范经济犯罪宣传日、决战“亮剑”行动假冒伪劣商品集中展示销毁等宣传活动，取得良好效果。

【强化专业教育培训】3月17～26日，省厅经侦总队在浙江警察学院举办全省公安经侦系统基层兼职教官培训班，来自省、市、县三级公安经侦部门的40余名兼职教官参加以教学技能、政治经济形势、网络发展趋势、金融、知识产权业务知识、执法细则等为主要内容的培训。12月5～9日，省厅经侦总队在浙江警察学院举办全省公安经侦业务培训班，来自全省各市、县（市、区）公安局经侦支队、大队的100余名领导和业务骨干接受为期一周的以金融形势、技战法、信息化应用、执法规范化建设等为主要内容的培训。

刑事侦查

【概述】2011年，刑事犯罪呈现命案发案总量大幅下降、命案恶性程度降低、杀害卖淫女案件明显下降、绑架案件专业化、团伙化倾向明显、黑恶势力犯罪活动侵害领域扩大、侵财犯罪总量居高不下、以电信诈骗犯罪为代表的新型侵财犯罪持续高发、侵财犯罪恶性程度下降等特点。全省公安刑侦部门围绕打好“合成战、科技战、信息战、证据战，达到侦查水平与办案水平明显提高”即“四战两提高”工作目标与做好专业专项工作的具体要求，加强打击长效化、基础信息化、执法规范化、队伍专业化建设，保持对刑事犯罪的严打高压态势。年内，共立刑侦部门管辖（下同）刑事案件44.19万起，同比下降0.7%；侦破现行刑事案件20.5万起，侦破率46.4%；其中侦破命案818起，五类恶性案件1042起，侦破率分别为98.1%、99.8%。

【加强命案侦破】2011年，全省公安刑侦部门立命案834起，同比下降12.2%；其中立故意杀人案件467起，占56%；故意伤害致死案件367起，占44%，同比上升3个百分点。立一次杀死2人以上案件34起，同比下降19.05%；立杀人分尸案件14起，同比下降41.67%。共侦破系列性杀人案件2串4起，较去年的9串20起，下降幅度明显。杀害卖淫女案件大幅下降，共发生此类案件25起，同比下降28.57%。截至年底，全省共侦破命案818起，其中一次杀死2人案件31起，杀人分尸案件14起，82个县（市、区）命案全破。同时，全省公安刑侦部门继续推进命案积案攻坚工作。年内，全省共侦破命案积案124起，同比上升58.97%。

【打击绑架犯罪】2011年，全省公安机关加强刑侦、技侦、网侦合成作战，集中警力快侦快破绑架案件。年内，全省发生的48起绑架案件全部侦破。分别侦破金华“2·24”绑架案、温州“3·29”特大绑架案、苍南“9·5”绑架案等一大批社会影响恶劣的绑架案件。

【打黑除恶】2011年，全省公安机关贯彻落实《浙江省公安厅关于进一步加强打黑除恶工作的意见》，重点加大对农村黑恶势力打击力度。年内，共侦办涉黑案件24起，打掉恶势力团伙800余个，抓获涉黑涉恶犯罪嫌疑人6300余名，侦破各类案件6000余起，扣押非法资产2300余万元，缴获枪支67支。

【召开全省刑侦工作会议】2月21～22日，省厅刑侦总队在杭州召开该会议。会上，副厅长徐定安为“崔国华工作室”授牌；省厅刑侦总队总队长蒋庆明作题为《开拓创新抓好规范化专业化建设扎实努力做好2011年全省刑侦工作》的主题报告，全面部署“加强执法规范化建设、加强刑侦专业化建设”等10项专项性、专业性工作。

【打击拐卖妇女儿童犯罪】2011年，全省公安刑侦部门贯彻落实公安部“4·12”深化打拐专项行动电视电话会议、“4·26”打击拐骗、操纵新疆籍未成年人违法犯罪工作会议，省厅“5·13”电视电话会议精神和《浙江省公安厅 浙江省民政厅反拐工作协调会议纪要》精神要求，做

图为省厅召开全省公安机关深化打拐专项行动暨打击拐卖拐骗、操纵新疆籍未成年人违法犯罪部署电视电话会议（5月13日）

好涉拐案件的立案、侦办、DNA检材的提取，被拐人员解救和来历不明儿童的摸排，新疆籍未成年人的解救、临时安置、护返等各项工作。年内，共立拐卖妇女儿童犯罪案件2145起，破1663起，抓获犯罪嫌疑人2151名，解救妇女儿童2207名。

图为董晓伟副厅长等在机场欢迎凯旋的侦破“6·30”跨国特大电信诈骗案的公安民警（9月29日）

【严厉打击侵财犯罪】 2011年，全省公安刑侦部门共立侵财犯罪案件41.64万起，占全部刑事案件的95.1%。年内，全省共侦破侵财案件18.58万起，其中包括“6·30”特大电信诈骗案件、“0128”专案、电脑合成淫秽照片敲诈案、冒充省委政法委领导诈骗案、嘉兴桐乡市宜春籍盗窃团伙案等一批重大侵财案件。

【举办首届中英跨国绑架案件侦查指挥员培训研讨班】 6月20～24日，省厅在温州市举办该培训班。公安部刑侦局副局长刘安成、省厅副厅长郑兴军、省厅刑侦总队总队长蒋庆明出席开班仪式。来自全国16个省、市公安刑侦部门的领导和绑架案件侦查专家共100余人参加此次培训研讨活动。该培训班旨在加强中英两国联手打击跨国绑架犯罪能力，提高全国公安机关处置绑架案件水平。其间，温州市公安局刑侦支队就侦破“3·29”特大跨省持枪绑架案件作典型经验交流，英国警方反绑架专家专门授课。

【开发建立网上作战平台】 3月，省厅刑侦总队开发建立刑侦网上作战平台。该平台整合了省、市、县三级公安机关刑侦部门信息资源，健全刑侦内部各专业信息流转应用机制，努力实现以人找案、以案找人、以物找人、线索找人等主要作战模式的网上运作与规范管理，提升网上作战规模效能。8月18～19日，省厅刑侦总队在舟山普陀召开流平台建设推进会，演示了该平台建设情况，并对平台运行工作规范、刑侦网上作战规模评估办法进行了讨论。

【开展血迹搜索犬培训应用工作】 2011年，全省警犬技术工作点达到77个，同比上升35%。年内，共利用警犬出勤1.3万余次，发挥作用900余次，处置突发事件19起。完成西藏和平解放60周年大庆那曲地区安保工作。

【建立刑侦专（行）家工作室】 2011年，全省公安机关建立刑侦专（行）家工作室19个，总结命名工作法2个，其中“谢贤能工作室”被省总工会和科技厅评为“全省创新型工作室”。

监所管理

【概述】 2011年，全省公安监管部门深入推进“三项重点工作”和“三项建设”，积极开展“两防一退”工作，努力规范创新监所执法管理，扎实推动监管工作发展，整体水平继续走在全国前列。

【监管场所安全态势基本平稳】 2011年，全省公安监管部门新收押各类违法犯罪人员29.1万人，同比基本持平，其中看守所收押12.8万人，同比增长7.65%，日常在押量突破6万人，全年发生1起一般事故。

【省公安厅表彰75个连续十年以上安全无事故监所】 6月14日，省厅印发《关于表彰全省连续十年以上安全无事故监所和全市连续五年以上监所安全无事故监管支队的通报》，对实现连续十年以上安全无事故的75个监管场所和全市连续五年以上监所安全无事故的5个监管支队进行表彰。6月23日，省厅召开全省公安监管工作会议，举行颁奖仪式。

【开展监管与队伍“双安全”单位创建活动】 3～12月，全省公安监管部门开展该活动，通过加强监内管控、规范监管勤务、强化监管保障、深化岗位练兵、积极开拓创新等，有效防止和减少监所责任事故与被监管人员非正常死亡事件发生，浙江省看守所等23个所被评为创建活动先进集体。

【推进看守所“四防一体化”建设】 2月28日，省公安厅、省武警总队联合召开全省看守目标“四防一体化”（物防、技防、人防、联防）建设推进会。6月22日，省公安厅、省武警总队在宁海县联合召开全省看守所“四防一体化”建设现场会，对深入推进看守所“四防一体化”建设进行部署，着力构建“人防部署严密、物防屏障坚固、技防手段先进、联防协同高效”的安全防控体系。截至年底，全省62个看守所完成建设任务。

图为全省看守所“四防一体化”建设现场会在宁海召开（6月22日）

【开展两项专项治理】 2011年，全省公安监管部门组织开展集中整治执法过程中涉案人员非正常死亡问题和涉案财物管理问题专项治理活动，取得良好效果。2012年2月17日，省厅监管总队被评为全国公安机关集中整治执法过程中涉案人员非正常死亡问题成绩突出集体。

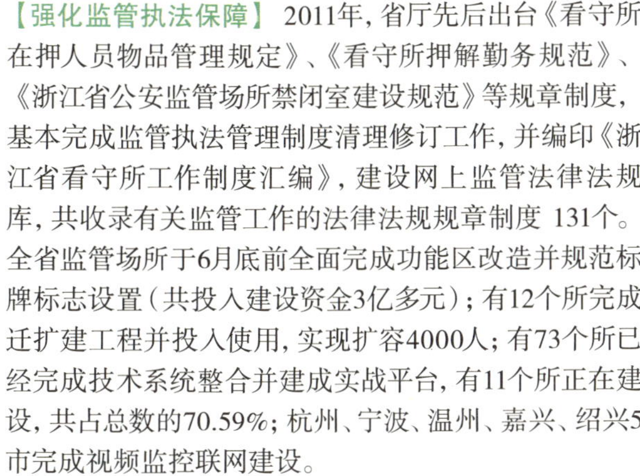

【强化监管执法保障】 2011年，省厅先后出台《看守所在押人员物品管理规定》、《看守所押解勤务规范》、《浙江省公安监管场所禁闭室建设规范》等规章制度，基本完成监管执法管理制度清理修订工作，并编印《浙江省看守所工作制度汇编》，建设网上监管法律法规库，共收录有关监管工作的法律法规规章制度 131个。全省监管场所于6月底前全面完成功能区改造并规范标牌标志设置（共投入建设资金3亿多元）；有12个所完成迁扩建工程并投入使用，实现扩容4000人；有73个所已经完成技术系统整合并建成实战平台，有11个所正在建设，共占总数的70.59%；杭州、宁波、温州、嘉兴、绍兴5市完成视频监控联网建设。

【推进监所管理创新】 2011年，省厅出台《浙江省公安厅关于进一步规范看守所勤务工作的意见》，推行女性在押人员集中关押、管教巡控专业分工、实行被监管人员安全风险评估等管理举措。省厅监管总队制订《规范和创新看守所管理机制实施方案》，提出创新安全管理、人权保障、教育矫治、服务诉讼、监督制约机制5个方面23项任务。全省监所管理机制创新工作经验和杭州市看守所新型禁闭室建设、镇海区看守所被监管人员风险评估等经验在全国会议上交流推广；温岭市看守所自主开发的“监所点子腕带流程控制与管理系统”获第二届全国公安基层技术革新一等奖；萧山、镇海、海宁、玉环和绍兴县看守所5个单位被评为全国看守所管理机制创新示范单位，10个单位被评为全省看守所管理机制创新示范单位。

【推出便民利民措施】 5月，全省公安监管部门结合“大走访”开门评警活动，部署开展征求服务群众金点子和集中服务月活动，共征集金点子907个，出台服务群众举措515项。其中，各级监管部门积极开展监管网上办事大厅建设，制定实施被监管人员远程视频会见系统技术标准并全面完成系统建设，共安排视频会见5000余人次，省看守所和杭州、金华、台州等6个市在公安机关门户网站上开通了受理审批窗口，得到被监管人员亲属好评，取得良好社会效应。

【加强监所医务工作】 2011年，全省净增监管医生67人，总数达616人，有85个所实现医生24小时在所值班，共救治重病、急病在押人员2000余人，另对278名患病不宜羁押人员依法提请办案部门变更强制措施。

【深化教育感化工作】 2011年，省厅投资80余万元编发6本《被监管人员读本》、摄制4个影音教材，投资7万余元编发《教育感化掠影》画册2000余册，并举办全省监所教育感化成果展。年内，79.01%的所完成教育设施建设任务；24638名在押人员通过普法知识测试，1988人通过文化脱盲考试，2115人通过国家统考获得职业技能证书，4012人依靠培训技能实现归正就业，通过加强教育感化引导被监管人员坦白检举，协破各类刑事案件37109起。3月，浙江省监管部门教育感化工作经验在全国公安监管部门推进“两防一退”（防事故、防非正常死亡、退出舆情关注热点）工作会议上介绍推广。

【深入开展向孙炎明同志学习活动】 2月，公安部监管局下发《关于在全国公安监管战线开展向孙炎明同志学习活动的通知》，号召全国公安监管系统开展向东阳市看守所民警孙炎明同志学习。同月，省厅监管总队印发《关于在全省公安监管系统深入开展向孙炎明同志学习活动的通知》，要求各级公安监管部门迅速掀起活动高潮，推进学习活动。11月，14名同志被评为“孙炎明式”优秀监管民警。

【深化岗位练兵活动】2011年，全省公安监管部门共举办各类业务培训班34期，有1732名监管民警参训，其中34人考取三级心理咨询师国家职业资格证书。5～10月，全省监管系统组织开展争创“教育感化示范岗”、争当“个别教育能手”活动，31名监管民警和16个管教岗位分别被评为全省公安监管系统“个别教育能手”和“教育感化示范岗”。12月，省厅在浙江警院举行全省监管岗位业务技能抽考活动，嘉兴、金华、绍兴获团体前三。

【举行第二次全省监所集中对社会开放日活动】5月25日，全省公安监管场所以“教育感化促和谐”为主题，举行第二次集中对社会开放日活动。社会各界人士共4328人走进监所视察参观，并对公安监管工作进行评议，《人民公安报》等98家媒体的179名记者走进监所现场采访报道。

【加强舆论宣传工作】2011年，各级媒体宣传报道监管工作590篇，其中中央媒体16篇；省厅监管总队编印《浙江监管》杂志4期、《监管信息》简报81期，与浙江警察协会联合出版1期《浙江警学》监管专刊，向公安部监管局报送工作信息3392条。

技术侦察

【概述】2011年，全省公安技侦部门以“信息技侦”为目标，以能力建设为核心，大力加强业务、技术、机制、队伍建设，有效提升预警、侦察、控制、处置能力，为维护国家安全和社会和谐稳定作出积极贡献。年内，全省技侦部门被授予集体荣誉称号6次，立集体二等功1次、三等功9次；被授予个人荣誉称号23人次，立个人二等功7人次、三等功52人次。杭州、温州支队被评为“全国公安技侦工作先进集体”，3人被评为“全国公安技侦工作先进个人”。

【领导关怀】6月16日上午，公安部副部长陈智敏在省厅副厅长陈重天陪同下，到温州市公安局技术侦察支队视察工作。8月18日下午，省委常委、秘书长、政法委书记李强在省厅党委书记、厅长孙建国，省厅党委副书记、副厅长张景华等陪同下，视察省厅技术侦察总队直属义乌支队。

【情报信息工作成效全国领先】2011年，全省公安技侦部门围绕“煽动非法聚集”活动处置工作、部局“2·20”专案侦查、“12·25”钱云会事件、温州动车事故等一系列案（事）件，开展情报信息工作。年内，全省技侦综合情报信息工作继续位于全国先进行列。

【打击严重刑事犯罪活动】2011年，全省公安技侦部门积极参与命案侦破、“亮剑”、“春季攻势”、“清网行动”等各类专项行动。省厅技侦总队直属义乌支队坚持主动进攻，立足常态化排查，自主发现并抓获5名“伊吉拉特”团伙成员，孟建柱、夏宝龙、李强等领导对此案的成功侦破均给予高度肯定。在全国技侦系统精品案件评比中，浙江推选的2起案件分获全国技侦十大精品案件第一名和第七名。

【科研活动成效明显】2011年，在全国公安技侦“十一五”科技成果展示暨第四届全国公安技侦技术革新评比活动中，浙江省2个项目获二等奖，6个项目获三等奖，省厅技侦总队获优秀组织奖。在第二届全国基层技术革新项目评比中，嘉兴市局技侦支队1个项目获一等奖。

【加强执法和办案规范化建设】2011年，省厅技术侦察总队组织开展2次全省技侦执法和办案检查活动、1次全省技侦保密检查活动。同时，着手开展技侦功能区建设工作。

图为省厅在镇海召开全省公安技侦类案规范和战术方法研讨会（2月28日～3月2日）

【开展教育培训工作】2011年，全省公安技侦部门举办各类技术、技能培训班67个，培训技侦民警900余人次，组织开展2011年浙江公安技侦手段大比武活动，成功承办全国技侦某手段新技术培训班。加强浙江技侦培训中心建设，为全省公安技侦部门培训演练提供优质保障。

网络安全管理

【概述】2011年，全省公安网警部门按照主动发现、主动进攻、主动管控的总要求，统筹网上网下两个战场，着力做强网上情报、打击网络犯罪、网络安全监管三大主业，全面推动网警各项能力的提升，为维护网络社会和谐稳定作出积极贡献。是年，浙江省公安网警部门综合业务考核成绩名列全国省级网警部门第四名，总队再次被评为厅机关目标考核先进单位。

【开展“铁拳”专项行动和“净网行动”】3～12月，省厅部署开展以打击黑客和网络盗窃、网络诈骗等为重点的“铁拳”专项行动。其间，全省公安网警部门自办侦破各类网络刑事案件338起，抓获犯罪嫌疑人1318名，打掉团伙87个。8～11月，省厅组织开展以清理整治制作贩卖枪支爆炸物品违法信息为重点的“净网行动”。其间，全省公安网警部门删除违法信息2104条、关闭违法网站27家、线索初查274条、落地查人12条、通报治安部门7条，停机整顿5家、停止联网6家，查处治安案件3起、治安处罚3人。

【协助侦破追逃】2011年，全省公安网警部门主动参与“春季攻势”行动、“亮剑”行动、“清网行动”等公安中心工作，共协助侦破各类案件4620起，在协助侦办“8·31”网上吸贩毒专案、金华“6·30”特大电信诈骗专案等重大案件中发挥了关键作用；协助抓获各类人员6209名，CCIC以网警单位类别撤控3676名。

【推进网警警务室创建工作】7月，省厅印发《浙江省公安厅关于开展网警警务室创建工作的意见》，要求在全省互联网接入服务单位、数据中心服务单位和重点网站论坛等互联网信息服务单位建立网警警务室，指导开展信息网络安全防范工作，开创警民互动、群防群治的互联网安全管理新局面。截至年底，全省共建立网警警务室236家、网上警务社区15家。

【推进专线联网单位落实安全保护技术措施工作】2011年，全省公安网警部门继续按照“警企合作、共同推进”模式，联合中国电信浙江公司在全省范围开展电信专线联网单位落实互联网安全保护措施工作，并将这一有效合作模式推行到移动、联通、铁通等互联网运营企业。年内，全省共有6519家专线联网单位落实安全技术保护措施。

【深化信息安全等级保护工作】2011年，省厅与省国资委、省保监局、省卫生厅、省广电局等单位联合下发文件，部署开展行业信息安全等级保护工作。年内，全省公安网警部门对287家单位731个重要信息系统开展等级测评和安全建设整改工作，其中三级以上信息系统137个。此外，还与700余家省、市两级重点单位建立信息安全等级保护联络员工作制度。

【深化网警队伍专业化建设】3～6月，省厅网警总队组织实施第二次全省公安网侦专家评聘活动，并根据省厅“深化创先争优，争当岗位能手”活动部署，开展全省公安网警岗位能手评聘活动，评聘10名全省网侦专家和22名全省公安网警岗位能手。组织开展全省公安网警应急处置综合演练比武活动，综合考察和提升各市网警部门的核心能力。举办全省公安网警监控业务执法规范化培训班，加强网警监控队伍能力和水平。

【强化信息网络安全通报和安全防范宣传】5～7月，省厅联合通管、人行、银监、文化等部门组织开展以“预警防范各类网络诈骗”为主题的集中宣传活动；与省教育厅、省卫生厅、人民银行杭州中心支行等单位建立安全

图为省厅在浙江图书馆举行“全省防范各类网络诈骗犯罪集中宣传”活动启动仪式（6月18日）

突发事件应急响应机制；及时处置3月16日“浙江在线”网站“闪光言行投票栏目”遭受分布式拒绝服务攻击事件。建立重点网站安全监测巡查机制，定期对重点网站进行远程检测，督促56家网站落实安全整改措施，并对1023家政府网站信息系统开展全面安全技术检测，发现、消除存在安全漏洞202家。

【建立“施雄伟网侦工作室”】 10月20日上午，省厅举行“施雄伟网侦工作室”授牌仪式，副厅长董晓伟出席并讲话，公安部十一局局长顾建国为“施雄伟网侦工作室”授牌。

【推进县级网警大队规范化建设】 9月20～21日，省厅在宁波鄞州召开全省县级公安机关网警大队规范化建设现场会，推广鄞州区公安分局网警大队规范化建设试点经验，在机构职能设定、制度流程建构、硬件设施配置、执法主体建设四个方面下达达标任务，推动县级公安机关网警规范化建设。

禁毒工作

【概述】 2011年，全省禁毒部门围绕“减少毒品危害”的工作目标，认真贯彻实施《禁毒法》和《戒毒条例》，全省打击毒品犯罪主要指标位居全国前列。年内，省禁毒委员会被评为“2011年度全国缉毒执法先进单位”，省公安厅“8·16”专案组被公安部记集体一等功，杭州侦破的“1·25”团伙贩毒案件被评为“全国十大缉毒精品案件”。

【召开全省禁毒工作会议】 4月22日，省政府在杭州召开该会议，回顾总结2010年全省禁毒工作，表彰全省禁毒社会管理创新先进集体，分析面临的严峻形势，部署今后一段时期全省禁毒工作。省委常委、副省长、省禁毒委常务副主任葛慧君作主题报告。会上，杭州市公安局、乐清市禁毒委、嘉兴市禁毒委3个单位作典型经验介绍，省禁毒办公室、省卫生厅、省戒毒研究中心等3个单位发言。

【修订后的《浙江省禁毒条例》正式颁布】 11月25日，浙江省十一届人大常委会第二十九次会议通过修订后的《浙江省禁毒条例》，自2012年1月1日起正式实施。

【孟建柱批示要求全国推广浙江省邮政快递“实名制”工作经验】 2010年4月～2011年4月，省公安厅禁毒总队（省禁毒办）会同省邮政管理局等部门，在绍兴县开展邮政快递“实名制”试点工作。2010年10月，浙江省被公安部、国家邮政管理局等上级部门列为全国邮政快递“实名制”工作试点省份。2011年7月11日，省发展和改革委员会、省公安厅、省邮政管理局等部门在绍兴县召开全省邮政快递“实名制”试点工作推进会，在全省全面推行邮政快递“实名制”工作。同年8月24日，国务委员、公安部部长孟建柱在《每日舆情汇编》（第161期）刊载的《公安部将在全国推广绍兴快递“实名制”做法》一文中作出重要批示：“浙江实施快递“实名制”的做法好，请积极予以推广。”国家禁毒办2011年《禁毒工作简报》（第84期）上刊发题为《浙江省快递“实名制”管理工作大步向前》的文章，对浙江省快递“实名制”管理工作经验进行推广。

【打击毒品犯罪】 2011年，全省共侦破涉毒刑事案件5325起，同比上升11.1%；抓获涉毒犯罪嫌疑人7406名，同比上升7.5%；缴获毒品167.6千克，同比上升19.2%；查获吸毒人员3.33万人次，同比上升1.1%。年内，共移送起诉3至5人涉毒团伙466个，与上年持平；移送起诉6人以上涉毒团伙153个，同比上升38.1%；共侦破公安部毒品目标案件15起，同比上升150%。抓获、清理涉毒逃犯117名，“清网”率87.3%，超过公安部下达目标7.3个百分点。在打击网络吸贩毒的“831”专案全国统一行动中，查获吸贩毒人员883名，查获总数列全国第四。

【“毒驾”治理工作走在全国前列】 6月13日，省厅印发《关于加强吸毒人员驾驶机动车辆管理工作的通知》，在全省开展“毒驾”治理工作。截至年底，全省共

图为全省禁毒工作会议在杭州召开（4月22日）

有1200余名强制隔离戒毒人员被依法注销机动车驾驶证，“毒驾”治理工作得到国家禁毒办和公安部的充分肯定。

【完善堵源截流工作机制】 2011年，全省禁毒堵源截流工作不断加强，各级卡点共查获700余起毒品案件，同比增加1倍。杭州、宁波海关共查破毒品走私案件29起，缴获各类毒品55千克。12月，鉴于杭州萧山机场海关在查缉毒品方面的突出成绩，省政府为杭州萧山机场海关记集体二等功一次。年内，江山、常山、嘉善和苍南等地省际卡点加强毒品查缉工作，路面查缉成效明显，仅江山枫岭关卡点就侦破9起毒品大案，缴获毒品5.6千克。

【打击容留他人吸毒犯罪】 2011年，全省公安禁毒部门针对合成毒品泛滥的实际，着力加强易涉毒场所管控，严厉打击查处容留他人吸毒犯罪行为。年内共移送起诉容留他人吸毒犯罪嫌疑人1538名，比上年增长255%。

【开展区域性毒品问题综合整治】 2011年，全省各级公安机关坚持部门协作、警种联动、综合治理，加强区域性毒品问题治理工作。年内，浙江有关市、县（市、区）与四川、云南、重庆、贵州等省的19个市、县建立常态化协作机制，先后开展区域协作100多次，共抓获外省籍毒品犯罪嫌疑人4029名。四川籍彝族、云南镇雄籍、贵州纳雍籍等部分外流人群涉毒问题整治取得初步成效。

【加大禁毒专职社工配备力度】 2011年，全省禁毒部门切实加大禁毒专职社工配备力度。截至年底，按照禁毒专职社工与实有吸毒人员1∶20的比例，全省共完成3118名专职社工的配备任务，成为全国禁毒专职社工配备最为健全的省份之一。

【浙江省戒毒研究治疗中心成立】 8月16日，该中心在宁波市海曙区宁波成瘾医学研究中心挂牌成立，省委常委、副省长、省禁毒委主任葛慧君为戒毒研究治疗中心揭牌。省政府副秘书长、省禁毒委副主任陈龙，省禁毒委副主任、省公安厅副厅长董晓伟，省卫生厅副厅长马伟杭以及宁波市政府、市卫生局、公安局领导出席成立仪式。

【加强戒毒人员就业安置帮扶工作】 2011年，全省禁毒部门会同相关职能部门，鼓励和帮助戒毒康复人员就业。年内，全省实有2.7万名阿片类吸毒成瘾人员中，有1.89万人在社会各界关心支持下实现就业或自谋职业。其中，各地禁毒、人力社保、民政部门和乡镇、街道安置就业生活困难、需要救助的戒毒康复人员1088名，落实最低生活保障540人。

【完善预防毒品犯罪宣教体系建设】 2011年，省委宣传部、省综治办、省禁毒办等18个部门建立省级禁毒预防教育工作联席会议制度，省禁毒办、教育、人力社保等部门联合建立禁毒师资远程培训制度，对1.1万名师资开展远程培训，提高学校禁毒师资水平。省教育厅围绕青少年和合成毒品两个重点，组织开展“我们拒绝毒品”青少年禁毒宣传教育行动，新建270余所毒品预防教育县级示范学校。省妇联、邮政等部门组织开展“禁毒知识进万家”活动，禁毒宣传覆盖全省500多万户家庭。全省共组建禁毒志愿服务队伍534支，有禁毒志愿者1.85万人，其中具有医疗、心理咨询、社会帮教等特长的专业志愿者530余人。年内，全省共组织各类禁毒宣传活动5700余次，发放资料200余万份，各级各类媒体刊发稿件8000余篇，播放电视节目1100余期，省级电视台举办多期禁毒访谈节目。

【浙江省暨杭州市纪念《禁毒法》实施三周年文艺晚会在杭州剧院举行】 晚会于6月22日由省禁毒委、省委宣传部、省公安厅等联合主办。省委常委、副省长、省禁毒委常务副主任葛慧君等领导在会上向全省禁毒宣传小使者颁发聘书，浙江省禁毒形象大使、奥运冠军孟关良带领禁毒宣传小使者向全社会发出“拒绝毒品、做对选择、把握未来”的倡议。

图为浙江省暨杭州市纪念《禁毒法》实施三周年文艺晚会在杭州剧院举行（6月22日）

【加强易制毒化学品信息化管理】 1~10月，省禁毒办在金华、台州等地试点开展易制毒化学品可视化管理。11月4日，省厅禁毒总队印发《关于全省易制毒化学品可视化管理建设工作的指导意见》，在全省全面开展易制毒化学品可视化管理工作。截至年底，全省共在网上受理易制毒化学品行政审批33.3万份，核发许可备案证明30.5万份，加强购销运输核销工作，核销率98%，无一差错。浙江省易制毒化学品管理经验得到公安部和国际同行的高度评价。

【完成县级禁毒办规范化建设】 2011年，全省共有95个县（市、区）完成禁毒办规范化建设任务，其中10个县（市、区）禁毒办的机构升格。

反恐怖工作

【概述】 2011年，全省反恐怖部门以“夯基础、抓转型、推建设、提能力”为主题，以“三个坚持”（坚持防止恐怖分子在浙江省藏匿中转，坚决铲除极端宗教思想在浙江省的生存土壤，坚决切断境内外“三股势力”在浙江省的通联渠道）和“三个决不允许”（决不允许在浙江省发生大规模维汉群众冲突事件，决不允许在浙江省发生恐怖袭击事件，决不允许浙江省成为恐怖袭击事件的重要策划地、筹备地）为目标，以全国八残会、深圳大运会、首届“中国—亚欧博览会”、上海“世游赛”等大型活动安保为载体，以基础排查、信息核查、案线侦查、防范督查以及应急检查为抓手，圆满完成各项反恐怖工作任务。年内，省反恐办、杭州市反恐办、杭州市建设投资有限公司、杭州西湖区反恐办和杭州市公安局5个单位被评为“国家反恐怖防范试点工作先进集体”，全省有7人被评为“国家反恐怖防范试点工作先进个人”。

【召开全省反恐怖工作会议】 该会议于8月18日上午在义乌市召开。会议传达中央领导同志关于反恐怖工作重要指示和全国反恐怖工作会议精神，分析当前面临的反恐怖斗争形势，对深入推进全省反恐维稳工作进行部署。省领导李强、葛慧君出席会议并作重要讲话。厅党委书记、厅长孙建国出席会议并就做好反恐怖工作作具体部署。厅党委副书记、副厅长张景华在会上传达全国反恐怖工作会议精神。

【国家反恐办领导赴义乌专题调研反恐怖工作】 3月16~17日，国家反恐办副主任、公安部反恐怖局局长李伟一行4人赴义乌调研反恐怖工作，先后听取省厅反恐怖总队和金华市、义乌市、绍兴县、桐乡市反恐怖工作汇报，并就下步反恐怖工作座谈交流。省厅副厅长凌秋来等陪同调研。

【调整省反恐怖工作领导小组组长副组长】 8月16日，省委办公厅下发《关于调整省反恐怖工作协调小组组长副组长的通知》，由省委常委、省委秘书长、政法委书记李强担任省反恐怖工作协调小组组长，省委常委、副省长葛慧君，省公安厅厅长孙建国，省军区参谋长高幼苏，省武警总队总队长陈进平和省公安厅党委副书记、副厅长张景华担任副组长。

【反恐怖工作纳入平安市、县（市、区）考核】 5月25日，浙江省委建设“平安浙江”领导小组印发《2011年度浙江省平安市、县（市、区）考核评审条件》，其中将反恐怖有关工作列入浙江省平安市、县（市、区）考核内容。

【出台《浙江省反恐怖情报信息报送工作规定（试行）》】 1月4日，省反恐怖工作协调小组印发该《规定》，进一步规范反恐怖情报信息搜集、传递、研判及核查等各个环节工作。

【出台《浙江省省级反恐怖应急处置力量最小作战单元设置及勤务规范》】 1月17日，省反恐怖工作协调小组出台该《规范》，并初步完成省级12个单位17类专业力量最小作战单元建设和勤务机制建设，规范力量设置和勤务机制，明确了力量调用联系人、联系方式等。

【举办全省公安反恐业务骨干培训班】 该培训班于8月22~25日在宁波市警察学校举行，全省各地43名反恐怖业务骨干参加培训。

图为省厅在义乌召开全省反恐怖工作会议（8月18日）

公安行政管理

治安管理

【概述】 2011年，全省公安治安部门围绕公安中心工作，以深入推进“三项重点工作”和“三项建设”为载体，以关注民生为着力点，全面强化治安管理和防范控制，确保了全省社会面治安稳定，为庆祝建党90周年营造了平稳有序的社会治安环境。年内，省厅治安总队获第八届全国残疾人运动会安保工作集体三等功、全国水上公安机关“开门评警”先进单位、全国清理整顿人力资源市场秩序专项行动先进单位、全国卷烟打假工作突出贡献奖、“十一五”全省人口和计划生育系统先进集体、厅直机关“创新争优奖”单位等荣誉，总队党总支被评为省直机关“创先争优闪光言行之星”，省厅身份证制证中心工会获“省级模范职工之家”称号。

【侦办管辖刑事案件】 2011年，全省公安治安部门积极侦办涉赌、涉黄、涉非、涉假、涉恶等各类管辖刑事案件，全年共逮捕犯罪嫌疑人1.17万名，同比上升9.2%；移送起诉1.79万人，同比上升18%。

【开展社会治安“春季攻势”】 1～4月，全省公安机关开展社会治安“春季攻势”，严厉打击严重暴力犯罪、多发性侵财犯罪，加大突出治安问题整治力度，强化社会面治安防控。战役分三阶段进行，第一阶段为开年后至元宵节，重点是加强春节、元宵节安全保卫工作和春节前后季节性、规律性犯罪的打击防控及追逃工作；第二阶段为元宵节后至全国“两会”期间，重点是加强全国“两会”期间安全保卫工作和全省社会面稳控工作；第三阶段为全国“两会”后至“五一”前，重点是强化严重暴力犯罪和多发性侵财犯罪打击查处工作。1~4月，全省刑事案件立案数和治安案件受理数同比基本持平，刑事案件侦破数和治安案件查处数同比分别上升3.01%和4.15%。4月28~29日，全省开展涉黄涉赌治安大清查，发起“春季攻势”收官之战，共清查各类场所4.3万余家，查处涉黄涉赌场所260余家，办理案件920余起，收缴赌博游戏机近800台，抓获涉案嫌疑人近2800人，其中刑拘211人，抓获逃犯12人。

【开展“打四黑、除四害”专项行动】 8月下旬起，全省公安机关开展“打四黑、除四害”专项行动。其间，共受理群众举报线索1.7万余条，下发“四黑四害”举报指南26万余份、《浙江省公安厅关于开展“打四黑、除四害”专项行动的通告》5万余份。截至年底，全省共侦破“四黑四害”刑事案件5698起，其中制售有毒有害和假冒伪劣食品、药品、农资案件162起，涉黄涉赌案件1603起，捣毁黑工厂、黑作坊、黑窝点和黑市场639个，打掉团伙179个，抓获违法犯罪嫌疑人员2万余人。

图为凌秋来副厅长等领导实地查看“地沟油”炼制黑作坊（9月21日）

【打击整治黄赌违法犯罪活动】 4月下旬起，全省公安机关开展打击整治黄赌违法犯罪专项行动。其间，先后开展全省治安大清查、打击黄赌犯罪“零点行动”等，打掉一批涉黄涉赌的组织者、经营者、获利者和幕后保护伞。全年全省共侦破涉黄、涉赌刑事案件4030起，逮捕涉案犯罪嫌疑人7603人，同比上升11.8%；办结涉黄、涉赌治安案件近3万起，查处违法犯罪嫌疑人10万余人。

【开展治爆缉枪专项行动】 5～12月，全省公安机关开展治爆缉枪专项行动。其间，共排查各类涉危从业单位16010家，发现和整改各类安全隐患4531起（处），挂牌整治重点地区48个，其中省厅督办重点市4个，查处涉爆涉枪等违法犯罪案件362起，查处涉案人员510名，收缴炸药23万余千克、雷管16万余枚、索类15万余米、黑火药6356千克、枪支2734支、子弹41万余发、仿真枪32万余支、管制刀具3.8万余把、剧毒化学品1.9万余千克、易制爆危险化学品1787千克。

【开展缉捕涉枪、涉爆案件在逃人员会战】 1～12月，全省公安机关开展缉捕涉枪、涉爆案件在逃人员会战。其间，共抓获归案非法制造、买卖、运输、邮寄、储存枪支弹药、爆炸物品案件在逃人员49名，抓获外省在逃人员20名，缉捕率82%，超额完成公安部要求缉捕率60%以上的工作目标任务。

【2011年度全省常住人口数据】 截至2011年底，全省总户数为16180372户，总人口47813132人，平均每户2.96人。其中男性24269285人、女性23543847人，性别比（女＝100，下同）103.08。总人口比上年增加333591人，年增长0.70%。全省总人口按年龄段分布构成为：18岁以下8111784人、18～35岁（含18岁不含35岁，下同）11294662人、35～60岁20149430人、60岁以上8257256人，分别占总人口的16.97%、23.62%、42.14%和17.27%。2011年，全省出生497853人，出生率10.45‰，出生人口性别比为110.78；死亡298024人，死亡率为6.25‰；全省人口自然增长199829人，自然增长率4.19‰，比上年下降0.04个千分点。2011年全省省外迁入207377人，迁往省外83511人；省内迁入254598人，迁往省内246367人，全年人口机械增长123866人，比上年减少4594人。全省非农业人口15018831人，比上年增加329843人，年增长2.25%，占总人口的31.41%。全年全省办理农业人口转非农业人口158820人，比上年减少7247人。

【推进户籍管理制度改革】 2月，《国务院办公厅关于积极稳妥推进户籍管理制度改革的通知》下发后，省委、省政府高度重视，省委常委、副省长葛慧君挂帅，省政府办公厅、省公安厅、省农办组成专门班子，研究相关贯彻落实措施。7月14～15日，葛慧君先后主持召开两个座谈会，分别听取部分市、县、中心镇政府负责人和专家学者、省级部门负责人的意见建议。省政府办公厅同时书面征求有关单位和部门意见。经省政府第81次常务会议和省委常委会审议并原则通过，12月31日，经省政府办公厅行文并报省政府主要领导同意，《浙江省人民政府办公厅关于积极稳妥推进户籍管理制度改革试点的实施意见》正式印发。

【海外高层次人才引进落户工作】 3月30日，省政府办公厅印发《浙江省海外高层次人才居住证管理暂行办法》，省公安厅随即会同省人力社保厅联合出台《浙江省海外高层次人才居住证管理暂行办法实施细则》，对海外高层次人才居住证的分类、编号原则、申领办法、办理程序以及延期、变更、遗失补办、失效、注销等作出具体规定。6月，省厅印发《浙江省公安厅关于贯彻落实〈浙江省海外高层次人才居住证管理暂行办法〉有关问题的通知》，对居住证持有人在办理居留和出入境、落户、机动车驾驶证申领和机动车注册登记等方面的优惠政策和权益保障作出具体规定。

【开展户口登记管理专项清理整治】 8～12月，全省公安机关开展户口登记管理专项清理整治，将一人多个户口、补报往年出生时已年满7周岁、落户后6个月内即迁出或注销户口、未经审批直接办理户口迁入手续、户口迁移前后6个月内办理主要项目变更更正、不符合收养条件落户、补录（补登）户口登记、未经审批办理华侨回国定居落户手续以及各类违法违规办理户口登记线索等9类重点作为清理对象。其间，全省共筛选存疑信息665135条，复核各类户口卷宗615533卷，纠正差错数据13162个，注销一人多户口2721个，清理不符合户口迁入条件150人、不符合收养条件114人、不符合入籍回国（大陆、内地）定居条件14人，查实符合户口政策但手续不齐全8505人，清理相同姓名相同公民身份号码人员信息3.2万余条，清理不具有执法资格户口协管员11人，抓获违法犯罪嫌疑人40人，其中逃犯12人。

【公民身份号码重号纠正及“二代证”换发工作】1月，省厅治安总队对做好纠正公民身份号码重号收尾工作和完成纠正公民身份号码重号攻坚阶段任务作出部署。截至年底，全省纠正重号8046条，纠正率99.35%。同时，积极推进“二代证”换领工作，年内新换发“二代证”34万余张，换证率98.87%，全年全省共制发居民身份证291万余张。

【“同名同号”人口数据清理核对工作】 5～12月，浙江与全国同步开展全国人口基本信息资源库“同名同号”人口清理核对及复核工作。其间，省厅治安总队下发涉及浙江的“同名同号”人口数据清单3.2万余条，各地共清理注销“同名同号”人口数据32074条，清理率99.4 %，解决了一批人口信息数据维护不及时、注销户口未及时更新信息以及“一人多户口”等问题。

【人口基本信息资源库数据维护和质量控制成绩全国第一】 2011年，省厅治安总队会同厅科技通信管理局，积极做好全国人口基本信息资源库数据维护工作。通过完善技术系统，实现市、省两级人口库实时维护，实行按日向公安部报送业务变动数据的增量维护机制，集中开展16周岁以上人口信息相片数据集中补报，结合全国户口登记管理专项清理整治工作及时补录、注销、变更人口信息数据，人像、出生地、籍贯采集率分别达到99.11%、100%、100%，联网核查一致率97.06%，因核查问题引发的群众投诉为零。7月，浙江在全国公安人口信息数据维护管理经验交流会上作典型发言，并获人口基本信息资源库数据维护和质量考核全国第一名。

【登记在册流动人口2215.1万人】 据6月30日24时时点统计，全省登记在册流动人口2215.1万人，比上年同期增加264.8万人，上升13.6 %。其中男性1260.4万人，占总数的56.9%；女性954.7万人，占总数的43.1%。居住1个月以下的31.0万人，占总数的1.4%；居住1个月至1年的1622.5万人，占总数的73.2%；居住1年以上的561.6万人，占总数的25.4%。来自省内的332.4万人，占总数的15.0%；来自省外的1875.7万人，占总数的84.7%；来自境外的6.9万人，占总数的0.3%。居住在租赁房屋的1481.1万人，占总数的66.9%；居住在单位内部的526.4万人，占总数的23.8%；居住在居民家中的75.9万人，占总数的3.4%；居住在旅店的12.3万人，占总数的0.6%。宁波、杭州、温州、金华、嘉兴、台州、绍兴7个市为主要流入地，共2046.3万人，占总数的92.4%。

【贯彻实施《浙江省居住房屋出租登记管理办法》】 1月4日，省公安厅和省流动人口服务管理工作领导小组办公室下发《关于做好〈浙江省居住房屋出租登记管理办法〉贯彻实施工作的通知》。从年底检查看，《办法》确立的居住登记、治安责任书签订等制度得到有效落实。从突击检查情况看，全省居住出租房屋登记率近100%，治安责任书签订率100%。年内，全省共处罚违规房东18414人次。

【全省行业场所治安管理概况】 截至2011年底，全省共有各类旅馆业经营单位26502家、歌舞娱乐场所3363家、典当业经营单位359家、公章刻制经营单位1002家。其中，旅馆业治安管理信息系统覆盖率继续保持100%，全年通过系统上传住宿人员登记信息13595万条，抓获违法犯罪嫌疑人13747人（其中网上在逃人员4500人），协助破案7120起；娱乐场所信息系统录入新增从业人员信息28.96万条次，从业人员信息采集数比上年增长25.4%，通过强化从业人员信息采集登记，发现在逃人员597人、前科劣迹人员2331人。

【清查娱乐场所非法招用未成年人从业情况】 6月，省厅下发通知，要求全省公安机关会同劳动部门对娱乐场所招用未成年人从业情况进行全面清查。截至年底，共督促娱乐场所清退未成年从业人员7826名。

【排查管控肇事肇祸精神病人】 2011年，全省公安机关继续开展肇事肇祸精神病人日常排查管控工作，并与卫生部门完成11.3万人次精神病人的信息交换工作。

【强化“三电”设施安全保护工作】 2011年，全省发生盗窃破坏“三电”设施案件2888起，同比下降10%，造成企业直接经济损失3011万元，同比下降20%。共破获盗窃、破坏“三电”设施刑事案件1557起，查处治安案件896起，抓获盗窃、破坏“三电”设施违法犯罪嫌疑人员1356名，缴获赃款、赃物价值644.5万元，实现了盗窃破坏“三电”设施案件稳中有降的目标。

【输油气管道安全保护】 2011年，全省各地公安机关加强输油气管道设施的安全检查，打击打孔盗油案件。全年全省共检查涉油涉气单位2004个，发现安全隐患281处，整改226处；排摸掌握重点人员105名，对其中20名重点人员落实管控措施。

【校园安全保卫工作】 2011年，全省学校、幼儿园在“人防、物防、技防”建设上投入资金6亿余元，中小学校保安配备覆盖面、报警器配备覆盖面、视频监控系统覆盖面、防范器械配备覆盖面分别达到98.5%、91.4%、97.1%、99.7%，幼儿园分别达到87.3%、69.5%、79.2%、96.9%。全省各地公安机关调整派出所巡逻勤务机制，将学校、幼儿园列为必巡点。强化校园周边治安管理，消除各类安全隐患。全年全省开展治安、消防安全活动1263次，整改各类隐患11625处，全省90所高校及16242所中小学校、幼儿园中，有77所高校和9064所中小学校、幼儿园被授予“平安校园”称号。

【银行业金融机构安全防范工作】 2011年，省厅会同省银监部门组织开展银行业金融机构安全评估工作。全省各级共组成工作组121个，出动人员千余名，完成10812家网点安全评估工作，合格率达100%，优秀率达90%。通过评估，发现整改隐患8938处。全省全年未发生直接盗窃、抢劫银行金融机构案件，银行业金融机构通过身份核查系统协助公安机关抓获逃犯1498名。

【文博单位安全防范工作】 2011年，省公安厅会同省文物局联合开展全省文博单位评估达标工作，划定一级风险单位5处（不含全国重点文物保护单位132处、省级382处）、二级风险单位24处、三级风险单位88处。将三级风险以上文博单位确定为治安保卫重点单位，指导督促各单位健全安全制度，强化安全防范能力。

【贯彻实施《保安服务管理条例》】4月25日，省厅在台州召开《保安服务管理条例》贯彻试点工作现场会，副厅长凌秋来出席会议并讲话。会议对全省贯彻《条例》工作进行总结，交流台州市的试点工作情况，并对下一步全省贯彻落实《条例》工作进行再动员再部署。6月8日，省厅出台《关于贯彻实施〈保安服务管理条例〉工作的意见》，对加强监管机构建设、开放保安服务市场、加强保安服务监管，以及规范保安服务机构等工作作了强调。

图为省厅对全省十佳优秀保安员进行表彰（5月13日）

【评选表彰先进保安服务公司及优秀保安员】5月13日，省公安厅、省总工会、团省委联合召开表彰电视电话会议，对14家保安服务公司、100名优秀保安员进行表彰。授予绍兴市保安服务总公司等10家单位“浙江省十佳保安服务公司”称号，授予鲁伟强等50名保安员“浙江省优秀保安员”称号。9月2日，公安部、全国总工会、共青团中央组织开展第三届全国先进保安服务公司和优秀保安员评选表彰活动，浙江省的海宁市、杭州市保安服务公司和5名保安员榜上有名。

【保安服务公司受理审批工作】9月21日、10月10日，省厅先后下发《保安服务公司审批细则（试行）》、《保安服务公司审批评分办法（试行）》和《关于做好申请设立保安服务公司受理审批工作的通知》。12月7日，共审批发放保安服务许可证45家。

【全面完成派出所功能区改造工作】2011年底前，全省1055个公安派出所全部完成功能区改造工作，内部管理、窗口形象、执法水平得到全面提升。

【深入实施城乡社区警务战略】截至2011年底，全省已建城乡社区警务室4210个，配备社区（驻村）民警5947名。部分地方建立网上警务室，实现实体警务室与虚拟警务室有机结合。各地在深化和巩固杭州“驻村协警”、台州“警民恳谈”、宁波“社区警务e超市”等经验基础上，又推出湖州“警务广场”、衢州“群众工作综合体”等一批具有浙江特色并在全国有一定影响的典型。

【开展水警系统“顺民意、强基础、创和谐”主题活动】2011年，全省水上公安机关以创建“和谐水域”为切入点，开展该主题活动。其间，出动船艇10302次，走访涉水单位2011家，召开座谈会、通报会127场次；推出便民服务举措38项，上门服务船民及水上从业人员13897人次，救助群众1600余人次；梳理整治水上治安乱点10个、重点水域45个；完成水域大型活动安保任务49次；查处涉水刑事案件34起、治安案件183起，抓获违法犯罪嫌疑人270名，全省水上刑事案件发案率同比下降21%。年内，14个单位和17名个人获全省“和谐水域”创建工作先进称号。

【出台水上接处警工作规定】9月21日，省厅印发《浙江省公安机关水上接处警工作规定（试行）》，对水上接处警部门职责、警情受理、处置要求、部门协作、警务保障、宣传工作、责任追究等方面作出明确规定。

【完成村级组织换届选举安保工作】2010年底至2011年4月底，全省公安机关开展村级组织换届选举维稳专项工作。其间，累计投入安保力量17.9万余人次，参与选举安全保卫3.8万余场次，审查人员30余万人次，确保全省110余个县、市、区，2.9万余个行政村，3700余万村民的村级组织换届选举安全、顺利进行。

【大型活动安全保卫工作】2011年，全省共举办各类大型群众性活动3705场次，包括第八届残运会、中超联赛、首届浙商大会、西湖博览会等重大活动，参与群众1600余万人次。全省公安机关累计投入安保力量44万余人次，顺利完成各项安全保卫任务。

【完成第八届全国残疾人运动会安保工作】10月11～19日，第八届全国残疾人运动会（下称“第八届残运会”）在浙江举行。中共中央政治局委员、国务院副总理回良玉，全国政协副主席邓朴方，亚洲残奥会主席阿布扎林等贵宾出席开、闭幕式。第八届残运会是浙江省自新中国成立以来承办的最重要、规模最大的综合性体育赛事，共设项目781个，涉及比赛场馆19个、室外场地2个、住地37家，全国34个代表团3363名运动员、教练员、裁判员参加比赛，200余名国家领导人、省部级领导，5000余名境内外记者和40余万观众观看比赛，均创历届残运会之最。为确保残运会“绝对安全，万无一失”，省厅成立由厅党委副书记、副厅长张景华为组长的安保工作领导小组，先后召开各类工作会议130余个，下发通知、通报等200余件，指导杭州、湖州、嘉兴、绍兴制订各类安保方案、预案300余个，审查人员5255名，制作人员、车辆证件58370张，落实安保经费830万元，为各赛区公安机关提供X光机24台、安检门扇100台、手持式金属探测仪100台、安保便服1200余件，提供安保补贴255万元。全省出动安保力量12万余人次，顺利实现“平安残运”工作目标。

【处突防暴工作】 2011年，全省公安巡特警部门积极投入处突防暴工作，先后处置各类群体性事件2547起，参与重大警卫保卫任务7334起，处置各类暴力性案件58起，其中涉枪案件7起、涉爆案件12起、劫持人质案件13起，参与抢险救援316起。

【强化公安特警队伍建设】 9月22日，省厅印发《关于贯彻落实公安部〈进一步加强公安特警队正规化建设意见〉的通知》，对执法执勤、力量建设、实战训练、警务保障等工作提出要求。12月8日，省厅组织召开全省加强公安特警队建设电视电话会议，要求全省公安特警部门站在加强政权建设高度，加强组织领导；强化警务保障，推进队伍正规化建设；紧抓实战化训练，提高特警队能力水平。

图为嘉兴市公安特警部门举行突发事件应急处置演练（7月13日）

【巡逻防控工作】 2011年，全省公安巡特警部门加强巡逻防控工作，共出动巡逻警力600万余人次，盘查各类人员460万余人次、车辆284万余辆次，抓获各类违法犯罪嫌疑人9.1万余名，其中刑拘以上1.7万余名，收缴各类枪支80把、管制刀具6669把。同时，继续开展巡逻盘查千案竞赛活动，共评选出典型案例36个、巡警之星48名、协警之星24名。

出入境管理

【概述】 2011年，全省公安出入境管理部门共批准公民因私出国712869人次，同比增长23.94%；批准内地居民赴港澳台2026457人次，同比增长25.87%；办理外国人签证和居留许可98959人次，同比增长9.75%；办理台湾居民证件、各类签注35215人次，同比增长19.00%；批准华侨回浙定居9890人，同比增长86.67%；登记管理临时来浙境外人员2316712人次，同比减少0.82%，其中外国人1666801人次，同比减少2.11%；管理常住外国人27464人次，同比增长27.51%；制作护照、通行证等各类出入境证件1516777本，同比增长20.79%。

【继续开展港澳签注自助受理试点工作】 2011年，省厅出入境管理局在宁波试点实行港澳签注自助受理业务后，于3月起在全省其他地区推广该项业务。截至年底，全省配设港澳签注自助受理机34台，全年自助受理港澳签注119510人次，占港澳再次签注总人数的26.77%。

【增加部分短期赴港澳县级审批点】 2011年，经公安部出入境管理局批准，省厅出入境管理局将部分短期赴港澳审批权限下放到萧山、温岭、玉环、瑞安、乐清等县级公安机关。截至年底，全省共有15个县级公安机关被授权办理部分短期赴港澳审批业务。

【推进网上办事大厅建设】 2011年，省厅出入境管理局研发推出港澳再次签注网上受理、港澳商务单位网上备案、台湾居民口岸签注网上申请、出入境申请网上预约、出入境证件办理进度查询等网上办事系统。截至年底，申请人在省厅网上办事大厅查询出入境证件办理进度22524人次，办理港澳签注网上受理业务880人次，办理出入境证件网上预约288人次。

【华侨回国定居审批管理】 4月，省厅出

台《关于出国人员所生子女落户问题的通知》，该通知规定父母双方或者一方户口在浙江，本人出生在国外、具有中国国籍、现居住浙江且未满18周岁的，可以随父或者随母申报出生登记。从8月开始，在温州地区开通华侨回国定居材料邮政快递服务业务。12月，省厅印发《关于启用新版华侨回国定居证的通知》，进一步规范华侨回浙定居落户审批管理工作。

【海外高层次人才出入境和居留服务工作】 5月，省厅出入境管理局根据省委、省政府关于做好海外高层次人才引进工作的指示，起草《浙江省海外高层次人才居住证管理暂行办法实施细则》中有关出入境管理部分的内容。年内，省厅共审核上报外国人永久居留申请49人，公安部核准31人。

图为参加全省出入境执法规范化建设现场会的代表实地参观海宁市公安局出入境办证大厅（11月21日）

【外国人领事保护工作】 2011年，省厅出入境管理局认真开展外国人领事保护工作。对外国人因违反中国法律被采取强制或处罚措施的案件，在规定时限内照会外国驻华使领馆。对外国驻华使领馆提出的通话或探视请求，第一时间联系办案单位，给予积极协助。年内，省厅共向驻华使领馆发送照会140余份，收纳照会150余份。

【加大浙籍人员在港澳从事违法活动查处力度】2011年，全省公安出入境管理部门共查获浙江籍在港澳从事违法活动人员309人次，同比下降36.6%。其中，香港查获29人次、澳门查获280人次；持护照186人次、持往来港澳通行证123人次；逾期居留241人次、卖淫15人次、非法就业6人次、其他违法47人次。

【开展清理整治“三非”等违法犯罪外国人专项行动】2011年，全省公安出入境管理部门围绕深圳世界大学生运动会涉外安保工作，开展清理整治“三非”等违法犯罪外国人专项行动。全年全省共处置各类涉外案（事）件4582起，查处“三非”外国人2834人次，同比分别上升6.75%和42.34%，其中外国人非法入境114人次、非法居留2646人次、非法就业73人次，遣送出境149人次，同比下降6.87%。

【继续开展出入境管理执法规范化试点工作】 2011年，省厅出入境管理局在海宁市公安局出入境管理大队进行试点，进一步推进出入境管理执法规范化建设工作。至年底，海宁市公安局出入境管理大队对服务窗口进行改造，将其划分为不同功能区，同时编印《出入境管理执法规范化手册》，以规范民警日常执法行为。11月21～22日，全省公安出入境管理执法规范化建设现场会在海宁召开，其经验向全省推广介绍。

边防管理

【概述】 2011年，全省公安边防部队共破获刑事案件1710起，查处治安案件5553起，打击处理违法犯罪嫌疑人员1.2万人次；查处偷渡案件58起、贩毒案件225起，缴获海洛因、冰毒等毒品1.6万余克，查处非法买卖成品油案件59起，没收成品油1800余吨。全年检查出入境旅客260万余人次、飞机1.8万余架次、船舶2万余艘次，同比分别增长12%、20%和4%。年内，舟山公安边防支队罗家岙边防派出所再次被公安部表彰为“全国公安机关爱民模范先进集体”，被省委、省政府评为“群众满意基层站所（服务窗口）”创建工作示范单位，教导员周斌当选全国第三届“十大边防卫士”并立一等功；宁波机场边检站检查员、维和警察郑丽被宁波市授予“十大杰出青年”称号，并获浙江省“2011年度青春领袖”20人提名奖；省公安边防总队连续十一年被公安部边防局评为新闻宣传先进单位。

【领导关怀】 2011年，中共中央政治局委员、书记处书记、中央宣传部部长刘云山，中央军委委员、国务委员、国防部部长梁光烈上将，南京军区司令员赵克石上将，省领导赵洪祝、吕祖善、夏宝龙、李强、任泽民、陈敏尔、王辉忠、黄坤明、茅临生、蔡奇、龚正、王建满、陈德荣，公安部副部长孟宏伟先后深入浙江公安边防部队视察，对部队服务浙江海洋经济建设、实施爱民固边战略、执法规范化建设、提高边检服务水平、打击偷渡、查缉毒品、抢险救灾等工作做出批示或表扬。

【省领导对浙江公安边防工作所作重要批示】 8月28日，省委书记赵洪祝在边防总队《关于服务舟山群岛新区建设的情况报告》上批示：省公安边防总队围绕中心，服务大局，为我省经济社会又好又快发展作出了积极贡献。尤其是围绕舟山群岛新区建设，专门出台28项服务保障举措，难能可贵。8月24日，省委常委、省委秘书长、政法委书记李强批示：省公安边防总队围绕我省海洋经济发展，充分发挥职能优势，主动谋划各项服务保障工作，举措有力，考虑周全，希望扎扎实实推进。11月21日，省委常委、宁波市委书记王辉忠在《宁波边防支队服务海洋经济建设的情况报告》上批示：边防干警服务海洋经济发展、维护海上安全和秩序做了大量卓有成效的工作。眼前边防部队承担的任务，特别是海砂禁采、海上治安的任务依然繁重，望再接再厉，进一步服务好宁波海洋经济的发展，进一步维护好海上安全和良好秩序，再立新功。

【开展打击海上成品油走私“国门利剑”专项行动】 3～11月，省公安边防总队根据省政府统一部署，开展该行动。其间，出动警力1.68万人次、船艇726艘次，航时5079小时，航程5.14万海里，检查港岙口、码头1227处，检查船舶2160艘1.89万人，查处非法买卖成品油案件59起，查缴走私成品油1825.43吨，案值近千万元。

【参与宁舟海域非法采砂整治行动】 2011年，宁（波）舟（山）海域禁采海砂后，省公安边防总队出台《关于处理海上占据航道非法开采海砂的指导意见》、《处置海上占据航道非法采砂工作方案》，并与国土、海事等部门开展联合执法，坚持每日派遣1艘海警艇进行巡查，使非法采砂活动得到遏制。截至年底，查处无证采砂案件两起。

【开展浙闽海域海上治安联合整治】 4月16～22日，浙江、福建两省边防总队组织6艘海警舰艇，对浙闽交界的浙南渔场、闽东渔场等海域开展大规模联合海上治安整治。其间，共出动警力1266人次、舰艇33航次，航时221.3 小时，航程2277.1海里；检查船舶699艘人员2366人，查处违规船舶29艘人员62名。

【主动服务“三大国家战略”】 2011年，省公安边防总队围绕浙江海洋经济发展示范区建设、舟山群岛新区建设、义乌国际贸易综合改革试点“三大国家战略”，于3月成立服务海洋经济建设领导小组和办公室，部署开展“海洋经济大发展，公安边防怎么办”大讨论和“服务舟山群岛新区建设”专题教育活动。6月，出台《服务舟山群岛新区建设28条举措》，以提高优化边防管理、海上管控、口岸通关的服务质量和水平。与公安部边防局加强沟通联系，争取舟山片边防部队警力编制和政策支持。主动向地方党委政府和公安机关汇报工作，促成鑫亚等3家船厂对外开放、太平洋工程码头及马迹山矿石中转码头二期等继续临时开放，研究对接舟山保税港区和舟山群岛游轮码头建设方案，支持义乌空港口岸、梅山保税港区、温州港状元岙等口岸开放工作。该总队服务“三大国家战略”举措得到公安部、省委领导和部边防局领导的批示肯定。

【深化提高边检服务水平】 2011年，省公安边防总队根据《公安部关于进一步提高边检服务水平的意见》，结合浙江口岸通关实际出台19项措施，开展边检职业文化和海港勤务创新试点工作，加大服务口岸开发开放力度，提高口岸查控和通关水平。年内，完成宁波港北仑四期集装箱码头国家开放验收、台州港口岸大麦屿港区扩大开放验收和义乌临时开放等工作，以及第十七次中国—东盟高官磋商会议、中非合作论坛第八届高官会、第八届全国残疾人运动会、杭州“西博会”等大型活动的通关保障任务。

图为边检警官核对通关旅客的护照（1月20日）

【深化推进爱民固边战略】 2011年，省公安边防总队深化推进爱民固边战略。截至年底，全省有438名官兵兼任边防辖区村官，警官兼任村官工作趋于制度化、规范化。走访慰问孤寡老人、残疾人、困难群众1.46万余人次，赠送慰问品、慰问金20余万元，为224名困难儿童发放爱心款11.9万元。年内，全省边防辖区有4个乡镇被确定为爱民固边模范乡镇，145个模范村被纳入地方新农村建设规划，129个模范村实现刑事案件“零发案”，123个模范村实现治安行政案件“零发案”，404村次被各级政府表彰为“先进村”、“示范村”。

图为投入现役的海警33002舰（7月14日）

【推进执法规范化建设】 2011年，省公安边防总队进一步强化执法规范化建设，以“标准化管理执法”为目标，对86项行政处罚事项裁量权进行规范；完成全省69个边防执法场所功能区改造并投入使用；开通61个网上边防派出所和网上警务室，实行阳光执法，逐步推行治安案件和船舶违规案件公开查处；举办全省法制业务技能比武，组织1487名民警参加全省公安机关基本级执法资格考试；提请省人大常委会修订《浙江省沿海船舶边防治安管理规定》，并建议将其纳入2012年度一级立法项目。

【推进边防派出所建设】 2011年，省公安边防总队加强《公安边防派出所建设五十条规定》和《边防派出所基础设施和装备建设三年规划》（2009年印发）精神的落实，投入3000余万元，配备视频监控设施、执勤“五小件”、“执法记录仪”等一批警务装备；健全完善边防派出所考核培训机制，建立港口、船舶与渔船民信息管理系统信息月抽查制度；完成边防派出所认定和申报工作，一、二级以上的边防派出所占边防派出所总数的69.4%；34名边防派出所主官进入驻地乡镇党委班子。

【信息化建设成效明显】 2011年，全省公安边防部队信息化建设取得新成绩，其中指挥中心一体化平台在全省公安边防部队全面推广，“梅沙”系统（边检通关的一种系统）运行进一步完善；成功研发执法档案系统、新一代网上报检系统、爱民固边战略考核评价系统；边检智能办事平台、浙北海域700M无线图像传输系统、边防部队高清视频会议系统改造等项目有序推进。7月，“内地旅游团入境免排系统”获公安部第二届全国公安基层技术革新奖二等奖；年底，省公安边防总队被公安部边防局评为信息化工作先进单位，省公安边防总队信息工作规划首次被纳入《浙江省科技强警“十二五”规划》。

【海警33002舰服役】 7月，海警33002舰在宁波大榭港务码头下海服役。该舰全长63.5米、宽9米，满载排水量651.38吨，最大航速25.6节，抗风力10级，是浙江海警部队第二艘618B型巡逻舰。

消防管理

【概述】 2011年，全省公安消防部队以“保稳定、谋打赢、走前列”为目标，以构筑社会消防安全“防火墙”工程和打造公安消防铁军为抓手，深入推进消防安全“五大”活动和“清剿火患”战役，维护了火灾形势和队伍内部“双稳定”。全年全省发生火灾3521起，死亡69人，直接财产损失7913.7万元，同比分别下降6.7%、2.8%和2.9%，连续第八年实现火灾三项指标“零增长”。年内，全省部队共出警5.33万次，出动警力56.99万人次、消防车9.32万辆次，抢救遇险人员7014人，抢救财产价值11.2亿元，成功扑救舟山普陀灯具市场、衢州巨化锦纶厂等火灾，特别是顺利完成“7·23”甬温线特大铁路交通事故救援任务，得到温家宝总理、张德江副总理和夏宝龙代省长等领导的肯定。全省部队有33个单位和266名个人被公安部、省厅和总队记功，有9个党组织、14名党员和10名党务工作者受到上级表彰。省公安消防总队连续第三年被公安部消防局评为全国战训工作先进总队和信息化建设先进总队。

【领导视察指导】 2011年，国务委员、公安部部长孟建柱，副部长刘金国多次对浙江消防工作和部队建设作出批示指示，给予肯定和表扬。公安部消防局局长陈伟明、政委谢模乾等领导先后至浙江调研指导工作、看望慰问官兵，多次对防火灭火、抢险救援等工作作出批示指示。省领导赵洪祝、夏宝龙、李强、葛慧君、刘力伟、毛光烈等多次听取消防工作汇报，研究消防工作，带队检查消防安全，并对消防工作和消防部队建设作出批示指示。

图为省委常委、省公安厅厅长刘力伟慰问消防官兵（12月7日）

【"防火墙"工程建设】 2011年1月，省公安消防总队提请省政府同意，将省、市、县（市、区）三级消防工作联席会议或防火安全委员会更名为消防安全委员会，并多次召开消防安全委员会成员及联络员会议，对全省消防工作进行研究部署。5月3～4日，省政府在湖州召开全省消防安全工作会议暨构筑"防火墙"工程推进会，专题部署年度"防火墙"工程建设任务和"五大"（大排查、大整治、大宣传、大培训、大练兵）活动，并与各市政府签订消防工作责任状。为加强社会单位"四个能力"建设，省公安消防总队于3月推出浙江省社会单位"四个能力"建设网上信息系统，跟踪掌握各地"四个能力"建设情况并定期通报。截至年底，全省23519家消防安全重点单位中有21931家完成"四个能力"建设，1588家被关停或查封，顺利通过部局检查考评。此外，省公安消防总队在宁波、衢州支队开展重点单位消防安全管理人员备案申报、单位建筑消防设施维护保养、单位消防安全自我评估3项制度试点工作，提升了社会单位火灾防控能力。

【编制出台《浙江省消防事业发展"十二五"规划》】 2011年，省委、省政府高度重视《规划》编制工作，省领导多次听取工作汇报并亲自参加协调会。5月，《规划》顺利通过公安部消防局评审。6月，通过省发改委评审。10月，正式发布，提出了"力争消防事业发展水平居全国前列，努力实现消防安全保障水平适应全面建设小康社会的要求"的总体目标。

【召开经济发达镇消防管理机构建设座谈会】 9月，公安部消防局在余姚市召开经济发达镇消防管理机构建设座谈会，总结交流各地建设经验，研讨乡镇消防管理机制建设模式，部署乡镇（街道）消防管理机构建设工作任务。全国13个消防总队分管领导及相关业务处室负责人、25个试点经济发达镇分管领导共计60余人参加会议。

【推进消防安全"网格化"管理】 2011年，省公安消防总队全面推进消防安全"网格化"管理。11月，以省消防安全委员会名义出台《浙江省消防安全"网格化"工作机制指导意见》。总队按照定领导责任、定人头任务、定时限标准的要求，指导全省各地培育55个大、中、小"网格化"工作示范点，划分乡镇（街道）"大网格"1346个、村（居）"中网格"31627个、街区（楼院、村组）"小网格"21万余个，并在全省建立462个乡镇（街道）消防管理机构，全面推动"网格化"工作机制落到实处。

【开展消防安全专项行动】 5月，省政府批转省公安厅《关于开展消防安全大排查大整治活动实施方案》，部署开展消防安全大排查大整治活动，重点为省、市、县（市、区）三级政府挂牌督办的重大火灾隐患，商场市场、宾馆饭店、学校医院和公共娱乐场所等公众聚集场所，在建工程施工工地，"三合一"场所，居住出租房屋及高层和地下建筑。5月25日～7月3日，省公安消防总队组织开展"奋战40日夜、献礼90周年"消防安全排查整治专项行动，重点排查整治高层、地下公共建筑和其他设有人员密集场所的建筑，"边施工、边使用"的在建工程施工工地及外保温施工现场，城郊接合部的"三合一"场所和居住出租房屋，第九批省、市、县三级政府挂牌督办的重大火灾隐患，本地区举办建党90周年有关庆祝活动的场所或建筑。8～9月，省公安厅部署开展全省消防安全排查整治大会战，重点检查商场市场、宾馆饭店、公共娱乐场所等公众聚集场所，高层、地下公共建筑，"三合一"场所，居住出租房屋，建设工程施工现场。据统计，全年共检查单位36.8万家次，发现隐患155万处，督促整改146万处，临时查封2.5万家，"三停"单位1.9万家，罚款3.6亿余元，拘留7636人。

【开展消防产品质量专项整治】 3～11月，省公安消防总队联合工商、质监部门先后开展"3·15"消防产品质量整治活动、消防产品监督抽查和防火涂料及防火建材类产品质量专项整治，共检查消防产品使用单位1.58万家，检查在建建筑工程和验收工程4682处，开展消防产品地方监督检验430批次，责令单位限期改正2659家，查处涉消违法案件 1970起，罚款1450.57万元，查封、扣押、没收产品941件（套），消除消防产品类火灾隐患3458处。

【开展建筑消防设施专项治理活动】 4月25日～10月30日，省公安消防总队组织开展建筑消防设施专项治理活动，共检查单位5.9万余家，发现火灾隐患或违法行为3.2万余处，督促整改2.9万余处，下发责令改正通知书1.15万余份，下发行政强制决定书262份，实施临时查封684起，责令单位“三停”661家，罚款5194.86万元，拘留204人。

【开展“清剿火患”战役】 9月26日起，全省公安机关开展为期5个月的“清剿火患”战役。赵洪祝、夏宝龙等省领导为此作出专门指示，要求各地打好“清剿火患”战役，维护火灾形势稳定。10月18日，省政府召开全省今冬明春消防安全工作暨开展“清剿火患”战役电视电话会议，要求各地按照“六个100%、五个大幅度提升”的目标，确保全省火灾三项指标“零增长”。11月，省公安消防总队出台《关于深入推进“清剿火患”战役的决议》和《关于“清剿火患”战役奖惩的意见》，并组成10个专项指导组赴基层开展巡视督导、蹲点帮扶。战役期间，共排查居住出租房屋76.67万余处，整改46.81万余处；联合国土、建设、安监、工商等部门持续开展“三合一”场所专项治理，共排查“三合一”场所2.33万余家，整改1.9万余家；落实《浙江省公众聚集场所消防安全八条常态严管措施》，加大对公众聚集场所消防违法行为打击力度；联合建设部门开展建设工程施工现场消防安全检查和建筑外墙保温材料整治，共排查建筑1726幢，督促落实整改资金7000余万元，整治合格273幢，拆除使用易燃可燃保温材料建筑34幢24.2万平方米；推进重大火灾隐患单位挂牌整治，确保第九批267家省、市、县三级政府挂牌重大火灾隐患全部如期整改销案。截至年底，全省共检查单位78.8万余家，督促整改隐患284万余处，临时查封2.4万余家，“三停”单位1万余家，罚款2.8亿余元，拘留8909人。

【推进现代化公安消防“铁军”建设】 2011年，全省公安消防部队继续开展现代化消防“铁军”建设。8月23～29日，在天津举行的全国首届打造现代化公安消防“铁军”比武竞赛中，浙江获得400米疏散物资救人项目第一名、地下救援操项目第二名、攀爬横渡项目第三名和团体总分第八名的成绩。

【强化灭火和应急救援基础工作】 1～4月，省公安消防总队在宁波开展石油化工灭火救援测试演练试点工作，创新高倍数泡沫发生器扑灭流淌火等8种操法，明确了石油化工火灾处置作战规程、任务分工。在试点基础上，于4～8月开展全省石油化工灭火救援实战测试专项行动，排摸各类石油化工企业3386家，测试车辆554辆、装备器材1879件。2月，省政府办公厅下发《关于开展省政府应急指挥系统建设的通知》，将42个省级单位纳入应急指挥系统建设范围，将各市、县（市、区）综合性应急救援队伍建设、应急处置指挥体系、社会应急联动和组织演练纳入“平安浙江”考核。4月，联合省政府应急办在义乌组织开展全省跨区域应急救援拉练。4～10月，在温州、金华、衢州、湖州等地组织开展地下人员密集场所灭火救援、石油化工灭火救援、地震灾害救援等大规模跨区域实战拉练。10月20日～12月10日，在绍兴进行“现代建筑火灾”灭火救援试点工作，对75家不同建筑类型的重点单位进行实地演练，测试对比7类车辆装备的18种性能，革新供水固定支架、水带接口固定夹等装备，创新高层沿外墙供液操和4种防盗门破拆操。全年协调各地社会应急联动单位开展各类演练144次，从而初步建立起多警种、多部门、多行业联勤联动机制。

图为宁波江北区危化品仓库火灾扑救现场（8月22日）

【推进战勤保障体系建设】 2011年，省公安消防总队按照“打造两小时保障圈”的要求，建立以4大战区战勤保障大队为枢纽、7个市级战勤保障中队为节点、171个县（市）战勤保障班（组）为支撑的三级战勤保障网络体系。组建12支应急通信保障分队，明确安全管理人员和安全响应级别及要求。投入资金3688万余元，新建卫星地面站1个，配备6辆动中通通信指挥车、

3辆静中通通信指挥车和7套卫星便携站，建成短波基地台、车载台各12台，背负台25台。加强国家陆地搜寻与救护基地物资库建设，依托各地战勤保障大队建成11个应急物资储备站和空气呼吸器充装站。

【多种形式消防队伍建设】 11月，在全国热心消防公益事业暨多种形式消防队伍建设先进集体和先进个人座谈会上，公安部部长孟建柱、副部长刘金国对浙江多种形式消防队伍建设给予高度肯定。舟山市普陀山佛教协会、上虞市道墟镇肖金村村民阮炳炎、临安市昌化镇专职消防队和中石化镇海炼化分公司消防支队分别受到表彰。

【灭火救援队伍建设】 2011年，省公安消防总队强化消防专业力量建设，立足全省14个特勤中队和173个普通中队，选拔804名攻坚队员，组建201个攻坚组；加强应急救援分队建设，从全省抽调1140名官兵，组建15支轻型地震救援队和5支重型地震救援队，各地分别组建隧道救援队、地铁救援队、化工救援队、山岳泥石流救援队、高速公路救援队和水上救援队；加强金华、衢州、台州、舟山、嘉兴等支队特勤队伍建设，组建5个特勤大队和14个特勤中队。

【执法规范化建设】3月，省公安消防总队印发《浙江省公安机关消防机构规范消防监督执法十项制度》；4月，印发《浙江省公安机关消防机构网上执法暂行规定》；5月，出台地方标准《社会单位消防安全标准化建设指南》；9月，印发《浙江省消防监督执法言行规范（试行）》、《浙江省消防办事窗口建设标准（试行）》、《浙江省公安机关消防机构执法办案场所设置标准（试行）》；11月，印发《浙江省消防文职人员协助执法工作规定（试行）》，并以省公安厅名义印发《浙江省居住出租房屋消防安全要求》和《浙江省消防监督执法若干规定》。在部局组织的2011年度消防执法质量考评中，该总队名列全国第一。

【消防基础设施建设】 2011年，全省公安消防部队加强消防基础设施建设，共有22个消防站竣工，27个消防站开工，24个消防站被批准立项。投入装备经费5.35亿元，新增执勤车197辆，其中进口消防车39 辆，底盘、水泵系统进口组装消防车106辆；新购各类消防器材2.29万余件（套），其中进口消防器材2200余件（套）。加强消防信息化基础建设，投入2600余万元，建立语音和图像综合管理平台；投入372万元，完成国家陆地搜寻与救护基地信息化和总队考场视频监控系统建设；深化基础网络建设和指挥中心标准化建设，实现全网50M带宽互联，建立可视化指挥系统、卫星通信网和短波通信网；研发部队工作任务管理系统和电子岗哨系统，利用移动公网建成全省虚拟指挥调度专网。

【消防安全社会化宣传教育】 2011年，省公安消防总队推进社会宣传教育培训工作，全省建立198个消防宣传进单位、进学校等“六进”工作示范点、63个消防教育馆（室）和2个消防主题公园，完成16618家人员密集场所消防安全“三提示”宣传工作。年内，全省消防志愿者队伍达到76万余人，全年开展消防志愿服务活动3600余次。

【开展消防宣传教育专项活动】 2010年12月～2011年2月，省消防总队联合省教育厅和中国安全教育网，开展“网上消防安全自查”活动，参加人数近百万人，绘制逃生图22.22万张，参加家庭消防安全自查人数77.55万人次，位列全国第一；3月，联合省综治办、新华社浙江分社开展浙江省“十佳热心消防公益事业企业家”、“十佳社会单位消防安全管理员”、“十佳消防志愿者（服务队）”、“十佳消防宣传教育媒体记者”评选表彰活动，表彰为推动消防事业发展作出贡献的社会人士；5月，联合省教育厅、省地震局召开全省“5·12防灾减灾日”校园应急避险演练暨消防安全教育现场会；6月，邀请《人民日报》、新华社等10家中央驻浙媒体开展“中央媒体浙江消防行”活动，对杭州、湖州、嘉兴等地进行采访报道；联合省文明办开展“消防志愿者查改身边火灾隐患”活动；联合浙江广播电台“交通之声”赴杭州、宁波、温州、嘉兴、绍兴、金华等地开展“消防你我他、平安进万家”活动；联合《平安时报》、新华网浙江频道举办“清剿火患”消防安全有奖知识竞赛。11月9日，省公安厅、省综治办和新华社浙江分社对热心消防公益事业先进团体、个人及“全国消防安全教育示范学校”进行联合表彰和授牌。11月，以“全民参与，清剿火患”为主题，开

图为全省“5·12防灾减灾日”校园应急避险演练暨消防安全教育现场会在杭州举行（5月12日）

展火灾案例警示教育、"消防队长谈火患"访谈、消防宣传文艺巡演等"119消防宣传月"活动。

【推进部队正规化建设】 年初，公安部消防局在浙江部署开展全国公安消防部队正规化建设试点工作，省消防总队提出"标准要求统一、秩序运行规范、工作运转高效、信息网络支撑、科技手段提升"的试点要求。11月18日，部消防局在杭州召开公安消防部队正规化建设现场会，推广省总队及杭州支队的经验。

【开展"三治理两规范"活动】 4～6月，全省公安消防部队开展"三治理两规范"（治理插手消防工程和产品、插手消防中介服务、插手民间非法借贷，规范消防协会会员费收取、规范消防培训费收取）肃纪整风活动。活动期间，共组织参观廉政警示教育基地15次，参加旁听职务犯罪案公开庭审5次，邀请检察院、法院专家授课30余堂次，出台《浙江省消防监督回访制度》、《浙江省公安消防部队队伍建设七项严管措施》、《浙江省消防部队廉政风险等级日常监督管理办法》和《浙江省公安消防部队党风廉政建设责任制责任追究实施办法》，与省人民检察院、省监察厅联合印发《关于共同开展预防职务违法违纪工作的意见》。

【警营文化建设】 2月，浙江省公安消防文联成立。年内，创作选送了一批颂扬中国共产党、反映消防官兵工作生活的书画、摄影作品，分别摘夺全国公安系统"卫士之光"作品展摄影类一等奖和书法类二等奖、全省公安系统"东海卫士"书法类一等奖、浙江省直机关书画摄影展金奖和浙江省双拥书画展一等奖。4月，在全省组织开展公安消防部队组歌创作和传唱活动。6月14～25日，省消防总队合唱团分别参加省委宣传部、省委政法委和省公安厅举办的红歌合唱大赛，均取得第一名。

警卫工作

【概述】 2011年，全省公安警卫部门按照"无缝对接"工作标准和"零差错率"工作要求，顺利完成等级警卫任务215批次，其中中宾警卫任务101批次、外宾警卫任务22批次、全省重要会议和重大活动保卫任务92批，省主要领导下乡及临时交办安全保卫任务616批次，继续实现"大事不出、小事也不出"的警卫工作目标。年内，全省警卫战线涌现出全国公安现役部队优秀士官王科、全省优秀人民警察邵国平、浙江"警界先锋"候选人陈谷等一批先进典型。在公安部警卫局组织的考核中，厅警卫局领导班子被评为"好班子"。

【王冰被授予武警少将警衔】 2月10日，在公安部举行的公安现役部队警官晋升武警少将警衔仪式上，省公安厅副厅长、警卫局局长王冰接受国务委员、公安部部长孟建柱颁发的晋升少将命令状（书面命令于2010年12月发布）。

图为国务委员、公安部部长孟建柱向王冰颁发晋升少将警衔命令状（2月10日）

【完成温家宝视察浙江警卫工作】 2011年，中共中央政治局常委、国务院总理温家宝3次至浙江视察、调研、指导工作。4月8～9日，温家宝在省委书记赵洪祝、省长吕祖善等陪同下对浙江省经济运行情况特别是海洋经济进行调研，并在宁波主持召开上海、江苏、浙江三省市经济形势座谈会，警卫工作由省公安厅党委副书记、副厅长张景华统一指挥，副厅长、警卫局局长王冰等组织实施；7月28日，温家宝在国务委员兼国务院秘书长马凯等陪同下，专程赶赴温州，察看"7·23"甬温线特别重大铁路交通事故现场，悼念遇难者，看望受伤人员，慰问遇难者亲属，并召开中外媒体记者见面会，警卫工作由张景华统一指挥，王冰等组织实施；10月3～4日，温家宝在省委书记赵洪祝、代省长夏宝龙等陪同下，先后至绍兴、温州视察农村、社区、企业和市场，慰问干部群众，并调研经济运行情况，警卫工作由公安厅厅长孙建国统一指挥，副厅长、警卫局局长王冰等组织实施。

【完成周永康视察浙江警卫工作】 12月5～6日，中共中央政治局常委、中央政法委书记周永康在宁波出席全国领导干部接待群众来访工作经验交流现场会，并考察宁波市社会管理创新工作。警卫工作由省委常委、公安厅厅长刘力伟统一指挥，副厅长、警卫局局长王冰等组织实施。

2011年来浙重要内宾一览

姓　名	主　要　职　务	抵离日期
李　鹏	原中共中央政治局常委、全国人大常委会委员长	3月20日～5月5日
温家宝	中共中央政治局常委、国务院总理	4月8～9日，7月28日，10月3～4日
李岚清	原中共中央政治局常委、国务院副总理	4月11～17日
尉健行	原中共中央政治局常委、中央纪律检查委员会书记	5月4～27日
李瑞环	原中共中央政治局常委、全国政协主席	10月31日～11月12日
周永康	中共中央政治局常委、中央政法委书记	12月5～6日
路甬祥	全国人大常委会副委员长	2010年12月30日～2011年1月3日，1月31日～2月1日，4月30日，5月2～3日，5月16～19日，8月3～8日，9月9～12日，9月28～30日，10月19～20日，11月16～19日
周铁农	全国人大常委会副委员长	3月31日～4月3日，12月8～9日
桑国卫	全国人大常委会副委员长	4月1～4日，10月4～8日，10月20～22日
李铁映	原中共中央政治局委员、全国人大常委会副委员长	4月4～23日，11月2～7日
陈昌智	全国人大常委会副委员长	4月6～11日
梁光烈	中共中央军事委员会委员、中华人民共和国中央军事委员会委员、国务委员兼国防部长	4月13～18日
何　勇	中共中央书记处书记、中央纪律检查委员会副书记	4月18～22日
曾培炎	原中共中央政治局委员、国务院副总理	4月24～27日，4月29日～5月5日
韩启德	全国人大常委会副委员长	4月28日～5月3日
孟建柱	国务委员兼公安部部长	5月23日
顾秀莲	全国人大常委会原副委员长	5月26～27日，11月28～29日
刘云山	中共中央政治局委员、中央书记处书记、中央宣传部部长	6月9～12日
华建敏	全国人大常委会副委员长	6月9～12日
热　地	全国人大常委会原副委员长	6月12～17日，10月22日～11月4日
回良玉	中共中央政治局委员、国务院副总理	6月20～21日，10月11～12日
王乐泉	中共中央政治局委员、中央政法委副书记、中央综治委副主任	7月18～20日
张德江	中共中央政治局委员、国务院副总理	7月24～25日
蒋正华	全国人大常委会原副委员长	7月25日～8月10日，10月1～6日，10月21～22日

姓　名	主　要　职　务	抵离日期
马　凯	国务委员兼国务院秘书长	7月28日，9月13～16日，12月5～6日
周光召	全国人大常委会原副委员长	8月26日～9月9日
陈至立	全国人大常委会副委员长	8月30日～9月2日
严隽琪	全国人大常委会副委员长	9月17～18日，10月1～7日
杨汝岱	原中共中央政治局委员、全国政协副主席	9月17～22日
徐才厚	中共中央政治局委员、中共中央军事委员会副主席、中华人民共和国中央军事委员会副主席	10月11～12日
邓力群	中共中央书记处原书记	11月4～11日
宋　健	原国务委员、全国政协副主席	11月29日～12月2日
张克辉	全国政协原副主席	1月11～14日
阿不来提·阿不都热西提	全国政协副主席	1月12～14日，5月26～27日，10月23～25日
徐匡迪	全国政协原副主席	3月17～23日，9月20～26日，9月26～29日
曹建明	最高人民检察院检察长	3月29～30日
张梅颖	全国政协副主席	4月1～3日，9月14～18日
廖　晖	全国政协副主席	4月4～6日
常万全	中共中央军事委员会委员、中华人民共和国中央军事委员会委员、总装备部部长	4月7～9日
王文元	全国政协原副主席	4月9～10日
韩杼滨	最高人民检察院原检察长	4月10日～5月5日
董建华	全国政协副主席	4月19～21日，8月22～24日，10月24～25日
王胜俊	最高人民法院院长	5月9～10日
何厚铧	全国政协副主席	5月11～13日
李　蒙	全国政协原副主席	5月17～30日
黄孟复	全国政协副主席	5月23～30日，10月22～27日
张怀西	全国政协原副主席	5月23日～6月5日，11月14～23日
厉无畏	全国政协副主席	5月26～27日，7月9～12日，10月3～6日
万　钢	全国政协副主席	6月15～17日
郑万通	全国政协副主席	6月26～30日
孙家正	全国政协副主席	7月10～12日
杜青林	全国政协副主席、中共中央统战部部长	8月14日
李金华	全国政协副主席	8月15～21日，10月22～24日

姓　名	主　要　职　务	抵离日期
邓朴方	全国政协副主席	10月10～16日
钱正英	全国政协原副主席	10月11日
张思卿	全国政协原副主席	10月17日～11月3日
张榕明	全国政协副主席	10月24～25日，11月10～11日
罗富和	全国政协副主席	11月7～9日
吴胜利	中共中央军事委员会委员、中华人民共和国中央军事委员会委员、海军司令员	11月18～20日
王志珍	全国政协副主席	12月11～13日
吴伯雄	中国国民党荣誉主席	8月30日
曾荫权	香港特别行政区行政长官	12月4～8日
钱纯、钱煦、钱复	台湾知名人士	5月9～12日

【完成毛里求斯共和国总统阿内罗德·贾格纳特访问浙江警卫工作】 2011年，毛里求斯共和国总统阿内罗德·贾格纳特两次来到浙江。7月8～9日，阿内罗德·贾格纳特一行参观访问义乌国际商贸城和诸暨达亨集团，警卫工作在省委、省政府和省公安厅统一领导下，由厅警卫局具体组织实施；9月27～28日，阿内罗德·贾格纳特在浙出席“2011年达之路非洲投资高级论坛”，警卫工作在省委、省政府和省公安厅统一领导下，由厅警卫局具体组织实施。

2011年来浙重要外宾一览

姓　　名	身　　份	在浙日期
阿内罗德·贾格纳特	毛里求斯共和国总统	7月8～9日，9月27～28日
费利西亚诺·贝尔蒙特	菲律宾共和国自由党主席	6月26～28日
理查德·戴利	美利坚合众国伊利诺伊州芝加哥市市长	3月23～25日
奥尔德米罗·巴洛伊	莫桑比克共和国外交合作部长	6月4～5日
赛·亚济莫夫	塔吉克斯坦共和国国家安全委员会主席	6月23～25日
若泽·拉马略	葡萄牙共和国陆军参谋长	6月24日
迈克尔·马伦	美利坚合众国参谋长联席会议主席	7月12～13日
伊诺凯·昆布安博拉	斐济群岛共和国外交、国际合作和民航部长	7月12～14日
阿卜杜拉曼·亚丁·谢尔	吉布提共和国海军司令	7月14日
隆再·皮吉	老挝人民民主共和国副总理兼国防部长	7月19～21日
苏珊娜·诺伊维特（女）	奥地利共和国联邦议会议长	8月29日
吉蒂·亚帕（女）	泰王国公主	9月16～17日
素拉育·朱拉暖	泰王国前总理、枢密院大臣	10月25～27日
查特拉·曼·辛格·古隆	尼泊尔联邦民主共和国军队参谋长	11月2～3日

【保卫浙江省“两会”】 1月15～21日，浙江省十一届人大四次会议和省政协十届四次会议在杭州召开。会议安全保卫工作在省“两会”秘书处和省公安厅统一领导下进行，省警卫局等单位具体组织实施。

【保卫建党90周年系列活动】 6月，全省政法系统纪念建党90周年先进表彰暨歌咏大会、浙江省老干部庆祝中国共产党成立90周年大会、省直机关纪念中国共产党成立90周年大型歌舞晚会、浙江省庆祝中国共产党成立90周年图片展开幕式、浙江省庆祝中国共产党成立90周年大会、南湖革命纪念馆新馆开馆仪式以及浙江省庆祝中国共产党成立90周年文艺晚会等各类庆祝活动陆续举行，安全保卫工作在省公安厅统一领导下，由厅警卫局牵头组织，相关各警种和各市公安局参与实施。

【保卫省委十二届九次和十次全体（扩大）会议】6月14～15日和11月16～18日，浙江省委十二届九次和十次全体（扩大）会议分别在杭州召开。安全保卫工作在省委领导下，由省警卫局等单位具体组织实施。

【完成首届世界浙商大会系列活动现场要人警卫工作】10月24～25日，首届世界浙商大会在浙江省人民大会堂举行，全国政协副主席、全国工商联主席黄孟复，全国政协副主席董建华等出席开幕式。警卫工作在省公安厅和组委会安保领导小组统一领导下，由厅警卫局牵头组织，各相关警种和杭州市公安局参与实施。

【完成中非合作论坛第八届高官会安全警卫工作】 10月25～30日，中非合作论坛第八届高官会在杭州举行，来自非洲50多个国家及国际组织的150余名官员参加会议。安全保卫工作在省公安厅领导下，由厅警卫局牵头组织，各相关警种和杭州市公安局参与实施。

【编制出台《浙江省公安警卫工作发展“十二五”规划》】 9月30日，厅警卫局颁布实施《浙江省公安警卫工作发展“十二五”规划》。《规划》分“现役篇”和“公安篇”，由规划背景，指导思想、基本原则和发展目标，主要任务，保障措施四大部分构成。这是浙江警卫历史上首次编制五年工作发展规划。

【深化路线警卫工作】 9月8日，省厅警卫局在宁波召开全省路线警卫工作研讨会，深化路线警卫工作。其间，相关单位作了经验介绍并观摩了路线警卫勤务新模式演练。副厅长、警卫局局长王冰出席会议并讲话。

【警卫信息化建设】 2011年，省厅警卫局研发了PGIS警卫地理信息系统，建设完成警卫三维基础工作视窗系统，并在“省优秀测绘与地理信息工程奖”评比中获一等奖。

道路交通管理

【概述】 2011年，全省公安交通管理部门围绕道路交通事故“零增长”和“控制重特大道路交通事故”的基本目标，狠抓路面秩序整治，严厉查处严重交通违法行为，全省道路行车秩序呈总体平稳、有序态势。年内，全省共发生上报道路交通事故20176起，死亡5235人，受伤21260人，直接经济损失1.33亿元，交通事故四项指数分别下降6.09%、2.11%、7.83%和上升50.23%；一次死亡3人以上事故同比减少5起。

【春运交通安全管理】 1月19日～2月27日，全省公安交通管理部门开展春运交通管理工作。其间，投入警力39万人次，出动警车19万辆次，设立省际卡点25个、春运交通安全服务站257个、临时执勤点3976个。查处各类交通违法行为122万起，其中超速行驶51万起，酒后驾驶10664起，醉酒驾驶1397起，客车超员4218起，疲劳驾驶1382起。春运期间，全省共发生道路交通事故1543起，死亡410人，受伤1642人，直接经济损失786万元，同比分别下降17.9%、1.7%、23.2%、23.6%。

图为张景华副厅长在绍兴市客运中心检查春运工作（1月19日）

【严厉查处酒后驾驶违法行为】 2月22日，省厅印发《全省公安机关深化禁“酒驾”五条严管措施》。年内，全省共查处酒后驾驶87155起，同比减少61.74%，其中醉酒驾驶9165起，同比减少63%，抄送国家机关工作人员酒驾27起，移送检察院2832起，起诉2105起，判决1868起。全省全年因酒后驾驶导致交通事故死亡人数同比减少41人，下降30.82%。

【发布《关于办理危险驾驶刑事案件有关问题的通知》】 为贯彻落实第十一届全国人大常委会第十九次会议审议通过的刑法修正案（5月1日正式实施）精神，4月29日，省厅印发该《通知》，要求各地对发现有涉嫌醉酒驾驶机动车行为的，应将当事人的驾车行为、面貌特征，所驾机动车号牌、车型、颜色以及对当事人进行酒精呼气测试过程等能够反映案件的证据，通过现场拍照或摄像等手段予以采集固定；经酒精呼气测试达到醉酒标准的，应将犯罪嫌疑人带至指定医院抽取血样，进行血液酒精含量鉴定；对涉嫌醉酒驾驶的犯罪嫌疑人，一般不适用刑事拘留，可采取取保候审、监视居住等强制措施。

【继续开展“平安畅通县（市、区）”创建工作】 2011年，全省各级公安交通管理部门继续开展新一轮“平安畅通县（市、区）”创建活动。年内，杭州市上城区等31个县（市、区）被评为2009～2011年度创建活动第二批平安畅通县（市、区）。

【开展道路客运隐患整治专项行动】 4～9月，全省公安交通管理部门开展该专项行动。其间，为进一步遏制重特大交通事故的发生，根据省委办公厅、省政府办公厅和省安委会要求，8月12日～9月30日，结合全国道路客运隐患整治专项行动，在全省开展道路交通安全隐患排查整治工作。9月，省厅发布《关于加强城市建设工程运输车辆通行管理的通告》，从车辆、驾驶人、通行、违法处罚以及企业安全主体责任五个方面加强城市建设工程运输车辆的通行管理，以遏制城市建设工程运输车辆交通事故高发势头。

【开展集中整治严重交通违法行为专项行动】 2011年11月1日～2012年3月31日，全省公安交通管理部门开展集中整治超速、客车超员、货车超载、疲劳驾驶以及酒后驾驶违法行为专项行动。截至2011年底，共查处各类交通违法行为96万余起，其中超速29万余起，客车超员575起，货车超载10825起，疲劳驾驶2255起。

【危险化学品道路运输安全管理】 2011年，全省公安交通管理部门继续规范剧毒化学品公路运输安全监管。年内，全省共发放剧毒化学品公路运输通行证56511张。

【试行机动车驾驶人实际道路考试智能化评判工作】 2011年，杭州、宁波公安交警部门试行机动车驾驶人实际道路考试计算机自动评判方式，确保考试公平公正进行。同时，杭州市局交警支队承担了机动车驾驶人复杂路段模拟考试（包括模拟高速公路、模拟隧道、模拟临水临崖路段、模拟连续急弯路段等内容）全国试点工作。

【落实重点运输企业安全生产主体责任】 3月，省厅交管局会同省运管局向社会公布2011年度省级10家重点安全监管运输企业名单。8月，省厅会同省交通运输厅、省安监局、省经信委出台《加强道路运输车辆动态监管工作实施方案》，要求建立“两客一危”车辆（所有旅游包车、三类以上班线客车和运输危险化学品、烟花爆竹、民用爆炸物品的专用车辆）联网联控信息平台，实现与全国重点营运车辆联网联控系统的联网。8月，省厅会同省交通运输厅、省安监局、省经信委在温岭召开全省重点车辆动态监管工作现场会，推广温岭市重点车辆动态监管工作经验，要求所有“两客一危”车辆安装、使用具有行驶记录功能的卫星定位装置，以加强对道路运输车辆超速、超载、疲劳驾驶的动态监管。年内，全省公安交警部门对重点监管企业发出安全管理整改督查通知书120份，督促企业及时整改。

图为全省道路交通安全隐患排查整治动员部署暨公安交警系统重点车辆动态监管工作现场会在温岭召开（8月11日）

【继续开展农村小客运质量安全整治与规范活动】11月11日，省政府授予省公安厅等44个单位"浙江省'十小'行业质量安全整规工作先进单位"称号。2008年以来，省公安厅会同省交通运输厅、省工商局、省安监局、省农业厅，根据省政府办公厅《关于印发浙江省"十小"行业质量安全整治与规范实施意见的通知》精神，开展农村小客运质量安全整治和规范工作，通过4年整治，农村客运企业基本实现"经营主体公司化、经营方式公交化、公交线路网络化"，农村客运超载、非法营运现象得到遏制。

【实施国家道路交通安全科技行动计划】8月，浙江省国家道路交通安全科技行动计划示范建设成果通过公安部交管局的预验收。自2009年开始，公安部、科技部、交通运输部联合开展该行动计划，浙江省作为全国6个示范应用省份之一，开展为期3年的示范建设应用。该行动计划涉及"全民交通行为安全性提升综合技术及示范"、"区域公路网交通安全态势监测、评估及应急指挥"、"道路交通安全执法技术及大范围示范应用"3个公安课题的示范应用。该建设成果的应用，增强了道路交通事故的预防、预警、控制和应急救援能力，起到了遏制群死群伤特大交通事故、提升公安交通管理水平的效果。

【移动警务系统发挥实战效能】2011年，全省公安交警部门利用移动警务系统现场处罚违法行为292万起，占现场处罚总量的75%。同时，通过对嫌疑车辆、人员数据比对，抓获网上逃犯110人，查获盗抢车辆387辆。

【实行交警执法服务短信告知】2011年，全省公安交警部门实行交警执法服务手机短信告知工作，共告知机动车驾驶人和车主1985万人次，占交通违法总量的83%。同时，向机动车驾驶人和车主发送其他告知短信6144万余条，其中根据实际工作需要的个性化告知短信2806万余条。

【完成第八届残疾人运动会交通安保工作】10月11～19日，第八届全国残疾人运动会在浙江举行。全省公安交警系统特别是杭州公安交警部门顺利完成开幕式、闭幕式、各项赛事、火炬传递等大型活动的交通安全保障工作，实现残运会期间道路交通安全、顺畅。

【治理事故多发点段和临水临崖高落差危险路段】3月，省厅联合省交通厅、省安监局，有针对性地开展事故黑点和临水临崖危险路段治理工作，确定省级道路交通事故多发点段28处、临水临崖高落差危险路段72处。经多渠道筹措，投入治理资金1.08亿余元，年底前完成所有点段治理工作。

【开展"护卫天使"行动】2月至年底，全省公安交通管理部门开展整治校园周边交通秩序"护卫天使"专项行动。其间，共开展整治活动2912次，查处校园周边交通违法行为128746起，完善交通安全设施2836处，查处校车交通违法行为781起，查处非法运载学生、儿童车辆513辆，开展交通安全主题宣传6115次。

【评选"安全运输先进企业"、"安全驾驶先进个人"】2010年12月21日，省公安厅、省交通厅在全省范围开展"安全运输先进企业"和"安全驾驶先进个人"评选活动，先后在《钱江晚报》、《平安时报·交通周刊》上刊登通知及事迹。共收到网络投票153539张、报纸选票2922张，根据票数评出"安全运输先进企业"10家、"安全驾驶先进个人"20名。2012年1月10日，省文明办、省公安厅交管局、省广电集团举办电视直播晚会，对先进集体和个人进行表彰。

【开展中小学生交通安全宣传教育活动】3月28日，省公安厅、省教育厅、团省委、省少工委联合发文，在全省开展以"你我手拉手，平安路上走"为主题的中小学生交通安全宣传教育活动。截至6月30日，先后组织开展"3·28宣誓日"、"少儿交通安全知识网络大赛"、"文明礼仪建议征集"、"城乡少先队员手拉手平安出行"等系列活动，推进了学生家长和社会公众对中小学生交通安全的重视和关注。

【开展"关爱生命，文明出行"系列活动】7～8月，省公安厅会同省文明办、省广电集团开展2011年度"关爱生命，文明出行"全省巡回宣传月活动，共开展交通文明宣传广场演出25场。年底，三家单位联合举办"改变——2011年度浙江省文明出行现状发布会"晚会，通过盘点2011年度浙江省交通安全现状，公布十大交通事故警示案例、八大文明事件两大榜单，多角度提醒人们注意交通安全，改变陋习，珍爱生命。

【完成交警执法场所功能区改造工作】2011年，全省公安机关全面推进交警执法场所功能区改造工作，共改造交警大队、中队、车管所982个。

【执法主体素质培训】2011年，全省交警系统共组织举办各类规范执法培训班248期，参训17434人次；组织比武竞赛活动255场，参赛7599人次；11830名交通民警参加基本级执法资格考试，通过率100%。

【全国交警系统执法规范化建设现场会在杭州召开】 4月12～14日，公安部交管局在杭州召开该现场会，贯彻落实全国公安交通管理工作座谈会精神，总结推广杭州等地加强警队建设推进交警执法规范化经验做法，研究部署以加强警队正规化建设为重点，推进交警系统执法规范化建设工作。省厅交管局和杭州、宁波市公安局交警支队在会上作经验介绍。

高速公路交通管理

【概述】 2011年，省厅高速公路交警总队围绕道路交通事故“零增长”工作目标，以客货车辆分道行驶、执法规范化建设、警用地理信息系统建设、美丽和谐警营建设四项工作为重点，落实各项管理服务措施，保障了高速公路的安全、畅通。辖区高速公路全年因交通事故死亡388人，同比减少7 人，下降 1.8 %；发生一次死亡3人以上事故10起，死亡41人，同比减少4起，死亡人数减少12人。年内，该总队占立明当选为“2011年度浙江青春领袖”，叶晓伟被评为全省公务员“廉洁高效先锋”，衢州支队“女警执勤岗”获“全国五一巾帼标兵岗”和“全国工人先锋号”称号，嘉兴支队一大队获“全国青年文明号”称号。因在省运会和省首届体育大会中取得突出成绩，该总队被省厅记集体二等功。12月，该总队在省直机关思想政治工作座谈会上作经验介绍。

【常态严管营运客车】 2011年，省厅高速公路交警总队对营运客车实施常态严管，强化入口管理，省际卡口坚持24小时勤务，对7座以上客运车辆和危化品运输车逢车必查，对小型普通客车和厢式货车逢疑必查，并适当抽查；其他入口落实收费员“一岗双责”，严查超员、超载等违法行为。年内，共处罚大中型客车违法行为53676起，本省营运客车违法处罚率和记分率分别达99.7%和97.2%。涉及营运大中型客车事故死亡31人，同比下降43.6%。

【实行重点路段客货车辆分道行驶措施】 2011年，省厅高速公路交警总队在全省确定17个重点路段，实行客货分道行驶举措。通过现场和非现场相结合方式，加大对货车不按规定车道行驶、违法变更车道等违法行为管控力度，保障良好行车秩序。年内，共查处违反禁令标志违法行为为12.3万余起，其中现场查处8764起，货车违法占道行驶行为下降，通行效率提高。列入重点管理的17个路段死亡17人，同比减少4人，下降19%。

【严厉查处交通违法行为】 2011年，省厅高速公路交警总队贯彻落实公安部和省厅“文明示范路创建”以及集中整治超速、客车超员、货车超载、疲劳驾驶和酒后驾驶违法行为等要求，严厉查处交通违法行为。年内，共处罚高速公路交通违法行为213万余起，总体处罚率达93.5%，其中醉酒驾驶处罚率100%，5次以上违法行为未处理处罚率99.6%，本省超速180公里以上处罚率100%，吊销驾驶证1458本，行政拘留613人次，各项指标同比增长。现场处罚25.6万余起，同比上升14.3%。

【高速公路专项勤务工作】 2011年，省厅高速公路交警总队顺利完成第八届全国残疾人运动会火炬接力全省转场等各级各类警卫任务240批546次，其中一级警卫任务8批23次、二级警卫任务52 批131次、三级警卫任务58批142次、指令性任务122批250次。

【融入服务“大公安”建设】 2011年，省厅高速公路交警总队根据高速公路应急管理特点，以省际卡点为主阵地，主动融入全省公安工作大局。依托指挥中心建设，完善各类应急事件处置预案，严密省际卡点和重要出入口的堵截网络，建立健全协同作战机制，提升处置突发事件应急联动能力和水平，在社会面维稳、治安防控、刑侦破案等方面发挥了积极作用。年内，该总队辖区共查获各类违法犯罪嫌疑人179人；查破涉毒案件17起，缴获毒品2492克；查获管制器具等违禁物品496件。

图为召开全省高速公路实行客货车辆分道行驶管理新闻通报会（4月8日）

行业公安

铁路公安

【概述】2011年，杭州铁路公安处（序列省公安厅十五处）获“全国铁路创建学习型班子标杆”称号，再次被铁道部公安局评为“全路执法优秀单位”，看守所连续第五年被公安部命名为“全国公安监管部门执法规范化建设示范单位”；14个集体、91名民警立功，50名民警受到嘉奖，1名民警入围浙江省“我最喜爱的十大人民警察”评选。

【加强安检查危工作】2011年，杭州铁路公安处按照“民航化、三规范”（沪杭高铁、杭深线温州南站实行民航化安检，规范人员站位、规范标识标牌、规范台账管理）要求，开展安检查危“三比三看”、手检和视频比武大赛等活动，加强安检查危人员的培训和管理，做好安检查危工作的移交和接收。年内，该处共查获“三品”（易燃、易爆、危险物品）4.86万批5.04万件，同比增长34.3%，其中军用手枪1支，仿真枪、发令枪381支，军用步枪子弹19发，导爆管20米，酒精3.7升，水银150克，硫酸1000克，烟花爆竹3.18万响，管制刀具1.56万把。

【完成春运安全保卫任务】1月5日～2月27日，杭州铁路公安处开展春运安全保卫工作。其间，在沪杭高铁5个车站推广“民航化”安检模式。管内各站落实“全覆盖”安检查危措施，共查获“三品”1.38万批1.61万件。共检查各类场所103处次、列车75趟次，发现和督促整改火险隐患220处，填发各类消防检查文书89份，整改线路安全隐患274处，开展“三保”宣传127场次；发生路外伤亡事故1起，同比下降4起，沪杭高铁继续保持事故“零发生”目标。组织力量检查铁路内部重点、要害部位376次，督促相关站段整改安全隐患93处。开展春运“蓝盾”打击票贩统一行动，侦破倒卖车票案件311起，打掉团伙35个，捣毁窝点90个，抓获票贩420人，缴获车票2463张，折款40万余元；侦破各类刑事案件82起，抓获犯罪嫌疑人124名。开展春运宣传会战，被各级新闻媒体采用稿件543篇，其中中央级102篇。结合“开门评警”活动，为民办好事6985件，收到锦旗、表扬信等57面（封）。建立“平安铁路”系列警务微博36个，发布各类信息1.6万条，民警随笔1.26万篇，吸引“粉丝”44万名。

【开展治安防范安全大检查活动】2月12日～3月31日，杭州铁路公安处开展该活动。其间，共发现线路治安隐患560余处，整改326处；查获“三品”8542批8795件；检查内部重点要害部位374处，发现并整改安全隐患59处；发现消防安全隐患481处，整改479处。同时，推进沪杭高铁电子防入侵系统建设，全面推开沪杭高铁站“民航化”安检工作模式。

【开展安检查危“三比三看”竞赛活动】1月9日～3月31日，杭州铁路公安处组织开展该活动。活动以“比岗位状态好坏、比操作是否规范、比手检开包率是否达标，看安检措施是否到位、看查危成效是否明显、看能否杜绝各级通报批评”为主要内容。其间，共组织安检力量1.9万人次，查获“三品”2.43万批2.66万件，收缴烟花爆竹1.52万响、打火机2.74万只、油漆化工类危险品1222.3千克、管制刀具4995把。经评比，义乌所、绍兴所、余姚所、温南所、温州所分获各个组第一名。

【开展春季铁路治安专项整治行动】3月24日～4月18日，杭州铁路公安处为确保“金砖国家”领导人第三次正式会晤和博鳌亚洲论坛2011年年会期间管区内治安大局稳定，开展该整治行动。其间，共出动警力434人次，添乘进琼列车17趟次，清理各类闲杂人员258名，排摸查控重点对象67名，查获“三品”1989批3569件，走访学校、村庄287个，开展路外安全教育活动145场次。

【开展路外安全宣传月活动】4月1～30日、9月1～30日，杭州铁路公安处先后开展两次大规模的路外安全宣传活动。两次活动期间，共组织大型宣传活动121场次，通过媒体开展宣传639次，上宣传课486场次，拉挂横幅531条，张贴标语1936张，发放宣传资料12.1万余份，签订安全协议808份，受教育群众达110万余人次。

【处置“7·23”特大铁路交通事故】7月23日20时30分许，北京南开往福州的D301次动车运行至管内甬温线永嘉至温州南区间时，与前行的杭州开往福州南D3115次动车发生追尾事故，造成旅客39人死亡，178人受伤。事故发生后，该处迅速组织400余名干警赶赴现场，投入

图为杭州铁路公安民警在"7·23"特大铁路交通事故现场实施救援

抢险救灾和相关后续处置工作。通过持续1个多月的工作，较好地完成了事故抢险救援、维护秩序、调查取证、善后处置、家属接待等工作。

【开展治安防范大检查大整治活动】 7月28日～9月30日，杭州铁路公安处组织开展该活动。其间，共检查发现安全隐患937处、督促整改839处；站车线方面治安隐患2018处，督促整改1356处；消防方面隐患688处，督促整改533处；内部安全方面隐患172处，督促整改138处；侦破刑事案件379起，抓获犯罪嫌疑人379名；受理行政案件87起，处理违法人员92名。

【开展杭深线百日攻坚活动】 5月1日～8月8日，杭州铁路公安处在杭深线开展以"强基础、整隐患、抓巡防、保安全"为主题的线路治安整治百日攻坚战活动。其间，共召集座谈会2次，组织平推检查7次，出动警力365人次，发现栅栏破损、电缆裸露等安全隐患217处，开展路外安全宣传16场次，受教育群众5.42万人。

【完成国庆安全保卫工作】 2011年国庆黄金周期间，杭州铁路公安处强化安检查危秩序管理，共查获"三品"403批715件；特警支队开展武装巡逻，消防支队对16趟旅客列车、2趟临客车底、11个客站、2个客技站、4个机务油库、25个商业网点开展消防安全检查，共发现并督促整改隐患19处；查获倒卖车票案件53起，抓获票贩102人，捣毁倒票窝点21个，打掉倒票团伙12个，缴获火车票396张，折款4.89万元。各大中客站派出所主动会同地方公安、城管、工商等部门开展联合整治行动，共清理闲杂人员800余人次，查处各类违法、违章人员153名。破获重大运输假币案件1起，缴获假币4600元；抓获公安部网上逃犯9名。

【"三基"建设成绩名列全局第一】 2011年，杭州铁路公安处共投入资金1700余万元，完成钱江二桥培训中心主体工程和杭深线、沪杭老线共13个警务区建设。自筹资金50余万元，在全处220辆警车上安装GPS监控系统。开通视频会议系统，实现铁路公安处机关与基层单位点对点、面对面的视频对话模式。开展勤务模式改革，在管内部分车站实行站台辅警接车、部分高铁和动车组列车实行动态用警的勤务改革举措，被上海铁路公安局在全局推广；在铁路公安处和重点所队组建视频巡控队，加大视频巡控力度，缓解警力紧张矛盾。年内，该处先后举办各类业务培训班11期，执法资格考试专项培训班2期，全员通过全国公安民警基本级执法资格考试（首次参加）。在上海铁路公安局年终考核中，该处"三基"工作成绩列第一。

【深化干部人事制度改革】 2011年，杭州铁路公安处制订完善《公开选拔领导干部和公开招聘机关内设部门民警程序的暂行规定》，坚持选拔、招聘过程中出题、监考、成绩公布、考核等各个环节的绝对公开、透明。年内，共公开选拔副科职领导干部12名，招聘机关内设部门民警21名，真正体现"组织搭台、民警唱戏、党委认可"的选人用人导向，提高选人用人的公信度，提升民警队伍的活力。

【开创铁路公安微博宣传新局面】 2010年12月，杭州铁路公安处在全路公安系统率先建立"平安铁路"微博群。截至2011年底，"平安铁路"系列36家官方微博和4家民警实名认证微博开展"平安铁路伴你行"、"走近高铁"、"'实名制'微群集中宣传"等大型微群宣传活动，共发表博文4.5万余篇，拥有"粉丝"130万。其中"平安铁路"、"平安杭州铁路"分别拥有"粉丝"36.5万人、52万人，双双入选新浪政府微博影响力和人气榜百强。

【落实从优待警团圆计划】 2011年，杭州铁路公安处组织实施异地工作民警"团圆计划"，共解决40名民警的夫妻异地分居困难，占要求组织解决夫妻分居困难民警总数的57%，解决干部夫妻异地分居困难4人，将13名有家庭特殊困难的民警调回原籍工作。

森林公安

【概述】 2011年，全省森林公安机关查处各类案件2572起（其中刑事案件540起），打击处理各类违法犯罪人员3739人次。全省发生森林火灾433起，受害森林面积2089.54公顷，受害率为0.35‰，因森林火灾伤亡12人（其中死亡6人、重伤5人、轻伤1人）。年内，全省森林公安机关有5个集体被记三等功，2人被记二等功，17人被记三等功。5月，省厅森林警察总队被国家林业局森林公安局评为“警车和涉案车辆违规问题专项治理工作”先进集体。

【森林公安机构领导职级高配】 2011年，绍兴市、金华市森林公安局主要领导明确实行高配，云和、莲都、衢江等县（区）森林公安局主要领导进入林业局党委班子，淳安县森林公安局实现机构整体升格。截至年末，全省有县级森林公安机构71个，共有4个市级、24个县级森林公安局主要负责人进入林业部门领导班子或实现高配，10个县级森林公安局实现机构升格。

【开展“利剑一号”统一行动】 1月11日，全省森林公安机关开展代号“利剑一号”的打击破坏野生动物资源违法犯罪行为集中统一行动，共收缴野生动物3131头（只）、野生动物制品185件，缴获猎具1004件。

图为森林公安机关部署开展“利剑一号”专项行动（1月11日）

【开展“春季攻势”专项行动】 1月25日～4月30日，全省森林公安机关开展代号为“春季攻势”暨严厉打击破坏森林资源违法犯罪的专项行动。其间，共查处各类涉林案件 893起，侦破刑事案件 244起，其中重大案件16起，特大案件4起；打击处理违法犯罪人员849人次，打掉犯罪团伙4个。

【开展侦破森林火灾案件大会战专项行动】 2月8日～4月30日，全省森林公安机关开展该专项行动。其间，查破各类森林火灾案件399起，其中侦破刑事案件191起（其中包括淳安“2·5”等森林火灾在内的大案要案），查处治安案件4起、行政案件204起；抓获作案人员129人，其中逮捕24人，刑事拘留38人，取保候审107人。

【开展“利剑二号”专项行动】 4月25日～6月30日，全省森林公安机关开展代号为“利剑二号”的林区禁种铲毒专项行动。其间，共查处毒品原植物种植点87处，铲除毒品原植物21667株。

【开展“亮剑行动”专项行动】 8月1日～9月30日，全省森林公安机关开展代号为“亮剑行动”的打击破坏林地资源违法犯罪专项行动。其间，查处各类破坏林地资源违法犯罪案件213起，其中刑事案件13起、行政案件200起；清查占用征收林地项目366个，制止违法使用林地行为216起，抓获涉案人员16人，行政处罚197人，行政罚款336万余元。

【开展“利剑三号”专项行动】 10月31日～11月15日，全省森林公安机关开展代号为“利剑三号”的打击破坏鸟类资源违法犯罪专项行动。其间，共查处林政案件20起，林政处罚19人，林政罚款14050元。

【推进“平安林区”创建工作】 2011年，全省森林公安机关以“平安林区”创建活动为载体，不断创新林区社会管理新模式，“平安林区”创建活动取得新成效。9月14日，省委常委、副省长葛慧君作出批示：“平安林区”创建工作抓得好，特别是妥善化解一批跨区域的山林纠纷，森林灾害综合治理工作也得到了新的加强，有力地促进了林区社会稳定。7月25日，省厅授予安吉县、桐庐县、遂昌县、北仑区、衢江区、庆元县、象山县、龙泉市、永嘉县9个县（市、区）“平安林区”称号。

【完成执法勤务机构人民警察警员职务套改工作】 2011年全年，全省森林公安机关开展执法勤务机构人民警察警员职务套改工作，672名民警参加套改，153人享受高套待遇，占套改总人数的22.8%。

【省厅出台加强森林公安工作若干事项的通知】 12月5

日，省厅印发《关于进一步加强森林公安工作若干事项的通知》，要求按照“有用采集、全警共享、专业研判、实战应用”的大情报工作格局，提高森林公安机关对涉林违法犯罪的快速反应、主动进攻和精确打击能力；本着“实用、实战、实效”的原则，布建林区治安卡点，有效提升巡防效率；加大联合整治力度，最大限度地挤压违法犯罪空间；建立警情通报、相互协作制度和快捷通信联络方式；加大涉林案件的指导、审核和把关力度。

【推进执法规范化建设】 2011年，全省森林公安机关以业务用房功能区改造为抓手，全力推进执法规范化建设。年内，省厅森林警察总队组织编写《林业常发案件取证标准》，对森林公安机关办理林业常发刑事案件、行政案件过程中的接处警、调查取证、法律法规运用等程序和须注意问题进行规范，为一线民警执法办案提供指南。10月29～30日，举行全省森林公安基本级执法资格考试，730名民警参加考试。年内，举办警衔晋升、一线民警实战训练班93期，参训民警1024人。健全完善全省专（兼）职法制员管理档案制度，截至年末，全省森林公安机关已建立法制机构6个，配备专职法制员11名、兼职法制员74名。

走私犯罪侦查（杭州）

【概述】 2011年，杭州海关缉私局（省公安厅杭州走私犯罪侦查局）共立案各类走私违法犯罪案件5438起，案值27.8亿元，涉税1.9亿元。其中，立案侦办走私犯罪刑事案件67起，案值3.18亿元，涉税6512万元；立案查处行政案件5371起，案值24.62亿元，涉税1.25亿元。年内，该局共有5个集体立三等功，5人次立二等功，27人次立三等功。

【刘力伟听取杭州海关缉私局工作汇报】 12月28日，省委常委、省公安厅厅长刘力伟视察杭州海关缉私局，听取该局2011年工作情况汇报。刘力伟对该局反走私工作给予充分肯定，并希望缉私局继续保持打击走私高压态势，维护良好的进出口贸易秩序。

【董晓伟调研指导杭州海关禁毒工作】 5月11日，省公安厅副厅长董晓伟到金华、义乌调研海关禁毒工作，听取杭州海关缉私局打击毒品走私犯罪工作汇报，对该局打击毒品走私犯罪工作取得的成绩表示肯定，并对下一步海关、公安联合打击毒品犯罪工作提出要求。7月7日，董晓伟一行到杭州萧山机场口岸检查指导禁毒工作。

【打击重大涉税走私犯罪活动】 2011年，杭州海关缉私局将打击涉税走私、行业性走私违法犯罪活动作为工作重点，开展打击进口红酒、二手胶印机、母婴用品走私等专项行动。年内，共立案侦办涉税刑事案件32起，案值3.03亿元，涉税6508.62万元。

【打击毒品走私】 2011年，杭州海关缉私局加大口岸查缉和毒品案件深挖力度，进一步深化与地方禁毒主管部门和相关执法单位的配合，制定《杭州海关缉私部门与浙江省公安禁毒部门缉毒协助配合办法》，加大对海关旅检、邮检、监管等部门缉毒工作指导，开展打击行邮及货运渠道毒品走私专项行动，建立起关区“查、缉、控”缉毒立体防线。年内，该局立走私毒品案件22起，缴获海洛因34.287千克、大麻20.525千克、其他毒品410克。

【打击武器弹药等非涉税走私】 2011年，杭州海关缉私局加强与地方公安、安全、口岸联检、邮政等单位的协作，加大对“化整为零”式走私武器弹药活动的打击力度。年内，共查获走私枪支及其配件案件10起，缴获气枪枪管22支、气枪铅弹405发。立案侦办海关总署缉私局一级挂牌督办的“5·11”走私象牙案和“11·01”走私汽车案，查获象牙315千克、走私汽车153辆，案值上亿元。

【开展打击海上成品油走私“国门利剑”专项行动】 7月20日～11月20日，杭州海关缉私局开展该专项行动。其间，该局查破成品油走私案件22起，查获成品油1.35万吨，案值1.18亿元，涉税3117万元。打掉走私团伙2个，查

图为董晓伟副厅长在义乌海关货物查验基地调研指导禁毒工作（5月11日）

获的案件数、案值、涉税三项指标均排名全国海关前五位，其中现场查获成品油3537吨，数量居全国第二位。12月5日，杭州海关缉私局被浙江省人民政府反走私办公室评为“浙江省开展‘国门利剑’专项行动先进单位”。年内，该局共查获各类海上走私案件40起（其中刑事案件19起），查获成品油2.6万吨，案值2.32亿元，涉税6312万元，成功侦破“4·28”、“10·16”等在全国有较大影响的成品油走私大案。

【开展打击母婴用品走私专项行动】 5月10～11日，该局在杭州、金华等地同时开展该专项行动，共立案侦查3起低报价格走私婴儿纸尿裤、奶粉案，案值共计7104万元，涉税额共计703万元。

【执法质量考评成绩优秀】 2011年，杭州海关缉私局以侦查处被评为“全国公安机关执法示范单位”和“全国海关缉私部门执法示范单位”为契机，开展执法示范单位经验学习推广活动和执法规范化科级示范单位评选活动，全面推进关区执法规范化建设。年内，杭州关区刑事、行政执法质量考核评议成绩均为优秀，未发生复议更改或诉讼败诉情况。

【加强反走私综合治理】 2011年，杭州海关缉私局加强与地方党委、政府的沟通联系，及时通报打击走私重大案件和重要工作情况，争取地方党委、政府对打击走私工作的支持。积极配合省、市打击走私职能部门开展综合治理工作，共同研究制订工作方案，参加全省反走私综合治理目标考核，推动地方政府深入开展反走私综合治理。主动加强与公安、工商、税务、银行等相关单位的工作协作，建立完善打击走私、打击出口骗退税、反洗钱等工作配合机制。进一步完善与检察院、法院等部门联席会议制度，建立不起诉案件协调配合与监督制约机制，为反走私工作营造良好执法环境。

【加强综合素质培育】 2011年，杭州海关缉私局1105人次民警参加警务技能、禁毒业务、刑侦业务等培训。10月14日，杭州海关缉私局组织关区285名民警参加2011年度海关缉私警察基本级执法资格考试，全体民警均顺利通过考试。

走私犯罪侦查（宁波）

【概述】 2011年，宁波海关缉私局（浙江省公安厅宁波走私犯罪侦查局）共立案1.56万起，同比增长29%；案值24.97亿元，增长19%。其中刑事案件立案55起，增长1.04倍，案值2.65亿元，涉嫌偷逃税4878万元；抓获犯罪嫌疑人110名，采取强制措施162人次。行政案件立案1.55万起，增长29%；案值22.32亿元，增长11%。关区罚没9860万元。移送起诉37起、61人、32单位（法院判决18起、27人、17单位）。协查案件78起。年内，该局1个集体获二等功，1个集体获三等功；1人次获二等功，19人次获三等功。

【推进缉私指挥体系建设】 2011年，宁波海关缉私局不断推进全局缉私指挥体系建设。1月，制定实行《宁波海关缉私部门重大事项报告制度（试行）》和《关于进一步明确重大事项报告的工作要求（试行）》，明确缉私重大事项的上报范围、时限和流程，进一步加强对关区缉私工作的领导和管理。全年指挥中心统计上报局领导重大事项报告共计11条。

【加强情报工作】 2011年，宁波海关缉私局着力提高情报工作为决策服务、为监管服务、为办案服务的能力，切实加强情报工作。年内，该局撰写情报分析报告60篇，获取情报线索198条；通过情报线索共刑事立案39起，同比增长1.6倍，案值3.13亿元，增长5.54倍，涉嫌偷逃税5277万元，增长4.32倍；通过情报线索共行政立案64起，增长25%，案值2464亿元，涉税458万元，增长3.82倍；通过技术侦查手段协助破获刑事案件12起，增长2倍，协助抓获犯罪嫌疑人22人，增长1.75倍。

【办理行业性走私大要案】 2011年，宁波海关缉私局对具有行业性走私特点的大要案，实施专案办理，重点打击低报价格走私和重点敏感商品走私，全年组织打击行业性走私专项行动5次，查获行业性走私案件34起，占刑事立案总数的63%；其中查获旧胶印机系列走私案13起，案值3119万元，涉税681万元；进口牛皮系列走私案4起，案值6790万元，涉税1100万元；石墨球系列走私案3起，案值4942万元，涉税957万元；进口水果系列走私案3起，案值788万元，涉税142万元。

【非涉税案件侦破取得较大突破】 2011年，宁波海关缉私局加大非涉税走私案件侦破工作，在立案的55起刑事案件中有11起非涉税案件，其中，走私木炭案件8起，象牙案件1起，毒品案件1起，固体废物案件1起。12月29日，宁波市中级人民法院对该局侦办的上海某工贸有限公司走私木炭案件作出一审判决。这是全国首例被判决的走私木炭案件。

【加强执法效能建设】 2011年，宁波海关缉私局推广北仑分局案件快办中心工作模式，规范授权现场办理简易案件，促进行政案件“快办快结”。该模式试行以来，该局执法效率、执法质量和管理水平显著提升。

【提高海上查私能力】 7月20日～11月20日，宁波海关缉私局开展打击成品油走私的“国门利剑”专项行动。其间，共查获成品油走私案件2起，查获105吨燃料油和13吨红油。彻底排查沿海非设关地与石油运输经营企业，调整海上巡航巡查模式与查缉重点，有效威慑海上走私违法。年内，查获海上成品油走私案件16起，涉案成品油1079吨，案值613万元，涉嫌偷逃税209万元。

【推进综合治理】 2011年，宁波海关缉私局加强与各执法部门、行业协会、大型国企的合作，完善反走私综合治理格局，切实增强反走私掌控力。年内，该局以开展打击骗退税和出口影响退税的“海鹰行动”为契机，建立健全与国税部门的案件通报与移交机制，向国税部门通报、移交退税案件与线索11起，案值2170万元，涉税198万元。加强与省市打私办、海上执法部门和部队在海上打私工作上的协作配合，与中石化、中石油等单位签署合作备忘录，建立业务交流、信息共享、合作打击海上走私的协作配合机制。以“海关开放日”、象山石浦港反走私宣传活动等多种形式，宣传海关反走私工作，营造良好的反走私社会氛围。

【召开2011年关区打私工作会议】 5月5日，宁波海关缉私局召开该会议，传达2011年全国海关缉私工作会议精神，通报2010年度关区走私违规案件移交成效评估情况，表彰2010年度关区打击走私工作先进单位和个人。宁波海关关长庞中联在会上要求辖区缉私部门努力提升刑事打击力，提高关区打私效能，加强执法规范化建设，推动反走私综合治理，加强缉私警察队伍建设。

【强化执法质量建设】 2011年，宁波海关缉私局修订刑事、行政执法操作规程，制发执法指南8件，制定办案规范4项，汇编2010年发布的41件规范性文件，印发《办理行政处罚案件常用文件选编（第6册）》，进一步理顺办案流程。充分发挥刑事执法分中心和关、局两级案审会作用，健全全局刑事、行政执法考评检查机制，加大执法检查与执法监督力度，开展行政执法检查2次，在案件数量持续快速增长的压力下，整体上实现较高的执法质量。组建行政法制研究小组，组织调研7次，召开案例研讨会4次，提升行政法制工作合力。创办法制电子刊物《行政执法在线》，重点刊载业务理论文章、典型疑难案例及最新法规文件。

【开展缉私警察文化建设】 2011年，宁波海关缉私局成立缉私文化塑造课题组和缉私文化宣传制作组，拟定缉私文化建设规划，以创先争优活动、纪念建党90周年系列特色主题活动等为契机，开展警务专项培训、拓展运动、趣味运动会等特色活动，加强缉私警察文化建设。

【承办第二届查缉毒品走私暨绿色海关环境执法能力建设培训班】 9月19～22日，由全国海关禁毒人民战争领导小组办公室和联合国环境规划署联合举办的该培训班在宁波举办，来自全国海关缉私部门的近百名警员参加培训。培训班就海关打击废物、消耗臭氧层物质ODS、濒危野生物种、毒品、武器弹药走私工作进行交流，并就进一步加强联合执法、齐抓共管打造绿色海关达成共识。海关总署缉私局副局长许文荣、联合国环境规划署驻华代表张世钢及宁波海关副关长兼缉私局局长邱刚毅参加开班仪式。

图为召开2011年宁波海关打击走私工作会议（1月27日）

机场公安

【概述】 2011年，杭州、宁波、温州、台州、义乌、衢州、舟山7个民航机场完成旅客吞吐量3004.88万人次、货邮吞吐量42.4万吨、航班起降26.83万架次。其中，杭州机场实现旅客吞吐量1751.2万人次，占全省的58%，位居全国第十位、世界第八十一位；货邮吞吐量30.62万吨，占全省的72%，位居全国第七位、世界第六十八位。年内，全省机场公安机关组织开展“清网”、“亮剑”、“清剿火患”等专项行动，开展治安、交通、消防等安全检查，及时发现整改各类安全隐患。在重要节点，联合武警开展武装巡逻和设卡执勤，提高面上见警率和管事率。全年共查处刑事、治安案件1300余起，抓获上网逃犯30余人，查处交通违法行为2万余起，处理交通事故680余起。有9个集体和79人次个人获上级表彰奖励。

机场公安机关启动空防安全威胁二级响应措施。图为机场公安民警在航站楼入口执勤（9月1日）

【机场空防安全管理】 2011年，全省机场公安机关会同机场安全管理部门，加强控制区巡查管控和设施加固，严格旅客、员工、行李、货物、车辆等的安全检查，组织开展航空货邮专项整治行动，推动实行实名申报、资质认证和等级管理，杜绝安全隐患进入控制区、带上航空器。莫斯科机场发生恐怖袭击事件后及“亚欧博览会”期间，机场公安机关先后启动空防安全威胁二级响应措施，严格执行“禁液令”、“禁火令”和航站楼入口防爆检测，对涉疆航班开设专用安检通道，并多次组织有针对性的保安测试。年内，全省机场公安机关共查处伪造冒用证件、携带违禁危险物品案件2100余起，收缴管制刀具、仿真枪、子弹等各类违禁品3000余件。

【开展空防安全专项行动】 2011年，机场公安机关围绕航空货邮和航站施工两个重点，开展空防安全专项行动。会同机场相关部门，推行实名申报、资质认证和等级管理，查处在航空托运货物中夹带危险物品案件34起、伪报品名案件21起；针对杭州机场二期工程建设，机场公安机关编制应对方案，加高围界高度，增设警示标志告示，严格现场管理控制，主动参与空防、警卫、交通流程和设施的规划建设，保障了不停航施工安全有序进行。

【开展航班延误联合专项治理】 9月开始，省厅机场公安局会同航空公司和机场有关部门对航班延误问题开展专项治理，建立航班运行协调机制，规范信息通报程序，落实延误航班善后服务措施，以有效应对冰雪、雷暴、台风、大雾等恶劣天气对机场造成的不利影响。年内，杭州机场航班正常率由50%左右提升到72%以上，2小时以上延误减少，由此带来的社会治安问题得到缓解。年内，该局共妥善处置航班延误引发的群体性纠纷事件174起。

【应对冰雪灾害天气】 2011年初，杭州地区两次冰雪灾害造成杭州机场累计关闭20多小时，820架次航班延误，376架次航班取消，5万余名旅客出行受阻，给机场运行和治安交通管理造成巨大压力。省厅机场公安局全警动员，维护值机办票登机秩序，同时主动联系机场公司做好扫雪车等物资有关准备，在通行能力差的道路采取单向分批通行措施，通过道路大型显示屏和巡逻车屏滚动进行不间断行车提示，并通过新闻媒体及时发布机场道路和航班信息，协助周边交警做好通往机场道路的保畅通工作，顺利克服因恶劣天气给机场造成的不利影响。

【完成机场警卫保卫工作】 2011年，全省机场公安机关完成三级以上警卫保障任务158批次，其中专机34架次，保障要客超过1万批次，继续实现了警卫工作“零差错”的目标。

【提升执法规范化水平】 2011年，省厅机场公安局强化执法办案场所硬件建设，在公安楼和航站楼建设了标准的执法办案场所；指导一线单位编制各具特色的执法手册；组织全体民警参加并全部通过执法资格考试，鼓励民警积极参加国家司法考试；研发启用110接处警系统，完成执法办案平台升级，实现执法办案网上单轨制流转。在60起个案质量评判案件中，优秀等次以上的有57起，优秀率达95%。

【控制区通行证管理系统通过公安部科技成果登记】 1月4日，公安部科技信息化局向厅机场公安局颁发科学技术成果登记证书，为全国首家。2010年，省厅机场公安局以航空保安审计和控制区门禁系统建设为契机，开发建设了集受理、审核、审批、证卡打印、数据库管理、大门禁授权、档案管理等功能于一体的控制区通行证管理系统，与机场门禁系统成功对接，并有效运行于公安局域网综合资源平台。

警务保障

警务督察与民警维权

【概述】2011年，全省公安机关警务督察部门共出警督察1.69万余次，出动督察人员4.46万余人次，发现并纠正各类问题1.4万余个，发出督察法律文书761份，对27名违纪民警采取禁闭措施，对59名违纪民警停止执行职务。年内，全省督察部门共有4名督察民警立个人一等功，18名督察民警立个人二等功，13个督察部门立集体三等功，83名督察民警立个人三等功。

图为浙江省公安厅在“清网行动”中被公安部授予集体一等功（2011年12月）

【“清剿火患”战役专项督察】2011年9月26日～2012年2月，全省公安机关督察部门投入“清剿火患”战役专项集中督察工作。其间，全省共派出督察组610个次，出动督察警力3200人次，检查公安基层单位1043个，检查重点场所3478个、重点社区880个，发现各类问题3000余个，当场责令整改2700余个，下发通知书、建议书等督察文书160份，提出督察建议750余条。至行动结束，全省火灾起数、死亡人数、直接财产损失数三项主要指标与上年同期相比分别下降66.5%、92.3%、81.5%。

【“亮剑行动”专项督察】2010年10月19日～2011年11月30日，省厅警务督察总队制订专项督察方案，重点对挂牌督办案件的办理进展情况进行专项督察。其间，全省共组织开展专项督察889次，检查基层所队3544个次，发现并纠正各类问题509个，提出督察建议430条。

【巩固警车和涉案车辆违规问题专项治理】2011年4月，为严防“两车”违规问题反弹，省厅督察总队专门部署对警车和涉案车辆违规问题专项治理工作进行“回头看”，对长效机制建设情况进行监督检查。年内，全省共开展督察行动1311次，检查警车2.55万辆（次），扣留违规车辆7辆，收缴假牌35副，对721起驾驶警车道路违法行为进行抄告通报。

【贯彻执行“五条禁令”】2011年，全省警务督察部门继续对贯彻执行“五条禁令”情况开展常态化现场督察，全省共出警督察2435次，检查基层单位1.01万个（次），暗访各类场所6610家，及时查纠各类问题979个，提出督察建议215条。全年共查处违令案件16起18人。

【开展网上督察】2011年，全省公安机关督察部门采取现场实时察看、录音、录像重放，视频截图案件倒查等方式查阅音视频信息850.39万条，检查执法重点环节报备信息3.29万条，及时查纠态度不热情、服务不文明、执法不规范等问题2851个，发督察法律文书104份，对354人作出通报、记分处理。

【核查信访投诉案件】2011年，全省公安机关督察部门共受理举报投诉案件3610件，并对其中查实的510件督促落实责任追究。年内，省厅督察总队共承办案件107件，对部督察局、厅领导批办的22起案件均及时办结。

【维护民警执法权益工作】2011年，全省各级公安维权部门加大对侵害民警依法履行职务案件的打击力度，督促有关部门对995起暴力抗法、伤害民警、诬告误告、打击报复等事件进行及时有效的处置。公安机关依法对1552名侵害民警执法权益的违法犯罪人员依法进行处理，其中追究刑事责任374人、行政处罚1096人，共发出《公安督察正名通知书》20份。

【查纠桐乡市公安局办案不当的问题】11月25日，省委常委、公安厅党委书记刘力伟将四川籍外来民工李某某反映桐乡市公安局办案不公等问题的信访件，批示省厅督察总队办理。该总队负责人即率员到桐乡市局进行督察。通过查看案卷、询问办案人员等，查清王某等4名男子殴打李某某致其重伤的事实。发现桐乡市局办案部门未对涉嫌致使李某某重伤的王某采取强制措施，督察人员和刑侦总队法医会商后责成桐乡市局对王某依法处理。后经当地公安机关再次取证后，对王某采取刑事拘留强制措施，并依法移送检察机关予以惩处。

办公室工作

【概述】2011年，省厅办公室围绕公安中心工作，深化创先争优活动，发挥参谋助手、综合协调等职能作用，较好完成各项工作任务。年内，省公安厅被省委、省政府评为“创建平安工作先进单位”和“信访工作目标管理考核优秀单位”，被省政府评为“工作责任制目标考核优秀单位”，被省委、省政府信访工作领导小组评为“省政府直属有关单位信访工作目标管理先进单位”。办公室获“厅机关考核先进单位”称号，信访办被评为全省政法系统“集中清理涉法涉诉信访积案活动”先进集体。4人分别获全省政法系统优秀党务工作者、全省优秀共产党员、全省建议提案办理工作先进个人、全省档案目标考核先进个人称号；1个集体立三等功，2人分别立二等功、三等功，7人获嘉奖。

【深化创先争优争当岗位能手】2月，省厅办公室出台《办公室深化创先争优争当岗位能手活动十项举措》，确定9名民警、职工为办公室岗位能手的“争当个人”。8月，办公室召开深化创先争优争当岗位能手活动交流推进会，认真总结上半年活动开展情况，并对下一步工作进行部署。办公室争当岗位能手活动的做法先后在厅直机关党员先锋岗授牌暨深化创先争优推进会、厅直机关党务政工干部培训班和全省各市公安局机关党委专职书记党建工作交流会上作典型介绍。

【协助厅领导开展专题调研活动及其他调研活动】2011年，省厅办公室组织厅属相关部门参与省委书记赵洪祝牵头的“加强和创新社会管理”课题调研工作，完成1个总课题组和9个子课题组调研任务。根据省政府部署，协助厅领导赴平湖市开展蹲点调研。协助省委、省政府开展省第十三次党代会报告相关内容调研工作。部署开展厅机关各部门、全省公安机关以及厅办公室特约研究员课题调研活动，综合运用各类载体及时反映，促进成果转化。

【起草重要会议及综合性材料工作】2011年，省厅办公室参与起草重要会议和综合性材料160余件，其中包括全省公安工作会议、全省各市公安局局长会议、全省公安机关世博安保工作总结表彰会议等的材料，厅领导向到公安厅调研座谈的国务委员、公安部部长孟建柱和省领导夏宝龙、李强、厉志海等的汇报材料和在全国公安厅局长会议、江浙沪区域协作会议上的发言材料。

【协助推进落实各项重点工作任务】2011年，省厅办公室印发《2011年度厅机关重点任务分解》，逐一分解落实厅机关各部门年度重点任务，及时掌握、定期通报各部门重点工作任务推进情况。做好对社会治安“春季攻势”、村级组织换届选举、“亮剑”行动、“打四黑、除四害”、“清网行动”等专项工作的情况掌握，协助厅党委做好温州“7·23”特大铁路交通事故、防范处置金融犯罪专项行动等重大事件的沟通协调、情况综合等工作，及时向省委、省政府和公安部做好材料汇报工作。

【加强综合信息掌握与报道】2011年，省厅办公室加强全省公安机关面上情况的信息掌握，及时发现总结基层的做法和经验，年内，共编发《浙江公安简报》47期（其中普刊32期、增刊15期）、《决策参阅》28期、《公安情况反映》15期、“三项建设”简报50期，编发更新浙江公安信息网主页“工作动态”栏目以及“全省公安机关‘三项重点工作’暨‘三项建设’”、“全省公安机关大走访‘开门评警’活动”专栏稿件1500余篇。

【公文处理】2011年，省厅办公室进一步规范公文处理。年内，共审核公文1400余件；收发机要和普通信件9.8万余件，分发各类文件11.8万余份。

图为省委常委、公安厅厅长刘力伟率厅办公室领导在杭州调研指导工作（11月29日）

图为省厅召开全省公安机关保密工作电视电话会议（5月12日）

【会议管理与服务】 2月9日，省厅办公室印发《关于2011年度省公安厅机关会议计划的通知》，同时严格控制计划外会议的审核把关。年内，省公安厅共审批召开各类会议94个（其中电视电话会议31个）。

【开展全省公安机关保密自查和抽查活动】 3～5月，省厅保密委员会组织开展该活动。其间，共抽查厅机关29个部门、11个市和22个县级公安机关的143个科所队，检查计算机515台，其中涉密计算机93台。5月12日，省厅召开全省公安机关保密工作电视电话会议，厅党委副书记、副厅长张景华通报检查活动中发现的问题，对全省公安机关开展保密安全大教育大排查大整改活动进行全面动员部署。会后，各地、各部门开展保密宣传教育活动，排查泄密隐患，落实各类整改措施，建立健全保密制度。

【做好厅本级信访工作】 2011年，省厅接待群众来访911批，接收群众来信1723件，受理互联网“省长信箱”、“厅长信箱”13671件，全部按时办结。受理办结信访复查复核事项47件；组织厅领导接待日活动14次，接待群众来访85批、176人次；组织厅长开门接访活动1次，接待群众来访131批、242人次。

【组织开展开门接访活动】 4～6月，全省公安机关组织开展领导开门接访活动。其间，共接待来访群众1530批、2530人，解决群众合理诉求1300余项。6月15～16日，厅领导张景华、董晓伟、郑兴军、凌秋来、华乃强、华远平、石小忠分别率厅机关有关人员，在浙江警察学院接待群众来访，共接待群众131批242人，解决群众合理诉求117项。

【完成信访积案集中清理任务】 2011年，全省公安机关持续推动涉法涉诉信访积案集中清理行动。截至6月底，活动结束，全省1160起信访积案化解1153起，化解率达到99.4%。通过清理活动，侦破各类刑事案件202起（其中命案27起），抓获犯罪嫌疑人363人；查处治安案件227起；落实帮扶救助289户、1816.27万元；促成1055名信访人停访息诉。

【做好重大会议活动期间信访工作】 2011年，全省公安机关围绕全国、全省“两会”，纪念建党90周年，党的十七届六中全会，第八届全国残疾人运动会等重大会议活动，认真研究，周密部署，畅通本地信访渠道，加大信访问题解决力度，着力将问题解决在本地、将人员吸附在本地，同时保持信息畅通，强化驻会值守和应急处置工作，实现重大会议和活动期间公安归口信访人员进京来省“零滋事”。

【推进信访接待场所规范化建设】 2011年，全省公安机关根据《关于浙江省公安机关信访接待场所规范化建设的指导意见》，对信访接待场所实施了以迎访、候访、接访、办公四功能区划为主要内容的规范化改建工作。截至年底，全省共投入资金1550余万元，改建场所面积8300余平方米，完成改建108家单位。

【重点工作督查】 2011年初，省厅及时将省委、省政府落实到本厅的年度十方面实事、重大改革任务、安全生产年目标逐项分解到厅属各业务部门。年中和年底，对全厅各项工作进展和完成情况进行自查总结并上报材料，配合上级部门做好检查考核工作。省公安厅被评为2011年度省安全生产目标考核优胜单位。

【做好人大代表建议和政协提案办理工作】 2011年，省厅共承办建议提案73件，其中建议34件、提案39件。其中省厅主办30件（建议15件、提案15件），会办43件（建议19件、提案24件）。年内，建议提案按期办结率、面商率、问题解决率、满意率均为100%。

【违法犯罪统计情况】 2011年，全省立刑事案件46.2万起，比上年上升0.09%。放火、爆炸、劫持、杀人、伤害、强奸、绑架和抢劫等八类严重犯罪案件比上年下降5.73%，其中杀人案件下降15.61%，抢劫案件下降

11.79%。侦破刑事案件29.7万起（含侦破年前案件数），比上年增长3.24%；查处治安案件69.2万起，同比上升8.25%。

【完成统计软件更新和日常数据处理、资料积累工作】 2011年初，省厅统计部门按照公安部统计部门部署，对现行统计报表进行修改，同时将2008版统计软件更新为2011版，顺利完成全省各级公安机关公安统计信息系统升级工作。年内，省厅统计部门按时准确完成每月公安业务综合类统计表的检测、汇总和上报，完成2001～2010年统计资料手册及《2010年浙江公安统计年鉴》汇编工作。

【开展群众安全感和群众对公安队伍满意度调查】 2011年底，省厅继续委托省统计局，就与公安工作相关的群众安全感和公安队伍状况等内容进行调查。其间，从全省11个设区市的90个县（市、区）中抽取1168个调查小区，覆盖全省729个乡（镇、街道），对29026名16岁及以上的人口进行入户调查，对15500人进行有效电话调查。根据综合调查情况，受访群众认为有安全感的占96.08%，比上年上升0.26个百分点；有99.29%的受访者认为所在的县（市、区）的治安状况“很好、较好、一般”；有64.99 %受访者认为所在地的社会治安状况与去年相比有明显好转或有好转；在知情的受访者中，对公安队伍“满意”和“基本满意”的占94.34%。

【省政府档案工作责任制目标考核成绩优秀】 2011年，省厅档案部门按照《2011年省政府直属单位档案工作责任制目标考核办法》要求，认真加强档案管理和服务，做好档案与电子文件登记备份工作，11月底向省档案馆报送厅馆藏2004～2010年度重要文书档案数据1.5TB的容量（10.97万页，30万条）。年底，经省档案局考核验收，省公安厅为优秀。

【召开全省公安档案工作会议】 9月，省厅办公室在安吉县召开全省公安档案工作会议，回顾总结近3年全省公安档案工作，对全省公安档案数字化建设及档案登记备份、容灾备份等工作进行部署。

【开展档案目标管理认定活动】 2011年，经考核认定，绍兴市公安局镜湖分局、湖州市公安局经济技术开发区分局、安吉县公安局、台州市公安局开发区分局、嵊泗县公安局为档案工作目标管理省一级单位。截至年底，全省11个市和105个县（市、区）公安机关均通过档案工作目标管理省一级认定。

【推进档案信息化建设】 2011年，省厅档案部门完成《浙江公安档案信息管理系统》功能升级，实现统计电子文件的上载量、上载率和电子文件的有效管理。4月，省厅档案部门启动“公安档案数字化建设项目”，对馆藏重要档案进行数字化加工。截至年底，共完成馆藏重要档案数字化成果42万页、8.64万条。

【2010年度档案归档工作】 2011年，全省公安机关档案部门共接收2010年度各类公安档案1130302卷（件），其中省厅档案馆接收各类公安档案19272卷（件）。截至年底，省厅档案馆馆藏总量为54.6万卷（件）。

【档案服务利用工作】 2011年，全省公安机关及派出所档案馆（室）共接待查档利用者43178人次，其中省厅档案馆接待347人次，提供各类档案2049卷（件），提供档案复印资料1495页。参观浙江公安陈列室并接待省政府档案工作考核组、江西省公安厅档案部门、浙江警察学院师生等200余人次。

【涉外工作】 2011年，省厅接待国外来访团组29批672人次，派遣49批76人次出国（境）访问、考察、培训。继续巩固与韩国全罗南道地方警察厅、澳大利亚西澳州警察厅的友好关系。

【浙江公安代表团参加向利比里亚维和警队授勋仪式】 3月26日～4月1日，省公安厅党委委员、政治部主任华乃强率团赴利比里亚看望慰问由浙江省公安厅选拔人员组建的中国第九支驻利比里亚民事维和警队，参加联合

图为全省公安档案工作会议在安吉召开（9月22日）

国授予该维和警队警员和平勋章授勋仪式。代表团还顺访法国，就警察培训与法国内政部进行交流。

【浙江省公安考察团访问英国、克罗地亚】 4月10～19日，应英国严重有组织犯罪侦查总局和克罗地亚诺伍斯克市政府邀请，省公安厅副厅长陈重天率团赴英国、克罗地亚进行警务考察。

【美国得克萨斯州警察研修团访问浙江】 5月4～14日，以美国山姆·休斯敦州立大学刑事司法中心马格达莱姆·德纳姆为团长的美国得克萨斯州警察研修团一行8人来浙江考察研修。其间，研修团一行先后赴杭州、舟山、义乌、桐乡等地公安机关参观考察。

【巴基斯坦部队代表团访问浙江】 6月4～5日，应公安部邀请，巴基斯坦禁毒部队国际合作处副处长穆罕默德·阿米尔·拉菲克和特别侦查处副处长拉贾·解航吉·阿克塔来浙考察。其间，代表团一行赴绍兴市公安局进行案件协作等交流活动。

【荷兰禁毒代表团访问浙江】 7月5～7日，应公安部邀请，以荷兰国家合成毒品公共检察官思博为团长的荷兰国家警察局禁毒代表团一行5人来浙访问。其间，该代表团与省公安厅禁毒总队就毒品形势、易制毒化学品管理工作进行业务会谈，参观考察国际香精香料浙江公司。

【沙特内政部执法培训代表团访问浙江】 7月23～25日，应公安部邀请，以沙特特种部队司令穆罕默德·本·哈马德·欧玛尼为团长的沙特内政部执法培训代表团一行8人来浙考察。其间，代表团参观考察了浙江警察学院和杭州市公安局特警支队。

【中国第九支赴利比里亚维和警队凯旋】 8月1日，由浙江省18名民警组成的中国第九批赴利比里亚维和警队完成14个月的民事维和使命凯旋。省公安厅厅长孙建国接见警队队员，赞扬他们在维和期间的表现。

【浙江省公安考察团访问芬兰、瑞典】 8月26日～9月4日，省公安厅副厅长凌秋来率团赴芬兰、瑞典考察。其间，凌秋来一行参观了芬兰南萨沃省救援部和瑞典韦克舍市市政厅，就应急救援、消防机构设置、消防救援制度建立和人员培训等问题与对方进行交流。

【浙江省公安考察团赴美国监造直升机】 11月1～6日，省公安厅党委委员、办公室主任石小忠率团赴美国费城执行直升机监造任务。其间，石小忠一行考察阿古斯特维斯特兰公司直升机生产线，察看即将交付的AW119MKII直升机，与厂方代表和技术人员就直升机性能及选装设备的安装等相关问题进行技术交流，看望在阿古斯特维斯特兰公司培训学院接受飞行培训的浙江警务航空队飞行员。

【浙江省公安考察团访问德国、法国和意大利】 10月9～20日，浙江省公安考察团赴法国、意大利和德国开展易制毒化学品管理工作考察，就制毒化学品原料和配剂管控、易制毒化学品管理的经验和做法进行考察交流。

【朝鲜平壤市人保局代表团访问浙江】 10月21～24日，以平壤市人保局政治部长金哲为团长的朝鲜平壤市人保局代表团一行8人来浙访问。其间，代表团一行还赴淳安县参观考察。

【香港纪律部队文化交流团访问浙江】 10月26～30日，香港纪律部队文化交流团130余人来浙考察交流。其间，交流团一行考察了宁波、温州和嘉兴等地的警务工作。

【浙江省公安考察团访问南非、匈牙利和捷克】 11月29日～12月9日，省公安厅党委副书记、副厅长张景华率团赴南非、匈牙利和捷克进行警务考察。

【浙江省公安考察团访问韩国全罗南道地方警察厅】 12月12～17日，浙江省公安厅考察团赴韩国进行友好访问，重点就社会管理创新、警务工作运行模式和队伍管理建

图为厅领导欢迎赴利比里亚维和警队凯旋（8月1日）

设等问题进行考察交流。

【香港特别行政区保安局代表团访问浙江】 12月28～30日，香港特别行政区保安局代表团一行12人来浙访问。其间，代表团一行还赴宁波、台州等地参观访问。

【召开全省公安史志工作现场会】 4月27～28日，全省公安史志工作现场会在温州洞头县召开。会议总结2010年全省公安史志工作情况，交流温州市公安局开展公安史志工作的经验做法，部署2011年全省公安史志工作任务。

图为全省公安史志工作现场会在温州洞头县召开（4月27~28日）

【省地方志编委会领导考察省厅修志工作】 10月28日，浙江省地方志编纂委员会副主任张曦、省政府地方志办公室主任潘捷军一行6人在省厅考察地方志编纂工作。省公安厅厅长孙建国，厅党委委员、政治部主任华乃强，厅党委委员、办公室主任石小忠等出席“省公安厅史志工作汇报会”。会上，张曦一行充分肯定省厅近年来在编纂公安志工作上取得的突出成绩，希望省厅党委进一步加强对公安史志工作的领导和支持力度，发挥先进表率作用，争创更大工作业绩。孙建国表示，省公安厅将按照省委、省政府的部署要求，赋予地方志工作“五个到位”新的内涵，进一步做好公安史志工作。石小忠汇报省厅开展史志工作的情况和关于下一步工作的意见。

【《2010浙江公安年鉴》获全国编校质量一等奖】 9月，在中国出版工作者协会年鉴工作委员会主办的第五届全国年鉴编校质量检查评比活动中，《2010浙江公安年鉴》获一等奖。

【《2011浙江公安年鉴》出版】 11月初，该年鉴由浙江人民出版社出版，在全省公安保卫部门发行，印数1000册。全书采用全彩印刷，计版面字数64万字，条目1473条，图片258张，表格32张。

【开展纪念建党90周年活动】 2011年，省厅史志部门主动参与以“学习历史、缅怀先烈、弘扬先进”为主题的纪念建党90周年系列活动，推动全省公安民警学习党史公安史。5月开始在浙江公安信息网上推出“热血警盾——纪念中国共产党成立90周年”专栏，截至年底，累计发布浙江解放以来120位公安英模英烈事迹材料。5月18日，组织全省公安机关开展党史公安史知识竞赛活动。截至6月底，共收到答题卡3.87万余张。9月，经厅领导抽奖，共产生组织奖6个，一等奖10个，二等奖30个，三等奖50个，鼓励奖100个。6月，省厅史志部门负责人为厅办公室全体人员讲述浙江公安工作发展历史。

【纪念《地方志工作条例》颁布5周年】 在国务院《地方志工作条例》颁布5周年之际，5月18日，省厅党委副书记、副厅长张景华在《浙江日报》和《平安时报》上发表《充分发挥公安史志资政育警作用》一文。5月12日，省政府地方志办公室召开座谈会，厅党委委员、政治部主任华乃强代表省厅在会上作专题发言，介绍全省开展公安史志工作的经验和做法。

【加强市县公安史志工作指导】 2011年，省厅史志部门采取多种措施，推动全省公安史志工作。年内，派员到10余个县（市、区）公安机关调研指导公安史志工作，并对《温州公安年鉴》、《嘉兴市公安志》、《2010金华公安》（画册）、《文成县公安志》、《历史的足迹——余杭公安六十年回顾》等进行评审，评稿300万字。

后勤保障

【概述】 2011年，全省各级公安后勤部门贯彻全国公安装备财务工作会议精神，围绕公安中心工作，结合“十二五”规划部署，发挥后勤部门“保障、管理、服务”职能，不断强化经费保障、装备建设、基础设施建设、行政事务管理等工作，推进后勤队伍建设，为全省公安工作和队伍建设提供有力保障。厅后勤处被评为全国公安经费保障体制改革工作成绩突出集体、全省公安机关先进基层党组织、2010年度厅机关目标考核先进单位、2011年度部门预算编制先进单位、2010年度部门决算先进单位、2010年度省级集中核算同工种竞赛优胜单位、2010年度国有资产管理统计报表先进单位。

【推进信息化建设】 2011年，省厅后勤处建成浙江公安警务保障网站群，完成用户培训，并推广试运行。完成浙江公安警务保障管理平台（一期）项目基础架构和重点模块的开发，并在厅机关进行用户培训和推广试运行。

【提增经费保障能力】 2011年，全省公安机关总收入210.76亿元、总支出205.08亿元，同比分别增长13.4%、13.3%。其中，厅本级共争取省级财政拨款3.92亿元，相比年初预算增加2200万元，增长5.61%。年内，省厅完成2011年中央预算内投资补助工作，共争取中央预算内投资1.918亿元。积极商请省有关部门，共下达省级投资补助1.786亿元，争取2011年省公共建设投资补助资金1300万元。同时，省厅加大对基层公安机关经费补助力度，共下达市、县两级公安机关补助经费7.34亿元(含服装经费和中央预算内投资基建专项)，同比增长1.66%。

【强化公安奖励性补助资金使用管理】 2011年，省厅共争取中央公安奖励性补助和省级配套资金3.569亿元（不含宁波），同比增加1040万元，增长3%。会同省财政部门合理确定分配因素，全力保障特警装备建设、网侦技术建设、“清网行动”、“亮剑行动”等工作的开展。同时，提前将2011年公安奖励性补助资金按上年度补助资金的1/3预下达各地，加快执行进度。

【加强专项经费管理】 2011年，省厅做好厅机关和纳入集中核算单位预算编制工作，制定《纳入集中核算单位财务管理实施办法》，编印《厅机关经费使用和政府采购知识问答》，全面清理历年项目经费，结转正在使用和两年内暂未使用的项目53个（涉及金额1.297亿元），回收超过两年未使用和已执行完毕的项目65个（涉及金额4154万元）。

图为举办全省公安机关警用巡逻车试装工作培训会（11月2～3日）

【制定装备配备标准】 8月，省厅会同省财政厅出台《浙江省县级公安机关基本业务装备配备实施标准》，标准由局机关、派出所和监管场所三部分组成。该标准是经过一定努力能够在“十二五”期间达到的基本、必配的最低装备标准，要求各县级公安机关于2013年前基本达标。

【完善应急物资储备】 1月，省厅出台《浙江省公安机关应急物资储备标准（试行）》，完善应急物资储备。年内，全省公安机关储备各类应急物资价值9000余万元，其中厅本级储备各类应急物资价值800余万元。12月，省厅与有关省市签署《苏浙皖沪三省一市公安应急装备物资区域联勤保障合作框架协议》，提高重大警务活动保障的协同作战能力。

【加强武器装备管理】 6月13～19日，省厅开展全省市级公安机关警用武器仓库规范化管理情况检查并进行全省通报，宁波、温州、衢州市公安局位列前三名。年内，省厅及时、安全完成2010年度全省公安机关公务用枪（弹药）的调运与供应，共计调运武器弹药40.6吨，供应各类枪支1592支、弹药600万发。

【做好警用车辆和通用装备配备】 2011年，全省公安机关新增配备特种技术专业用车434辆，更新配备警车702辆。省厅后勤处为厅机关配备台式电脑126台、笔记本电脑45台、专业相机12台、打印机125台、其他设备70余套。

【强化被装管理】 2011年，省厅后勤部门完善公安被装“按需申领”供应方式，改进被装信息管理系统，加强警服质量管理，顺利完成全省公安被装供应；新增警用袜子、V领羊毛衫、羊毛背心及新款部标单皮鞋4个选配品种。

【编制公安基础设施建设规划】 11月，省厅会同省发改部门出台《浙江省公安基础设施建设“十二五”规划》，规划包括公安派出所、公安监管场所和公安业务技术用房三部分，建设实施类项目共计433个，总建设规模313.9万平方米，估算总投资112.5亿元。

【建立基础档案】7月，全省公安机关开展全国公安基本建设管理信息系统的使用、录入工作，初步摸清全省公安基础设施现状并建立档案。截至年底，全省有各类公安基础设施总建筑面积637.87万平方米，其中行政办公用房102.44万平方米，业务技术用房213.3万平方米（含警务训练基地和警犬基地），派出所181.67万平方米，监管场所130.84万平方米，其他用房9.62万平方米。

【厅信息技术中心大楼正式启用】3月，厅信息技术中心大楼正式投入使用。该项目总投资1.79亿元，总建筑面积35268平方米，并在该中心大楼地下新增360个停车位。

图为公安部对浙江公安机关"审计整改年"活动情况进行考评验收（11月2~9日）

【做好政府采购工作】2011年，省厅后勤处共办理采购确认书170份，确认采购预算3.3亿元，完成采购项目112个、采购预算3.528亿元、采购金额3.303亿元，节约资金2250万元。

【开展固定资产清查】1～6月，省厅后勤处开展固定资产清理工作。其间，共核查固定资产信息3143条，录入固定资产信息3032条，清查固定资产10大类，涉及固定资产总价值5.96亿元，清查盘盈资产1.5万元。

【机动车辆和驾驶员管理】2011年，省厅后勤处加强车辆使用管理，坚持每季度召开一次车管干部会议，每年组织一次优秀驾驶员评比活动，有效预防事故和涉警用车舆情，确保行车安全。年内，厅机关车辆行驶里程403万公里，平均单车燃修费用2.07万元，未发生重特大事故。

公安审计

【概述】2011年，全省公安审计工作以"审计整改年"活动为主线，以开展经侦部门涉案财物专项审计和中央、省级转移支付资金专项审计调查及信息化建设项目审计等工作为抓手，积极推进审计工作转型，倡导"先改后审"审计新模式，全年共立项审计722个项目，其中经济责任审计33个、涉案财物专项审计109个、信息化建设项目审计256个、转移支付审计调查78个、警务保障审计监督246个，审计总金额69.24亿元，提出审计意见和建议405条。8月，省厅审计处被国家审计署授予2008～2010年全国内部审计先进集体称号，被省审计厅评为2008～2010年度浙江省内部审计先进单位。

【开展"审计整改年"活动】3～11月，根据公安部的统一部署，全省公安机关开展"审计整改年"活动。其间，省厅成立活动领导小组，印发工作方案和考评验收工作方案，召开审计整改年领导小组会议、活动推进会及交流会7次，派出11个检查组对全省11个市级公安机关、22个县级公安机关、50余个基层办案单位进行现场督导。全省共梳理问题2211个，列全国整改问题总量的第六位。其间，开展专项督导推进审计整改工作，挂牌督办限期整改，审计整改率达到100%，落实整改措施1830条，促进制定规章制度894个，整改涉及资金8.75亿元。全省依法妥善处置涉案机动车辆8.09万辆，金银首饰、电脑、手机等各种财物7981件，现金及有价证券等1.63亿元，在公安部的考评验收中名列前茅。2012年3月，全省6个单位和7名个人受到公安部通报表扬；同时，省公安厅对全省22个集体和25名个人予以通报表扬。

【开展全省经侦系统涉案财物专项审计活动】3～12月，全省公安机关审计部门开展该专项审计活动。其间，共审计经侦部门109个，抽查案件2068个，审计总金额13.26亿元；审计报告指出问题260个，提出审计意见建议268条。

【开展中央和省级转移支付资金专项审计调查】4～9月，全省公安审计部门按照"省厅抽查、市地普查"的原则和"先自查、后核查"的方式开展中央和省级公安转移支付资金专项审计调查。其间，对2009年、2010年的中央和省级公安转移支付资金到位、管理、使用的实际情况进行专题审计调查。全省两年转移支付资金共11.42亿元，集中用于装备建设、办案补助和功能区改造等项目。省厅审计处共抽查8个县级公安局。

【开展公安机关审计“三预”机制建设】2011年，省厅审计处继续开展公安机关经济活动领域审计“三预”（审计预防、预警、预告）机制建设。2月，省厅审计处开展第四次厅机关及所属单位审计巡查，走访厅机关本级及所属单位37家，其中厅机关本级及下属行政财务单位5个、事业单位11个、保留企业（含掩护性企业）7个、社会团体14个，审计覆盖面达到100%。4月，省厅审计处针对信息化建设项目审计中发现的普遍问题发出审计通报。5月，省厅审计处结合近年来厅机关各单位审计中发现的问题，根据《中国共产党党员领导干部廉洁从政若干准则》等文件精神，通过责任预告的形式，制作《领导干部经济责任须知》、《财务岗位人员经济责任须知》，下发给厅机关各经济管理岗位责任人员。

【开展厅机关信息化项目验收审计工作】2011年，省厅审计处共完成科技项目验收前经费审计22个，审计金额8160万元，指出项目建设管理、项目经费收支、项目采购管理、项目合同执行等方面的问题30余条，提出审计意见建议25条。

【开展厅机关重大经济活动和项目建设过程的审计监督】2011年，省厅审计处共开展厅机关重大经济活动和项目建设过程审计监督26项，参加采购和协调会议40余次，在采购方式、评标细则等方面提出审计意见和建议。

科技通信管理

【概述】2011年，全省公安科技信息通信部门围绕服务公安中心工作主线，突出信息整合和系统优化两大主题，立足信息应用技术支撑、通信勤务保障和科技与信息网络服务管理三大职能，努力推动全省科技强警和公安信息化建设可持续发展，各项工作及队伍建设取得明显成效。省厅科技通信管理局有2个集体分别被记二等功、三等功，3个项目获年度公安部科学技术三等奖，厅信息中心获全国省级公安信息中心建设等级评定考核第一名。在公安部2010年度公安信息通信网运行服务管理工作考核中，浙江获全国第一名。

【推进警务工作平台建设】4月，省厅召开全省公安科技信息通信工作会议，印发《浙江省公安厅关于推进全省警务工作平台建设的意见》，对警务工作平台建设工作进行部署。6月初，省厅召开全省警务工作平台建设推进会，对建设工作进行再动员、再部署。7月开始建立警务工作平台建设进展情况月通报制度。至9月底，全省各市公安局全部完成警务工作平台门户系统、打防控系统对接模块、执法办案平台对接模块以及与情报平台对接模块的开发、联调并进入运行状态。

【深化情报信息体系建设】2月，省厅完成情报平台升级。4月，省厅编制印发《浙江公安情报信息综合应用平台接口规范（试行稿）》。截至年底，情报平台与各市警务工作平台均实现对接，全省初步形成以情报平台为核心、对接警务工作平台及实战警种相关业务系统（平台）的情报信息体系。

【推进部门间信息共享平台建设】3月，省厅印发《浙江省公安机关与政府部门间共享与服务平台建设任务书》。8月，省厅科技通信管理局完成厅级平台项目建设，与省信用中心、省保监局、省药监局、省国税局、省地税局、省民政厅等部门搭建统一的数据交换和信息服务通道。截至12月，除衢州、丽水外，杭州等9个市公安局完成平台搭建，并有3类以上数据资源接入公安信息中心。省、市两级平台共接入涉及工商、税务、征信、民政、医药、社保等部门约80类、1亿条的社会数据。

【加强通信勤务保障】2011年，省厅完成卫星地面站的转星工作，利用卫星通信车和卫星地面站，构建全省卫星通信网络节点，建立全方位、全覆盖的无线通信网络体系。全省350兆无线集群及常规通信网络得到优化。年内，全省公安科技信息通信部门完成第八届全国残疾人运动会、杭州“浙商大会”、温州“7·23”动车事故救援、宁波和台州“中国旅游节”、绍兴“第九届世界荷球锦标

图为全省警务工作平台建设推进会在宁波市召开（6月9～10日）

赛”、湖州“织里事件”处置及重要警卫等一系列重大通信保障任务。

【深化警用地理信息应用平台建设】5月，作为全国PGIS平台建设示范城市的杭州、宁波、绍兴、台州4市通过公安部验收；6月，省厅与各市局PGIS平台完成联网配置；8月，PGIS平台省级示范建设通过公安部验收。省厅及各市局均统一使用公安部组织研发的PGIS1.5版本软件建成PGIS平台，建立标准地址库、基础地理信息数据库和业务关联库，具备地理信息数据查询、计算、分析功能及对地图进行缩放、拖动等操作和数据采集、维护等功能，并基于PGIS平台开发多个应用项目。

图为举行浙江省PGIS平台省级示范建设验收会现场（8月5日）

【规划数字集群系统建设】2月，省厅科技通信管理局起草《浙江省公安PDT数字集群建设方案》（征求意见稿），提出公安PDT数字集群建设方案。6～9月，该局先后启动350兆数字集群的实验和测试工作，组织各市公安机关技术人员赴哈尔滨市公安局考察PDT无线数字集群通信系统（实验网）建设运行情况，完成全省数字集群联网标准科研项目申报工作，启动350兆无线基站覆盖进行实地测试和绘图工作。10月，该局提出350兆无线数字集群联网需求书，并启动该项目前期准备工作。12月，该局将《浙江省公安350兆（PDT）无线集群通信技术规范》（征求意见稿）送交有关部门征求意见。

【视频监控系统建设应用工作经验全国交流】2011年，省厅科技通信管理局协助相关警种开发基于各级视频信息共享平台的视频应用子系统，为公安实战提供高效、便捷、智能化的应用工具。8月，该局印发《关于加快视频信息共享平台建设工作的通知》，督促相关平台厂家按时完成验证测试、软件升级工作，严格统一地址编码，抓紧做好监控点的坐标信息采集和报送工作。截至年底，全省已联网的监控点总数达到8万余个，其中完成坐标信息采集和报送的监控点总数为6.46万个。10月，省厅在全国公安机关视频监控系统联网建设与应用经验交流会上作了经验交流。

【加强网络运行维护管理】2月，省厅科技通信管理局完成全省各边界接入平台联调工作，实现省厅及地市边界接入平台与公安部边界接入平台集中监控管理系统的级联。4月起，组织全省公安信息通信网边界接入平台安全检查，并于10月份对全省公安信息通信网边界安全接入平台建设及运维情况进行通报，全省安全边界接入平台运行正常率和级联正常率均为100%。12月，该局完成新建信息技术中心大楼局域网、新信息中心网络组建任务，原有网络全面升级，实现网络核心设备冗余、主干万兆、桌面电脑千兆。同时完成公安厅局域网、信息中心网络搬迁工作。

【改进信息服务管理工作】2011年，省厅完成新的信息中心建设，加强三层构架的物理设备管理与资源优化分配，确保信息系统稳定高效运行。年内，全省公安科技信息通信部门严格落实各项运行维护制度，主动做好巡检工作，确保网络畅通，全省公安一级网络实际畅通率为100%，二、三级网络的实际月平均畅通率均达到99.99%；优化数据资源服务，积极拓展深度应用，为“清网行动”等专项行动提供有力的应用服务和数据支撑；通过请求服务系统、公共数据交换系统等应用支撑平台，较好实现部、省、市三级公安业务部门的数据共享，全省接入服务方82个，请求总量为1.5亿，服务流总量为435万，同比增加34%；加强安全管理，实时发现并消除基础安全事件和违规事件，及时发布安全预警，全省公安网联网设备注册率平均在99.5%以上，杀毒软件覆盖率平均为99%以上。PKI/PMI系统建设和数字证书的应用工作稳步推进，共发证7.26万份。省厅和部分市局还开展移动存储介质入网注册管理工作。

【公安科技项目管理】2011年，全省共有《便携式快速气相色谱分析技术在火灾现场残留物检验的应用研究》等11个项目列入厅级重大科研项目，资助科研经费114.5万元。24个项目列入2012年度厅级科技建设项目，30个项目列入厅级科技维保类项目。在2011年度全国公安基层技术革新奖申报工作中，浙江省有11项项目获奖，获奖率100%，其中一等奖4项（全国仅10项）、二等奖5项、三等奖2项，总获奖数、一等奖、二等奖数量均居全国各省市第一。在2011年度公安部科学技术奖申报工作中，浙江省共有4个项目获公安部科学技术三等奖。

附表一：第二届全国公安基层技术革新奖获奖项目一览

序号	项 目 名 称	完 成 单 位	获奖等级
1	金国民追逃法	浙江宁波市公安局镇海分局刑事侦察大队	一等奖
2	监所电子腕带流程控制与管理系统	浙江省温岭市看守所	一等奖
3	个案执法规范化应用系统（原个案评判捆绑考核应用系统）	浙江省温州乐清市公安局法制预审大队	一等奖
4	略	浙江省嘉兴市公安局行动技术支队三大队	一等奖
5	“嫌疑指数”预警系统	浙江省温州市公安局鹿城区分局情报信息大队	二等奖
6	互联网情报信息研判平台	浙江温州市公安局龙湾区分局网警大队	二等奖
7	边防检查内地旅游团入境免排系统	浙江宁波机场边防检查站执勤业务三科	二等奖
8	图层叠加圈踪法	浙江杭州市公安局萧山区公安分局指挥中心	二等奖
9	基于实战的六化全警信息技能培训机制	浙江省富阳市公安局情报信息科	二等奖
10	可疑车辆的检验鉴别方法	浙江嘉兴市公安局刑侦支队物证鉴定室	三等奖
11	监管业务助手	浙江宁波市公安局北仑分局监管大队	三等奖

附表二：2011年获公安部科学技术奖项目一览

序号	项 目 名 称	完 成 单 位	奖励等级
1	YTH-5	浙江省嘉兴市公安局行动技术支队	三等奖
2	长三角社会治安监控系统联网共享研究和应用	浙江省公安科技研究所	三等奖
3	公安信息网安全管理平台	浙江省公安厅科技信息通信局	三等奖
4	浙江省公安厅情报研判辅助工具集	浙江省公安厅科技信息通信局	三等奖

【开展移动虚拟专网增值服务】2011年，省厅科技通信管理局继续组织开展全省公安移动虚拟专网增值服务，为全省34089名“全球通”用户民警免费办理人身意外保险，并对民警伤亡事件保险理赔进行跟踪服务。年内，该局协调办理民警意外伤亡理赔保险金78万元。

指挥中心工作

【概述】2011年，全省各级公安指挥中心以警务机制改革、实战效能建设为重点，全面推进110接处警、指挥调度、情报信息、打防控考核等各项工作，在服务社会群众、服务基层实战、服务领导决策中发挥积极作用。

【全省公安指挥中心接处警情况】2011年，全省各级110报警服务台共接警2620万起，同比上升5.7%，其中有效接警1228万起，指令出警948万起，同比分别上升8.5%和8.8%。通过110接处警，全省公安机关抓获犯罪嫌疑人17.21万名，为群众提供救助服务35.62万人次，同比上升12.8%。

2011年全省公安指挥中心分月接警情况一览

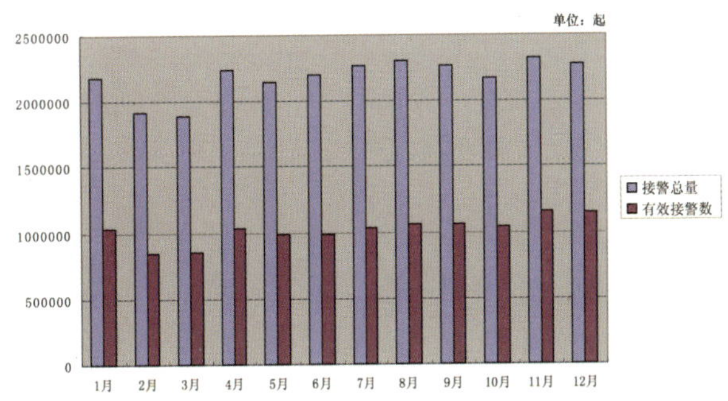

2011年全省各市公安指挥中心接警情况一览

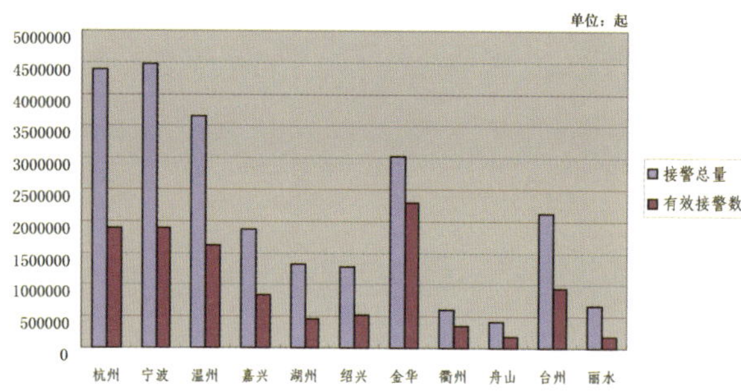

【召开全省公安指挥中心工作会议】 3月29～30日，省厅召开全省公安指挥中心工作会议。厅党委副书记、副厅长张景华出席会议并强调：要以打造实战型指挥中心为目标，按照“平台信息化、布警动态化、指挥扁平化、处警可视化、通信现代化”的“五化”建设要求，进一步提高指挥中心的决策参谋能力；要以情报研判为引领，进一步推进“大情报”体系建设；要以抓好打防控工作考评为依托，进一步发挥打防控工作考评的指挥棒作用；要以培养领军人才为重点，进一步提高指挥中心队伍综合素质。

图为省厅召开全省公安指挥中心工作会议（3月29～30日）

【做好信息报送工作】 2011年，省厅指挥中心共编发《重大情报专报》1464期、《每日治安要情》318期、《互联网信息摘编》250期、《全国治安要情一周摘报》47期、《公安政务信息》35期，接收传达各级领导批示360篇次（其中公安部和省委、省政府领导批示44篇次）。省公安厅信息报送工作持续列省委办公厅考核第一名，并获全省党委系统信息考核一等奖。

【处置重大突发事件】 2011年，省厅出台《厅指挥中心处置重大突发案事件工作规范》、《全省公安机关指挥中心处置重大突发事件工作细则》、《浙江省公安厅机关应急处突联勤联动工作方案》，进一步规范重大突发事件的处置工作，妥善处置温州“7·23”动车事故、湖州织里群体性事件等多起重大突发敏感事件。湖州织里事件发生后，省厅指挥中心迅速组成工作组赴现场开展工作，协调调集杭州、宁波、温州等9个市特警队和武警浙江省总队共3000名警力赴湖增援，主动与安徽省公安厅对接，协调安徽警方来浙协助处置。

【推进全省110接处警信息化建设】 年初，省厅指挥中心会同厅科技通信管理局下发通知，部署全省处警车辆3G现场视音频传输系统建设。年内，全省11个市共投入建设资金近1亿元，在1977辆110巡逻处警车上配备现场视音频无线传输终端，并同步建成外网管理平台、监控中心和传输网络，基本实现省市县三级GPS定位、图像浏览和云台控制功能，为可视化、扁平化指挥调度奠定基础。9月，省厅指挥中心在总结舟山、绍兴、台州等地联通、电信手机报警人定位平台建设试点基础上，全面完成移动手机报警人定位系统建设，并于年底在全省推广使用。年内，省厅指挥中心组织开展12110短信报警二期建设和应用，完成移动、联动、电信手机用户的短信报警及定位系统建设，全省110报警服务台均可直接使用短信报警平台，并实现报警短信附带机主定位信息功能。11月，省厅指挥中心从全省抽调骨干技术人员组成工作专班，部署开展全省统一110接处警系统与指挥调度综合系统建设，研究制订总体方案、经费预算、总体需求和数据代码标准，并制订省、市、县（市、区）、一线巡逻处警车等四级可视化指挥平台的技术实现方案。

【完善全省110接处警规范化建设】 7月，省厅出台《浙江省公安机关110现场取证及着装携装补充规定》、《浙江省公安机关110接处警常见警情处置工作指导意见（试行）》和《浙江省公安机关110接处警疑难警情处置工作指导意见（试行）》，进一步规范全省公安机关对日常警情的处置工作。年初，省厅在全省公安机关部署实施110接处警自动回访工作，要求通过自动语音、短信两种形式，对报警群众或涉警当事人进行接处警态度和速度等方面工作的回访调查。年内，共对110报警群众自动回访749万次，群众有效回复235万次，群众对110接处警工作平均满意度达92.4%。

【开展110接处警主题宣传活动】 2011年，省厅指挥中心开展纵贯全年多种形式的110接处警主题宣传活动。在110宣传日前后，省、市、县（市、区）公安机关共发动各类媒体200余家，在各级电视台、电台制作和播出110宣传节目1266分钟，在各类报纸、网站发布新闻宣传报道884篇。年内，全省各级公安机关组织“开门评110”活动771批，群众参与22867人次，上门回访和问卷调查21846人次，发放各类110宣传资料22.35万份，组织其他相关配套活动212批2.27万人次。省厅指挥中心与《都市快报》合作，建立“浙江110警情平台”专栏，共发布14期5万余字稿件。

图为舟山市公安接处警勤务机制改革试点现场会与会代表观摩普陀分局接处警多元化交通工具展示（9月22日）

【加强卡点建设】 8月1日起，省厅指挥中心对省际卡点实行每日视频点名制度，保障紧急状态下扁平化指挥顺利实施。10月，省厅出台《浙江省省际公安检查站管理工作规范（试行）》，对检查站的物理建设、职责任务、勤务模式、勤务规范、部门分工等作了详细规定。3月，省厅指挥中心牵头研发省际卡点拦截系统，组织各市局指挥中心、交警支队技术员进行技术培训。年内，省厅指挥中心共指挥各地、各部门开展设卡堵截15次，发布协查通报74期，通过及时设卡、协查抓获违法犯罪嫌疑人23名，解救被非法拘禁人员5人，查找到失踪人员1人。

【浙藏两省区公安指挥中心交流合作】 12月4～15日，根据《浙江西藏公安指挥中心落实两省区公安厅东西合作素质强警行动计划实施方案》，省厅指挥中心组织各市公安局指挥中心领导共13人赴西藏开展交流考察，为该区公安指挥中心系统业务培训班授课，就两地指挥中心工作情况、深化合作、对口交流、资源共享、系统建设等进行座谈。

【推进苏浙皖沪区域警务合作】 2011年，省厅指挥中心认真履行区域警务合作牵头单位职能。在情报信息共享方面，浙江省向苏皖沪开放14个服务方接口，为苏皖沪地区各级公安机关提供数据查询60万余次，向苏皖沪公安机关提供情报信息569份。在省际卡点方面，浙江省公安机关在与上海市对应陆路道口安检车辆26.83万辆，盘查比对人员10.47万人，查获各类违法犯罪嫌疑人27人（其中网上逃犯7人）、嫌疑车辆22辆（其中被盗抢车辆3辆，协查布控车辆2辆）、管制刀具7把。在日常工作方面，按月统计各部门区域警务合作工作数据报轮值单位，编发《区域警务合作工作简报》7期、《区域警务合作工作动态》10期。

【强化有关人员动态管控】 2011年，全省公安机关通过有关人员动态管控系统接收涉及197万余人次的预警信息，其中预警在逃人员1.78万人，抓获逃犯1.06万人，平均缉捕率达到61.2%，抓获数占全国总数的13.2%。通过研判、指令与落地行动，打处各类违法犯罪嫌疑人11776人，打处率为32.5‰，打处数占全国总数的49.4%。

【强化情报信息分析研判】 6月，省厅情报中心出台《浙江公安综合情报部门情报会商与工作例会制度》，为各市公安机关搭建情报会商平台。8月26日开始，省厅情报中心牵头实施厅机关每周情报会商例会制度。年内，通过情报平台重大事件预警系统，省厅情报中心共接收各市公安局上报的情报线索2.51万条，经研判后编报《浙江公安情报》242期，报公安部情报平台研判成果556篇，被部平台采用262篇，录用数居全国第一。

【开展情报信息等级评定工作】 3月7日，省厅出台《浙江省公安机关等级情报信息评定办法》。年内，厅情报中心共评选出等级情报信息212条，其中一级情报信息3条，二级情报信息30条，三级情报信息179条。

【3个市、45个县级公安机关被评为打防控工作优胜单位】 4月11日，省厅出台《全省公安机关2011年度打防控工作考评办法》。在考评内容上，突出公安重点工作和基础工作，注重打防并重。在分值设置上，加大群众安全感和群众对公安工作满意度社会调查测评内容分值，注重民意引领。在考评方式上，采取“月统计、季通报、

年终总评”的方式，注重网上考评、暗访考评和日常考评，并继续坚持省考市、市考县（市、区）的考评格局，同时注重地区平衡，调动各级公安机关的积极性。2011年，共有3个市、45个县（市、区）被评为全省公安机关打防控工作考评市级、县级优胜单位。

公安法制

【概述】2011年，省厅法制总队发挥组织、规划、协调、推动的职能作用，以深化执法规范化建设为主要载体，坚持强势推进、强力督导、强制入轨，全警种、全建制、全要素推进的总体要求，在全面推进执法场所功能区改造的基础上，重点抓好执法主体、执法制度、执法监督、执法保障、执法信息化等各个要素建设，较好完成年度目标任务。年内，省公安厅继续被评为全省依法行政工作考评优秀单位和建设“法治浙江”优秀成员单位。在公安部组织的全国公安机关执法规范化建设重点工作阶段性检查中，浙江省公安机关获得综合成绩排名第一。

【推进执法场所功能区改造】2011年，全省公安机关加强执法办案区域的功能改造，其中，全省1047个派出所，完成改造1025个，完成率达97.9%；各县（市、区）公安局本部办案中心需改造总数为128个，完成改造121个，完成率达94.5%；交警队、刑侦队等其他单独建设的单位需改造总数为797个，完成改造743个，完成率93.2%。

【整改执法突出问题】3月4日和8月24日，省厅先后召开电视电话会议，分别就2010年度和2011年半年度执法质量考评中发现的问题进行点评通报，同时根据点评意见，逐一对责任单位下发执法建议书，督促整改。年内，全省公安机关共评查各类行政、刑事案件3594件，发现有1334个案件存在各类瑕疵执法问题。年底，全省公安机关开展执法质量考评工作，省厅抽取22个县级公安机关6个警种690余起案件进行集中阅卷评查。经过考评，确定建德市公安局等64个单位为2011年度执法质量优秀单位，杭州市公安局西湖区分局等51个单位为2011年度执法质量达标单位，丽水市公安局经济开发区分局为重点整改单位。据统计，针对检查考评中的问题，各地共纠正错误或弥补瑕疵1128个，总结经验教训352个，建立和完善规章制度117个，360人被扣分或扣发奖金，18人被检查、诫勉谈话，343人受到批评教育。

【推进“阳光执法”工作】2011年，省公安厅提出落实巩固执法规范化建设成果，强化“阳光执法”管理的执法监督机制优化总体思路。省厅将案件公开办理情况纳入执法质量考评，督促引导各地严格落实省厅刑事、行政执法公开的规定。年内，全省公安机关进行公开处理的行政案件达1800多件。

【执法信息化建设】2010年9月，执法办案平台三期建设完成后，省厅重点抓好平台推广和优化工作。厅法制总队对执法平台运行中存在的问题进行收集，并逐一进行分析研究，提出修改完善的方案和建议。2011年5月31日，省公安厅与省高级人民法院、检察院和司法厅共同出台《关于全省公安机关在执法办案工作中启用电子印章和电子签名的通知》，在全省推广应用电子签章系统。年内，指导金华市公安机关全面推行义乌市局开发的基层执法办案流程监控系统，并逐步在全省推广。

图为省厅举办全省县级公安机关执法规范化建设分管领导培训班（4月2日）

【举办分管法制工作领导和教官培训班】3月28日～4月2日，省厅在浙江警察学院举办全省县级公安机关执法规范化建设分管领导培训班，105人参加培训。5月10～18日，又举办第五期全省公安机关执法主体素质教育培训班（法制业务），全省87位省、市级公安法制专兼职教官参加培训。

【全省公安法制部门实行队建制改革】2011年，全省11个市级公安法制部门，9个市（嘉兴、台州正在报批）已经更名为法制支队；106个县级公安机关法制机构，70个已经更名为法制大队。其中温州、金华所属的市、县两级法制部门“队建制”改革全部完成，金华新增法制民警41名。

【组织进行执法资格考试】 10月11日、12日，全省公安机关进行人民警察基本级执法资格A、B卷的考试，共有63739人参考，其中公安民警60198人、公安消防执法人员1915人、公安边防执法人员1626人。经评卷，99.7%的参考人员达到60分以上成绩。

【举办“法制讲堂”】 2011年，省厅法制总队举办“法制讲堂”4期，先后于1月19日、2月24日、3月21日、4月28日以电视电话会议形式讲授《法律专家纵横谈》、《公安机关行政执法疑难问题研究》、《司法考试民法的命题规律、复习方法与学科地位》等课题，并邀请省公安厅法律专家咨询委委员、教授章剑生解读《行政强制法》。

图为省厅举办2011年度首期“法制讲堂”讲座（1月19日）

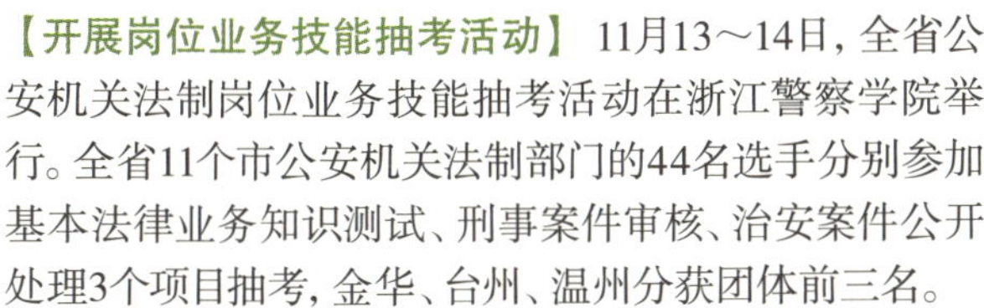

【开展岗位业务技能抽考活动】 11月13～14日，全省公安机关法制岗位业务技能抽考活动在浙江警察学院举行。全省11个市公安机关法制部门的44名选手分别参加基本法律业务知识测试、刑事案件审核、治安案件公开处理3个项目抽考，金华、台州、温州分获团体前三名。

【开展执法示范单位评选活动】 5月31日，省厅组织开展全省公安机关执法示范单位的评选活动。9月19日，省公安厅下发《关于命名“全省公安机关执法示范单位”的决定》，命名7个县级公安机关16个基层所队为“全省公安机关执法示范单位”。

【协助做好涉警立法工作】 2011年，省厅法制总队会同厅有关部门，配合省政府法制办、省人大开展《浙江省禁毒条例（修订）》的立法工作。11月25日，浙江省第十一届人民代表大会常务委员会第二十九次会议通过并公布修订后的《浙江省禁毒条例》，自2012年1月1日起施行。同时，该总队还会同省综治委、省人大法工委、省政府法制办以及其他省级有关部门开展地方性法规配套文件的起草、调研、论证等工作。经省政府批准同意，省公安厅于11月22日印发《浙江省居住出租房屋消防安全要求》。年内，根据公安执法工作需要，分别建议省人大、省政府将修订《浙江省沿海船舶边防治安管理规定》以及《浙江省高层建筑消防安全管理规定》列为一类立法项目。

【审核规范性文件】 2011年，省公安厅法制部门共审核外单位送省厅征求意见或会签的规范性文件130余件，审核厅发规范性文件30余件。

【行政复议案件办理】 2011年，全省各级人民政府和公安机关共受理公安行政复议案件903件，办结887件。政府法制部门受理220件，同比减少52件，办结223件（含上年遗留件）。其中，维持原具体行政行为139件，占62.33%；驳回申请2件，占0.9%；撤销或确认违法5件，占2.24%；限期履行2件，占0.9%；和解2件，占0.9%；当事人撤回复议申请71件，占31.84%。复议维持率同比下降7.51个百分点，当事人撤回复议申请率同比上升5.25个百分点，撤销、确认违法、限期履行率同比上升1.55个百分点。公安机关受理683件（同比减少241件），办结664件。其中，复议维持原裁决411件，占61.9%；撤销25件，占3.77%；变更5件，占0.75%；限期履行2件，占0.30%；驳回申请19件，占2.86%；申请人撤回复议申请174件，占26.2%；调解5件，占0.75%；其他处理27件，占4.07%。复议维持率同比下降4.24个百分点，当事人撤回复议申请率同比上升5.8个百分点，撤销、变更、确认违法、限期履行率同比下降1.9个百分点。

【行政诉讼案件办理】 2011年，全省公安机关新发生一审行政诉讼案件279件（同比减少78件），其中直接起诉150件，占53.76%；经复议后起诉129件，占46.24%。年内共审结259件，其中维持公安机关具体行政行为164件，占63.32%，同比下降5个百分点；确认合法2件，占0.77%；撤销8件，占3.09%，同比上升1.54个百分点；判决履行1件，占0.39%，同比下降0.43个百分点；确认违法5件，占1.93%，同比上升1.5个百分点；原告主动撤诉79件，占30.5%，同比上升1.7个百分点。撤销、确认违法和判决履行案件合计为14件（去年9件），占5.4%，同比上升2.66个百分点。全省公安机关新发生二审行政诉讼案件145件（同比减少41件）。其中一审原告上诉139件，一审被告公安机关上诉5件，一审第三人上诉1件。审结139件，其中公安机关胜诉120件，占86.33%；败诉4件，占2.88%；上诉人撤诉10件，占7.19%；其他判决或裁定5件，占3.60%。

【县级公安机关负责人出庭应诉】 2011年，一审行政诉讼案件中，县级公安机关法定代表人出庭应诉36人次（同比减少18人次），政委出庭应诉11人次（同比增加2人次），行政副职出庭应诉34人次（同比增加19人次）；二审行政诉讼案件中，县级公安机关法定代表人出庭应诉7人次（同比减少8人次），政委出庭应诉1人次，行政副职出庭应诉12人次（同比增加7人次）。

警务航空

【概述】 2011年，警务航空队按照建机构、组队伍、选基地、购装备和批航线的工作思路，调研论证，制定计划，统筹安排，明确分工，组织实施，确保组建工作进度和质量，取得阶段性成效。

【基本完成省公安警务航空队运行前准备】 5月10日，省公安厅成立以厅党委副书记、副厅长张景华为组长的飞行安全工作领导小组。12月，南京军区空军司令部复函《划设浙江省警用直升机训练空域及航线》，明确飞行空域范围及高度、飞行航线及高度等内容。年内，省厅分别与杭州萧山机场公司、国际航空有限公司杭州维修基地，就租用办公保障和机务保障用房、大型停机位及机库达成一致意见；与中航油公司签订航油保障协议；与萧山国际机场公司签订安保协议；完成两架直升机保险服务项目的招投标工作；购置部分运行必需的加油车等日常保障用车和直升机保障急需的器材及常用的医护用品，以满足组装试飞训练工作所需。

【开展警务航空队业务培训】 2011年，省警务航空队组织11批次、45人次参加各类业务培训，完成航空理论学习640课时，学习AW119MKII、AW139型直升机中英文版资料24本，其他各类学习资料60余份。先后组织飞行、机务人员到北京、深圳、郑州、广西警航队进行跟班培训，组织综合保障人员到上海、南京、北京警航队学习。年内，该航空队飞行人员安全飞行297小时1238架次（不含2名零起点飞行员飞行时间），人均飞行74小时（其中最少飞行70小时，最多飞行80小时）。

【招录警用航空人员】 1月25日，省厅发布在全省公务员范围内选调飞行人员、在全省公安系统范围内选调机务人员的公告，共有122名专业人员报名；2～5月，通过笔试、面试、体检、考察等环节，择优招录部分航空专业人员。警务航空队现有在编民警21名，其中队领导2名、飞行人员6名、机务人员8名、综合人员2名、保障人员3名。

【完成警用直升机采购】 1月18日，省厅与意大利阿古斯特维斯特兰公司、中国航空国际技术控股有限公司举行警用直升机采购合同签字仪式。采购意大利阿古斯特维斯特兰公司AW119MKII、AW139型直升机各1架，将分别于2012年3月、5月交付投入使用。

【启动警务航空队基地建设】 2月，杭州市萧山区环保局对省公安警务航空队基地项目进行环境评估审批。3月16日，省厅与杭州萧山国际机场有限公司、民航空管分局召开警务航空队基地项目对接会议。4月，警务航空队基地设计单位完成基地建设工程测量、勘测工作。5月，完成警务航空队基地建设工程设计方案编制，同时将可行性研究报告上报省发展和改革委员会办公室。10月25日，省发展和改革委员会办公室组织召开警务航空队基地建设工程初步审查会。11月25日，省发展和改革委员会办公室发文，明确警务航空队基地建设地点、内容、总体布置、单体设计及技术经济指标等。12月，省发展和改革委员会办公室发文，将警务航空队基地建设列入省重点工程建设序列。

图为省厅警务航空队飞行员在金汇通航千岛湖培训基地进行飞行驾驶技术培训（6月7日）

【规范警务航空队内部建设】 2011年，省警务航空队制定飞行方法、飞行程序、维修程序、内部管理等46项规章制度，多次组织全队人员学习萧山机场使用细则、民航起降飞行方法、飞行注意事项及飞行防相撞等相关法规。

公安新闻传媒

【概述】 2011年，省厅新闻传媒中心坚持正确的舆论导向，整合新闻宣传资源，加强新闻策划，创新宣传形式，为全省公安工作开展提供舆论支持。刘力伟、孙建国、张景华、董晓伟、郑兴军、凌秋来、华乃强、华远平等厅领导14次批示肯定新闻传媒中心的宣传报道工作；省委宣传部、省新闻出版局和省"三项学习教育"活动领导小组先后3次编发简报，肯定《平安时报》宣传报道工作；中国记协网专门刊文介绍《平安时报》的经验做法。年内，新闻传媒中心1篇作品获全国社会治安综合治理优秀作品三等奖，3篇作品获浙江新闻奖三等奖，3篇作品获浙江省省级专业报新闻奖一等奖，2篇作品获浙江省省级专业报新闻奖二等奖，1篇作品获浙江省法制好新闻二等奖，8篇作品获浙江省省级专业报新闻奖三等奖。

【报道"清网行动"】 5月，省厅新闻传媒中心开设"清网进行时"、"清网故事"专栏，集中报道全省公安机关"清网行动"的典型案例、有效做法和重大成果。截至年底，共发"清网行动"报道100余篇。

【宣传醉驾入刑活动】 5月，省厅新闻传媒中心与省公安厅交管局联合策划醉驾入刑宣传活动，从法律规定、查处过程、处理的变化、国外酒驾的法律规定等方面进行报道，并配发评论员文章，具有较强的社会教育意义。

【策划全省公安机关社会治安防控体系建设专题报道】 7月，省厅新闻传媒中心组织策划"织网——全省公安机关社会治安防控体系建设专题报道"。截至12月，刊发报道143篇。

【策划"党政领导谈公安"报道活动】 10月，省厅新闻传媒中心与新华网浙江频道联合策划"党政领导谈公安"报道活动。截至年底，专访全省4个市的市委书记和市长，实现了报网联动。

【宣传公安机关重大先进典型】 2011年，省厅新闻传媒中心坚持正面宣传为主的方针，宣传公安机关先进集体和个人150多个，特别策划和重点报道丽水市交警支队莲都大队全国交警系统执法标兵方丁佳，并继续深入报道马长林、王法金等重大先进典型9个，全年典型报道近30万字。

【关注民生报道】 2011年，《平安时报》改变机关报式的"脸面"，从老百姓关心的热点、焦点问题，从惠及百姓切身利益的角度报道公安工作的创新成果和取得的成效，以推动和谐警民关系建设。

【提高评论质量】 2011年，《平安时报》刊发30 篇评论员文章，以发挥舆论引导作用。"五论公安队伍建设"系列评论文章为其中力作。

【办好"平安直通车"专栏】 2011年，省厅新闻传媒中心对省优栏目"平安直通车"进行调整，公布服务群众的帮忙热线88885110，强调"新闻促进和谐，记者服务平安"思维，推出"关注平安生活"的"平安直通车"互动版面，以巩固和发展品牌成果。

【编发《安全防范攻略特刊》】 7月，省厅新闻传媒中心与治安总队合作，每周六把《平安时报》第四版和第五版打通，编发《安全防范攻略特刊》，向群众发布治安预警，传授防盗、防抢、防骗、防火、防溺水等安全常识。截至年底，共编发特刊 25 期。

【组织百名基层民警老区行活动】 2011年，省厅新闻传媒中心组织开展"发扬传统　坚定信念——百名基层民警老区行"大型宣传教育活动。全省每个县（市、区）、

图为省厅新闻传媒中心举行"发扬传统 坚定信念——百名基层民警老区行"大型宣传教育活动启动仪式（6月17日）

消防、边防系统的150名在基层工作20年以上的优秀民警分5批赴老区接受革命传统教育。

【办好“平安浙江”宣传栏】 2011年，省厅新闻传媒中心拥有“平安浙江”宣传栏3200余块，编发《平安时报·社会特刊》12期、《平安时报·校园特刊》6期，达到40余万字，张贴公益宣传资料5万余份。

【办好平安信息视频联播网】 2011年，省厅新闻传媒中心拥有视频联播网终端设备4600余屏，具备实时发布平安信息、治安预警信息等功能，全年共播出视频节目23期。

【编发通联刊物《报道吹风》】 2011年，省厅新闻传媒中心加强与基层公安机关的沟通和联系，编发通联刊物《报道吹风》12期，有针对性地对基层通讯员进行指导，以提高《平安时报》的办报质量。

【组织儿童交通安全公益宣传活动】 11月，省厅新闻传媒中心联合交管局举办“你我手拉手　平安路上行”儿童交通安全公益宣传活动，让儿童在娱乐中了解交通安全知识。

【报纸发行】 2011年，省厅新闻传媒中心努力提升《平安时报》的办报质量和水平，积极研究和推广报纸征订发行的有效办法，畅通投递渠道，做好各项服务工作，不断提高报纸的覆盖面，报纸发行量达到近13万份。

【广告经营】 2011年，省厅新闻传媒中心加强广告管理工作，明确工作目标，细分广告市场，进行有针对性的广告工作，完全按市场经济原则进行考核，形成人人争做业务的工作氛围，全年广告总收入达360多万元。

协会、研究会、基金会

浙江省警察协会

【公安理论研究受到中国警察协会肯定】 11月，浙江省警察协会在中国警察协会召开的第五次主席会议暨第十一次常务理事会上，介绍“围绕公安中心工作，充分履行协会职能”的经验，受到中国警察协会肯定，是受到表彰的4个省级警察协会之一。

【开展“社会管理创新与公安工作”主题征文和评选活动】 3月14日，省警察协会会同厅办公室，在全省公安机关开展以“社会管理创新与公安工作”为主题的征文活动。截至9月，上报论文258篇，选出入围论文75篇，评出特别奖5篇，一等奖5篇，二等奖10篇，三等奖15篇，优秀论文奖32篇。从是年开始，省厅领导和各市公安局局长的文章不再参加等级奖评审，一律设为特别奖。

【协助举办第三届中国警学论坛】 6月8～9日，中国警察协会主办、浙江省警察协会协办、杭州市公安局和杭州市警察协会承办的第三届中国警学论坛在杭州举行，主题为“中国特色警学理论范畴与警察执法规范化建设”。省警察协会协助中国警察协会，协调杭州市公安局和杭州市警察协会做好论坛筹备工作。公安部党委副书记、常务副部长杨焕宁出席开幕式并讲话。

【参加全国性、区域性警察协会学术交流活动】 9月，省警察协会派员参加在海南举办的华东中南地区警学理论研讨会；11月，分别派员参加在上海召开的京津沪渝警学研讨会和在广东召开的中国警察协会第五次主席会议暨第十一次常务理事会议；11月，参与上海警察协会研究区域警务合作论坛专题座谈会。年内，接待来浙江考察交流的上海、北京等省市警察协会和台湾警察协会的代表。会同厅有关部门接待中国警察协会副主席朱恩涛来杭州调研金融安全课题。

【多篇论文获奖】 在6月举行的第三届中国警学论坛上，浙江省上报的论文获一、二、三等奖各1名，优秀奖3名，省警察协会获组织奖。省公安厅副厅长，杭州市委常委、公安局局长柯良栋《执法规范化建设是推动警务工作转型升级的战略抉择》获一等奖并在大会发言交流。10月，在香港举办的第六届两岸四地警学研讨会上（主题是“跨境经济犯罪的防范与打击合作”），浙江推荐的7篇论文有4篇被评为优秀论文，2人在大会上发言。

图为第三届中国警学论坛在杭州举行（6月8日）

【总结推广基层公安工作经验】 7月14～15日，省警察协会会同省警察学院《公安学刊》编辑部以及温州市公安局，深入温州市公安局鹿城分局及相关派出所，对“1311”警务机制进行调研。“1311”警务机制，即将派出所内设机构设置为一个情报信息室、三个巡区、一个打击办案中队和一个办事大厅，简称“1311”。形成的《关于鹿城分局派出所“1311”警务机制改革的调研报告》在2011年《浙江警学》第6期上发表，向全省公安机关推广介绍。

浙江省刑事犯罪学学会、浙江省青少年犯罪研究会

【召开2011年刑事犯罪学学会年会暨“2011年平安浙江论坛”】 8月4～5日，由省刑事犯罪学学会、省青少年犯罪研究会、浙江警察学院社科联共同主办，台州市公安局承办的第二届“平安浙江论坛”在仙居县举行，该论坛作为“三会”学术年会，列入省社科联“当代浙学论坛——2011学术月”活动。论坛围绕“公安工作·社会管理创新·和谐社会”主题开展研讨，共收到论文110余篇，评选出优秀论文59篇。7月，编辑出版《浙江公安机关加强和创新社会管理的理论与实践——第二届“平安浙江论坛”优秀论文集》。

图为参加“平安浙江论坛”的代表合影留念（8月4日）

【承办中国行为法学会侦查行为研究会第四届学术研讨会暨第十一届全国侦查学术研讨会】 11月17～19日，浙江省刑事犯罪学学会与浙江警察学院侦查系共同承办此学术研讨会，研讨会主题是“侦查阶段错案的治理对策”，分“特邀专家论坛”和“侦查错案研究专题论坛”两个阶段进行。与会代表围绕“我国刑事错案产生的原因与防范对策”、“错误鉴定结论及其认定标准与主体”、“公安司法人员的知识素养与刑事错案”等相关议题开展交流。

【主办“犯罪控制与警务战略”国际高峰论坛】 5月27～28日，公安部引智项目“犯罪控制与警务战略”高峰论坛在浙江警察学院举行。本次论坛由亚洲犯罪学学会和浙江省青少年犯罪研究会共同主办，列入浙江省社会科学联合会“当代浙学论坛—2011学术月”分论坛项目。论坛邀请斯德哥尔摩犯罪学奖获得者、剑桥大学犯罪学研究所所长菲德律·洛赛尔博士，美国乔治梅根大学教授、以色列希伯来大学教授、犯罪研究所所长大卫·威斯勃德博士，英国剑桥大学犯罪学研究所教授大卫·法林顿博士，西南政法大学法学院院长、澳门大学教授刘建宏博士作主题演讲。学院还聘任菲德律·洛赛尔、大卫·威斯勃德、大卫·法林顿、刘建宏4名专家为名誉教授并颁发聘书。

浙江省见义勇为基金会

【省领导对见义勇为工作重要批示】 省委、省政府领导重视全省见义勇为人员生存状况，多次对见义勇为工作作出重要批示。1月8日，省委书记、省人大常委会主任赵洪祝对凤凰网关于浙江见义勇为人员生存状况的报道作出批示：请有关部门和地方调查一下这些见义勇为人员情况，有困难的一定要帮助他们解决好。3月5日，赵洪祝在《2010年度见义勇为工作总结》上批示：这项工作做得如何，事关价值取向，事关社会风气，不可小视。一定要认真总结经验教训，切实搞好建章立制，做好对见义勇为人员的奖励保障和表扬宣传等工作，进一步营造见义勇为光荣的社会风尚。3月28日，赵洪祝在省公安厅呈送的《关于报送我省见义勇为工作有关情况的函》上批示：省公安厅做了大量调研工作，并提出了工作建议。请慧君同志组织有关部门研究一下，包括牵头单位及工作机制等。12月27日，赵洪祝在《关于报送华慈姹信访件的处理和近期全省见义勇为工作情况的函》上批示：工作做得很好。要继续把见义勇为的工作做好。12月23日，省委副书记、省长夏宝龙在《关于报送华慈姹信访件的处理和近期全省见义勇为工作情况的函》上批示：存在问题要尽快解决，使此项工作落在实处。2月20日，省委常委、副省长葛慧君在《关于报送我省见义勇为工作有关情况的函》上批示：建议对见义勇为中因伤病造成的生活困难人员，由所在地给予个案处理，帮助其解决实际困难；多年来，省公安厅在见义勇为人员的表彰和管理方面做了大量工作，建议由省公安厅为牵头单位，进一步加强这项工作。省公安厅厅长孙建国8月29日在《关于我省见义勇为工作有关情况的汇报》上批示：做好这项工作意义重大，公安系统作为牵头部门，应主动承担责任，抓好工作推进。

【中央和公安部领导肯定浙江见义勇为人员生存状况调查工作】 2月16日新华社《国内动态清样》刊出反映浙江省见义勇为人员生存状况的《调查显示七成见义勇为致死致伤人员家庭生活困难》一文后，中共中央政治局常委、中央政法委书记周永康作出批示：请建柱同志并安季同志阅。国务委员、公安部部长孟建柱2月22日批示：要支持、帮助解决见义勇为致死致伤人员家庭的生活困难问题。2月18日，公安部党委委员、政治部主任蔡安季作出批示：浙江组织的这次调查，为我们了解见义勇为人物生活的真实情况，积极采取措施建立完善相关补偿、保障机制，改善这些同志的生活状况提供了重要的客观依据。建议以浙江的调查为基础，综合其他省市的相关情况，研究提出落实工作建议，按程序专题报永康、建柱同志。全国见义勇为人员生存状况的大调查随即展开。

【省政府印发《浙江省见义勇为人员奖励和保障工作若干规定》】 8月25日，省政府印发该《规定》。《规定》确立了我省见义勇为工作由政府统一领导、公安牵头具体负责、各相关部门共同参与、全社会形成合力的服务管理体制，具体明确了见义勇为人员和家属享有的权利，以及公安机关的工作职责和责任。9月5日，省厅印发《关于贯彻执行浙江省见义勇为人员奖励和保障工作若干规定的通知》，要求全省公安机关全面、正确地贯彻执行《规定》和各级领导的重要批示精神，认真履行职责。

【省政府确定省级表彰见义勇为人员物质奖励标准】 11月18日，省政府批复同意省公安厅、省人力资源和社会保障厅9月28日要求确定省级表彰见义勇为人员物质奖励标准的联合请示。新的奖励标准：被省政府记一等功并授予"浙江省见义勇为勇士"称号的见义勇为人员发放奖金10万元，被省政府记一等功并授予"浙江省见义勇为先进分子"称号的见义勇为人员发放奖金8万元。

【省政府表彰42位见义勇为先进人物】 9月13日，省公安厅、省人力资源和社会保障厅联合印发《关于做好省级见义勇为先进人物推荐申报工作的通知》。经推荐、审核，省政府决定给吴菊萍等15人记一等功，并授予"浙江省见义勇为勇士"称号；给韦列萍等27人记一等功，并授予"浙江省见义勇为先进分子"称号。

【出台《关于落实见义勇为人员医疗待遇有关问题的通知》】 12月27日，省公安厅、省民政厅、省人力资源和社会保障厅、省卫生厅、省财政厅、省总工会联合印发《关于落实见义勇为人员医疗待遇有关问题的通知》，对全省见义勇为人员的相关医疗待遇作出规定：获得省、设区市人民政府表彰奖励的见义勇为人员，包括2010年前受中共浙江省委宣传部、浙江省社会治安综合治理委员会办公室、浙江省公安厅、浙江日报报业集团、浙江省见义勇为基金会联合表彰的历届省级见义勇为先进人物享受同级劳动模范医疗待遇。

【组织开展"春天的问候"走访慰问活动】 2011年春节前，省见义勇为基金会联合省公安厅开展见义勇为困难人员"春天的问候"走访慰问活动，共慰问468人，发放慰问金90.4万元，其中省公安厅党委委员带队分11组慰问35人。"春天的问候"慰问活动作为基金会的一项公益活动，在2月25日召开的浙江慈善大会上获第三届"浙江慈善奖"项目奖。

【第八届"昆仑奖"全国十大见义勇为英雄司机评选榜上有名】 12月6日，由中华见义勇为基金会、中国石油天然气集团公司联合举办的第八届"昆仑奖"全国十大见义勇为英雄司机表彰大会在北京举行。浙江省见义勇为基金会选送的见义勇为司机——绍兴市章利军、台州市娄勇理被评为"全国十大见义勇为英雄司机"，绍兴市获"全国见义勇为城市奖"。

2011年度省政府表彰的见义勇为人员一览

荣誉称号	姓　名	单位或住址
浙江省见义勇为勇士	吴菊萍	杭州市滨江区
	姜继学	杭州市淳安县
	姜良青	杭州市淳安县
	姜美娣	杭州市淳安县
	姜明堂	杭州市淳安县
	姜崇槐	杭州市淳安县
	余新养	杭州市淳安县

续表

荣誉称号	姓　名	单位或住址
浙江省见义勇为勇士	易善春	杭州市桐庐县
	夏思敏	温州市龙湾区
	丁全法	绍兴市诸暨市
	王　森	绍兴市诸暨市
	田　林	绍兴市绍兴县
	朱春贵	金华市开发区
	林梅领	台州市温岭市
	左秀俊	丽水市莲都区
浙江省见义勇为先进分子	韦列萍	杭州市拱墅区
	丁建福	宁波市北仑区
	张　瑜	宁波市象山县
	李光忠	温州市鹿城区
	金　良	温州市苍南县
	黄贤浪	温州市苍南县
	周礼静	温州市苍南县
	程秋敏	嘉兴市南湖区
	俞文华	嘉兴市秀洲区
	徐春良	嘉兴市桐乡市
	洪加奇	嘉兴市海盐县
	张友良	嘉兴市海盐县
	陈安安	绍兴市越城区
	王梦玲	绍兴市诸暨市
	郁　樑	绍兴市绍兴县
	竺春华	绍兴市新昌县
	章利军	绍兴市新昌县
	金　刚	金华市婺城区
	卢健民	东阳市金华市
	罗睿涛	金华市永康市
	季国华	衢州市柯城区
	占祖亿	衢州市常山县
	陆满根	舟山市普陀区
	兰建安	丽水市龙泉市
	叶霄雯	丽水市松阳县
	叶贤根	丽水市松阳县
	陈中秋	丽水市缙云县

队伍建设

纪检监察

【概述】2011年，全省公安机关坚持“零容忍”导向，强化教育整治、监督检查、责任落实等工作，扎实推进公安反腐倡廉建设。全年全省公安民警违法违纪案件和涉案人员分别比上年下降14.9%和9.2%，涉警信访举报总量减少19%。一些突出问题得到整治，公安队伍整体形象进一步提升。

【推进廉政风险防控机制建设】2011年，全省公安机关贯彻省委《关于全面推进廉政风险防控机制建设的意见》，省厅建立廉政风险防控机制建设检查考核制度，印发《廉政风险防控机制建设学习资料选编》，举办“廉政风险防控机制建设”专题讲座。建立健全制度，廉政风险防控机制初步形成。

图为省厅召开厅机关推进廉政风险防控机制建设工作会议（7月6日）

【落实党风廉政建设责任制】2011年初，厅党委与各市公安局党委签订党风廉政建设责任书，明确职责任务。各市局党委也以签订责任书（状）形式，逐级明确党风廉政建设工作责任。省厅对厅机关年度反腐倡廉工作进行分解，细化为74项具体任务，分别确定责任领导、牵头单位和协办部门，把党风廉政建设责任制寓于“一岗双责”要求和日常工作之中。年内，全省公安机关30名领导干部因违反党风廉政责任制规定被追究责任。

【开展公安廉政文化建设】2011年，全省公安机关以廉政文化“进警营进警校进民警家庭”工作为载体，开展廉政文化创建活动。年内，全省公安机关已建、在建廉政教育、警示教育基地60个，其中省厅投资300多万元在省看守所建设警示教育基地，主体工程基本完工；宁波市局投资1000多万元在市警校建设集公安历史、廉政典型、案例警示于一体的综合性廉政教育基地，已装饰布展；温州、舟山、湖州、金华、嘉兴、绍兴等市公安局以公安监管场所为依托，建立警示教育基地。省厅以基层单位为重点，确定39个市局（总队）级廉政文化建设示范单位，金华、绍兴市局率先推出首批市级廉政文化示范点。8月，省厅完成“浙江公安廉政文化教育课堂”主体系统开发并进行测试、部署。各级公安机关借助警校开展廉政讲座，授课398次，各类业务培训班开设廉政教育课515场。全省公安机关还通过安装廉政宣传屏、设置廉政宣言牌、安装廉政屏保、印发廉政台历和廉政笔记本、发送廉政短信，以及组织开展以廉政教育为主题的征文、文体活动、知识竞赛等多种形式，营造警营廉政氛围。

【开展“三查一治”专项工作】3月，省厅印发《关于在全省公安机关深化“三查一治”专项工作的通知》，在全省公安机关部署开展以排查涉案财物管理问题、民警及辅警人员涉赌问题、民警及亲属入股经营休闲娱乐场所问题和整治执法过程中涉案人员非正常死亡问题为主要内容的专项工作，在组织民警自查自纠的同时，通过信访受理、案件回访、执法检查、财务审计、舆情分析，排查掌握情况，查纠存在问题，落实整改预防措施，消除诱发民警违法违纪和执法办案安全事故的因素。自4月份开始，全省共排查案件174万起，发现并整改存在涉案财物管理问题案件6856起，处理违规责任民警97人；处理各类涉案机动车8.1万余辆，金银首饰、电脑、手机等涉案财物8000多件，现金及有价证券等1.25亿元，取保候审保证金3757万元，返还赃款赃物折合1.5亿多元；出台《浙江省公安机关涉案财物管理实施细则（试行）》，推广应用“涉案财物信息管理系统”，新建、改造涉案财物保管场所1363个，县级以上公安机关均实现涉案财物集中统一保管。

【深化作风建设与纠风治乱工作】 2011年，全省公安机关主动参与广播、电视和互联网等媒体“行风热线”、“在线访谈”等直播类节目，加强与群众的联系互动。年内，全省公安机关领导干部参加直播类节目295人次，受理、答复群众关注的热点问题1256个。省厅配合省农负办，对涉农收费情况进行暗访检查，清理和纠正违规收费、摊派、索要赞助和违规占用财物等问题。组织开展公务用车、“小金库”、工程建设领域突出问题以及庆典、研讨会、论坛过多过滥等问题专项治理，促进公安机关行风建设。在首次省级政府部门和公共服务行业“优环境促发展”工作评价中，省厅取得第二名的成绩（共有61家单位参与评价）；在年度省级部门减轻农民负担工作考核中，省厅连续第四年被评定为优秀；在2011年度浙江省“群众满意基层站所（服务窗口）”创建工作示范单位和先进单位评选中，全省公安系统有11个单位被授予示范单位和先进单位称号，居各系统之首。

【查处违法违纪案件】 2011年，全省公安机关立案查处民警违法违纪案件137起188人，结案处理131人，党纪处分27人次，政纪处分103人次，32人移送司法机关调查处理。

【涉警信访核查】 2011年，全省公安纪检监察部门共受理信访举报2470件，其中直接调查处理1188件，办结1163件，办结率97.9%；交办442件，报结410件，报结率92.8%。4月，省厅纪委组织开展越级信访集中清理工作，全省公安机关梳理出2010年以来省厅转交办理的越级信访件447件，办结445件，办结率99.6%。

【加强内外监督】 2011年，全省公安机关“一把手”述职述廉1681人次，纪委同下级公安机关主要负责人廉政谈话3519人次，任前谈话3284人次，诫勉谈话274人次。3007名领导干部向组织报告个人重大事项，7人因未落实报告制度受到责任追究。153人主动上交收受礼品、现金及有价证券等折计92万多元。8月，省厅在厅直机关开展《中国共产党党员领导干部廉洁从政若干准则》执行情况专项检查，增强领导干部执行《廉政准则》的自觉性。全省全年召开特邀监督员座谈会261次，征集意见建议1618条，邀请特邀监督员参与警务活动296次，对公安机关进行明察暗访281次，办理监督员反映转递事项273件。11月，厅纪委与省人民检察院反贪污贿赂局、反渎职侵权局召开第六次联席会议，通报交流一年来预防和惩治民警职务违法违纪情况，研究预防民警职务违法违纪措施。

机关党建与工青妇工作

【概述】 2011年，省厅直属机关党委（以下简称省厅机关党委）以庆祝建党90周年为契机，以抓好“深化创先争优、争当岗位能手”活动为载体，结合开展“发扬传统、坚定信念，坚持执法为民、树立良好警风”主题教育实践活动，扎实开展机关党的建设。年内，省厅机关党委被省直机关工委评为先进基层党组织。

【举办厅直机关党务政工干部培训班】 培训于7月底举行，其间学习了胡锦涛总书记“七一”重要讲话及辅导报告和开展党支部工作应知应会知识，听取了厅机关优秀党支部、优秀党务工作者、优秀党员代表先进经验和事迹介绍，交流了工作经验。

图为省厅举办厅直属机关党务政工干部培训班（7月26日）

【组织开展政治理论学习活动】 2011年，省厅机关党委协助厅党委中心理论组开展9次集中学习活动。组织全厅党员民警学习党的十七届五中、六中全会，省委十二届九次、十次全会，全国“两会”，全省公安工作会议精神。其间，播放了电视片《当前的中东政局与我们的对策思考——“茉莉花革命”的特点、教训和启示》和中央政法委制作的光荣传统教育报告会录像；邀请厅国保总队总队长介绍当前国内安全保卫工作面临的形势和任务；组织4期“法制讲堂”专家讲座；组织参加浙江省2011年全民阅读活动，开展阅读“红色经典”著作活动，并评选优秀读后感和体会文章交流活动，以读好书、写心得、进行交流活动等形式加强机关党员民警的政治学习。

【开展厅机关民警全员培训】 8月29日～9月9日，省厅机关党委组织全厅民警，分两批开展全员大培训活动，平均每个民警参训10天。其间，上大课5堂、小课9堂，分别邀请省委党校、浙江大学、浙江警察学院专家和厅领导、厅有关业务部门领导及市县公安基层民警共15人为机关民警讲授政治理论、国际形势、群众路线、法律法制、信息科技等方面的知识，并组织进行计算机测试和手枪打靶。

图为省厅在高速交警杭州支队五大队召开厅直属机关“窗口”单位深入开展创先争优活动（现场）推进会（4月8日）

【组织开展党支部活动】 2011年，省厅机关党委组织党员民警收听收看胡锦涛总书记在纪念中国共产党成立90周年大会上的讲话，组织各部门党组织开展以重温党的光荣历史、牢记党的宗旨使命为主题的党支部活动。机关党委为全体党员民警安排一堂党课，集中组织新老党员进行入党宣誓和重温入党誓言，组织青年党员和离退休老党员座谈会等。

【表彰全省公安机关先进党组织和先进个人】 4月18日，省厅党委印发《关于评选表彰全省公安机关先进基层党组织、优秀共产党员、优秀党务工作者和先进纪检监察组织、优秀纪检监察工作者的通知》，对全省公安系统100个先进基层党支部、13个先进纪检组织，200名优秀共产党员、50名党务工作者和11名优秀纪检工作者进行表彰。

【推进“窗口”单位建设】 3月8日，省厅机关党委组织厅机关各“窗口”部门和厅直一线执法单位负责人，在厅高速交警总队杭州支队五大队召开会议，听取高速交警总队及杭州支队五大队“窗口”创先争优工作和执法规范化建设的情况介绍，部署厅直机关窗口单位深入开展创先争优活动工作方案。3月底，厅机关党委组织3个督导组对执法办证窗口创先争优工作开展督导点评。11月18日，在省直机关非公有制企业和社会组织党建工作交流会上作流动党员管理工作经验交流。年内，厅机关党委共编写简报17期（其中5篇被省委、省直机关工委创先办录用），上报工作情况及其月报表23份，省级以上报纸等媒体录用7篇；印发各项学习资料4000余份。

【开展推优评先活动】 2011年，省厅机关党委开展推优评先活动，厅机关一批集体和个人被评为各类先进，2个集体立二等功，18个集体立三等功，2人立二等功，74人立三等功，3个集体、360名个人（含直属单位）受嘉奖。

2011年度厅直机关获全省优秀人民警察名单

姓　名	性　别	工作单位	职　务
刘　荣	男	后勤处行政科	科　长
周丕谦	男	高速交警总队宁波支队	民　警
郦树龙	女	浙江警察学院警体部技战术教研室	主　任

2011年度厅直机关立集体二等功单位一览

单　位　名　称	批准时间	批准机关
法制总队	2012年1月	省公安厅
高速交警总队杭州支队五大队		

2011年度厅直机关立集体三等功单位一览

单 位 名 称	批准时间	批准机关
干部处干部科	2012年1月	省公安厅
厅史志办公室		
后勤处车队		
审计处业务科		
国保总队二科		
刑侦总队侵财犯罪侦查科		
监管总队省看守所管教科		
技侦总队三科		
网警总队网络信息监控科		
禁毒总队秘书科		
高速交警总队湖州支队二大队		
高速交警总队金华支队二大队		
高速交警总队绍兴支队二大队		
高速交警总队丽水支队三大队		
机场公安局交通警察队		
警察学院援外培训项目组		
经侦总队金融犯罪侦查指导科		
交管局政治处		

2011年度厅直机关立个人二等功名单一览

姓 名	职 务
朱国振	治安总队副总队长
顾正兵	浙江警察学院副处长

2011年度厅直机关立个人三等功名单一览

姓 名	职 务
陈石春	治安总队总队长
裘永进	指挥中心主任
张宏亮	新闻发言人办公室副主任
吕利安	政治部干部处干部科科长
张国庆	现役纪检室副主任
朱杭俊	警务督察总队督察二科副科长
陆燕乃	办公室调研科副科长
周宇雷	后勤处装备科车队教导员
毛传明	审计处综合科科长
华中笑	指挥(情报)中心秘书科副主任科员
张海燕	国保总队十二科科长

续表

姓　名	职　　务
毛勇军	国保总队办公室主任
褚伟正	经侦总队市场犯罪侦查指导科主任科员
郦伟国	治安总队场所特业科副科长
虞定昌	刑侦总队四科科长
殷克华	刑侦总队物证鉴定中心痕迹室主任
王立福	监管总队刑事羁押工作指导科主任科员
郭建强	技术侦察总队一科副调研员
潘省橡	交管局办公室主任
张燕春	网警总队一科科长
陈　涛	高速交警总队杭州支队副支队长
王玲玲	高速交警总队杭州支队办公室主任
杨建泳	高速交警总队杭州支队二大队大队长
周　华	高速交警总队杭州支队三大队副大队长
魏　峰	高速交警总队杭州支队一大队副主任科员
叶永卿	高速交警总队杭州支队二大队副主任科员
章俊杰	高速交警总队宁波支队四大队副大队长
余应云	高速交警总队宁波支队直属大队副教导员
周丕谦	高速交警总队宁波支队四大队主任科员
姜　涛	高速交警总队宁波支队二大队大队长
郭李军	高速交警总队宁波支队副支队长
任耀凡	高速交警总队温州支队一大队副主任科员
温从奕	高速交警总队温州支队二大队副主任科员
王乃表	高速交警总队温州支队三大队教导员
张光泽	高速交警总队温州支队直属大队副大队长
胡伟建	高速交警总队绍兴支队一大队副大队长
周华云	高速交警总队绍兴支队二大队副大队长
钱天满	高速交警总队绍兴支队四大队副大队长
程金良	高速交警总队嘉兴支队直属大队副大队长
童春良	高速交警总队嘉兴支队大云卡点大队主任科员
叶春卫	高速交警总队嘉兴支队直属大队副主任科员
杨晓马	高速交警总队嘉兴支队四大队副大队长
张　华	高速交警总队湖州支队副支队长
赖富军	高速交警总队湖州支队三大队大队长
张　谦	高速交警总队湖州支队直属大队科员
徐　迟	高速交警总队湖州支队二界岭卡点大队副主任科员
徐四海	高速交警总队衢州支队四大队副主任科员

续表

姓　名	职　　务
武　峰	高速交警总队衢州支队一大队副主任科员
王增勇	高速交警总队衢州支队二大队主任科员
周文华	高速交警总队衢州支队窑上卡点大队副主任科员
朱跃强	高速交警总队金华支队办公室副主任科员
吴伟松	高速交警总队金华支队主任科员
方英杰	高速交警总队金华支队四大队副大队长
姚安海	高速交警总队台州支队三大队大队长
杨　府	高速交警总队台州支队直属大队主任科员
赵敏强	高速交警总队台州支队一大队主任科员
王兰兵	高速交警总队台州支队四大队副教导员
程温雷	高速交警总队丽水支队直属大队主任科员
孙　豪	高速交警总队丽水支队三大队副大队长
蒋　来	高速交警总队丽水支队一大队科员
范小亮	高速交警总队丽水支队四大队主任科员
陈　钢	高速交警总队舟山支队一大队科员
朱坚峰	高速交警总队机动支队三大队主任科员
王文君	高速交警总队交管科副主任科员
邹小华	机场公安局空防警保科主任科员
王万利	机场公安局办公室主任科员
俞永强	机场公安局航站楼派出所主任科员
张红阳	机场公安局法制科科长
项振茂	警察学院计算机系教授
钟兴龙	警察学院警体部老师
王芳槐	警察学院学生工作处教导员
赵洪毅	警察学院后勤处副处长
王祝兰	后勤处副处长
杨建华	后勤处信息大楼基建办副主任

【创建“党员先锋岗”】 5月，省厅机关党委召开厅机关“窗口”单位争创“党员先锋岗”座谈会，厅信访科、办证中心、机场签证办事处等6个单位进行汇报交流。6月，厅机关党委组织人员对消防总队、警卫局、高速交警总队中的26个基层单位申报的2011年度“党员先锋岗”进行考核验收。“七一”期间，厅机关党委在嘉兴南湖对其中的21家单位授牌。至此，省厅机关“党员先锋岗”总数升至116个。

【开展争当岗位能手活动】 12月，省厅机关党委印发《关于在厅直机关开展深化创先争优争当岗位能手活动的实施意见》，要求厅机关各部门开展岗位练兵、岗位培训、岗位竞赛活动。年内，厅办公室结合各本职工作，在副科长、青年民警和职工中确定9名岗位能手。厅高速公路交警总队推广朱吉辉、叶晓伟先进工作法。厅刑侦总队“谢贤能视频工作室”被省总工会、省科技厅命名表彰，并在全省"高技能人才创新工作室创新工作推进会"上介绍经验。

【廉政风险防控机制建设】 11月，根据厅党委提出的厅机关廉政风险防控机制建设工作实施方案要求，省厅各部门按照各自实际研究廉政风险及等级，制订防控措施，填报工作报表，并接受民警监督评议，落实防控责任项目，使风险预警得到加强。为配合教育，省厅机关党委组织机关民警观看"廉洁救灾·阳光重建"图片展、电影《郭明义》。

【加强机关规范化管理】 2011年，省厅机关党委会同有关部门，以年度目标考核为抓手，加强日常管理考核，多次组织对机关内务卫生、迟到早退、安全防范、保密工作进行检查。完善厅机关作风建设的管理制度，使机关内部管理常态化、规范化。

【培训党务干部和入党积极分子】 2011年，省厅直属机关党委共选送 3名党支部书记和党务干部参加省直机关党校组织的学习培训，选送12名入党积极分子参加省直业余党校举办的入党积极分子培训班学习。

【做好新党员发展工作】 2011年，省厅直属机关党委共发展预备党员561名，其中厅机关5名；预备党员转正226名，其中厅机关7名。在发展党员工作中，各单位按照"推优"计划，加强对新党员和积极分子的教育考察和培养。

【开展工会活动】 2011年，省厅工会积极开展"职工之家"建设活动。2月，组织评选出6个先进工会集体和10名优秀工会工作者、15名优秀工会积极分子。4月，组织各工会召开民警、职工代表大会，对工会工作和工会主席履职情况进行民主测评。对机场公安局、传媒中心、柳莺宾馆"职工之家"建设进行验收。组织参加省直机关劳动模范座谈会，安排11批37人参加省直机关工会组织的工会干部与先进职工的赴外省考察、参观和疗休养活动。成立机关太极拳队，组队参加省直机关第十届运动会，获团体第四名和金牌总数第四名。在第三个全国"全民健身日"组织开展登楼健身、太极剑（扇）表演等全警健身活动。

【加强党建带团建工作】 2011年，省厅团委开展"深化团内创先争优、争当青年岗位能手"活动。在青年民警中进行群众观念、革命传统、理想信念和党纪政纪警纪教育，组织团干部和青年组长赴省看守所开展廉政文化主题教育实践活动，召开省厅"庆祝建党90周年暨纪念五四运动92周年"青年民警座谈会。以青年"读书漂流"活动为载体，加强学习型团组织建设。组织开展"我为团旗添光彩"、"我与祖国共奋进"、"回顾党的历史，畅谈青年责任"等系列主题教育活动。年内，厅直机关共有16个集体被继续认定为省级"青年文明号"，有7个集体获省级青年文明号纪念证书，另有7个集体新创建省级"青年文明号"，厅团委再次被评为省级先进团委。

2011年度厅直机关党组织和党员情况

单　位	党委数（个）	总支数（个）	支部数（个）	党员数（人）
厅机关	1	3	34	1177
厅高速公路交警总队	1	10	54	1139
厅消防局	132	50	374	3261
厅警卫局	7	0	18	413
浙江警察学院	1	2	47	915
机场公安局	1	0	5	106
总　计	143	65	532	7011

2011年度厅直机关新党员发展情况一览

单　位	发展预备党员数（人）	预备党员转正数（人）
厅机关	5	7
厅高速公路交警总队	55	40
厅消防局	126	377
厅警卫局	0	35
浙江警察学院	391	165
机场公安局	3	0
总　计	580	624

2011年度厅直机关团组织和团员情况

单　位	团委数（个）	总支数（个）	支部数（个）	团员数（人）	28岁以下青年数（人）
厅机关	0	0	13	58	68
消防局	12	17	193	2948	4106
警卫局	0	3	3	340	560
警察学院	1	7	72	3059	3403
高速交警总队	1	10	54	278	427
机场公安局	0	0	1	17	56
总　计	14	37	336	6700	8620

【妇委会组织开展各项活动】 2011年，省厅妇委会组织开展“扶贫帮困送温暖”系列活动。组织人员到永嘉县溪下乡走访慰问，到浙江省儿童康复医院看望孤残儿童和医护人员，并开展游泳、文体、献爱心等活动。2012年1月，厅妇委会被省妇委会评为2011年省级“示范妇委会”。

【开展扶贫送服务活动】 2011年，省厅机关党委积极落实永嘉县溪下乡的结对帮扶活动。1月21日，到该乡5个村及金盾学校，走访慰问农村老党员、老干部和特困群众，送去大米、食用油、棉被及慰问金。经厅主要领导审批，第三期50万元扶贫款项顺利到位。在全厅范围实行募捐并拨款10万元，对该乡金盾学校学生食堂进行扩建，于10月竣工。4月，根据省直机关工会要求，对省农业厅特困职工于建民进行结对帮扶，每年帮扶资金5000元。

警务管理

【概述】 2011年，全省公安机关贯彻《公安机关人民警察奖励条令》，发挥先进典型的激励、示范和引导作用，围绕中心，倾斜基层，开展立功创模和表彰奖励工作。年内，组织全省“十大警界先锋”评选表彰活动，表彰世博安保、纪念建党90周年、“清网行动”、维和警队先进集体和个人，选树孙炎明、王叶飞、吴仁贤、王义生等一批先进典型。全年全省公安系统共立集体一等功7个、二等功125个、三等功531个，个人一等功26个、二等功162个、三等功1829个，2人被授予全国公安系统二级英雄模范称号，1人被授予全国特级优秀人民警察称号，一批先进单位和先进个人受到表彰。

【出台《全省市级公安机关2011年度工作综合考评办法》】 4月20日，省厅印发《全省市级公安机关2011年度工作综合考评办法》，将考评对象分为三类地区：一类地区为杭州、宁波、温州市公安局，二类地区为湖州、嘉兴、绍兴、金华、台州市公安局，三类地区为衢州、舟山、丽水市公安局。考评采用百分制计分，其中打防控工作20分、执法质量15分、队伍正规化建设9分、群众满意度测评51分、社会管理创新5分。

【印发《浙江省公安机关表彰奖励授奖仪式试行办法》】 3月16日，省厅印发《浙江省公安机关表彰奖励授奖仪式试行办法》，对公安机关表彰奖励的颁奖活动进行规范，明确表彰奖励授奖的对象，授奖仪式的内容、形式、程序、参加人员、地点及分级授奖办法等。

【印发《浙江省公安厅表彰奖励审核审批权限规定》】 6月3日，省厅印发《浙江省公安厅表彰奖励审核审批权限规定》，明确厅党委、厅长、分管厅领导、政治部及厅直属单位党委对不同规格的表彰奖励项目审核审批权限，同时对特事特办项目的审核审批作了专门规定。

图为厅党委副书记、副厅长张景华给浙江省“十大警界先锋”颁授奖章（6月29日）

【王叶飞、吴仁贤被授予二级英模称号】 1月6日和6月9日，杭州市公安局特警支队副支队长王叶飞、杭州市公安局滨江区分局刑侦大队副大队长吴仁贤先后被授予“全国公安系统二级英雄模范”称号。

【王义生被授予全国特级优秀人民警察称号】 6月9日，台州市公安局黄岩分局交警大队民警王义生被授予“全国特级优秀人民警察”称号。

【2个集体、4名个人分别被评为中国2010年上海世博会先进集体和先进个人】 2010年12月26日，省公安厅高速交警总队嘉兴支队大云检查站（卡点大队）、嘉兴市公安局世博安保指挥部和杨武（嘉善县公安局巡特警大队民警）、姚钰明（嘉兴市公安局副局长）、孟鹏飞（平湖市公安局治安大队副大队长）、冯金寿（省公安厅治安总队副总队长）4人分别被评为2010年上海世博会先进集体和先进个人。

【1个集体、19名个人分别被评为全国政法系统先进基层党组织、优秀党务工作者和优秀党员干警】 6月25日，浙江省公安系统有1个基层党组织被评为全国政法系统先进基层党组织，1名民警被评为全国政法系统优秀党务工作者，18名民警被评为全国政法系统优秀党员干警（见附表）。

全国政法系统先进基层党组织

单　位	诸暨市公安局枫桥派出所党支部

全国政法系统优秀党务工作者

姓　名	职　　务
李新宝	嘉兴市公安局党委委员、政治部主任、机关党委书记

全国政法系统优秀党员干警

姓　名	职　　务
蒋定军	杭州市公安局交警支队西湖大队二中队副中队长
隋瑞福	杭州市公安局上城区分局巡特警大队二中队中队长
何　群	宁波市公安局交警支队江东大队副中队长
江康敏	宁波市公安局北仑区分局新碶派出所民警
傅昌扬	乐清市公安局党委委员、政治处主任
马长林	湖州市公安局经济开发区分局杨家埠派出所民警
唐海荣	嘉善县公安局罗星派出所民警
孙建宇	上虞市公安局禁毒大队大队长
吴益中	义乌市委常委、公安局局长
毛建剑	江山市公安局坛石派出所民警
刘良芳	舟山市公安局警卫处处长
王海松	三门县公安局治安大队副大队长兼打黑队队长
王江圣	丽水市公安局信访室副主任
傅开其	温州市公安消防支队泰顺县大队上士、通信员
张国珠（女）	省公安厅高速公路交警总队衢州支队副支队长
吴勤俭	省公安厅刑侦总队副调研员、警犬管理科科长
叶　红（女）	温州市公安局经侦支队执法监督指导科副科长
王义生	台州市公安局黄岩分局交警大队城区中队民警

【74个集体、320名个人分别被评为全省上海世博会“环沪护城河”安保工作先进集体和先进个人】1月5日，全省公安系统有74个单位被评为全省上海世博会“环沪护城河”安保工作先进集体，320名民警被评为全省上海世博会“环沪护城河”安保工作先进个人。

【37个集体、68名个人分别被评为全省政法系统先进基层党组织、优秀党务工作者和优秀党员干警】6月15日，全省公安系统有37个基层党组织被评为全省政法系统先进基层党组织，35名民警被评为全省政法系统优秀党务工作者，33名民警被评为全省政法系统优秀党员干警。

【表彰浙江省“十大警界先锋”】6月29日，省厅印发《关于表彰浙江省“十大警界先锋”的决定》，评选马长林（湖州市局开发区分局杨家埠派出所民警）、林伟（台州市局路桥分局治安大队民警）、唐海荣（嘉善县局罗星派出所民警）、叶红（温州市局经侦支队执法监督科副科长、中国第九支赴利比里亚维和警队副队长）、金国民（宁波市局镇海分局刑侦大队教导员）、陈素青（金华市局刑侦支队民警）、孙建宇（上虞市局禁毒大队大队长）、蒋定军（杭州市局交警支队西湖大队二中队副中队长）、徐双燕（岱山县局高亭派出所副所长）、邢红华（湖州市公安消防支队特勤中队班长）为浙江省“十大警界先锋”。

【表彰全省公安系统优秀单位和优秀人民警察】1月4日，省公安厅厅长签署命令，表彰嘉善县公安局、江山市公安局、杭州市公安局西湖区分局、宁波市公安局北仑分局、安吉县公安局、桐乡市公安局、三门县公安局为2009～2010年度全省优秀公安局，50个单位为2010年度全省优秀公安基层单位，100名民警为2010年度全省优秀人民警察。

2010年度全省优秀公安基层单位和优秀民警一览

单位	优秀基层单位	优秀人民警察	
杭州	市公安局交警支队西湖大队二中队 市公安局上城区分局湖滨派出所 市公安局下城区分局长庆派出所 市公安局江干区分局采荷派出所 市公安局萧山区分局刑侦大队重案一中队 富阳市公安局万市派出所 淳安县看守所	黄　品	市公安局法制支队行政复议应诉大队大队长
		张立慧	市公安局治安支队九大队民警
		张　平	市公安局刑侦支队十大队一中队民警
		沈掌荣	市强制隔离戒毒所民警
		于　华（女）	市公安局上城区分局治安一大队民警
		陈凯凯	市公安局拱墅区分局小河派出所民警
		陈　明	市公安局滨江区分局浦沿派出所民警
		周健康	市公安局西湖风景名胜区分局治安大队大队长
		钟　烨	市公安局开发区分局下沙派出所民警
		施关木	市公安局萧山区分局城厢派出所民警
		王若天	市公安局余杭区分局刑侦大队信息中队民警
		石亚明	桐庐县公安局瑶琳派出所民警
		柯林华	临安市公安局玲珑派出所民警
		邵菁媛（女）	建德市公安局交警大队民警
宁波	市公安局国保支队一大队 市公安局海曙分局巡特警大队 镇海区看守所	盛　虎	市公安局行动技术支队二大队民警
		刘建田	市公安局海曙分局信通（科技）科副科长
		夏　琳	市公安局江东分局刑侦大队重案中队中队长
		冯　奇	市公安局江北分局甬江派出所副教导员
		陈存龙	市公安局镇海分局网监大队民警

续表

单　位	优秀基层单位	优秀人民警察	
宁波	余姚市公安局刑侦大队 奉化市公安局溪口分局 象山县公安局法制科	胡朝霞（女）	市公安局北仑分局交警大队车管所民警
		朱必峰	市公安局鄞州分局刑侦大队技术中队副中队长
		陈光初	余姚市公安局刑侦大队副大队长
		龚建校	慈溪市公安局胜山派出所民警
		董　斌	奉化市公安局交警大队民警
		陈建君	宁海县公安局经侦大队副大队长
		王明德	象山县公安局丹城中心派出所民警
温州	市公安局出入境管理局受理中心 市公安局鹿城区分局情报信息大队 市公安局龙湾区分局海城派出所 乐清市公安局国保大队 瑞安市公安局塘下派出所 泰顺县公安局刑侦大队技术中队	杨　骥	市公安局特警支队防暴大队副大队长
		涂克杰	市公安局经侦支队办公室副主任
		戴加周	市公安局鹿城区分局特巡警大队民警
		杜圣亮	市公安局瓯海区分局娄桥派出所民警
		徐　兵	市公安局龙湾区分局刑侦大队二中队民警
		李建新	乐清市公安局北白象派出所民警
		吴加记	永嘉县公安局交警大队上塘中队中队长
		胡学竞	瑞安市看守所民警
		施正策	平阳县公安局昆阳镇派出所民警
		饶道利	苍南县公安局刑侦大队办案中队民警
		王学忠	文成县公安局刑侦大队大队长
		郑　群	洞头县公安局交警大队副大队长
湖州	市公安局南浔区分局城西派出所 市公安局浙江湖州经济开发区分局杨家埠派出所 德清县公安局乾元派出所	杨晓寅	市公安局特警支队四大队大队长
		陈刚毅	市看守所一大队大队长
		李　凯	市公安局吴兴区分局刑侦大队打击街面犯罪中队中队长
		叶　静	长兴县公安局网警大队大队长
		陈永祥	安吉县公安局递铺派出所副教导员
嘉兴	市公安局秀洲区分局王江泾派出所 平湖市公安局当湖派出所 海盐县公安局武原派出所	蒋培星	市公安局行动技术支队副支队长
		王全华	市公安局南湖区分局建设派出所所长
		孙克麟	市公安局经济开发区（国际商务区）分局指挥中心民警
		傅晓波	市公安局港区分局刑侦大队大队长
		唐海荣	嘉善县公安局罗星派出所民警
		袁知峰	平湖市公安局新埭派出所所长
		卢晓明	海宁市公安局刑侦大队大队长
		沈珏宏	桐乡市公安局梧桐派出所所长

续表

单位	优秀基层单位	优秀人民警察	
绍兴	市公安局越城区分局城南派出所 绍兴县公安局经侦大队 诸暨市公安局店口派出所	张勇根	市公安局行动技术支队副支队长
		王伟奇	市公安局越城区分局刑侦大队两抢犯罪侦查中队中队长
		徐卫国	市公安局镜湖分局灵芝派出所副所长
		魏国兴	绍兴县公安局交巡警大队柯桥中队中队长
		蒋　其	诸暨市公安局枫桥派出所所长
		姚阳潮	上虞市公安局百官派出所民警
		沈华东	嵊州市公安局浦口派出所民警
		张伟勇	新昌县公安局城西派出所民警
金华	市公安局婺城分局办证中心 市公安局江南分局江南派出所 义乌市公安局城西派出所 永康市公安局巡特警大队	盛建兵	市公安局交警支队直属二大队江东中队中队长
		金子根	市公安局婺城分局罗店派出所所长
		张　卫	市公安局江南分局三江派出所副所长
		戚海东	市公安局金东分局法制大队大队长
		姜　瑞	兰溪市公安局刑事科学技术室指导员
		王　平	义乌市公安局稠江派出所民警
		孙炎明	东阳市看守所民警
		胡　龙	永康市公安局禁毒大队副大队长
		潘展鹏	武义县公安局新宅派出所副教导员
		贾国锋	浦江县公安局黄宅派出所所长
衢州	市公安局柯城分局石梁派出所 市公安局柯山分局花园派出所 龙游县公安局龙州派出所	郑晓明	市公安局衢江分局巡防大队教导员
		陈庆华	市公安局衢州经济开发区分局城东派出所所长
		林龙全	江山市公安局城北派出所教导员
		陈云河	常山县公安局招贤派出所民警
		江国基	开化县公安局刑侦大队大队长
舟山	市公安局定海区分局刑侦大队 市公安局普陀区分局沈中派出所	徐丰舟	市公安局刑侦支队信息大队大队长
		戴海华	岱山县看守所所长
		施武军	嵊泗县公安局法制室主任
台州	市公安局椒江分局白云派出所 市公安局路桥分局路桥派出所	徐海勇	市公安局椒江分局刑侦大队大队长
		张　冰	市公安局黄岩分局城西派出所民警
		沈海鸿	市公安局路桥分局治安大队大队长
		虞才明	市公安局开发区分局刑侦大队大队长
		金敬林	临海市公安局杜桥派出所民警
		蔡仁辉	温岭市公安局横峰派出所所长

续表

单 位	优秀基层单位	优秀人民警察	
台州	临海市公安局大洋派出所 温岭市公安局刑侦大队	郭炳文	玉环县公安局刑侦大队民警
		叶文琼	天台县公安局平桥派出所副所长
		泮召军	仙居县公安局巡特警大队民警
		陈臻宇	三门县公安局治安大队副大队长
丽水	龙泉市公安局剑池派出所 松阳县公安局大东坝派出所 庆元县公安局交警大队	张 城	市公安局莲都区分局双溪派出所所长
		何大火	青田县公安局刑侦大队技术中队指导员
		李曙晖	缙云县公安局工业园区分局刑侦中队中队长
		詹 璐	缙云县公安局刑侦大队副大队长
		兰森堂	景宁县公安局巡特警大队大队长兼鹤溪派出所副所长
边防	台州市公安边防支队大麦屿边防派出所	楼二虎	温州市公安边防支队场桥边防派出所所长
		杨赫奇	舟山市公安边防支队西码头边防派出所副所长
消防	衢州市公安消防支队衢江大队 台州市公安消防支队玉环大队	左秀俊	丽水市公安消防支队特勤中队班长
		邢红华	湖州市公安消防支队特勤中队班长
警卫		李柏友	省公安厅警卫局勤务一处处长
厅机关	省公安厅高速公路交警总队杭州支队五大队 省公安厅高速公路交警总队宁波支队一大队 省公安厅机场公安局航站楼派出所	叶 晟	省公安厅办公室调研科科长
		刘继武	省公安厅高速公路交警总队湖州支队二大队大队长
		余丽芬(女)	浙江警察学院社会科学部副主任

【表扬市级公安机关综合考评先进单位】 1月4日，省厅印发《关于全省市级公安机关2010年度工作综合考评结果的通报》，对2010年度工作综合考评成绩分列一、二、三类地区前茅的宁波、金华、嘉兴、舟山等4个市公安局予以通报表扬。

【2011年度立功受奖情况】 2011年，全省公安系统共立集体一等功7个、二等功125个、三等功531个，集体嘉奖1151个；个人一等功26个、二等功162个、三等功1829个，个人嘉奖9841个。基层和一线实战单位及其民警受奖数占全省公安机关年度受奖总数的89%。

2011年度浙江省公安机关立集体一等功单位一览

单 位 名 称	批准时间	批准机关
温州市公安机关“401”专项工作组	01.11	公安部
绍兴市公安机关世合赛安保工作集体	06.15	公安部
浙江省公安厅侦破“8·16”特大运输毒品案专案组	06.15	公安部
浙江省公安厅侦破“10·11”特大跨境电信诈骗案专案组	06.15	公安部
浙江省公安厅集中整治网络赌博违法犯罪活动专项行动办公室	06.15	公安部
浙江省公安厅	12.16	公安部
宁波市公安局	12.16	公安部

2011年度浙江省公安机关立集体二等功单位一览

单位名称	批准时间	批准机关
杭州市公安局上海世博会“环沪护城河”安保工作领导小组办公室	02.11	省公安厅
杭州市公安局交警支队上海世博会“环沪护城河”安保工作领导小组办公室	02.11	省公安厅
杭州市公安局西湖风景名胜区分局上海世博会“环沪护城河”安保工作领导小组办公室	02.11	省公安厅
杭州市公安局余杭区分局上海世博会“环沪护城河”安保工作领导小组办公室	02.11	省公安厅
杭州市公安局开发区分局上海世博会“环沪护城河”安保工作领导小组办公室	02.11	省公安厅
宁波市公安局江东分局百丈路派出所	02.11	省公安厅
宁波市公安局海曙分局治安大队基础中队	02.11	省公安厅
宁波市公安局鄞州分局治安大队	02.11	省公安厅
宁波市公安局治安支队六大队	02.11	省公安厅
宁波市公安局交警支队江东大队	02.11	省公安厅
温州市公安局上海世博会“环沪护城河”安保工作领导小组办公室	02.11	省公安厅
温州市公安局瓯海区分局潘桥派出所	02.11	省公安厅
乐清市公安局柳市分局	02.11	省公安厅
湖州市公安局浙江湖州经济开发区分局康山派出所	02.11	省公安厅
湖州市公安局南浔区分局水上安保检查站	02.11	省公安厅
湖州市公安局上海世博会“环沪护城河”安保重点人管控工作专班	02.11	省公安厅
嘉善县公安局上海世博会“环沪护城河”安保工作领导小组办公室	02.11	省公安厅
嘉善县公安局里泽公安检查大队	02.11	省公安厅
嘉善县公安局俞汇公安检查大队	02.11	省公安厅
平湖市公安局上海世博会“环沪护城河”安保工作领导小组办公室	02.11	省公安厅
平湖市公安局治安大队基础管理中队	02.11	省公安厅
平湖市公安局全塘公安检查大队	02.11	省公安厅
嘉兴市公安局交警支队上海世博会“环沪护城河”交通安保工作指挥部	02.11	省公安厅
嘉兴市公安局治安支队	02.11	省公安厅
绍兴市公安局上海世博会“环沪护城河”安保重点人管控和情报信息工作专班	02.11	省公安厅
嵊州市公安局“8·16事件”善后处置工作组	02.11	省公安厅
上虞市公安局上海世博会“环沪护城河”安保指挥部	02.11	省公安厅
诸暨市公安局上海世博会“环沪护城河”安保指挥部	02.11	省公安厅
绍兴市公安局“平安2010”社会治安排查整治办公室	02.11	省公安厅
金华市公安局处置“6·3”事件工作组	02.11	省公安厅

续表

单　位　名　称	批准时间	批准机关
金华市公安局婺城分局“4·12”专案组	02.11	省公安厅
义乌市公安局上海世博会“环沪护城河”安保工作领导小组办公室	02.11	省公安厅
江山市公安局交警大队廿八都中队	02.11	省公安厅
常山县公安局白石省际卡点	02.11	省公安厅
舟山市公安局上海世博会“环沪护城河”安保工作领导小组办公室	02.11	省公安厅
舟山市公安局定海区分局巡特警大队	02.11	省公安厅
嵊泗县公安局赴洋山维稳工作组	02.11	省公安厅
岱山县公安局上海世博会“环沪护城河”安保工作领导小组办公室	02.11	省公安厅
舟山市公安局普陀区分局巡特警大队	02.11	省公安厅
天台县公安局上海世博会“环沪护城河”安保白鹤卡点	02.11	省公安厅
三门县公安局上海世博会“环沪护城河”安保娄坑（市际）卡点执勤组	02.11	省公安厅
台州市公安局上海世博会“环沪护城河”安保重点人管控和情报信息专班	02.11	省公安厅
丽水市公安局处置“2009·4·30”集资事件维稳工作组	02.11	省公安厅
缙云县公安局上海世博会“环沪护城河”安保维稳工作小组	02.11	省公安厅
省公安厅治安总队	02.11	省公安厅
省公安厅科技通信管理局应用服务科	02.11	省公安厅
省公安厅高速公路交警总队嘉兴支队	02.11	省公安厅
浙江警察学院上海世博会“环沪护城河”安保大队	02.11	省公安厅
杭州市公安局承办省运会游泳比赛项目工作集体	03.21	省公安厅
温州市公安局承办省运会乒乓球比赛项目工作集体	03.21	省公安厅
丽水市公安局承办省运会登山比赛项目工作集体	03.21	省公安厅
舟山市公安局承办省运会飞镖比赛项目工作集体	03.21	省公安厅
省公安消防总队承办省运会篮球（乙）比赛项目工作集体	03.21	省公安厅
省公安厅高速公路交警总队承办省运会篮球（甲）、省首届体育大会保龄球比赛项目工作集体	03.21	省公安厅
浙江警察学院承办省运会田径、省首届体育大会拔河等比赛项目工作集体	03.21	省公安厅
省前卫体协办公室组织省运会和首届体育大会参赛工作集体	03.21	省公安厅
杭州市公安局下城区分局侦破“5·18”电信诈骗案专案组	06.24	省公安厅
杭州市公安局“11·26”专案组	06.24	省公安厅
杭州市看守所	06.24	省公安厅
杭州市公安局侦破“3·26”系列夜盗团伙案专案组	06.24	省公安厅
杭州市公安局侦破“6·15”特大合同诈骗案专案组	06.24	省公安厅
杭州市公安局滨江区分局侦破“8·26”恶势力团伙案专案组	06.24	省公安厅

续表

单 位 名 称	批准时间	批准机关
杭州市公安局余杭区分局侦破“12·9”系列拐卖妇女儿童案专案组	06.24	省公安厅
杭州市公安局西湖区分局侦破“8·23”特大绑架案专案组	06.24	省公安厅
杭州市公安局开发区分局侦破“11·5”特大系列抢劫强奸案专案组	06.24	省公安厅
淳安县公安局侦破“7·7”系列拎包盗窃案专案组	06.24	省公安厅
宁波市公安局侦破“2010·1·20”扒窃犯罪团伙案专案组	06.24	省公安厅
宁波市公安局北仑分局侦破“4·1”、“4·9”特大购买、出售非法制造发票案专案组	06.24	省公安厅
余姚市公安局侦破“百家乐”特大网络赌博案专案组	06.24	省公安厅
温州市公安局收容教育所	06.24	省公安厅
温州市公安局瓯海区分局瞿溪派出所	06.24	省公安厅
温州市公安机关侦破“5·05”特大制售假发票假证照案专案组	06.24	省公安厅
苍南县公安局侦破“5·15”莒溪特大黄金被盗案专案组	06.24	省公安厅
瑞安市公安局侦破“1·16”绑架案专案组	06.24	省公安厅
湖州市公安局吴兴区分局侦破系列盗销摩托车案专案组	06.24	省公安厅
湖州市公安局南浔区分局侦破特大盗销摩托车案专案组	06.24	省公安厅
湖州市公安局吴兴区分局侦破“5·28”特大走私毒品案专案组	06.24	省公安厅
长兴县看守所	06.24	省公安厅
湖州市看守所	06.24	省公安厅
嘉善县看守所	06.24	省公安厅
湖州市公安局警官乐团	06.24	省公安厅
海盐县公安局侦破“2009·02·13”黑社会性质组织案件专案组	06.24	省公安厅
绍兴市公安局“纵横案件”侦办专案组	06.24	省公安厅
绍兴市公安局袍江分局侦破“2010·08·12”特大杀人案专案组	06.24	省公安厅
绍兴县公安局侦破以张涛为首的黑社会性质组织案专案组	06.24	省公安厅
诸暨市公安局侦破赵婷芝等人集资诈骗、非法吸收公众存款案专案组	06.24	省公安厅
金华市公安局“5·05”专案组	06.24	省公安厅
永康市公安局侦破“郑军等人黑社会性质组织犯罪案”专案组	06.24	省公安厅
衢州市公安局衢江分局侦破“4·3”盗窃案专案组	06.24	省公安厅
衢州市公安局经济开发区分局侦破“7·1”、“7·13”命案专案组	06.24	省公安厅
常山县公安局侦破“2009·04·22”贩毒案专案组	06.24	省公安厅
江山市公安局侦破“2009·1·13”系列网络诈骗案专案组	06.24	省公安厅
台州市公安局路桥分局侦破公安部督办系列性盗窃“三电”案专案组	06.24	省公安厅
台州市公安局路桥分局路桥派出所	06.24	省公安厅

续表

单位名称	批准时间	批准机关
天台县公安局“2·18”事件处置工作组	06.24	省公安厅
三门县公安局侦破“3·23”特大虚开增值税专用发票案专案组	06.24	省公安厅
温岭市公安局侦破系列盗窃保险箱案专案组	06.24	省公安厅
玉环县公安局侦破“12·7”贩毒案专案组	06.24	省公安厅
丽水市公安局侦破“2009·1·13”特大贩毒团伙案专案组	06.24	省公安厅
遂昌县公安局侦破“8·11”绑架杀人案专案组	06.24	省公安厅
青田县公安局侦破“11·12”别墅小区抢劫杀人案专案组	06.24	省公安厅
省公安厅高速公路交警总队台州支队吴岙黑点路段整治组	06.24	省公安厅
杭州市余杭区拘留所	10.31	省公安厅
宁波市公安局交警支队车辆管理所	10.31	省公安厅
宁波市公安局北仑分局侦破“0709”POS机非法套现案专案组	10.31	省公安厅
宁波市公安局经侦支队侦破“108”特大销售假烟案专案组	10.31	省公安厅
海宁市公安局侦破汪占峰黑社会性质组织案专案组	10.31	省公安厅
海宁市公安局侦破“2010·01·31”特大运销假烟网络案专案组	10.31	省公安厅
平湖市公安局侦破李大宁黑社会性质组织案专案组	10.31	省公安厅
桐乡市公安局侦破“2010·05·17”系列盗窃汽车案专案组	10.31	省公安厅
桐乡市公安局侦破“2010·03·15”利用互联网开设赌场案专案组	10.31	省公安厅
绍兴县公安局侦破“2010·6·5”特大涉枪贩毒团伙案专案组	10.31	省公安厅
嵊州市公安局侦破以周海东为首的黑社会性质组织案专案组	10.31	省公安厅
新昌县公安局侦破“2010·6·3”爆炸案专案组	10.31	省公安厅
金华市公安局婺城分局侦破“3·2”特大电信诈骗案专案组	10.31	省公安厅
浦江县公安局侦破“3·23”网络赌博案专案组	10.31	省公安厅
兰溪市公安局抗洪抢险工作集体	10.31	省公安厅
永康市看守所	10.31	省公安厅
舟山市公安局定海区分局侦破“2010·12·28”绑架案专案组	10.31	省公安厅
舟山市公安局普陀区分局“2010命案积案”攻坚组	10.31	省公安厅
台州市公安局国保支队	10.31	省公安厅
庆元县公安局“1994·7·19”专案组	10.31	省公安厅
浙江警察学院“治安学专业教学团队”	10.31	省公安厅
省公安厅“6·15”专案指挥协调组	10.31	省公安厅
省公安厅“雷霆三号”专案组	10.31	省公安厅

2011年度浙江省公安机关立个人一等功民警一览

姓　名	工作单位及职务	批准时间	批准机关
高　明	杭州市公安局治安支队副支队长	02.11	省公安厅
陈　杰	宁波市公安局江东分局督察大队副大队长	02.11	省公安厅
周　其	慈溪市公安局巡特警大队二中队副中队长	02.11	省公安厅
徐敏捷	安吉县公安局治安大队大队长	02.11	省公安厅
杨根林	嘉善县公安局巡特警大队教导员	02.11	省公安厅
于智勇	平湖市公安局副局长	02.11	省公安厅
马俊荣	嘉兴市公安局交警支队车管所民警	02.11	省公安厅
吕迪虎	诸暨市公安局巡特警大队副大队长	02.11	省公安厅
夏国华	绍兴县公安局治安大队教导员	02.11	省公安厅
陈云河	常山县公安局招贤派出所民警	02.11	省公安厅
刘　涛	舟山市公安局定海区分局交通派出所所长	02.11	省公安厅
沈　翊	省公安厅高速公路交警总队嘉兴支队副支队长	02.11	省公安厅
董晓伟	省公安厅副厅长	06.15	公安部
胡志沙	生前系温州市公安局刑侦支队警犬训导员	06.24	省公安厅
马长林	湖州市公安局开发区分局杨家埠派出所民警	07.01	省公安厅
林　伟	台州市公安局路桥分局治安大队民警	07.01	省公安厅
唐海荣	嘉善县公安局罗星派出所民警	07.01	省公安厅
叶　红	温州市公安局经侦支队执法监督指导科副科长、中国第九支赴利比里亚维和警队副队长	07.01	省公安厅
金国民	宁波市公安局镇海分局刑侦大队教导员	07.01	省公安厅
陈素青	金华市公安局刑侦支队民警	07.01	省公安厅
孙建宇	上虞市公安局禁毒大队大队长	07.01	省公安厅
蒋定军	杭州市公安局交警支队西湖大队二中队副中队长	07.01	省公安厅
徐双燕	岱山县公安局高亭派出所副所长	07.01	省公安厅
邢红华	湖州市公安消防支队特勤中队班长	07.01	省公安厅
陈一兵	生前任嘉兴市公安局党委委员、副局长	10.31	省公安厅
钟　庆	省公安厅禁毒总队侦查科科长	10.31	省公安厅

2011年度浙江省公安机关立个人二等功的民警一览

姓　名	工作单位及职务	批准时间	批准机关
陈国元	杭州市公安局副局长	02.11	省公安厅
葛　颀	杭州市公安局国保支队一大队大队长	02.11	省公安厅
童安康	杭州市公安局交通治安分局北站派出所民警	02.11	省公安厅
潘福贵	杭州市公安局行动技术支队六大队民警	02.11	省公安厅
陈谷安	杭州市公安局下城区分局国保大队大队长	02.11	省公安厅
周　斌	杭州市公安局萧山区分局巡(特)警(治安)大队综合科民警	02.11	省公安厅
冯　林	宁波市公安局治安支队支队长	02.11	省公安厅
叶　勇	余姚市公安局梨洲派出所民警	02.11	省公安厅
张国康	宁波市公安局江北分局信访办民警	02.11	省公安厅
高红军	宁波市公安局镇海分局蛟川派出所副所长	02.11	省公安厅
薛亚周	宁波市公安局北仑分局柴桥派出所民警	02.11	省公安厅
李江晖	温州市公安局副局长	02.11	省公安厅
余利华	瑞安市公安局治安大队内保中队民警	02.11	省公安厅
徐知竑	温州市公安局鹿城区分局副局长	02.11	省公安厅
王长青	平阳县公安局昆阳派出所民警	02.11	省公安厅
陈　洪	德清县公安局莫干山派出所副所长	02.11	省公安厅
宋文国	长兴县公安局国保大队大队长	02.11	省公安厅
赵　清	湖州市公安局吴兴区分局月河派出所民警	02.11	省公安厅
时　帆	嘉善县公安局指挥中心（办公室）民警	02.11	省公安厅
汤洪成	嘉兴市公安局南湖区分局副局长	02.11	省公安厅
莫新荣	嘉兴市公安局秀洲区分局副局长	02.11	省公安厅
张志良	嘉善县公安局副局长	02.11	省公安厅
费建东	嘉善县公安局治安管理大队大队长	02.11	省公安厅
钟立新	平湖市公安局当湖派出所副所长	02.11	省公安厅
张宏伟	平湖市公安局巡特警大队教导员	02.11	省公安厅
孙金良	平湖市公安局水上派出所所长	02.11	省公安厅
陈　珂	海盐县公安局治安大队大队长	02.11	省公安厅
魏立琴	海宁市公安局治安大队大队长	02.11	省公安厅
王英毅	桐乡市公安局交警大队副大队长	02.11	省公安厅
陈国强	绍兴市公安局交警支队东区执勤大队副大队长	02.11	省公安厅
胡家祥	绍兴市公安局越城区分局网监大队大队长	02.11	省公安厅

续表

姓　名	工作单位及职务	批准时间	批准机关
杨利辉	新昌县公安局城西派出所所长	02.11	省公安厅
汤洪江	上虞市公安局刑侦大队副大队长	02.11	省公安厅
周贤人	绍兴市公安局刑事科学技术研究所痕文照实验室主任	02.11	省公安厅
施欣辉	金华市公安局党委副书记、副局长	02.11	省公安厅
吴立翔	东阳市公安局治安大队副教导员	02.11	省公安厅
倪红卫	兰溪市公安局国保大队副大队长	02.11	省公安厅
陈伟清	浦江县公安局刑侦大队大队长	02.11	省公安厅
俞玉中	龙游县公安局龙洲派出所基础中队中队长	02.11	省公安厅
李樟花	衢州市公安局衢江分局治安大队教导员	02.11	省公安厅
周四海	舟山市公安局治安支队支队长	02.11	省公安厅
王延强	舟山市公安局普陀区分局沈中派出所民警	02.11	省公安厅
陈国强	岱山县公安局巡特警大队大队长	02.11	省公安厅
於石头	嵊泗县公安局局长	02.11	省公安厅
许文峰	舟山市公安局普陀山分局政委	02.11	省公安厅
叶明福	舟山市公安局新城分局治安大队大队长	02.11	省公安厅
梅光辉	临海市公安局副局长	02.11	省公安厅
叶朝阳	台州市公安局黄岩分局治安大队大队长	02.11	省公安厅
罗荣华	温岭市公安局纪委副书记兼信访科科长	02.11	省公安厅
王江圣	丽水市公安局信访室副主任	02.11	省公安厅
叶华生	丽水市公安局莲都区分局国保大队大队长	02.11	省公安厅
陈　彬	景宁县公安局治安大队大队长	02.11	省公安厅
程　华	省公安厅治安总队一科科长	02.11	省公安厅
夏建强	省公安厅治安总队十一科科长	02.11	省公安厅
刘　根	省公安厅高速公路交警总队丽水支队二大队副大队长	02.11	省公安厅
方华清	浙江警察学院学生工作处学生大队副大队长	02.11	省公安厅
谢玉明	浙江警察学院学生工作处学生大队辅导员	02.11	省公安厅
宋　歌	浙江警察学院学生	02.11	省公安厅
孙浙烈	浙江警察学院学生	02.11	省公安厅
李慧琦	浙江警察学院学生	02.11	省公安厅
吴君毅	浙江警察学院学生	02.11	省公安厅
纪振国	杭州市公安局交警支队景区大队指导员	03.21	省公安厅

续表

姓　名	工作单位及职务	批准时间	批准机关
裘晓鸣	杭州市公安局江干区分局民警	03.21	省公安厅
吴　昊	宁波市公安局江东分局巡特警大队民警	03.21	省公安厅
郑体安	苍南县公安局治安大队教导员	03.21	省公安厅
陈　理	温州市公安局出入境管理处民警	03.21	省公安厅
冯克强	温州市公安局鹿城区分局国保大队民警	03.21	省公安厅
胡铭闽	嘉兴市公安局南湖区分局解放派出所副所长	03.21	省公安厅
刘　君	台州市公安局路桥分局刑侦大队民警	03.21	省公安厅
陈　胤	丽水市公安局巡特警支队副支队长	03.21	省公安厅
张军儿	舟山市公安局经侦支队支队长	03.21	省公安厅
徐　波	舟山市公安局网警支队信息监控管理监察大队副大队长	03.21	省公安厅
张宏华	舟山市公安局定海区分局副局长	03.21	省公安厅
李　晟	省公安厅高速公路交警总队机动支队民警	03.21	省公安厅
孙　燕	省公安厅高速公路交警总队民警	03.21	省公安厅
徐洋涛	浙江警察学院学生	03.21	省公安厅
金小路	浙江警察学院学生	03.21	省公安厅
韩　涛	浙江警察学院学生	03.21	省公安厅
李　辉	浙江警察学院学生	03.21	省公安厅
濮俊翔	浙江警察学院学生	03.21	省公安厅
郭建伟	杭州市公安局副局长	04.06	省公安厅
翁金儿	杭州市公安局下城区分局局长	04.06	省公安厅
李建明	杭州市公安局法制支队支队长	04.06	省公安厅
王金寿	杭州市公安局下城区分局副局长	04.06	省公安厅
黄　品	杭州市公安局法制支队行政复议应诉大队大队长	04.06	省公安厅
林　亮	生前系温州市公安局治安支队一大队民警	05.12	省公安厅
章晓军	杭州市看守所综合科副科长	06.24	省公安厅
周伟忠	杭州市萧山区看守所民警	06.24	省公安厅
潘志军	临安市公安局刑侦大队大队长	06.24	省公安厅
孔　磊	杭州市公安局上城区分局刑侦大队副大队长	06.24	省公安厅
陈光初	余姚市公安局刑侦大队副大队长	06.24	省公安厅
贾向红	宁波市公安局刑侦支队六大队五中队副中队长	06.24	省公安厅
毛春光	宁波市公安局鄞州分局刑侦大队副大队长	06.24	省公安厅

续表

姓 名	工作单位及职务	批准时间	批准机关
陈作雁	温州市公安局反邪教处副处长	06.24	省公安厅
吴国钱	温州市公安局副局长	06.24	省公安厅
潘旭光	时任永嘉县公安局副局长	06.24	省公安厅
陈建伟	瑞安市公安局玉海派出所民警	06.24	省公安厅
张仕池	乐清市公安局乐成派出所民警	06.24	省公安厅
刘 恢	乐清市公安局禁毒大队民警	06.24	省公安厅
周张臻	乐清市公安局禁毒大队民警	06.24	省公安厅
林贤品	乐清市公安局刑侦大队机动二中队民警	06.24	省公安厅
黄绍安	平阳县公安局经侦大队民警	06.24	省公安厅
董文杰	平阳县公安局经侦大队民警	06.24	省公安厅
李昌忠	温州市公安局科技通信处应用开发科科长	06.24	省公安厅
蒋晓白	长兴县公安局煤山派出所民警	06.24	省公安厅
邱 枫	湖州市公安局特警支队二大队大队长	06.24	省公安厅
金志刚	嘉善县公安局罗星派出所副所长	06.24	省公安厅
郑锦涛	嘉兴市公安局特警支队民警	06.24	省公安厅
张剑云	嘉兴市公安局港区分局交警大队大队长	06.24	省公安厅
王燮蛟	天台县公安局政委	06.24	省公安厅
池 涛	台州市公安局刑侦支队副支队长	06.24	省公安厅
徐海峰	台州市公安局黄岩区分局刑侦大队副大队长	06.24	省公安厅
郑克哲	台州市公安局治安支队副支队长	06.24	省公安厅
包锦腾	三门县公安局海游派出所副所长	06.24	省公安厅
杨华仁	丽水市公安禁毒支队支队长	06.24	省公安厅
饶源民	丽水市公安局信访室主任	06.24	省公安厅
张洪飞	遂昌县公安局妙高派出所民警	06.24	省公安厅
单连升	省公安厅技侦总队副总队长	06.24	省公安厅
吴仁贤	杭州市公安局滨江区分局刑侦大队副大队长	07.01	省公安厅
卞卫平	丽水市公安局刑侦支队指纹中心主任	07.01	省公安厅
蔡建明	江山市委常委、公安局局长	07.01	省公安厅
胡朝霞	宁波市公安局北仑分局车管所民警	07.01	省公安厅
陈 骋	温州市公安局鹿城区分局莲池派出所民警	07.01	省公安厅
金贤明	平湖市公安局交警大队事故处理中队民警	07.01	省公安厅

续表

姓 名	工作单位及职务	批准时间	批准机关
池勇军	湖州市公安局吴兴区分局八里店派出所民警	07.01	省公安厅
胡生跃	金华市公安局婺城分局城西派出所民警	07.01	省公安厅
王红霞	三门县公安局沙柳派出所民警	07.01	省公安厅
林发生	松阳县公安局刑侦大队副大队长	07.01	省公安厅
孙金磊	舟山市公安边防支队罗家岙边防派出所民警	07.01	省公安厅
陈 谷	省公安厅警卫局警卫队队长	07.01	省公安厅
王辛微	省公安厅高速公路交警总队台州支队副支队长	07.01	省公安厅
申小勇	杭州铁路公安处看守所管教民警	07.01	省公安厅
骆晓晖	省公安厅机场公安局航站楼派出所副所长	07.01	省公安厅
李铁强	省公安厅办公室信访科副科长	07.01	省公安厅
翁 清	省公安厅高速公路交警总队杭州支队三大队执勤民警	08.02	省公安厅
李新宝	嘉兴市公安局党委委员、机关党委书记、政治部主任	08.29	省公安厅
隋瑞福	杭州市公安局上城区分局巡特警大队二中队中队长	08.29	省公安厅
何 群	宁波市公安局交警支队江东大队副中队长	08.29	省公安厅
江康敏	宁波市公安局北仑分局新碶派出所民警	08.29	省公安厅
傅昌扬	乐清市公安局党委委员、政治处主任	08.29	省公安厅
吴益中	义乌市委常委、公安局局长	08.29	省公安厅
毛建剑	江山市公安局坛石派出所民警	08.29	省公安厅
刘良芳	舟山市公安局警卫处处长	08.29	省公安厅
王海松	三门县公安局治安大队副大队长兼打黑队队长	08.29	省公安厅
张国珠	省公安厅高速公路交警总队衢州支队副支队长	08.29	省公安厅
吴勤俭	省公安厅刑侦总队副调研员、警犬管理科科长	08.29	省公安厅
王义生	台州市公安局黄岩分局交警大队城区中队民警	08.29	省公安厅
郑 汀	杭州市公安局萧山区分局宁围派出所民警	10.31	省公安厅
张怀明	宁波市公安局国保支队副支队长	10.31	省公安厅
唐国良	嘉兴市公安局行动技术支队信息研判大队大队长	10.31	省公安厅
吴建东	诸暨市公安局山下湖派出所所长	10.31	省公安厅
徐力军	上虞市公安局刑侦大队技术中队指导员	10.31	省公安厅
姜 瑞	兰溪市公安局刑侦大队刑事科学技术室指导员	10.31	省公安厅
赵小栋	义乌市公安局刑侦大队十一中队副中队长	10.31	省公安厅
邹小勇	义乌市公安局廿三里派出所民警	10.31	省公安厅

续表

姓　名	工作单位及职务	批准时间	批准机关
王　骅	义乌市公安局经侦大队民警	10.31	省公安厅
吴舟彪	舟山市公安局定海区分局刑侦大队副大队长	10.31	省公安厅
陈再佳	象山县公安局禁毒大队大队长	10.31	省公安厅
朱思海	宁波市公安局行动技术支队民警	10.31	省公安厅
张　栋	宁波市公安局禁毒支队侦查大队副大队长	10.31	省公安厅
周益斌	杭州市公安局萧山区分局刑侦大队情报中队副中队长	11.02	省公安厅
徐雨含	东阳市公安局横店派出所民警	11.25	省公安厅

干部人事

【概述】 2011年，省公安厅完成公开招录1980名人民警察工作，出台人民警察因私出国（境）管理、干部人事工作岗位风险评估与防范措施等规定，配合各市党委组织部门做好公安领导干部协管工作，做好厅本级部分机构增设或升格工作，组织开展职业健康管理系统试用工作，部署开展警员职务套改后警衔晋升等工作。

【加强干部协管】 7～12月，省厅配合各市党委组织部门做好换届工作中对市级公安机关领导班子和领导干部协管工作。选派6名处级干部参加省委考察组，分两批参与省委对全省11个市的换届考察工作，同时派人参与各市委考察组对各市公安机关领导班子的届末考察工作。

【省厅本级机构调整】 5月，经省编办同意，杭州西湖国宾馆、浙江西子宾馆、杭州柳莺宾馆和南屏服务中心机构升格为正处级。11月，经省编办同意，省厅在义乌市公安局增挂省公安厅出入境管理局义乌分局牌子（增加处级领导职数1名），设立厅经济犯罪侦查总队直属侦查队、厅技术侦察总队指挥监督中心、厅高速公路交警总队警卫支队3个副处级机构，设立浙江警察学院国际合作交流中心（正处级），省人民警察培训中心机构升格为正处级。

【完成事业单位岗位设置管理和首次岗位聘用工作】 12月，根据国家和省有关事业单位岗位设置管理文件规定，经报省人力资源和社会保障厅批准，省厅下属15家事业单位按时完成事业单位岗位设置管理和首次岗位聘用工作。

【建立侦查专业团队】 2月和10月，经省厅党委研究决定，分别建立疑难刑事案件会诊与研究工作的专业团队“崔国华工作室”和互联网侦察工作的专业团队“施雄伟网侦工作室”。

【组织开展招录培养体制改革试点和统一考录民警工作】 4月起，省厅会同省委政法委、省人力资源和社会保障厅、省教育厅等部门，组织开展公安民警招录培养体制改革试点工作，截至12月，完成全省459名人民警察学员的考试录取工作。年内，省厅争取省人力资源和社会

图为厅党委委员、政治部主任华乃强等在浙江警察学院2011年招录人民警察学员笔试现场巡视（9月17～18日）

保障厅的支持，组织完成2011年全省公安机关面向社会招考录用人民警察工作，共招录民警1980名。

【规范公安机关人民警察因私出国（境）管理】 6月和9月，省厅根据公安部有关规定，先后制定下发《浙江省公安机关人民警察因私出国（境）管理实施办法》和《关于我厅涉密人员因私出国（境）审批权限有关事项的通知》，对全省公安机关人民警察因私出国（境）管理工作进行规范。

【出台《公安机关干部人事工作岗位风险评估与防范措施（试行）》】 10月，省厅政治部印发《公安机关干部人事工作岗位风险评估与防范措施（试行）》，对干部任免、录用调配、机构编制管理等干部人事工作的十类岗位，就工作过程中可能产生不作为、不合规、不廉洁、不道德的问题及其危害程度进行分析评估，查摆潜在的风险，并从思想政治、作风建设、制度建设、廉政建设、内部管理等方面有针对性地提出防范措施。

【做好公安院校毕业生录用工作】 2011年，完成公安院校本科毕业生录用计划编报、笔试、面试等工作，确保具有公务员资格的毕业生能够全额接收。全省共录用警察学院本科毕业生429名，公安大学、刑警学院毕业生90名。做好公安院校专科毕业生录用人民警察工作。针对国家明确规定2008年以后入学的公安院校毕业生取消公务员资格考试、统一参加社会招考的实际，争取编制、人事部门的支持，确定2008年以后入学毕业生录用的新途径，努力保证绝大部分毕业生录用为公安民警。组织浙江警察学院、南京森林警察学院等院校专科毕业生参加浙江省公安机关特殊职位的招考，共录用532人，其中录用浙江警察学院毕业生466人。

【加强警衔管理】 2011年，全省公安机关继续通过公安人事管理信息系统进行警衔管理，共审核、报批警衔16412人。其中，首次授予人民警察警衔3250人，晋升13124人，提前晋升30人，降低警衔8人，取消19人，不予保留警衔561人。截至年底，全省各级公安机关评授行政警衔人员61069人、专业技术警衔人员352人。年内，根据公安部政治部《关于公安机关执法勤务机构警员职务人民警察评授警衔有关问题的通知》精神，省厅部署开展高套警员职务人民警察晋升警衔工作。截至年底，全省共有343名高套三级警长人民警察晋升一级警督警衔。

【加强专业技术人员管理】 组织实施2011年度全省公安机关专业技术资格评审工作，12月召开公安专业高级、刑事科学技术和技术侦察中级、厅高校教师中级3个专业技术资格评审会议，共评出高级资格2人、中级资格36人。做好浙江警察学院等单位专业技术人员聘任工作，共聘任专业技术职务195人（其中高级技术职务90人）。

公安宣传

【概述】 2011年，全省公安宣传部门围绕公安中心工作，以“大走访”开门评警为主线，以选树、培育、宣传先进典型为导向，以创新主题宣传为载体，以活跃警营文化为平台，积极推进警察公共关系建设，为完成各项保卫任务提供有力的思想保障和舆论支持。

【开展“平民化”民警宣传】 2011年，省厅宣传处以“三八”节、清明节、五四青年节等纪念性节假日为平台，有重点、分阶段地开展系列主题策划宣传。“三八”妇女节期间，联合《青年时报》、《浙江法制报》宣传浙江女性警察代表；清明前夕，以向全省公安英烈子女征集“给天堂警察爸爸的一封信”为切入点开展报道；五四青年节期间，以“新警察的一天”为载体，协调《浙江法制报》、浙江广电集团新蓝网等媒体开展全省公安青年民警主题报道，“五四”当天，新浪网站首页推出“新警察故事”专题栏目，集中刊发80余位青年民警的征文，《浙江法制报》头版刊发整版报道。

【宣传中央、省级重大先进典型】 2011年，全省公安宣传部门全力推送并打造2011年“感动中国人物”孙炎明、

图为中央电视台著名主持人白岩松采访“感动中国人物”孙炎明（2月14日）

第四届“我最喜爱的人民警察”特别奖获得者吴仁贤、第四届“我最喜爱的人民警察”提名奖获得者王义生、第四届浙江省“金锤奖”获得者谢贤能等在全国、全省具有较大影响力的先进典型，弘扬浙江公安队伍敬业、爱民、奉献的形象。3月，全省公安先进典型宣传工作经验在省委宣传部召开的全省宣传工作会议上作典型发言。

【重点报道专项行动战绩】2011年，全省公安宣传部门以“清网行动”、“打四黑除四害”、“亮剑”等专项行动为报道重点，对行动的最新进展及所取得的战绩进行及时宣传报道。年内，在中央、省级新闻媒体刊发报道50余篇，其中在《人民公安报》的发稿数位于全国公安机关前列。同时，省厅宣传处积极联系中央电视台一套、浙江卫视有关知名栏目播发浙江省开展“猎手行动”、“清网行动”以及打击电信、网络诈骗、“黄赌毒”犯罪等电视新闻。

【开展日常公安新闻宣传】2011年，省厅宣传处做好春节、国庆等节日长假期间全省社会治安动态、全省公安机关抗洪救灾、厅长信访接待、防范网络诈骗宣传、电信诈骗、利比里亚维和警队凯旋、反恐维稳、“国门利剑”等各项公安工作的宣传报道。同时，做好第四届“我最喜爱的人民警察”先进事迹报告团巡回报告的新闻宣传。组织新闻媒体对先进人物进行采访报道，策划组织“我最喜爱的人民警察”走进“浙江在线”进行直播访谈。

【开展“千案回访”问卷调查活动】2011年，全省公安机关开展“千案回访”问卷调查活动，回访案件5700起，收集反馈建议2000余条。其间，各地公安机关专门制作《中小学安全防范意识指数测试》、《群众安全防范自我评估卷》等安全防范调查问卷，组织进行安全防范测验7万余次，走访案件当事人1万余名，回访案件5700余件，收集反馈建议信息2000余条。针对案件回访结果情况，组织省级新闻媒体进行“SQ”群众安全防范意识宣传活动。

【加强未成年人安全教育】4月，经浙江省精神文明建设委员会确认，省厅宣传处策划的“平安成长——未成年人安全教育工程”列入2011年浙江省未成年人思想道德建设十件实事。年内，省厅宣传处以浙江电视台少儿频道作为合作载体，开展“安全教育进校园”、“成长超动力：进警营学防范”、“走进警营牵手平安大型活动”、“安全防范童谣征集活动”等未成年人安全防范教育活动，并播出涉及消防、治安、交管、禁毒的安全防范专题片30余期。

【组织媒体“微访浙江公安”活动】11月8～11日，省厅宣传处以新浪微博为传播平台，组织省内《钱江晚报》等8家媒体记者开展“微访浙江公安”活动。截至年底，新浪平台上包含“微访浙江公安”为关键字的原创微博超过200条，被转发次数累计超过1.5万次，相关微博评论2000余条。

【组织参加全省政法系统摄影作品展】1月，省公安文联摄影专业委员会组织有关成员参加全省政法系统摄影作品评展活动，选送摄影作品1019幅(组)。经评选，获得一等奖4名、二等奖9名。

【第五届“东海卫士”摄影书画作品展】6月中旬，为期一周的第五届浙江省公安系统“东海卫士”摄影书画作品展览在浙江美术馆举办，集中展出了全省公安系统近两年来创作的100多幅书法、美术、摄影作品。1200余人参观展览。

【参加公安部第四届全国公安系统“卫士之光”书法、美术、摄影作品展评】7月，省公安文联组织推选作品参加公安部组织的第四届全国公安系统“卫士之光”书法、美术、摄影作品展览评选活动。省公安厅获组织奖，14幅书法、6幅美术和28幅摄影作品分别获得一、二、三等奖。

【组织“公安文化基层行”活动】11月11日～12月上旬，省厅宣传处组织开展“浙江公安文化基层行”活动。其间，共组织文艺小分队5个，先后深入绍兴、衢州、丽水、杭州等基层公安派出所进行书画笔会交流、赠送书画作品和广场文艺演出活动。

新闻发言工作

【概述】2011年，省厅新闻发言人办公室在“网上办事大厅”建设、政府信息公开、舆论引导、内外网管理等方面取得预期成效。

【推进“网上办事大厅”建设】11月1日，新版省厅门户网站暨“网上办事大厅”正式上线试运行。新版门户网站以“网上办事”为核心，以警民互动为特色，兼顾警务资讯（包含政府信息公开、警营文化）等内容，共建设主页及二、三级页面和模板130余个。

【规范新闻发布工作】3月31日，省厅新闻发言人办公室制定《2011年度厅机关新闻发布工作计划》，进一步规范和加强厅机关新闻发布工作。年内，组织、协助厅相关部门召开新闻发布会（新闻通气会）8场（次）。

【推进政府信息公开】 2011年，省厅新闻发言人办公室在厅政府信息公开平台发布信息144条，其中法规文件类14条、统计信息类13条、财政信息类15条、工作动态类4条，行政权力类39条、人事信息类20条、公告公示类39条。年内，省厅共受理政府信息公开申请16件，公开16件，接受公众自助查询1万余人次。

【加强日常涉警舆情研判】 2011年，省厅新闻发言人办公室共编发《每日涉警舆情》180期、《每周涉警舆情会商报告》41期、《浙江涉警舆情综述》12期，为厅党委及市、县公安机关领导提供决策参考。

【加大舆情引导处置指导力度】 2011年，省厅新闻发言人办公室加大舆情引导指导力度，先后指导处置了温州乐清钱云会事件、丽水缙云“9·4”交通肇事案、温州交警强奸案、央视曝光浙江省内个别县（市）淫秽表演事件、杭州纪连海拘传事件、温州“7·23”特大铁路交通事故、宁波民警微博交锋、宁波看守所非正常死亡事件、诸暨“8·23”及“8·29”枪案、湖州织里群体性事件等一批重大涉警、突发案（事）件舆情。

【规范舆情信息报送工作】 2011年，省厅将涉警舆情信息报送工作纳入对各市综合考评范围，按照《全省公安机关突发敏感案（事）件舆情信息报送暂行规定》要求，定期对各市舆情信息报送数量和质量进行点评通报。

【涉警舆情收集预警平台建设】 9月28日，省厅完成《浙江省公安厅涉警舆情收集与预警平台（一期）》立项、申报和招投标工作，二期项目通过专家论证。

【2010年度全省涉警舆情引导“十佳”案例】 3月31日，省厅通报了该“十佳”案例：杭州富阳“8·12”特大凶杀案舆情引导、宁波象山“12·4”袭警案舆情引导、温州龙湾滨海“性扰门”舆情引导、苍南涉警恶性抢劫杀人案舆情引导、新昌“6·3”爆炸案舆情引导、义乌“林贝欣事件”舆情引导、衢州“12·13”纵火案舆情引导、舟山“6·12”宝马撞飞设卡辅警事件舆情引导、天台“2·18”事件舆情引导、丽水遂昌“记者通缉门”舆论危机处置。

【举办舆论引导岗位业务技能抽考】 11月17～18日，省厅新闻发言人办公室在浙江警察学院组织全省公安机关舆论引导岗位业务技能抽考，全省11个市局的新闻发言人、舆论引导骨干和部分县级公安机关新闻发言人参加抽考。抽考分为涉警舆情案例分析（笔试）和模拟新闻发布会（现场）两个部分，杭州、台州和金华分获团体总分前三名。

【规范内外网管理】 2011年，省厅新闻发言人办公室先后帮助厅教育训练处、反恐总队、办公室等部门建设新的子网站。规范主要栏目的信息发布和信息报送，定期对厅内网及各市局内网主要栏目的信息发布及运行情况进行网上巡检，并在全省进行通报。在外网，对全省互联网门户网站进行全面安全检查，通报相关情况，督促有关公安机关整改，消除安全隐患。同时，做好外网的日常管理和维护工作，对门户网站栏目进行调整，做好网上互动工作。年内，省厅门户网站累计受理并答复本厅和省政府在线咨询519人次，处理网上值班信息109条。

【做好网络宣传】 2011年，省厅新闻发言人办公室摘登相关最新资讯在内网媒体声音、焦点新闻等栏目上，供全省广大民警阅览，全年在公安内网发布各类信息2100余条。在外网，通过门户网站共发布信息7800余条。

【协助做好省政府门户网站“在线访谈”活动】 4～8月，省厅新闻发言人办公室先后组织厅经侦、刑侦、交管、禁毒、高速、法制等警种和浙江警察学院参与省政府门户网站与浙江在线新闻网站合办的“在线访谈”活动，做好访谈主题确定、访谈稿审核及与省政府门户网站沟通联系等工作。

教育训练

【概述】 2011年，全省公安教育训练部门围绕公安中心工作，贯彻全国公安教育训练工作会议和公安部党委《关于加强和改进公安教育训练工作的意见》精神，以开展执法主体素质专题教育培训为载体，以提高公安民警执法能力和执法水平为重点，以全面提升教育训练的质量和效益为目标，顺利完成了各项工作任务。

【开展执法主体素质专题轮训】 2010年11月23日，省厅印发《关于在全省公安机关开展执法主体素质专题教育培训的指导意见》。2011年，各地公安机关将轮训工作作为贯穿全年公安队伍建设的一项重点工作加以落实。截至年底，全省基本完成执法主体素质专题教育培训任务，共集中培训790期，参训学员逾4万人次。

【落实浙藏两地公安机关东西合作素质强警行动计划】 2011年，全省公安机关根据浙藏两地公安机关“东西合作、素质强警”行动计划总体安排，在杭州、绍兴等地为西藏公安民警举办心理健康、信息化实战应用、治安、法制等专业培训，参训学员230余名。8月，省厅组织10名教官赴藏送教上门，为西藏公安厅组织的刑侦、监管、警务实战3个培训班授课70 课时，受训学员150人次。

【完成首届全国警务实战技能教官比武参赛任务】2011年，省厅根据公安部组织首届全国公安机关警务实战教官技能比武活动总体部署，先后组织80名队员分期分批集训。10月，在武汉举行的大比武活动中，浙江代表队在37支队伍370名教官参加的6个项目中，夺得总团体第二名，同时获战术对抗单项团体第一名、全能枪手射击单项团体第二名、实战基础知识单项团体第四名、教学训练法单项团体第六名。10名参赛教官中，6名获全国公安特级实战教官称号，4名获全国公安全能实战教官称号。

图为厅党委委员、政治部主任华乃强等欢迎参加"首届全国警务实战技能教官比武"民警凯旋（10月27日）

【实施"三个必训"制度】2011年，全省公安机关共组织初任培训2250人、警衔晋升训练1.07万人、基层一线民警实战训练3.51万人次、专业训练2.9万人次；组织参加公安部举办的执法大培训、晋升警监培训、县市公安局长政委首任培训等124人。

【完成三年为期岗位业务技能大抽考】11月11～20日，省厅组织国保、治安、刑侦、监管、交管、法制、高速交警7个业务警种和政工、纪检、督察、办公室、后勤、审计6个综合部门在浙江警察学院举行岗位业务技能抽考活动。全省737名民警参加37个项目的考试竞赛。12月12日，省厅对39个优胜集体和219名优胜个人进行通报表彰。

【开展全省公安机关专兼职教官大轮训活动】3月6日～6月29日，在浙江警察学院开展省、市、县三级专兼职教官大轮训。其间，举办培训班8期（每期10天），培训学员1945人。

【首次举行全省公安机关"三懂四会"群众工作能力教学竞赛】8月16～17日，省厅政治部在绍兴组织首次全省公安机关"三懂四会"群众工作能力教学竞赛，全省11个市公安局、省厅政治部、浙江警察学院共66人参加，共评出一等奖1名、二等奖2名、三等奖3名。

【开展公安民警心理健康服务工作】2011年，省厅政治部就加强省市两级公安机关心理健康服务中心建设、推进民警心理健康保护课题进行专题调研。8月，进行网上问卷调查，全省2.68万人参与，参与率42.3%。在此基础上，于11月28日印发《2012～2014年全省公安民警心理健康服务工作规划》，进一步明确做好公安民警心理健康服务工作的总体目标、实施办法和工作要求。

【公安及现役院校招录新生718人】截至8月底，省厅教育训练处完成浙江警察学院和中国人民公安大学等院校的招生任务，招录新生718名，其中浙江警察学院505名、中国人民公安大学59名、中国刑事警察学院21名、公安海警学院24名、铁道警官高等专科学校55名、南京森林警察学院54名。其间，根据公安部政治部统一安排，做好浙江英烈子女就读公安院校的推荐、考试和录取工作。

【组织全省公安机关公务用枪应用射击比赛】9月14～16日，省厅组织开展全省公安机关公务用枪应用射击比赛。全省11支队伍共120名运动员参加比赛。团体总分前6名分别为宁波、嘉兴、金华、丽水、温州、舟山市公安局；24名队员分获一类、二类、三类比赛个人前8名。

【第五届全国公安系统大城市警察体育三项比赛在杭州举行】8月28日～9月4日，由中国前卫体协主办、浙江省前卫体协协办、杭州市公安局承办的"安邦护杭"杯第五届全国公安系统大城市警察体育三项比赛（跑步、游泳、射击）在杭州市举行。来自全国22个大城市公安局及澳门代表队近230名教练员、运动员和近50名裁判参加比赛。经角逐，共决出26项团体奖和40项个人全能、单项奖。

现役部队管理

【概述】2011年，省公安厅对全省公安消防、警卫部队2个师级领导班子、15个团级领导班子进行调整，通过考核与考试相结合的方式提任26名正团职干部和3名副团职干部。印发《浙江省公安消防警卫部队奖励工作若干规定》，规范和完善奖励工作。协调指导开展士官评任专业技术职务的试点工作。

图为全省公安现役部队领导干部会议在杭州召开（12月13日）

【调整现役办内部机构设置】10月，根据公安部政治部《关于进一步加强省区市公安厅局政治部现役工作办公室建设的通知》精神，经省厅党委批准，省厅政治部现役工作办公室下设干部任免处和综合调配处，撤销转业移交办公室，现役办主任兼任政治部副主任。

【加强师团级领导班子建设】2011年，省厅协助公安部做好师职领导干部的任免工作，任免师职干部18人，推荐上报师职后备干部人选19人。4月，经公安部批准，浙江省消防总队主官高配为副军职。任命47名正团职干部，其中平职交流18人，提任26名正团职干部和3名副团职干部。审核批复消防部队拟任副团职干部184人。12月，省厅派出联合考核组，对全省公安消防、警卫部队18个支队级领导班子及122名班子成员开展年度考核。3月中旬，配合公安部完成对省厅警卫局党委班子及其成员的考评工作。4月，协助公安部审计局对省公安消防总队政委程永利开展经济责任审计。

【规范公安现役干部奖励工作】12月，省厅出台《浙江省公安消防警卫部队奖励工作若干规定》，对奖励工作的原则、条件、权限、程序、比例、实施和待遇作出规定。年内，经公安部党委批准，全省公安消防部队有2个单位分别记集体一等功、二等功；经省厅党委研究，批记集体二等功3个、集体三等功6个、集体嘉奖1个，个人一等功10人、个人二等功3人、个人三等功76人，其中基层和一线官兵记功数达到个人记功总数的87.6%。追认中共党员1人，评选推荐全国公安现役部队先进基层党组织3个、优秀党务工作者和优秀共产党员各5人。

【做好警官警衔管理工作】2011年，省厅对全省公安消防、警卫部队46名新任职警官授予武警上尉警衔，为85名警官办理警衔晋升手续，其中少校警衔晋升中校警衔64名，报公安部批准中校警衔晋升上校警衔20名、上校警衔晋升大校警衔1名。

【加强专业技术干部管理】2011年，省厅评审任命公安现役部队专业技术职务或确定专业技术资格33人，调整专业技术等级20人，上报公安部高级专业技术资格评审10人。10月，对消防、警卫部队30名高级专业技术干部进行年度和任期考评工作，其中10人评定为优秀。协调指导省公安消防总队在杭州支队开展士官评任专业技术职务试点工作，为保留消防中队专业技术骨干进行探索。

【把好干部入口关】2011年，省厅按照公安部政治部下达的招录计划和标准条件，组织部队院校招生工作，在全省公安消防、警卫部队符合报考条件的271名士兵中，择优推荐174人参加全国文化统考，共有69人被公安现役部队院校录取（其中消防部队67人、警卫部队2人）。7月，经考评并呈报公安部政治部批准，对2010年度接收的158名普通高校毕业生下达转现役通知。8月，经报名资格审查、笔试、体格检查、心理素质测评、体能测试、结构化面试、政治审查和档案审查等一系列程序，确定全省消防警卫部队接收2011年度普通高校毕业生123人（其中消防部队121人、警卫部队2人）。9月，报经公安部政治部批准，提拔消防部队10名发展潜力较大、表现好的优秀大学生士兵为现役干部。

【畅通官兵出口关】2011年初，省厅完成2010年度全国公安现役部队168名转业复员干部在浙江的移交安置任务，其中安置到行政单位的比例达到总数的87.3%，高于全省各军种平均水平。年内，计划有173名转业复员干部和104名转业士官在全省安置。7月，省厅政治部召开2011年度团职转业干部座谈会，部署相关工作。同时，做好与地方组织人事和民政等军转安置部门沟通、协调工作，畅通官兵退役的出口关。截至2012年初，已完成2011年度转业士官、转业干部移交安置工作，审定7名退休干部安置去向，指导边防、消防总队完成2名退休干部移交任务。

离退休干部管理

【概述】 2011年，省厅离退休干部处以“厅党委满意、离退休干部满意、在职干部满意”为工作目标，规范服务，扎实工作，完成了各项工作任务。年内，该处被评为全省老干部工作先进集体、全省老干部工作部门信息宣传工作先进单位、省老年人体育工作先进集体；省厅机关老干部活动中心被省委老干部局授予“满意家园”称号。

【离退休党支部建设】 2011年，省厅离退休干部处围绕“保本色、保和谐、保健康”的目标，指导做好厅机关离退休党支部建设。4月和11月，先后两次组织离退休党支部书记读书会，贯彻全国老干部工作“双先”表彰会、全国公安机关离退休干部工作座谈会、全省离退休干部创先争优推进会议精神，并就深化创先争优活动进行座谈交流。11～12月，分3批组织100余名离退休党支部委员、党小组长到省委老干部局“明鉴楼”活动，共同推进创先争优活动。12月，指导厅机关退休第一、第二、第四、第五党支部进行换届选举。年内，省厅各离退休党支部召开支部大会100余次，组织离退休党支部书记参加厅机关干部大会3次，参加厅机关干部考核推荐活动2次。

【举行老干部情况通报会】 1月18日和7月8日，省厅两次举行厅机关老干部情况通报会，厅党委委员、政治部主任华乃强向各位老干部传达全省公安工作会议和各市公安局局长会议精神，通报全省公安机关全面深化社会管理创新的主要举措。年内，省厅离退休干部处组织5次近50人次副厅级以上老同志参加省委召开的情况通报会。

图为华乃强与参加老干部情况通报会的老同志亲切交谈（1月18日）

【开展春节走访慰问】 1月18日，省厅党委副书记、副厅长张景华，厅党委委员、政治部主任华乃强主持并召开老干部迎新春座谈会，听取离退休老干部对新年公安工作的建议和意见。春节前夕，张景华、华乃强先后看望、慰问住院和行动不便的老领导。厅机关各单位也分别召开老同志迎新春茶话会，组织人员上门慰问住院、行动不便、生活相对困难的老同志。

【服务管理对象】 2011年，省厅机关新增退休干部10人，离退休干部逝世5人。截至年底，省厅机关共有离退休干部286 人，其中离休52人（含原浙江消防器材厂离休人员11人）、退休234人，男219人、女67人，党员263人、非党员23人，易地安置3人，代管人员3人，公安部咨询委员1人、公安厅咨询委员3人，列管率100%。

【组织第24个老人节活动】 9月25日，省厅离退休干部处组织厅机关离退休干部与各单位总队政委、协理员、政工干事300余人在杭州张生记酒店欢度重阳节。孙建国、华乃强、石小忠等厅领导到会，孙建国向全体老同志致以节日的祝贺。

【解决老同志实际问题】 2011年，省厅离退休干部处为老同志化解婚姻家庭矛盾、邻里矛盾、医患纠纷及实际困难15起，看望慰问住院的老干部200余人次，组织安排4批20多名离休干部到望江山疗养院疗养，为原消防厂10名离休干部办理体检费报销，组织14名在杭副厅级以上退休老领导到邵逸夫医院体检。

【组织老同志参观学习】 3月，省厅离退休干部处邀请厅法制总队负责人给离休干部介绍全省公安机关执法规范化建设情况，并组织离休干部前往杭州市局交警支队北山中队、杭州市公安局上城分局湖滨派出所，参观执法规范化建设成果。年内，该处组织离休支部赴舟山、衢州、金华、杭州滨江区等地考察；退休一支部赴温州、湖州等地考察；退休二支部赴高速交警湖州支队以及金华、台州等地和浙江警察学院考察；退休五支部刑侦总队党小组赴台州参观。

【咨询委联络服务工作】 2011年，省厅离退休干部处对在杭州、绍兴、台州的公安部及公安厅咨询委员上门慰问，为他们提供服务。

【举办老年健康知识讲座】 2011年，省厅离退休干部处多次邀请医务人员，为老同志进行健康知识讲座，讲解常见老年病的预防，提高老同志的保健意识。4～9月，邀请老师为老同志教授24式太极拳，50多位老同志每周一、三坚持训练。9月7日，厅老年太极拳代表队参加浙江省“体彩杯”老年体育特色项目展示大会，获表演奖。

【开展经常性老年文体活动】2011年，省厅离退休干部处发挥厅机关老干部活动中心场地和器材优势，组织老干部开展经常性的文体活动，中心全年接待老同志8000余人次。厅机关老干部合唱团68位老同志每周五半天练唱，桥牌队每周二、四两次训练，门球队每周二、四两个半天训练，钓鱼队每年两次钓鱼活动，太极拳（剑）队每天晨练，乒乓球、台球、扑克活动天天乐此不疲。

【开展老年体育交流】6月17日，省厅离退休干部处举办浙江省直单位老年乒乓球邀请赛，省直各单位11支代表队近50名运动员和秘书长参加比赛。4月开始，该处组织人员参加在诸暨市举行的省“电力杯”老年门球比赛、省老干部钓鱼比赛、地掷球比赛，在慈溪市举行的省老年桥牌等比赛。10月份，在全省“天翼杯”老年门球邀请赛中，厅老年门球队取得团体第一名。年内，该处还组织老同志参加公安部、省直行业单位各类比赛10多次。

【参观新农村建设成就】10～12月，省厅机关离退休干部以支部为单位，组织200多人到省委老干部局农事体验基地——杭州滨江“晶星都市村”开展农事活动，采摘水果和有机蔬菜，体验菜农生活，增添乐趣。

浙江警察学院

【概述】2011年，浙江警察学院贯彻落实国家、浙江省《中长期教育改革和发展规划纲要（2010～2020年）》、全国公安教育训练工作会议和全省教育工作会议精神，以建设合格本科院校为主线，以人才培养为根本，以改革创新为动力，不断提升服务公安工作和公安队伍建设能力，在教学、科研和服务公安工作方面取得显著成绩。《治安学》被确立为省校共建课程，2项科研项目获省高等学校科研成果二、三等奖。3名教师被列为省“151人才”第三层次培养对象。全年获集体二等功、三等功各2个，46人立功嘉奖。当年，学院有教职工388人（其中正高级职称29名，副高级职称73名），在校生2774人。

【孙建国调研警院工作】9月8日，省公安厅厅长孙建国看望慰问学院教职工，并调研指导工作。

图为孙建国厅长等到浙江警察学院调研并看望慰问教师和驻校教官（9月8日）

【编制学院“十二五”发展规划】10月，浙江警察学院编制完成学院“十二五”发展规划，明确了今后五年的发展目标和发展任务，即围绕“建设合格本科院校”这一中心任务，实施“卓越警务人才教育培养、教师队伍建设和学校基本建设”三大工程，打造“全省公安教育训练、科学研究、信息文献”三个中心，努力把学院建设成为一个“特色鲜明的开放型现代警察学院”。

【通过学士学位授权评审】4月，省学位委员会批复同意浙江警察学院为学士学位授予单位，侦查学、刑事科学技术、治安学等3个专业具有学士学位授予权。学院据此审核2011届839名本科毕业生的学位资格，6月，授予王杰等819名学生学士学位，其中工学学士学位102名、法学学士学位717名。

【完成大运安保工作】7月21日～8月25日，浙江警察学院880名师生赴深圳，参加第26届世界大学生运动会安保工作，承担大运会中心馆、飞碟赛场、羽毛球馆、自行车赛场、网球中心5个场馆，防爆安检、指挥室、出入口控制、内部安全保卫等10个岗位的安保任务。其间，共出勤2.5万人次，检查进入场馆人员47.93万人次、车辆1.58万辆次，查处禁限带物品4765件。12月，团队被评为“2011年度浙江省优秀志愿者服务集体”。

【完成残运会开幕式表演任务】10月11～19日，全国第八届残疾人运动会在浙江举行，浙江警察学院承担运动会开幕式表演任务。415名学生出演彩旗队、第二篇章《彩蝶之梦》等节目，被筹委会表彰为“开闭幕式十佳表演团队”，被省教育厅、团省委表彰为“志愿者优秀组织奖”，3名教师被评为“先进工作者”，10名学生被评为“杰出志愿者”。

【加强公安廉政教育和研究】 11月，学院组建公安廉政教研室，成立廉政教学团队，开设廉政教育课，并在学报上开设“廉政建设研究”专栏，着力开展公安廉政建设研究，此举为全国公安首创。

【启动卓越警务人才教育培养工程】 2011年，浙江警察学院围绕卓越警务人才培养开展各专项教研活动，梳理出“3+1”和“2+1+1”等人才培养模式，形成《卓越警务人才培养的实践创新——基于校局深度融合的视角》和《浙江警察学院应用型人才培养模式改革与创新实践》等初期研究成果，并在“全国新建本科院校联席会议”和“浙江省本科高校人才培养模式暨课程教学改革现场会”上分别进行交流。12月7日，《中国教育报》专版报道学院卓越警务人才教育培养成果。

【推进临安校区建设】 6月，浙江警察学院临安校区建设工程项目被省发改委确定为2011年省重点建设项目。2011年，该学院完成开工前的审批、采购招标和部分拆迁工作，并于11月23日正式开工建设。

【加强科研工作】 2011年，浙江警察学院教师共发表学术论文143篇，其中核心期刊22篇，出版专著3部，获国家专利4项，获得厅级以上课题立项30个。梳理出28个基层公安机关的科研服务需求和合作研究项目，共同承担2个部级课题、7个校级课题，与省厅物证鉴定中心、科通局联合完成2部教材（其中一部被列为省级重点教材）。参与国家公共安全行业标准（公安部）起草工作，完成“社会治安动态视频监控系统工作规范”、“枪支号码复现技术规范”的制订。该校研发的3G无线传输车载球机通过省厅鉴定，并在江西、宁波、台州、湖州、丽水等地公安机关推广应用。

2011年浙江警察学院获省部级科研立项一览

序号	级别	项 目 名 称	负责人
1	省级	警察职业化教育背景下，警察武器使用教学模式研究	张银满
2		网络警察职业导向的电子取证课程教学内容体系构建研究	陈　潮
3		从速度和精确度角度对考试成绩重构研究	王学军
4		“十二五”时期防灾减灾体系建设的最优规划及执行路径研究	胡望洋
5		功能主义翻译理论指导下的浙江警务公示语翻译现状调查与研究	张　岚
6		对浙江省流动人口居住证制度的实证研究	肖海英
7		“案件项目”实践教学模式的研究与探索	乔　建
8		基于WAP的短信推送辅助教学平台研究	董争鸣
9		基于彩（短）信平台的实习辅助教学模式构建——以浙江警察学院2009级试点班为例的分析	陈晓济
10		公安机关执法规范化建设在浙江的实践与探索——对“浙江经验”的实证研究	许　韬
11		新户籍制度与流动人口服务管理	肖海英
12		公安执法规范化建设之“杭州样本”研究	张俊霞
13		民间票据贴现融资法律问题研究	万政伟

续表

序号	级别	项目名称	负责人
14	部级	公安执法规范化建设之“杭州样本”研究	张俊霞
15		公安机关执法质量考核评价体系构建	展万程
16		社会治安综合治理法制化研究	余湘青
17		视频监控图像中目标测量技术及测量标定装置研究	李　苑
18		基于云技术的虚拟公安办公系统	沈雅婕
19		桥梁与屏障：教育影响分层研究	陈　卓
20		学校公共安全的现状、问题及其完善研究	邱　煜
21	厅级	基于民间融资的浙江省非法集资犯罪及处置对策实证研究	袁小萍
22		医用胶布粘面潜在指印的化学显现法研究	冯永平
23		浙江省公安机关执法规范化研究	寿远景
24		从社会分层视角审视教育公平与效率问题	陈　卓
25		仿真模拟训练在警务英语自主教学中的应用研究	张　岚
26		城市反恐重要目标安全防范研究	周　庆
27		基于车牌识别的视频缉控系统	斯　进
28		个人信息的刑法保护	翁孙哲
29		创新能力缺失的原因分析及对策研究——基于警察院校的个案研究	傅海燕
30		警察院校教学娱乐化现象研究	郑正平

【召开第二届科技工作会议】 12月2日，浙江警察学院召开第二届科技工作会议，傅国良院长作题为《凸显两个主攻方向　优化大科研格局　为将我校建设成为浙江省公安科研中心而努力》的主题报告。会议对科研工作突出个人进行表彰，对受聘校级科研项目（服务实战方向）评审专家代表颁发了聘书。

【举办中国行为法学会侦查行为研究会第四届学术研讨会暨第十一届全国侦查学术研讨会】 11月18日，该研讨会由中国行为法学会侦查行为研究会、浙江省公安厅刑侦总队和浙江警察学院共同举办。会议围绕“侦查阶段错案的治理对策”主题，举行“特邀专家论坛”和“侦查错案研究专题论坛”，并邀请中国行为法学会副会长、侦查行为研究会会长樊崇义教授，省公安厅刑侦总队总队长蒋庆明分别作专题演讲。与会代表围绕“我国刑事错案产生的原因与防范对策”、“错误鉴定结论及其认定标准与主体”、“公安司法人员的知识素养与刑事错案”等议题作了交流。来自全国各地的侦查学和法学界专家、学者及全省各市公安局代表100余人参加会议。

【学生科技创新成果】 2011年，浙江警察学院学生获第五届全国公安院校大学生科技创新应用成果奖一等奖3项、二等奖8项、三等奖11项，获省科技厅新苗人才计划项目立项19项。在省第十二届“挑战杯”大学生课外学术科技作品竞赛中，获一等奖1项、二等奖1项，三等奖2项。

【招收普通学历教育本科专业新生505名】 2011年，浙江警察学院招收普通学历教育本科专业新生505名（附表）。

项　目			总人数	比例（%）
			505	100
性　别	男		428	84.8
	女		77	15.2
科　类	文　科	总人数	149	29.5
		男　生	126	84.6
		女　生	23	15.4
	理　科	总人数	356	70.5
		男　生	302	84.8
		女　生	54	15.2
党团员	党员（含预备党员）		0	0.0
	团　员		501	99.2
重点线人数	文　科		4	0.8
	理　科		137	27.1
民　族	汉　族		501	99.2
	苗　族		1	0.2
	侗　族		1	0.2
	畲　族		2	0.4

【探索实施学生助理制度】 2011年，浙江警察学院探索实施学生助理制度，面向在校学生推出54个助理岗位，分别设学生教学助理、学生科研助理和学生行政助理，协助教师干部开展教学、科研、管理和服务公安实战等工作。年内，共有260名学生参与学生助理工作。

【开展首届“十佳大学生”评选表彰活动】 10～12月，浙江警察学院经推选、公众投票、评定工作委员会评审，选出首届“十佳大学生”。12月23日，该学院隆重举行“青春的荣耀”——首届“十佳大学生”暨2011年度颁奖典礼。

【在职民警培训】 2011年，浙江警察学院共举办各类培训班67期，培训学员5500人次。

2011年浙江警察学院举办培训班一览

序 号	培训班名称	培训时间	人 数
1	第二十八期浙江省保安押运人员岗前培训班	2010年12月21日～2011年1月14日	78
2	第十七期全国公安机关警务技能战术教官培训班	2010年12月28日～2011年1月11日	90
3	2010年全省公安机关军转干部初任警察训练班（一中队）	1月4日～4月14日	204
4	2011年第一期杭州安邦护卫有限公司押运骨干培训班（共四期）	1月5日～1月20日	199
5	第一期全省公安机关执法主体素质专题教育培训班（舆情引导、全警信息化应用技能、户籍与人口管理、刑事技术现场勘查、刑事技术检验鉴定、交通秩序管理）	3月6日～3月15日	290
6	技侦项目开发培训班	3月8日—6月3日	27

续表

序号	培训班名称	培训时间	人数
7	2011年高速公路交警总队第一期“轮值轮训、战训合一”训练班	3月14日～3月31日	38
8	第二期全省公安机关执法主体素质专题教育培训班（办公室综合业务、110接处警、经侦、基层基础与社区警务、交通事故处理）	3月17日～3月26日	219
9	全省县级公安机关执法规范化建设分管领导培训班	3月28日～4月2日	106
10	2011年第一期杭州海关缉私局警务技能培训班	3月28日～4月1日	49
11	2011年宁波海关缉私局警务技能培训班（审讯能力）第一期	3月28日～4月1日	25
12	第三期全省公安机关执法主体素质专题教育培训班（打防控应用、场所特业管理、危险品管理、监管业务、出入境管理、国保）	4月6日～4月15日	196
13	第二十九期浙江省保安押运人员岗前培训班	4月6日～4月28日	153
14	2011年第一期机场公安局轮训班	4月11日～4月15日	30
15	2011年高速公路交警总队第二期“轮值轮训、战训合一”训练班	4月11日～4月28日	43
16	2011年宁波海关缉私局警务技能培训班（审讯能力）第二期	4月18日～4月22日	26
17	甘肃省山丹县公安局中层领导干部培训班	4月18日～4月23日	38
18	第四期全省公安机关执法主体素质专题教育培训班（指挥中心情报信息、群体性事件处置、刑事案件侦查、预审办案、网络监察与案件侦查、心理健康训练）	4月18日～4月27日	364
19	2011年高速公路交警总队第三期“轮值轮训、战训合一”训练班	5月9日～5月24日	44
20	2011年宁波市公安局江东区分局政工干部培训班	5月9日～5月11日	19
21	第五期全省公安机关执法主体素质专题教育培训班（治安管理、刑侦信息化应用、车驾管理与交通科技、禁毒业务、法制业务）	5月9日～5月18日	320
22	2011年温岭市公安局优秀(先进)民警培训班	5月12日～5月15日	35
23	全省技侦培训班	5月16日～5月20日	47
24	第二期机场公安局干部培训班	5月16日～5月20日	32
25	第六期全省公安机关执法主体素质专题教育培训班（队伍管理与廉政建设、群众工作能力、警务实战技能、刑侦信息化实战应用、法制业务）	5月19日～5月28日	298
26	全省公安审计业务培训班	5月23日～5月25日	52
27	2011年高速公路交警总队第四期“轮值轮训、战训合一”训练班	5月26日～6月11日	42
28	第十一期全国首任县市公安局长(政委)培训班	5月29日～6月28日	99
29	第三期全省公安功模培训班	5月30日～6月4日	40
30	第七期全省公安机关执法主体素质专题教育培训班（警务实战技能、队伍管理与廉政建设）	6月7日～6月15日	146

续表

序号	培训班名称	培训时间	人数
31	2011年宁波海关缉私局新入警培训班	6月7日～6月29日	15
32	2011年高速公路交警总队第五期“轮值轮训、战训合一”训练班	6月13日～6月28日	48
33	第八期全省公安机关执法主体素质专题教育培训班（警务实战技能、技侦）	6月20日～6月29日	102
34	公安纪检监察业务骨干培训班	6月20日～6月29日	61
35	2011年浙江公安技侦“8.30”培训班	8月30日～9月3日	37
36	全省公安指挥中心接处警培训班	9月5日～9月8日	99
37	第一期金华市公安局交通事故处理民警中级资格培训班	9月5日～9月9日	28
38	全省公安情报专业人员培训班	9月5日～9月8日	98
39	第三十期浙江省保安押运人员岗前培训班	9月5日～9月28日	136
40	全省公安指挥中心打防控业务培训班	9月9日～9月10日	99
41	2011年高速公路交警总队第六期“轮值轮训、战训合一”训练班	9月13日～9月30日	48
42	2011年杭州海关缉私局警务技能培训班（第二期）	9月20日～9月24日	33
43	第二期金华市公安局交通事故处理民警中级资格培训班	9月20日～9月24日	27
44	省厅2011年第一期警衔晋升训练班	9月20日～9月29日	85
45	全省公安机关警务实战教官集训班第一批	9月22日～9月25日	15
46	全省公安机关警务实战教官集训班第二批	9月25日～9月30日	29
47	2011年第三期机场公安局轮训班	9月26日～9月30日	33
48	全省公安机关警务实战教官集训班第三批	10月8日～10月14日	30
49	浙江省公安科研所新员工岗前培训班	10月8日～10月12日	18
50	2011年第一期全省公安网警监控业务执法规范化培训班	10月12日～10月15日	97
51	2011年高速公路交警总队第七期“轮值轮训、战训合一”暨事故处理民警等级资格证书培训班	10月13日～10月28日	57
52	省厅2011年第二期警衔晋升训练班	10月12日～10月21日	78
53	2011年第二期全省公安网警监控业务执法规范化培训班	10月17日～10月20日	100
54	第一期全省治安办案指挥员培训班	10月23日～10月28日	94
55	2011年高速公路交警总队第八期“轮值轮训、战训合一”暨事故处理民警等级资格证书培训班	10月29日～11月12日	59
56	海宁市公安局政工干部培训班	10月25日～10月29日	30
57	第二期全省治安办案指挥员培训班	10月30日～11月4日	93

续表

序号	培训班名称	培训时间	人数
58	丽水市公安局第一期交通事故处理民警等级资格证书培训班	10月29日～11月2日	59
59	2011年高速公路交警总队交通事故处理民警中级资格培训班	11月21日～11月25日	47
60	全省禁毒宣传通讯员培训班	11月21日～11月25日	112
61	西藏公安厅法制业务骨干班	11月22日～12月1日	44
62	深圳警务教官培训班	11月28日～12月1日	26
63	杭州市公安局第一期交通事故处理民警中级资格证书培训班	11月28日～12月2日	58
64	杭州市公安局第二期交通事故处理民警中级资格证书培训班	12月5日～12月9日	59
65	全省公安经侦业务培训班	12月5日～12月9日	97
66	杭州市公安局第三期交通事故处理民警中级资格证书培训班	12月12日～12月16日	57
67	浙江技侦933信息化培训班	12月12日～12月16日	38
68	2011年全省公安机关军转干部初任警察训练班	2011年12月19日～2012年4月12日	224

【举办8期“浙江公安论坛”讲座】 2011年，浙江警察学院共举办8期“浙江公安论坛”讲座，分别邀请有关部门和高校的领导专家进行讲座，并将有关讲座内容以视频直播形式向全省公安机关播出。

2011年浙江警察学院举办的“浙江公安论坛”讲座一览

序号	日期	姓名	单位	职称	讲座内容
1	3月10日	郑道利	武汉市公安局刑侦局党委副书记	公安部特邀刑侦专家	刑事犯罪现场分析
2	4月14日	黄太云	全国人大常委会法制工作委员会刑法室副主任	教授	刑法修正案（八）解读
3	6月12日	马怀德	中国政法大学副校长	教授	社会矛盾化解及法治前景
4	6月19日	王逸舟	北京大学国际关系学院副院长	教授	中国面临的新趋势、新挑战
5	6月26日	陈兴良	北京大学法学院副院长	教授	犯罪构成的方法论——刑事定罪规则
6	9月22日	乔松楼	国防大学军事科技与装备教研室	教授	高科技战争和国防现代化建设
7	10月14日	李健和	中国人民公安大学	教授	当前社会治安若干问题
8	11月29日	周水清	公安部	教授	当前刑事诉讼法修改与公安侦查相关问题

【与宁海、东阳公安局建立紧密型合作关系】5～6月，浙江警察学院分别与宁海县公安局、东阳市公安局建立紧密型校局合作关系。至此，该校的校局合作单位增至9个。

【加强国际合作交流】2011年，浙江警察学院派出24批次108位师生出国（境）考察学习或参加国际会议，接待来自美国、韩国等60多个国家和地区的警察代表团55批次736人次。与美国山姆·休斯敦大学刑事司法学院联合成立刑事司法中心，第三批16名学生赴美进行为期一年的留学，其中首批4名学生攻读第二学士学位。

【举办中美警察教育培训项目】2月21日～3月13日，浙江警察学院组织浙江省公安机关警察领导能力研修团一行6人赴美国培训。这是该校组织的第一个出国研修团。

【与澳大利亚昆士兰科技大学开展合作交流】2月15～17日，以白瑞·沃森博士为团长的澳大利亚昆士兰科技大学代表团一行2人应邀访问浙江警察学院。其间，两校举行合作签约仪式。6月，该中心的朱迪·福莱特博士到浙江警院开始进行为期两年的访问研究。这是该校首次接待国外访问学者。

【与韩国顺天乡大学签订合作协议】1月14日，韩国顺天乡大学代表团一行4人应邀访问浙江警察学院。浙江警院院长傅国良与韩国顺天乡大学校长孙丰三签订合作交流协议。4月4～13日，该校首次派出20名师生赴韩国访问交流。8月，该校20名学生赴韩国顺天乡大学开始一学年的留学生活。

【引进国外人才来校讲学58人次】2011年，浙江警察学院不断加大引智力度，8个项目被确认为公安部引智项目，共引进58名国外专家来校讲学。

2011年引进国（境）外专家情况一览

序号	时　间	姓名、单位、职务	讲学主题
1	1月14日～1月16日	韩国顺天乡大学代表团一行孙丰三（SHON POONG-SAM）、吴允盛（OH YOONSUNG）、朴炯春（PARK HYEONGCHUN）、朴永郁（PARK YOUNGWOK）	国际警务交流与合作
2	1月16日～1月20日	美国山姆·休斯顿大学刑事司法学院韦伯院长（Vincent J. Webb）、格博博士（Jurg Gerber）	美国刑事司法政策
3	3月6日～3月19日	美国山姆·休斯顿大学外教凯特·福克斯博士（Kate Fox）	犯罪学（公安部引智项目）
4	3月26日～4月10日	美国山姆·休斯顿大学外教维斯娜·马尔科维奇博士（Vesna Markovic）	犯罪学（公安部引智项目）
5	4月10日～4月23日	美国山姆·休斯顿大学国际项目部主任格博博士（Jurg Gerber）	犯罪学（公安部引智项目）
6	4月17日～4月23日	澳大利亚新南威尔士警察厅柳眉(Mei LIU) 韩国顺天乡大学吴允盛教授(Oh Yoon Sung) 新加坡警察部队李志超(Lee Chee Chiew)、林志坚(Lim Seng Kim)、张峻鸣(Chong Chung Meng) 美国驻华大使馆法律顾问雷心义(Kyle D. Latimer)	警察教育国际化研讨会（公安部引智项目）

续表

序号	时　间	姓名、单位、职务	讲学主题
7	5月25日～5月29日	英国剑桥大学犯罪研究所教授大卫·法林顿博士（David P. Farrington） 美国乔治·梅根大学教授大卫·威斯勃德博士（David Weisburd） 英国剑桥大学犯罪学研究所所长、教授弗里德里克·洛赛尔博士（Friedrich Lösel） 澳门大学犯罪学教授、西南政法大学法学院院长刘建宏博士（Liu Jianhong）	犯罪控制与警务战略高峰论坛（公安部引智项目）
8	6月12日～6月14日	美国华盛顿哥伦比亚特区交通部陶现定博士	智能交通系统与城市拥堵治理
9	6月29日～12月5日	澳大利亚昆士兰技术大学朱迪·弗莱特博士（Judy）	国家道路安全法律法规对超速的规定（学院引智项目）
10	9月13日～9月17日	香港警务处枪械科教官陈伟志	
11	9月2日～12月19日	美国山姆·休斯敦大学刑事司法学院史蒂文·屈弗利耶博士（Steven Jay Cuvelier）	犯罪学、刑事司法概况 刑事司法研究方法（公安部引智项目）
12	9月10日～9月24日	美国山姆·休斯敦大学刑事司法学院副院长詹妮特·马林斯博士（Janet Powell Mullings）	暴力面面观（公安部引智项目）
13	9月14日～9月20日	日本医科大学法医学教授大野曜吉（OHNO Youkichi）、副教授长谷场健（HASEBA DAKESHI）、助理教授崔范来和日本大学医学部法医学教授押田茂实（OSHIDA SHIGEMI）	中日法医制度比较与学术交流（学院引智项目）
14	9月26日～9月30日	美国中央俄克拉荷马州立大学副教授汤姆·毕佛（Tom Bevel）、美国弗吉尼亚联邦大学法庭科学与技术学院副教授玛里琳·米勒博士（Marilyn T. Miller）、美国犯罪现场绘图专业学会成员肯特·布茨（Kent E. Boots）、美国纽海文大学李昌钰刑事鉴识学院副教授彼得·梅西（Peter Massey）、美国康涅狄格州曼彻斯特警察局犯罪心理测谎专家乔纳森·拉夫林（Jonathan Laughlin）	犯罪现场重建（公安部引智项目）
15	10月7日～10月23日	美国山姆·休斯敦大学刑事司法学院米切尔·罗思博士（Mitchel Roth）	暴力面面观（公安部引智项目）
16	10月17日～10月22日	英国格拉斯哥大学法医学系主任罗伯特 A. 安德森（Robert A. Anderson）教授、英国苏格兰警察事务管理局法医部主任詹姆斯 C. 迪尤尔（James C. Dewar）教授、英国中央兰开夏大学法医研究所DNA研究室主任威廉 H. 古德文（William H. Goodwin）教授、澳大利亚维多利亚法医研究所病理研究室主任诺埃尔 W. F. 伍德福特（Noel W. F. Woodford）教授	中英澳法庭科学新技术研讨培训班（公安部引智项目）
17	10月20日～10月22日	浙江警察学院名誉教授、著名国际刑侦专家、美国康涅狄格州警政厅终身荣誉厅长、美国纽海文大学终身教授李昌钰博士（Henry C. lee）	分享人生经历——世界名案探析

续 表

序号	时　　间	姓名、单位、职务	讲学主题
18	10月28日～10月30日	美国马里兰大学土木环境系主任阿里·哈汉尼教授（Ali Haghani）	
19	11月2日～11月7日	美国山姆·休斯敦州立大学刑事司法学院院长维森特·韦伯博士（Webb. Vincent Joel）及夫人伊丽莎白·玛丽（Elizabeth Mary Webb）和赵继宏博士（Jihong Zhao）一行	（公安部引智项目）
20	11月6日～11月10日	澳大利亚联邦警察传媒事务处处长简·欧布莱恩女士（Jane O'Brien）、澳大利亚驻中国大使馆警务联络官麦密秋先生（Mitchell McDonnell）、加拿大皇家骑警媒体关系事务处处长马克·理查先生（Marc Richer）、英国南威尔士地区警察局总督察、职业标准处处长迪姆·琼斯先生（Tim Jones）、美国华盛顿特区警察局职业发展处警长埃里克·布兰松先生（Erik Branson）、美国西伊利诺伊大学执法与司法管理学院教授丹尼斯·鲍曼先生（Dennis Bowman）、美国华盛顿特区警察局内务处处长马修·克莱恩先生(Matthew Klein）、美国华盛顿特区警察局第七区分局助理局长拉尔夫·麦克林夫妇（Ralph McLean、Darlene McLean）、美国弗吉尼亚州费尔法克斯郡警察局公共信息官员露西·卡德瓦女士（Lucy Caldwell） 、美国佛罗里达州迈阿密戴德郡警察局公共信息与教育/媒体关系处处长办公室主任南希·佩雷斯女士及助手凯莉·肯尼迪女士（Nancy Perez 、Kelley Kennedy）、美国国土安全部调查局移民海关执法局驻北京联络官高博先生（Bruce Gordon）、新西兰驻中国大使馆警务参赞马浩明先生（Hamish McCardle）	“警察与媒体” 国际讲坛（公安部引智项目）
21	11月20日～12月3日	美国山姆·休斯敦大学刑事司法学院迈克尔·沃恩博士（Michael Vaughn）	暴力面面观（公安部引智项目）

【获得招收外国留学生资格】 6月，经省教育厅批准，浙江警察学院获得招收外国留学生资格，首次招收2名韩国留学生李弘益、吴智胤来校学习。

【举办“警察与媒体”国际讲坛】 11月7日，由公安部办公厅、公安部国际合作局和浙江省公安厅共同主办，浙江警察学院承办的2011“警察与媒体”国际讲坛在浙江警察学院举行，邀请澳大利亚、加拿大、英国、美国、新西兰等国的17名警务新闻宣传专家讲学。会议围绕“警察与媒体”主题，就“突发公共安全事件中的媒体管理与引导、警察正面形象的塑造和传播、涉警危机的处置和应对、警方与媒体共赢关系的建造、跨国联合行动中的新闻发布和舆论引导工作”等5个专题进行研讨。本次讲坛是国家外国专家局重点引智项目、第二届世界休闲博览会和第十三届杭州西湖国际博览会项目。

【完成援外培训任务】 2011年，浙江警察学院共承担沙特有组织金融犯罪执法研修班等16期援外培训项目，64个国家的414名官员参训。

2011年承办援外（外警）培训情况一览表

序号	培训班名称	时间	人数
1	亚非国家出入境管理研修班	4月8日～4月28日	48
2	沙特有组织金融犯罪执法研修班	5月8日～8月7日	20
3	发展中国家大型活动安全保卫研修班	5月10日～5月30日	43
4	泰国中高级执法官员培训班	6月1日～6月10日	12
5	非洲法语国家中高级警官研修班	6月7日～6月27日	35
6	塔吉克斯坦边防管理培训班	6月14日～6月28日	15
7	太平洋岛国中高级警官研修班	7月5日～7月25日	13
8	刚果（布）出入境或身份信息化管理研修班	7月7日～7月27日	20
9	柬埔寨高级警官研修班	7月12日～7月26日	15
10	非洲法语国家出入境管理研修班	8月2日～8月22日	29
11	亚洲国家打击电信诈骗研修班	8月30日～9月18日	29
12	第21期香港纪律部队国情培训班暨首期浙江班	9月19日～9月28日	35
13	发展中国家大型活动安全保卫研修班（第二期）	10月11日～10月31日	11
14	中国与东盟警察组织高级警官研修班	10月24日～11月2日	29
15	刚果（金）边防和出入境管理官员研修班	11月10日～11月25日	21
16	第22期香港纪律部队国情培训班暨第二期浙江班	12月5日～12月15日	35

市、县（市、区）公安

杭州公安

【市况简介】2011年，杭州市辖上城、下城、江干、拱墅、西湖、高新（滨江）、萧山、余杭8个区，富阳、临安、建德3个县级市，桐庐、淳安2个县及经济技术开发区和高新技术产业开发区2个国家级管委会。全市行政区域土地面积1.66万平方千米，其中市区3068平方千米。全市总户数218.26万户，比上年增加1.75万户，总人口695.71万人，比上年增加6.59万人；市区总户数130.14万户，比上年增加1.71万户，总人口为440.34万人，比上年增加5.52万人。全市实现生产总值7011.80亿元，比上年增长10.1%；财政总收入1488.92亿元，比上年增长19.6%；市区城镇居民人均可支配收入3.41万元，比上年增长13.4%；农村居民人均纯收入1.52万元，比上年增长15.6%。

【概述】 2011年，杭州市公安机关始终坚持“围绕中心，服务大局”不动摇，“主动警务战略”不动摇，多做“打基础、利长远、管全局”的事不动摇，“看领导、看执行、看效果”不动摇，“从严治警就是从优待警”不动摇，实施主动警务战略，推进“三项重点工作”和“三项建设”，加强队伍管理和民警基本职业素质教育训练工作，提高维护国家安全、社会稳定的能力水平，公安工作和队伍建设的各个方面都取得新进步、新发展、新成效，确保全市社会政治大局和治安局势稳定，确保建党90周年、第八届全国残运会等重大活动安全顺利，确保重点公安基础建设和自身建设持续深化，为杭州经济社会发展创造持续和谐稳定的社会环境。全年共破刑事案件3.3万起，同比上升1.3%，抓获作案人员1.7万人，同比上升8.3%，抓获逃犯4080人，全市清网率达79.48%；侦破各类经济犯罪案件1249起，挽回经济损失5.93亿元；共办理各类涉毒案件3463起，抓获涉案人员4795人，同比分别上升15.51%和12.32%；缴获毒品海洛因2.07千克、冰毒14.83千克、麻古4.26万粒；全市公安机关有2人获“全国公安系统二级英雄模范”称号，2人记一等功，17个集体和21人记二等功，106个集体和446人记三等功，7个单位和10人分别被评为全省优秀公安基层单位、全省优秀人民警察。

【机构人员】2011年，杭州市公安局共有内设机构7个，直属单位17个，辖15个分局、县（市）公安局。全市实有公安民警11820人，占全市实有人口的0.17%，其中派出所警力4437人，占总警力的36.4%，全市有协辅警9888人。据杭州市统计局民意调查，市民认为生活在杭州有安全感的比例保持在95%以上，对杭州公安队伍形象表示满意的比例在96%以上；杭州已连续6年被新浪网和《小康》杂志社评为全国治安最好的城市；市局连续5年在市直机关综合考评中蝉联“群众满意单位”称号。

图为省厅副厅长、杭州市委常委、公安局局长柯良栋等慰问荣获“全国公安特警示范队”称号的杭州特警支队（4月25日）

【化解矛盾处置各类群体性事件】 2011年，杭州市公安机关做好各类群体性事件化解工作，共排查、梳理各类不稳定因素3376条，消除群体性事件隐患778起（次）。妥善处置“8·1”城区部分出租车停运、“淘宝”卖家串联聚集等突发群体性事件，防止事件蔓延和转性，确保没有发生打、砸、抢、烧事件。优质高效完成办理群众来信、来访、市长公开电话和互联网网络信访事项办理工作，市长公开电话按时反馈率、按时办结率和满意率分别达100%、100%和96.69%。

【完成大型活动安保任务】2011年，杭州市公安机关完成第八届全国残运会、首届世界浙商大会、中国国际动漫节、休（西）博会等130余项大型活动安保任务，完成109批次重要内外宾警卫任务。

【完成国家反恐怖防范试点工作】2011年，杭州市公安局印发《杭州市反恐怖防范工作责任制（试行）》等10个规范性文件，将反恐怖工作列入地方党委、政府维稳工作的重要内容，纳入杭州市维稳工作目标考核。出台反恐怖信息队伍建设及奖励规定，启动全市基层反恐怖信息队伍三年建设工程。牵头组织《反恐怖防范系统管理规范》通则部分和党政机关等23个分则部分，经杭州市质量技术监督局批准，作为地方标准于8月15日正式实施，得到国家反恐办的表彰。7月21日，杭州市举行反恐及应急通信比武活动，提升各单位现场应急处置指挥综合能力。截至年底，该市完成国家反恐怖防范试点工作。

图为杭州市公安机关民警开展第八届全国残运会开幕式现场安保工作（10月11日）

【严打高压成效新】2011年，杭州市公安机关开展“一查二打三整四建”综合行动、“清网行动”、“打四黑、除四害”等专项斗争，持续保持严打高压态势。全年破刑事案件3.3万起，同比上升1.3%，其中命案和五类案件破案率分别达到96.85%、100%；共抓获作案人员1.7万人，同比上升8.3%；抓获逃犯4080人，逃犯清网率达到79.48%；共立刑事案件7.1万起，同比下降0.1%；其中命案、抢劫、抢夺、伤害、盗窃案件同比分别下降9.93%、22.84%、3.51%、7.14%、1.79%。连续7年呈现“发案下降、破案上升、打处有力”态势，人民群众的安全感提升。

【严打经济犯罪】2011年，杭州市公安机关受理各类经济犯罪案件1587起，立案1417起，破案1249起，涉案总价值207901.45万元，直接经济损失97733.69万元，挽回经济损失59324.16万元，抓获犯罪嫌疑人1419人。与上年同期相比，全年案件受理数、立案数、破案数、抓获人数、移送起诉数分别增长5.03%、3.2%、5.58%、40.2%、10.31%。侦破全省经侦部门成立以来涉案金额最大的一起POS机套现非法经营案和涉案金额达1.4亿元的“4·18”云南某茶叶公司涉嫌非法集资案。

【严打涉毒犯罪】2011年，杭州市公安机关共办理各类涉毒案件3463起，抓获涉案人员4795人，同比分别上升15.51%和12.32%；缴获毒品海洛因2.07千克、氯胺酮9.86千克、冰毒14.83千克、麻古4.26万粒；打击特殊群体涉毒违法犯罪案件27起，打击网络涉毒违法犯罪活动，侦办公安部“8·31”网上视频聊天室涉毒案，查获涉案人员375人，涉毒在逃人员清网率达83.33%。破获公安部“109”号、“110”号目标案件等一批典型重特大涉毒犯罪案件。

【打击网络售假新模式】2011年，杭州市公安机关主动加强与阿里巴巴集团等网商企业的警企协作联系，严厉打击网络售假违法犯罪活动。8月24日，开展针对近百家涉嫌售假网店的“猎网”集中行动，成功打掉4个特大网络诈骗团伙。为推进该市“亮剑”专项行动，打击网络侵权犯罪专项工作奠定基础，并为发起针对网络售假违法行为全国性集群战役积累经验，受到公安部、省厅的高度重视与评价。在“猎网”行动基础上，该市公安机关相继发起“猎鲨12号”、“猎鲨27号”两个公安部督办的全国性打击网络售假犯罪集群战役。

【开展“清网行动”】5月26日，杭州市公安机关启动该行动。截至12月15日，全市上网逃犯归案率达79.48%，其间，抓获部督逃犯4人（占全省的20%）、省督逃犯4人、命案逃犯39人、七类严重暴力案件逃犯230人、潜逃5年至10年的逃犯212人、潜逃10年以上的逃犯86人、外省逃犯580人。行动前上网逃犯归案绝对数在全国36个大城市中名列第八。公安部副部长刘金国4次批示肯定杭州市局成绩。

【打击整治特殊群体犯罪】2011年，杭州市公安机关在主城区组织开展聋哑人、怀孕妇女等特殊群体，以及街面突出违法犯罪活动的专项行动。行动中，公安机关有效破解身份核实难、查证难、审查难、关押难、打处难等“五难”问题，打击整治工作取得成效。

【严打扒窃犯罪】 2011年，杭州市公安机关现行抓获扒窃嫌疑人713人，破获扒窃案件699起，打处189人，同比上升8.6%；摧毁扒窃团伙5个，打处15人。其中，5月1日《刑法修正案（八）》实施后，共刑拘扒窃嫌疑人209人、批准逮捕142人、移诉122人，同比分别上升97.2%、294.4%和229.7%。

【110警情回访量全省第一】 2011年，杭州市公安机关110接处警回访量由原来的日均人工回访200余人次扩大到日均语音回访3600余人次，实现件件回访。同时，继续坚持人工回访制度，调整回访内容，将自动回访无法涉及的深层次问题纳入人工回访范围。年内，杭州市110接处警工作整体回访量列全省排名第一，群众满意率为91.19%，排全省前列。

【深化城乡社区主动警务】 2月，杭州市公安局印发《关于继续深化城乡社区主动警务工作的通知》、《杭州市城乡社区主动警务工作规范》、《全市警务室硬件建设及内部设置规范》等文件，配套组织开展“零发案小区”和“控案先进小区”创建活动、治安信息员队伍物建、警民联调室建设等工作。至年底，全市1085个小区和农居点创建“零发案”小区334个，控发案小区537个；共物建治安信息员5.2万人；117个派出所建立警民联调工作室，占户籍派出所总数的80%。

【推行社区警务新“十项举措”】 2011年，杭州市公安机关创新推行规范社区主动警务软硬件、开展警民联调工作、开展封闭小区控案竞赛活动、推进重点区域整治、完善治安情报信息网络、研发推广租赁房屋信息远程申报系统、探索出租房门禁智能化管理、开展安全防范宣传、培育特色亮点、开展优秀社区民警宣传等“十项举措”，在推进社区警务、构建和谐警民关系等方面取得实效。

【建立治安防控机动队】 7月，杭州市公安局借鉴香港警方经验，成立市局直属治安防控机动队。截至8月，上城、下城、拱墅、江干、西湖等5个主城区公安分局相继完成组建。10月8日，杭州市公安机关在钱江新城市民广场启动防控主动警务新模式，省、市领导和400余名民警、武警、协辅警，以及106辆各型车辆组成8个方阵参加启动仪式。截至年底，市、区两级治安防控机动队共出动警力16024人次，处置各类警情187起，盘查可疑人员2870人、可疑车辆614辆，抓获各类违法犯罪嫌疑人32人，灾害现场事故封控12次，服务群众2957人次，机动队巡区接处警数与发案数同比下降幅度较大，7月、8月、9月的接警总量同比分别下降15.21%、14.16%和19.9%。

【缓解城区道路交通“两难”】 2011年，杭州市公安局综合治理交通拥堵问题，从10月8日起在杭州市区主城区实施早晚高峰时段机动车尾号限行措施，限行后早、晚高峰平均车速较限行前分别提高18%和16.9%。保障公共交通优先，使公交车运行速度提高10%以上。健全完善交通违法行为“1+X”长效整治机制，探索全时段管控机制。健全交通事故现场快处快撤机制，确保道路交通顺畅。开展创建“交通文明示范城市”和志愿者路口认管劝导、斑马线文明礼让等活动。该市在机动车保有量达207.80万辆的情况下，交通“两难”得以缓解。

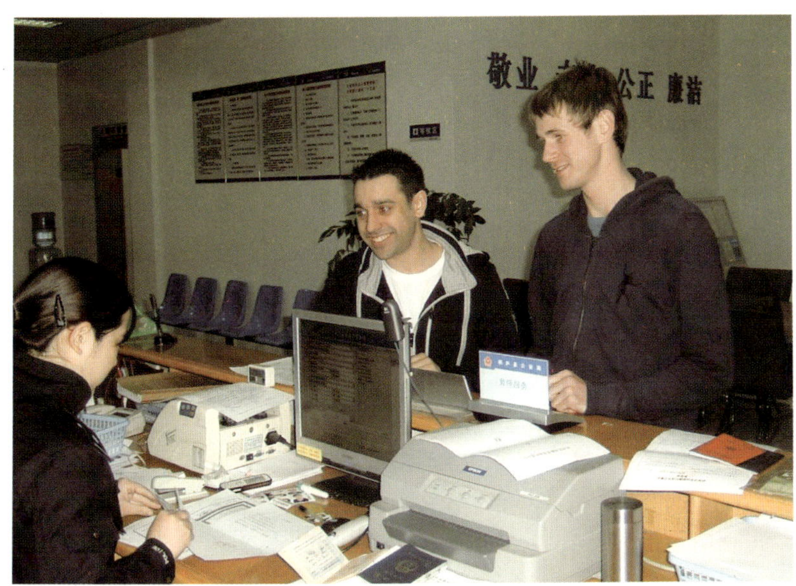

图为桐庐县公安局出入境管理科民警为境外人员办理签证延期手续（2月24日）

【建立境外人员管理服务站】 2月，杭州市公安局印发《关于建立社区（村居）境外人员管理服务站（室）的实施意见》，开展境外人员入户登记、宣传教育、情报收集、重点管控等工作，实现对境外人员“底数清、管得住、服务好、涉案少”，将境外人员纳入实有人口管理，将境外人员管理与服务工作向派出所和社区最前沿延伸。截至年底，全市建立10家境外人员管理服务站。

【创新道路交通社会管理服务】 2011年，杭州市公安机关深化交管服务站建设，各交管服务站共接待办事群众184万人次，受理非现场执法行为处理61万笔，收缴罚款达45万余笔，办理车驾管业务近10万人次；业务办理总量同比增长28.64%。建立16个交通事故人民调解委员会，交通事故进中心处理率同比增长15.7%。推出车辆年检预约服务，深化车管业务远程服务中心和汽车4S店机动车登记服务站建设，指导县级车管所开展摩托车带牌销售工作。年内，有7156辆次机动车通过预约平台预约年检，电话车管所办理2.1万余笔业务；20家“零警力”4S店服务站完成机动车上牌2.3万余辆，建立摩托车带牌销售点8个。

【推出出入境办证窗口“双休日开门办公”】 5月，杭州市公安局在市本级和全市15个区、县（市）公安出入境办证窗口推出双休日开门接待群众办证的便民措施，为中国公民提供办理出国出境证件服务。年内，该市出入境窗口平均每个双休日投入正式警力38人次，累计受理护照申请1.59万人次，港澳台证件申请2.17万人次，接受群众咨询2万余人次。

【执法规范化建设成果得到孟建柱肯定】 5月23日，国务委员、公安部部长孟建柱在视察杭州公安工作时，对该市推进执法规范化建设工作给予高度肯定。是年，该市执法规范化建设实现保障执法安全新突破，在全国率先自主设计并向基层配发短途、长途、团伙3款警用押送车，率先在上城分局试点建立涉案嫌疑人定点就医“绿色通道”，基本形成覆盖执法办案源头到终点各环节的执法安全封闭圈；实现“杭标”体系建设新突破，制定活页式杭州公安机关执法标准操作程序（简称“杭标”），初步实现对执法工作全方位、全过程的有效管理；实现执法主体建设新突破，明确民警基本职业素质7大项24小项具体要求，提升执法主体的基本职业素质、专业素质、岗位素质；实现规范化与信息化融合新突破，除涉密案件外，全部实现网上办案，电子化卷宗率达85%以上；在全国率先自主研发移动信息采集车，规范、实时、高效采集各类信息；开发建设执法管理信息系统，实施执法工作全流程、全要素监控。

【全国特警汇报演练取得好成绩】 10月20日，杭州市公安局特警支队8名队员参加公安部在武汉举行的全国公安特警“大练兵”成果汇报演练，共进行“特警作战指挥系统”、“狙击枪标语靶射击”、“水陆两用车开进”、“杭州公安特警队建设展板展示”4个科目的演练，得到公安部和各级领导的充分肯定。其中，“特警作战指挥系统”演示科目受到国务委员、公安部部长孟建柱的高度评价。

【全国消防部队正规化建设在杭试点】 11月18日，全国消防部队正规化建设现场会在杭州召开，推广杭州消防部队正规化建设经验。是年，杭州市公安消防部队围绕建立健全规范的“四个秩序”（执勤、训练、工作、生活）开展消防部队正规化建设试点，探索建立符合实际、富有特色的正规化建设新模式。

【省领导肯定“清剿火患”战役成绩】 9月，杭州市开展“清剿火患”战役。截至年底，该市公安机关检查单位2.7万家，临时查封1878家，责令“三停”单位902家，罚款1796万元，拘留630人，发现整改重大火灾隐患495处。是年，杭州因火灾丧生的人数仅为2人，为全国省会城市最低，创下新中国成立以来杭州消防史上火灾死亡人数最少的历史纪录。12月31日，省委书记赵洪祝批示肯定杭州火灾防控工作成绩。

【提升全警信息应用能力】 3月，杭州市公安局制定并实施《杭州市公安局信息化应用能力等级评定办法（试行）》，以开展信息应用能力等级评定工作为抓手，重点培养“领军型、能手型、普及型”人才队伍。截至年底，全市民警信息化应用技能达标率达98.23%。

【职业素质教育成效显著】 2011年，杭州市公安局制定《民警基本职业素质强化教育训练行动计划》，明确民警基本职业素质7大项24小项要求；开辟网上“强化教育训练工作专栏”，推广“讲武堂”、“积分制”、“机关训练日”等常态练兵机制；推行达标训练考核模式，落实达标任务，分阶段、分项目组织达标考核，作为民警警衔晋升准入条件。全年编发《强化教育训练工作专刊》48期，发布动态信息1000余条；组织专题培训班102期，培训5993人，举办“法制大讲堂”讲座11期、巡回宣讲17场，组织全警岗位执法资格考试。选派市、县两级公安机关专兼职教官和各警种部门业务骨干250余人。实施驻市警校教官制度，培养和组建198名基层教员队伍。到年底，全市具备基本游泳能力的民警达8820人，同比增加4326人。是年7月，在第五届全国公安系统大城市警察体育三项比赛中包揽5项冠军；在全国公安机关首届警务实战教官技能比武大赛中取得优异成绩，为浙江代表队获得团体总分第二名作出重要贡献；在全省公安机关岗位业务技能抽考中获3项团体第一、2项团体第二、2项团体第三；在全省公安系统岗位业务技能抽考中，取得综合排名团体第二名。公安部副部长刘金国专门作出批示，对杭州市局强化教育训练行动给予充分肯定，《公安内参》作专题报道。

【上城区公安分局】 2011年，上城区行政区域土地面积18.3平方千米，全区户籍总人口32.79万人，登记流动人口9.50万人。年内，地区实现生产总值615.98亿元，同比上升9.5%，财政总收入超过90亿元，同比上升12.3%。该分局设23个科、所、大队、处（室），辖7个派出所，实有民警585人、协辅警475人。是年，该分局受理110报警5.66万起，同比下降3.8%；受理刑事案件4964起，同比下降12.1%；破刑事案件1691起，同比基本持平；共计移送起诉703人，同比上升7%。其中，命案发2起、破2起，五类恶性案件发7起、破7起。发生火灾36起，同比下降50%；抢救被困群众29人，疏散被困群众85人，实现人员"零伤亡"，抢救财产价值509.6万元。看守所实现连续14年安全无事故。年内，该分局7个集体立三等功，1人立二等功，27人立三等功。巡特警大队夜巡中队长隋瑞福被评为"全国政法机关优秀干警"，清波派出所副所长、南宋御街巡警中队中队长陈全江被评为"全省优秀共产党员"。

【下城区公安分局】 2011年，下城区行政区域土地面积31.46平方千米，全区户籍总人口40.3万人，登记流动人口18.8万人。年内，实现地区生产总值544.75亿元；完成财政总收入123.45亿元，其中地方财政收入71.09亿元。该分局设有13个机关科室、职能大队以及8个派出所、1个看守所，全局民警587人、协辅警654人。是年，该分局受理的110报警中，刑事类和治安类案件报警数同比分别下降7.6%、2.8%，其中涉及盗窃电动车的报警数同比下降13.9%，涉及入室盗窃报警数同比下降22.8%。通过对130余个物业管理小区启动物业安保力量联动音视频通信系统建设，实现物业保安管理使用常态化。创立杭州市首个以民警姓名命名的吕红华警民调解工作室，创新推出媒体记者参与的"警媒联调"机制、协辅警调解小分队现场调解纠纷机制，将一批不和谐、不稳定因素及时化解在初始阶段。年内，该分局获杭州市公安机关无违纪所队考核第一、110接处警工作质量考核第一，连续6年被评为下城区满意单位，连续8年被评为行风建设先进单位，共有19个集体、63人获表彰奖励。

【拱墅区公安分局】 2011年，拱墅区行政区域土地面积87平方千米，全区户籍总人口31.3万人，登记流动人口31.6万人。实现地区生产总值346.2亿元，同比增长10.5%；地方财政收入44.03亿元，同比增长25.06%。该分局设11个派出所、1个看守所和14个机关科室、职能大队，全局民警569人、协辅警646人。是年，该分局刑事立案同比下降0.87%，刑事破案同比上升16.63%。成功摧毁"3·8"特大孕妇盗窃团伙和"5·25"特大组织、强迫、容留妇女卖淫团伙。创建"以房管人"工作模式，在住宅小区出租房推行"中介申报管理"模式，成为杭州市公安局推广的"样板"；在农居式出租房推行"智能门禁管理"模式，被全省流动人口工作会议列为经验交流项目；深化行业自律管理，拱墅区社会治安管理协会被杭州市民政局评为AAAA级社会组织，成为全省首家获此殊荣的社会治安管理社团。年内，该分局重新迈入全省县级公安机关执法质量优秀单位行列，有72个集体和522人次获得表彰奖励，12个集体和9人被评为市级以上先进，有6个集体和34人记三等功。

【江干区公安分局】 2011年，江干区行政区域土地面积210平方千米，除去委托杭州市经济技术开发区管理的下沙区块约105平方千米，直接管理区域约为105平方千米。全区户籍总人口35.1万人，登记流动人口42.4万人。全区实现生产总值344亿元，同比增长9.30%；财政总收入85亿元，同比增长20.30%，其中地方财政收入51.70亿元，同比增长20.40%。该分局设9个职能科室和9个直属大队，下辖9个派出所和1个看守所，全局民警650人、协辅警597人。是年，该分局刑事案件、侵财治安案件立案数同比分别下降0.9%和29.3%，"两抢"、入室盗窃和盗窃电动车案件同比分别下降2.5%、10.9%和42.6%。全年有99个集体和122名个人受到上级表彰奖励。

【西湖区公安分局】 2011年，西湖区行政区域土地面积269平方千米，全区户籍总人口61.9万人，登记流动人口36.5万人。全区实现地区生产总值555亿元、财政总收入116亿元、地方财政收入70亿元。该分局设18个处科队室，12个派出所，有民警722人、协辅警639人。是年，该分局及时处置20起各类群体性突发性事件，完成184个大型活动安全保卫工作，妥善处置各类来省上访7023批1.98万人次。受理刑事案件9314起，立案6311起，破案2617起，同比上升6.60%，破案率41.47%，同比上升2.59个百分点；抓获各类违法犯罪人员5062人，其中刑事拘留1201人、逮捕844人、移送起诉1014人。年内，该分局被命名为"全省执法示范单位"，先后有1个集体、2名个人获得国家级荣誉；10个集体、9名个人获得省级荣誉；19个集体、45名个人获得市级荣誉；9个集体、68名个人记功。

【经济技术开发区公安分局】 2011年，杭州经济技术开发区行政区域土地面积104.7平方千米，全区户籍总人口10.18万人，登记流动人口27.94万人。全年实现工业销售产值1496亿元；财政收入92.2亿元，其中地方财政收入43亿元，连续3年位列全国国家级开发区投资环境综合评价"十强"、全省开发区第一位。该分局设11个机关科室、直属大队，下属3个派出所（其中白杨派出所和高教园区派出所合署办公），全局民警191人、协辅警387人。是年，该分局辖内刑事发案保持平稳，七类严重刑事犯罪发案处于低位，破案率100%，未发生有重大影响的案件、事件和事故。同时，该分局改革警务机制，形成品质外管平台、刑侦综合作战、视频监控进小区等一批有特色的社会管理创新举措，提升公安机关核心战斗力。年内，该分局被评为省第八届全国残疾人运动会筹办工作突出贡献单位，有1个集体记集体二等功，2个集体、13人记三等功；5人获得部、省、市荣誉称号。

【高新技术产业开发区公安分局】 2011年，高新技术产业开发区（滨江）行政区域土地面积73平方千米，全区户籍总人口13.5万人，登记流动人口24.5万人。全区实现地区生产总值400亿元，完成财政总收入100.2亿元。该分局设10个机关科室、职能大队和6个派出所，全局民警237人、协辅警300人。是年，该分局破获各类刑事案件600起，移诉犯罪嫌疑人员386人。组织“清网行动”，抓获逃犯51人，归案率84.66%，列杭州市第二名。开展打黑除恶斗争，抓获犯罪嫌疑人34人。破获建分局以来最大吸贩毒案件，被评为省厅目标案件。共立经济类案件22起，破案21起，抓获犯罪嫌疑人34人，为企业挽回经济损失1.2亿元。年内，该分局1个集体被评为“全省公安机关先进基层党组织”，1个集体被评为“全市优秀公安基层单位”，5个集体记二、三等功；11人记二、三等功，9人获各级荣誉称号，110余人次受到区级和分局表彰。

【西湖风景名胜区公安分局】 2011年，西湖风景名胜区行政区域土地面积60.04平方千米，其中西湖水域面积约6.38平方千米，实有人口4.1万人（包括常住人口和暂住人口）。全年财政总收入5.61亿元，地方财政收入达3.94亿元。景区客流量2747万人次。农业总产值达到8678万元，同比增长8.3%，农民人均收入达到1.81万元。该分局设7个职能科室和5个大队，另有景区消防大队和5个派出所。实有民警244人、协辅警196人。是年，全区共立刑事案件158起，其中路面案比上年下降5起，刑事发案水平继续保持全市15个区（县）数量最低；“清网行动”前剩余在册逃犯5人全部抓获，上网逃犯抓获归案率100%；区年度游客治安安全满意率99.07%，高于全市满意率平均水平。年内，该分局连续5年获全省执法质量优秀单位，被评为全省公安队伍正规化建设优秀单位，连续5年队伍保持“零违纪”，2个集体和8人记三等功。

【萧山区公安分局】 2011年，萧山区行政区域土地面积1420平方千米，全区户籍总人口121.98万人，登记流动人口89万人。全区实现生产总值1220.04亿元，完成财政总收入182.30亿元，其中地方财政收入98.17亿元，城镇居民人均可支配收入和农民人均纯收入分别为3.23万元和1.60万元。该分局设8个机关科室、7个大队、27个派出所、1个特大型看守所，共有在职民警1249人、协辅警1175人。是年，该分局侦破刑事案件9771起，同比上升1.39%；移送起诉犯罪嫌疑人3899人，同比上升0.85%；查处行政案件45.7万起，其中行政拘留5661人。交通上报事故四项指数、火灾事故四项指数与上年同比均全面下降。年内，该分局被评为全省公安机关打防控工作优胜单位、全省执法质量优秀单位；瓜沥派出所被评为“全省优秀公安基层单位”，萧山区看守所被公安部授予“全国看守所管理机制创新示范单位”称号。

【余杭区公安分局】 2011年，余杭区行政区域土地面积1220平方千米，全区户籍总人口87.67万人，登记流动人口73.83万人。全区实现生产总值738.17亿元，实现财政总收入150.0亿元；地方财政收入95.64亿元，城镇居民人均可支配收入和农民人均纯收入分别为32473元和17951元。该分局设5个综合科室和15个执法勤务单位，下辖19个派出所，全局民警799人、协辅警1134人。是年，该分局命案受理数同比下降25%，抢劫案件受理数同比下降9.60%。破获刑事案件同比上升7.04%；侦破侵财案件同比增长5.6%；打掉侵财团伙、刑拘团伙成员分别同比上升22.09%、28.97%；“清网行动”归案率71.24%。相继抓获潜逃10年的杀人逃犯、潜逃15年的故意伤害致死命案逃犯、省督逃犯等重点在逃人员；打掉恶势力团伙和团伙成员分别完成全年指导数的100%、157.1%；查处涉黄、涉赌违法犯罪案件数、刑拘、行政处罚数分别同比上升100.8%、4.7%和64.1%。年内，该分局156个集体（次）、415人（次）受到表彰。

【富阳市公安局】 2011年，富阳市行政区域土地面积1831.21平方千米，境内富春江流长52千米。全市户籍总人口65.38万人，登记流动人口19.61万人。年内，全市实现生产总值491.2亿元，财政一般预算收入77.2亿元，其中地方财政收入44.9亿元，城镇居民人均可支配收入和农民人均可支配收入分别为2.93万元和1.54万元。该局有内设机构6个、直属机构10个；下辖14个派出所（新增东洲派出所），实有民警659人、协辅警857人。是年，该局命案破案率100%；七类恶性案件破案率100%。破当年刑事案件3170起，同比上升6.02%；移诉各类犯罪嫌疑人1330人。截至年底，追逃清网率79.6%，与行动前相比逃犯下降率为66.12%。全年受理各类经济案件查结案97.2%；立案案件涉案总价值23222.3万余元，追缴赃款8595.23万余元，追缴率56.6%；共抓获各类犯罪嫌疑人119人。是年，该局被富阳市委、市政府评为“维护稳定工作”先进集体，获全国公安基层技术革新二等奖；1个集体分别2次获得全国先进单位；6个集体获得省级先进单位；7个集体获得杭州市级先进单位称号；4个集体和21人记三等功。

【桐庐县公安局】 2011年，桐庐县行政区域土地面积1825平方千米，全县户籍总人口40.64万人，登记流动人口8.3万人。全县实现地区生产总值232亿元；财政总收入30.30亿元；地方财政收入17.19亿元，城镇居民人均可支配收入和农村人均纯收入分别为2.7万元和1.35万元。该局设5个机关职能科室和8个直属单位，下辖9个派出所、1个看守所，有民警408人、协辅警433人。是年，桐庐县公安局接有效报警3.61万起，办结率98.44%，满意率97.56%；立刑事案件3035起，同比下降0.33%；破刑事案件1513起，同比下降2.83%；查处治安案件5714起，同比上升29.95%；发生交通事故158起，同比下降10.23%；发生火灾事故54次，同比上升17.39%。年内，该县局9个集体获省、市、县党委、政府授予的荣誉称号，5人获省、市公安机关授予的荣誉称号；5个集体和13人记三等功。

【临安市公安局】 2011年，临安市行政区域土地面积3126.8平方千米，全区户籍总人口52.6万人，登记流动人口10.9万人。年内，全市实现生产总值340.8亿元，财政总收入39.2亿元，其中地方财政收入21.1亿元，城镇居民人均可支配收入和农民人均纯收入分别为2.76万元和1.39万元。该局设3个综合管理机构和9个直属执法勤务机构，下辖10个派出所，全局民警521人、协辅警592人。是年，该局刑事案件立案数3794起，同比上升0.42%，破案数同比下降3.85%，命案和五类案件破案率达到93.75%，移送起诉犯罪嫌疑人同比上升1.09%；交通事故、火灾事故“四项指标”同比全部下降，人民群众的安全感和满意度提升。年内，该局被评为省公安队伍正规化建设优秀单位、全省执法质量优秀单位和杭州市公安机关强化教育训练工作先进单位、“一查二打三整四建”综合行动优胜单位。1人记二等功，2个集体和10人记三等功，13个集体、38人受到表彰。

【建德市公安局】 2011年，建德市行政区域土地面积2321平方千米，全区户籍总人口51万人，登记流动人口4.7万人。年内，全市实现生产总值224.1亿元，实现财政总收入26亿元，其中地方财政收入14.1亿元，城镇居民人均可支配收入和农民人均纯收入分别为 2.58万元和1.15万元。该局设4个综合管理机构和10个执法勤务机构，下辖10个派出所，全局民警401人、协辅警286人。是年，该局法制工作连续两年进入省优，五类案件破案率连续八年保持100%、破案数连续九年上升、交通事故死亡人数连续九年下降。全年全市共立刑事案件2364起，破案1212起，破案率51.27%，同比立案、破案分别上升3.23%、4.75%；共受理治安案件4131起，查处2738起，查处率为66.28%，同比受理数、查处数分别下降0.51%、1.55%；共发生上报交通事故数117起，死亡47人，经济损失22.12万元，处罚违章111316起，同比上报交通事故数、死亡人数、经济损失分别下降19.31%、11.32%、44.87%；共发生火灾15起，经济损失43.6万元，同比火灾事故数下降48.28%，经济损失上升20.78%。年内，该局被评为全省执法质量优秀单位，20个集体和145人受到表彰奖励，5个集体和14人记三等功，7个集体和108人受嘉奖。

【淳安县公安局】 2011年，淳安县行政区域土地面积4427平方千米，全区户籍总人口45.66万人，登记流动人口1.95万人。年内，全县实现生产总值140.55亿元，完成财政总收入15.27亿元，其中地方财政收入9.52亿元，城镇居民人均可支配收入和农民人均纯收入分别为2.22万元和8291元。该局设4个综合管理机构、7个直属执法勤务机构和2个监管场所，下辖9个派出所，全局有民警371人、协辅警302人。是年，该局破案1067起，同比上升12.3%，破案率59.1%，命案和五类案件破案率达100%。年内，该局被评为全省执法质量优秀单位，综合考评名列杭州市县级公安机关第二名；“打防控”、“一打二查三整四建”综合行动均获得杭州市优胜单位称号；全县综合考评和创满意工作连续3年保持在满意单位行列，并获得优胜(满意)单位荣誉奖。县看守所实现22年安全无事故，连续第四年被评定为全国一级看守所。1个集体立二等功，6个集体和13人立三等功，70人获得县级以上荣誉。

宁波公安

【市况简介】 宁波市简称“甬”，是副省级计划单列城市和有制定地方性法规权力的“较大的市”，位于东海之滨、浙江省东北部，居全国大陆海岸线中段，宁绍平原东端。市境陆域东西宽175千米，南北长192千米，总面积9365平方千米，其中市区面积2560平方千米。辖海曙、江东、江北、镇海、北仑、鄞州6区，余姚、慈溪、奉化3个县级市，宁海、象山2县。2011年底，宁波市户籍人口574.1万人，登记流动人口429.8万人。是年，该市实现地区生产总值6010.48亿元，按可比价格计算，比上年增长10.0%；实现财政一般预算收入1431.8亿元，同比增长22.2%。

【机构人员】 宁波市公安局址设宁波市江东区中兴路658号。2011年，该市共有县级以上公安局12个，其中副省级公安局1个、县(市)公安局5个、行政区划公安分局6个、派出所166个，全市(不含宁波港)共有公安民警9279人、协辅警总数2.3万人。民警中，文化程度大专以上占95.72%，40岁以下占60.20%；民警数占全市常住人口总数的1.6‰。

【概述】 2011年，宁波公安机关严打严防境内外敌对势力、恐怖组织渗透破坏活动，建立健全和探索完善劳资纠纷110报警联动处置、道路交通事故损害赔偿联合调处等机制，积极参与并推进“大调解”工作体系建设，化解不安定因素748条，处置群体性事件55起，停访息诉信访积案156件；加强大型活动风险评估和安全监管，完成警(保)卫任务236批次及大型活动保卫490批次。强力攻坚突出违法犯罪，赢得“突出犯罪攻坚战、‘清网行动'追逃战、涉黑涉恶除灭战、'四黑四害'清剿战、经济领域保卫战"等五大战役胜利，刑事立案和八类案件同比分别下降0.7%和6.8%，全市命案破案率99.2%，强奸、绑架、劫持、放火、爆炸等五类案件破案率99.3%；经济犯罪案件、涉众型经济犯罪案件破案率分别为85.25%、97.29%；打击侵犯知识产权，制售伪劣商品和银行卡犯罪排名位居全省前茅；"两抢"犯罪嫌疑人移送起诉数、涉黄涉赌犯罪嫌疑人移送起诉数同比分别上升14.14%、39.1%；打击网络犯罪排名位居全省前茅；缉捕逃犯综合排名全省第二。紧紧抓住宁波被列为全国社会管理创新综合试点城市的契机，着力破解流动人口和出租房管理、区域治安动态管理、交通消防管理、协辅警队伍管理和校园安防常态化管理等难题，打造一批具有宁波公安特色的创新亮点品牌。强力推进社区民警专职化，开展"民意警务集中行动"；在全省率先建成信息资源全面关联的警综平台，自主研发的"城乡社区警务e超市"，得到公安部和省厅肯定；网上办事大厅二期建设基本实现全网络运行、一站式服务；全市344个执法功能区改造工作全面完成。年内，宁波市公安局被公安部记集体一等功1次；被省公安厅通令嘉奖1次，该市有264个集体、1842人记功受奖，76个集体、207人获得市级以上荣誉。

图为宁波市局领导在余姚市局调研指导执法规范化建设工作（6月8日）

【周永康视察宁波车管所】 12月6日下午，中共中央政治局常委、中央政法委书记、中央社会管理综合治理委员会主任周永康在国务委员兼国务院秘书长马凯，浙江省领导赵洪祝、夏宝龙、李强、王辉忠、刘力伟和宁波市领导刘奇、陈新、王剑波、王惠敏等陪同下，到宁波市公安局车管所视察工作。周永康一行听取宁波市近年来车辆和驾驶人管理情况介绍，并视察驾驶证档案室，对宁波市车管所大力实施扩权强县工作，将26项业务权限和107.28万汽车驾驶证、70余万汽车档案下放到县级车管所，并实现档案信息化管理的做法予以肯定。

【打击"四黑四害"】 8月下旬，宁波市公安局在全市范围内开展"打四黑、除四害"专项行动。截至年底，该市共出动警力3万多人次，检查重点部位、场所、出租房屋4万余处，破获相关案件1506起，打掉犯罪团伙62个。其中，该市公安机关侦办的非法使用地沟油制售食用油案被评为首届全国食品安全制度创新十大最佳案例。

【开展严厉打击建筑工程领域涉黑涉恶犯罪专项行动】 2011年，宁波各级公安机关针对部分地区出现涉黑、涉恶势力插手建筑工程领域，严重扰乱社会正常生产、生活秩序的现象，迅速开展该行动。截至年底，该市共打掉建筑工程领域涉黑涉恶犯罪团伙10个，抓获涉案犯罪嫌疑人155名。

【开展"亮剑"专项行动】 2011年，宁波市公安机关扎实开展"亮剑"专项行动。截至11月底，该市先后发起打击涉及假农资、假药、假食品、假名牌集群战役4次，共破案602起，捣毁窝点1058个，打掉团伙37个，抓获逃犯57名。专项行动综合排名居全省第二位。

【开展打击银行卡犯罪"天网—2011"专项行动】 1～10月，宁波市公安机关开展该行动。其间，共立案侦查银行卡犯罪案件676起，破案658起，抓获上网逃犯179名，移诉犯罪嫌疑人608名，涉案金额5.74亿元，挽回经济损失1692万元。整体绩效排名位居全省第一。

【开展打击整治发票犯罪专项行动】 2011年，宁波市公安机关会同税务部门联合开展该行动。其间，该市共立案侦查发票犯罪案件18起，破案21起，缴获假发票398.97万份，抓获发票违法犯罪嫌疑人77名，打掉发票犯罪团伙6个，端掉各类窝点74个，其中小型假发票印制窝点9个。专项行动绩效考核成绩居全省第二。

【开展防范处理金融犯罪专项行动】 2011年，宁波市公安机关开展该行动。年内，该市共立案侦查涉众型经济犯罪案件28起，破案39起（包括年前案件11起），破案率100%，查处犯罪嫌疑人71名，挽回经济损失3894万元。

【运作"猫鼠同步"机制提升打防盗抢水平】 2011年，宁波市局树立并践行“盗抢必打、赃物必追”理念，着力破解打防盗抢犯罪难题。8月，该局印发《关于加强专业化打防盗抢犯罪工作的意见》，全市建立市、县（市、区）公安局和派出所三级打防盗抢专业队伍，高效运作“猫鼠同步”机制，遏制盗抢犯罪多发高发态势。年内，全市分别刑拘、移送起诉盗抢犯罪嫌疑人5311名、4826名，分别同比上升25.17%、2.75%；打掉盗抢犯罪团伙725个，破获挂牌督办案件54起，其中部、省督办案件2起，成功破获一批大要盗抢案件，全市入户盗窃案件同比下降4.4%。同时，该市公安机关加大追赃、返赃力度，共追缴盗抢犯罪案件赃物价值1315.2万元，同比上升12.4%。

【启动环江北区域警务协作机制】 3月10日，宁波市公安局在江北分局举行环江北区域警务协作仪式暨首次联席会议，海曙、江东、江北、镇海、鄞州、余姚、慈溪和高新区八地公安机关签署《环江北区域警务协作框架协议》。该协作机制按照“分工负责、高效协调、优势互补、互援共助”的原则，搭建区（市）公安局，刑侦、治安、交警等警种和接壤派出所三级警务协作平台，建立情报信息互享、指挥处警互联、卡口拦截互动、重大警情互援、治安管控互防、技术保障互协六大警务协作机制，旨在推动区域警务协作常态化、制度化开展，进一步提高区域社会治安管控能力。

【强化吸毒人员戒毒管控】 2011年，宁波市公安机关按照宁波本地籍实有吸毒人员20:1的比例配备专职社工525名。建成并投用美沙酮维持治疗门诊点4个、服药点9个、服药流动车1辆，治疗点遍布全市11个县（市、区），稳定参加美沙酮维持治疗人员594名，同比增长12.5%，维持率达70%以上。

【全省首家省级戒毒研究治疗中心在甬挂牌】 8月16日，浙江省戒毒研究治疗中心在宁波市挂牌成立。省委常委、副省长、省禁毒委主任葛慧君为该中心揭牌。省禁毒委副主任、省公安厅副厅长董晓伟，宁波市领导王勇、王惠敏出席成立仪式。

【建立校园安防服务外包机制】 4月，宁波市公安局印发《关于做好校园安保服务外包模式推广和专职保安派驻工作的通知》，要求全市公安机关按照“政府主导、公安指导、校园自防、社会招标”的思路，建立以学校为招标业主、保安公司为竞标主体的运作模式，全面推进校园保安化、保安职业化，破解校园安保难题。年内，宁波市2191所中小学幼儿园派驻校园专职保安4200名，其中公办学校达到应派保安人数的89.4%、民办学校为72.8%；公办学校专职保安派驻覆盖率100%、民办学校82.7%。

【开展校园安全“护苗行动”】 4月中下旬及5月中旬，针对省外及宁波市区接连发生犯罪分子侵害小学生、幼儿园儿童的恶性案件，宁波市公安局组织开展校园安全“护苗行动”。截至年底，该市共清查校园周边复杂场所1250余家，清理治安乱点280余处，下发安全隐患整改通知书87份。组建校园安全志愿者队伍，广泛吸纳学校老师、学生家长、社会志愿者等力量组建“护苗队”，并在学校周边五金店、文具店、超市、饭店等商铺设立86家“爱心庇护点”。

【完成温家宝在甬期间警卫任务】 4月8～9日，中共中央政治局常委、国务院总理温家宝在省领导赵洪祝、吕祖善、王辉忠和宁波市市长刘奇等陪同下在宁波视察，并就经济运行情况进行调研。宁波市公安局圆满完成此次警卫任务。

【完成全国领导干部接待群众来访工作经验交流现场会安保工作】 12月4～7日，全国领导干部接待群众来访工作经验交流现场会在甬召开，中共中央政治局常委、政法委书记周永康等出席会议。12月6日，周永康在国务委员兼国务院秘书长马凯和浙江省领导赵洪祝、夏宝龙、李强、王辉忠、刘力伟等陪同下视察宁波市车管所。会议期间，公安部副部长黄明和王辉忠、刘力伟等到会议住地指挥部检查指导安保工作。宁波市局圆满完成此次现场会警卫及相关安保任务。

图为浙江省首家省级戒毒研究治疗中心在宁波挂牌成立（8月16日）

【做好中国开放论坛和浙洽会、消博会安保工作】6月3～5日，首次升格为“国”字号的第四届中国开放论坛在宁波镇海九龙湖举行。6月8～11日，第十三届中国浙江省投资贸易洽谈会、第十届中国国际日用消费品博览会在甬举行。开放论坛和浙洽会、消博会期间，国家有关部委、省、市各级领导和外国国家政要、政府官员、国际友人，德国、法国、韩国等34个国家代表团，以及4万余名中外客商和媒体记者参加开放论坛和浙洽会、消博会。宁波市局共投入警力、保安力量1700多人次，圆满完成各项活动安全保卫工作。

图为海警在宁波海域开展查处非法采砂行动（5月13日）

【宁波公安边防支队主动服务海洋经济建设】 2011年，该支队先后部署开展涉海基础大排查、汛期海上整治、“国门利剑”、北仑港“海砂禁采”整治、象山港涉黑整治等专项行动，严打海上违法犯罪，着力整治突出治安问题，成功破获市领导批示的“江夏安船、敬亭6号船”等系列涉黑案件，共查处边防行政案件1192起，打击处理违法犯罪人员1242人。同时，建设海上警务信息平台，整合公安、渔政、海事、海防等涉海部门的海上信息资源，提升船舶实时定位和预警等功能，对8510艘出海船舶推行分类分层管控；推出临时出海人员登记报备，出海边防证件异地年审、换发证；建立网上办事大厅，为广大渔船民提供“键对键”式网络办事服务。年内，该支队先后收到群众表扬信7件、锦旗19面。省委常委、宁波市委书记王辉忠，市长刘奇相继作出批示肯定。

【宁波市人口数据管理中心揭牌】 10月12日，宁波市政府举行市人口数据管理中心揭牌仪式。市委常委、副市长余红艺为宁波市人口数据管理中心揭牌并讲话。市公安局副局长王伟标介绍宁波市人口数据管理中心建设基本情况，并与有关单位签订《信息服务交换及保密协议书》。年底，该市人口基础信息数据库进入立项建设阶段。

【开展严重交通违法整治】 2011年，宁波市公安局交警支队在深化实施“禁酒驾”工作的同时，先后组织开展道路交通安全“春季攻势”、预防重特大道路交通事故集中整治、道路客运隐患整治、工程车专项整治、电动自行车专项整治、“清违”行动等，并实施《全市预防重特大道路交通事故“双十”规定》，对各类严重交通违法始终保持严管高压态势。年内，该市公安机关共查处酒后驾驶13950起，醉酒驾驶1376起，在全省排名第二；消除5条以上违法未处理记录46543辆、消除10条以上违法未处理记录9494辆、消除30条以上违法未处理记录912辆、消除客运车辆非现场违法8601辆，平均处罚到位率分别达到98%、99.7%、99.1%和100%。查处超速651026起、超载5782起、客车超员5627起、闯红灯300096起、无证驾驶16029起；查处工程车超载、“闯禁”等违法10万余起，电动自行车骑车带人、违反信号等违法14.2万余起，扣留超标电动自行车4254辆。

【创新车辆管理模式】 2011年，宁波市公安交警部门推进社会管理创新和公共服务改革，在车管方面基本形成“五型”（流动、网上、微型、县级、农村）车管所和“四自服务”（自助办证、自主办牌、自选体检、自选检测）的全新管理服务模式。将汽车驾驶证档案、学习档案等26项车驾管业务全部下放到县级车管所；将驾驶证补换、年检等业务延伸到全市交警中队和交管服务站；新增3辆流动车管服务车，在每个工作日深入社区、企业、广场等地提供近20项车驾管业务办理服务；各县（市、区）组建16家农村车管所；推广汽车4S店“带牌销售”模式，全市有92家汽车4S店（占全市4S店总数的84.40%）可直接办理上牌业务；交警部门与“81890”求助服务中心和中国电信宁波分公司“114号码百事通”实现系统对接，在全省范围内率先将车驾管业务全部实行网上、声讯电话办理，年内累计办理各项业务2.2万起，有197501辆汽车安全技术通过网上远程审验，119845人次采用考试智能评判系统参加实际道路考试。

【全省首台车驾管业务自助受理服务机投入试运行】 10月，该服务机在宁波车管所投入试运行。自助办理业务时，群众仅需持本人的二代身份证，通过自助受理服务机的二代身份证读卡器验证身份后，即可在自助受理服务机上“一站式”完成驾驶证补证、机动车补换行驶证、补发机动车检验合格标志等车驾管业务的办理。自助受理服务机集审核、受理、缴费等功能于一体，群众从提出业务办理申请到领取证件，不超过10分钟。

【宁波强化消防工作组织体系建设】 9月16日，公安部消防局在余姚市召开试点经济发达镇消防管理机构建设座谈会，充分肯定宁波市基层消防管理机构建设工作。年内，宁波市在全省率先形成上下一致、层层对应的三级消防安全组织领导体系。加快组建乡镇（街道）消防工作站，明确各行政村专职消防管理人员，推动基层消防工作实体化运作。截至年底，全市共设立消防安全工作站152个，明确行政村消防专管员1826人。

【完成城乡社区警务e超市建设推广实施计划】 2010年10月，宁波市公安局制定该推广实施计划后，全市公安机关全面开展城乡社区警务e超市建设工作。截至2011年7月，基本完成该项工作，全市警务e超市标准地址采集1980844条，虚拟建房1975462栋，虚拟建房率99.7%，实有人口匹配9526541条，实有人口匹配率达到98.12%，标准地址、具体建筑物、人员信息虚实基本对应，警务e超市系统信息录入与应用运行正常。

【警用地理信息系统通过公安部验收】 5月6日，宁波市警用地理信息系统顺利通过公安部验收。截至年底，该系统共建设公共地理信息数据图层55个，警用地理信息数据图层27个，业务关联地理信息图层45个；采集基础数据240万条，关联业务数据275万条，采集标准地址信息数据198万条。宁波市从2010年10月开始建设警用地理信息系统。

【警务工作平台建设经验在全国全省交流】 6月1日，宁波市在全省率先建成警务工作平台并在全警推广应用。该平台整合110接处警、打防控案事件管理等各类业务应用系统26个，完成重点人员积分预警、分类管控工作模块建设，实现与省厅情报平台的对接，建设办公服务与业务工作统一提醒、情报线索采集、指挥调度、信息资源综合服务等功能模块，实现全警在一个平台上完成主要业务工作。年内，该平台共采集案事件信息328万条，拥有各类信息资源2.7亿条，开设平台用户7364人。7月19日，在公安部组织召开的全国公安机关情报系统建设与应用推进会上，宁波市公安局就警务工作平台建设应用情况作交流发言。2012年1月6日，在全省公安工作会议上，该局就警务工作平台建设理念、建设模式以及应用成效进行汇报和演示。

图为宁波市公安局召开警务信息综合应用平台建设应用推广会（6月1日）

【建成网上办事大厅二期】 2011年底，宁波市公安局完成网上办事大厅二期建设，二期建设突出“办事功能”，新增139项办事服务项目，实现“在线申请受理、内外网流转审批、状态实时查询、警种业务互动”等多种功能。

【协辅警队伍建设经验受到上级公安机关肯定】 2011年，宁波市公安局将协辅警队伍建设作为全市公安机关社会管理创新四大工程之一，抓住新一轮市、县两级机构“三定”修订工作契机，市、县两级公安机关普遍建立协辅警专职管理机构，探索完善辅警队伍建设、日常规范管理、竞争激励等机制，推进协辅警队伍建设。截至年底，该市协辅警力量达到2万多名。

【开展“大走访”开门评警活动】 1月6日起，宁波各级公安机关相继开展“大走访”开门评警活动。截至6月底，全市共走访各类单位21236家，走访群众73685人次；举办警民恳谈、广场警务、网上警民互动等活动1464次；征求各界意见建议7613条，排查和化解各种矛盾纠纷9236起。

【民意警务集中行动】 7～12月，宁波市局全面开展民意警务集中行动。策划推出“千警进万家”活动，建立“民意直通车”，集中做好打防盗抢、帮扶小微企业等民生难题破解工作。建立县级公安机关领导干部联系社区制度，组织开展领导干部“一线服务月”和蹲点调研周活动，引导和动员各级领导干部深入基层、深入群众，“亮牌设摊”。其间，全市各级公安机关领导干部共结对社区236个，走访群众家庭578户，召开警民恳谈会311次，解决群众实际难题57个。

【宁波公安文联成立】6月3日，宁波市公安文学艺术联合会成立大会在宁波大剧院举行。全国公安文联主席祝春林到会祝贺，并为宁波公安文联揭牌。省厅党委委员、政治部主任、省公安文联主席华乃强，市委常委、市公安局局长王惠敏，市政协副主席、市文联主席傅丹等出席大会并讲话。

图为全国公安文联主席祝春林出席宁波市公安文学艺术联合会成立大会（6月3日）

【实施"点文化"策略】1月，宁波市公安局印发《2011年全市公安政治工作要点》，提出以责任文化、能动文化、情感文化为内涵的"三位一体"文化建设思路，探索实施"点文化"策略。"点文化"策略突出民警主体地位，遵循"人人皆才"的原则，主动发现、挖掘民警身上的特点、亮点、优点和闪光点，搭建才华施展平台，触发民警自我价值认知，激发民警的工作热情和创造力，促进民警全面发展。7月和9月，市局专门面向全市民警开展"我推荐"和民警才艺比赛活动，对获奖的21人予以表彰，从中挖掘发现一批"点型"人物。6月，宁波公安机关"点文化"策略在全国公安文联座谈会上作专题交流。

【颁发"宁波市公安局荣誉章"】4月14日，宁波市公安局印发《宁波市公安局荣誉章管理规定（试行）》，决定设立"宁波市公安局荣誉章"制度，为全市公安机关从事公安工作30周年以上的在职在编公安民警颁发荣誉章。是年，宁波市公安机关299人获宁波市公安局荣誉章。

【评选宁波市"我最喜爱的十大人民警察"】4～11月，宁波市公安局举办第二届"我最喜爱的十大人民警察"评选活动，共有11万名群众参加推荐和投票评选。经过评选，来自宁波市公安机关的20名候选人入围，其中10名当选为宁波市第二届"我最喜爱的十大人民警察"。

【冯伟峰被评为"2011年度法治人物"】12月，宁海县公安局治安大队行动中队中队长冯伟峰在全国普法办、司法部和中央电视台共同举办的"法制的力量——2011年度法治人物"评选中当选"2011年度法治人物"。

【海曙公安分局】2011年，海曙区行政区域土地面积29.39平方千米，户籍总人口30.00万人，登记流动人口13.01万人。全区实现生产总值463.3亿元，比2010年增长9.1%。海曙公安分局共有19个内设机构，下辖9个派出所，民警592人、协辅警729人，民警数占全区实有人口总数的1.97‰。是年，该分局共立刑事案件5980起，破获各类刑事案件4208起，其中命案发7起，破8起（1起为年前命案），爆炸、投毒、放火、绑架、强奸等五类案件发13起，破13起，破案率100%；起诉犯罪嫌疑人1066名；全局刑事案件批捕率94.99%，移送起诉率99.83%，退查率1.17%。年内，该分局有44个集体、31人获得区级以上荣誉称号，12个集体、99人立功嘉奖。年内，该分局被评为宁波市优秀公安局、全省打防控优胜单位，并在省厅、宁波市局开展的5次安全感、满意度民意调查中，取得宁波市第一的成绩。

【江东公安分局】2011年，江东区行政区域土地面积37.66平方千米，户籍总人口26.57万人，登记流动人口16.37万人，全区实现生产总值366.4亿元，比上年增长10%。该分局共有18个内设机构，下辖8个派出所，民警523人、协辅警714人，民警数占全区实有人口总数的1.97‰。是年，该分局破获各类刑事案件2392起，破案绝对数比2010年上升3.7%。刑拘犯罪嫌疑人859名，逮捕664名，移送起诉830名，抓获各类逃犯245名。年内，该分局105个集体、375名个人受到各类表彰奖励，其中有3个集体、6名个人获得省级荣誉，1个集体立二等功、9个集体立三等功，1人立一等功、1人立二等功、16人立三等功。

【江北公安分局】2011年，江北区土地面积208.16平方千米，户籍总人口24.14万人，登记流动人口26.31万人。全区实现生产总值224.98亿元，比上年增长9.1%。该分局设有8个科室和8个大队，并下设户证中心和8个派出所，共有民警476人、协辅警752人，民警数占全区实有人口总数的0.94‰。是年，该局共立各类刑事案件4397

起，破2132起，分别较上年同期上升6.1%、8.5%，其中命案及六类案件的破案率达100%。共刑拘875人，逮捕675人，移送起诉909人，同比分别上升26.68%、46.74%和33.68%。查处行政（治安）案件4911起，处理违法嫌疑人2768名，抓获各类逃犯251名，其中清网逃犯104名，下降率89.74%。年内，该局获得全省公安机关打防控考核优胜单位、全省公安机关执法质量考评优胜单位、全市优秀公安局等各种集体荣誉称号32项，其中省级5项，市级17项，区级10项，2个单位立集体三等功；66人次获得个人荣誉称号，其中省级5人次，市级39人次，区级14人次，8人立三等功。

【镇海公安分局】2011年，镇海区行政区域面积245.90平方千米，户籍总人口22.61万人，登记流动人口28.51万人。全区实现生产总值290.17亿元，比上年增长12.1%。该分局共有18个内设机构，下设6个派出所，共有民警477名、协警和文职1099人，民警数占全区实有人口的0.93‰。是年，该分局共立刑事案件3034起，同比下降2.9%；破刑事案件1818起，同比上升4.12%；查处治安案件5782起，同比上升12.53%；抓获各类违法犯罪嫌疑人2184名，同比上升4.9%。年内，该分局被评为全省公安机关2011年度打防控工作县级优胜单位、全省公安机关2011年度执法质量优秀单位、全市保密工作先进集体；镇海区看守所被评为2011年度全省公安监管部门信息技术应用先进单位；该分局交警大队被评为2011年度全省禁“酒驾”工作成绩突出集体。

【“金国民追逃法”被评为“第二届全国公安基层技术革新奖”一等奖】7月，公安部下发《关于第二届全国公安基层技术革新奖获奖项目情况的通报》，其中镇海公安分局的“金国民追逃法”被评为“第二届全国公安基层技术革新奖”一等奖。

【北仑公安分局】2011年，北仑区陆域面积593平方千米，户籍总人口35.28万人，登记流动人口49.47万人。全区实现地区生产总值645.8亿元，同比增长19.6%，城镇居民人均可支配收入和农民人均纯收入分别为34058元和17999元，分别同比增长12.1%和18.8%。该分局共有内设机构8个、直属大队11个（含消防、边防），下设基层派出所10个（其中边防派出所2个），共有民警552人、文职人员364名、协警1252人，民警数占全区实有人口总数的0.65‰。是年，该区刑事案件发案同比下降2.1%，侵财型刑事案件同比下降2.7%，交通事故死亡数、事故数分别同比下降18.8%、7.3%，五类恶性案件破案率100%，命案破案率100%。年内，该分局被评为宁波市优秀公安局、全省公安机关执法质量优秀单位、全省公安队伍正规化建设优秀单位、全省公安机关打防控工作优胜单位。共有22个集体、155名个人立功受奖。

【鄞州公安分局】2011年，鄞州区行政区域土地面积1345.54平方千米，全区户籍人口82.2万人（不含东钱湖旅游区和梅墟高新区），其中非农业人口28.2万人，登记流动人口90.1万人。全区实现生产总值945.4亿元，比上年增长10%。财政一般预算收入213.6亿元，比上年增长15%，其中地方财政收入124.9亿元，比上年增长13.4%。财政收入总量连续4年保持全省县（市）区第一。城镇居民人均可支配收入36734元，农民人均纯收入18631元。是年，该分局设6个职能科室（其中2个尚未运作）、9个直属大队及信息指挥中心，下辖26个派出所。全局共有民警838人、协辅警3842人，民警数占全区户籍人口数的1.02‰。年内，该区刑事案件接警9440起，比上年上升0.53%；治安案件接警120825起，比上年上升13.47%。其中“两抢”（抢夺、抢劫）案接警303起，比上年下降13.43%；交通上报事故四项指数分别比2010年下降1.2%、4.5%、1.7%和1.0%；火灾事故四项指数与2010年同比实现零增长目标。该分局有73个集体、196名个人获区级以上各类荣誉称号。

【余姚市公安局】2011年，余姚市域总面积1526.86平方千米，户籍总人口83.46万人，登记流动人口48.16万人。全市实现地区生产总值658.82亿元，同比增长10.1%，财政一般预算收入100.76亿元，其中地方级收入39亿元，分别增长22.8%和24.9%；城镇居民人均可支配收入33611元，农村居民人均可支配收入16074元，分别增长13.3%和16.7%。该局设有8个职能科室和11个直属大队，下设21个派出所，共有民警831名、协警725人、文职人员167人，民警数占该市实有人口总数的0.63‰。是年，该局破获各类刑事案件6295起，比上年增长11.7%；抓获各类犯罪嫌疑人2249人，比上年增长16.7%，摧毁犯罪团伙169个712人；治安拘留6363人，同比增长10.3%。年内，该局被评为2011年度全省公安机关打防控工作县级优胜单位、宁波市优秀基层党组织，共有5个集体、8名个人获得省级荣誉，4个集体、20名个人获得宁波市级荣誉，2个集体、1人立二等功，7个集体、13人立三等功。

【慈溪市公安局】2011年，慈溪市陆域面积1360.63平方千米（包括杭州湾开发区），辖15个镇、5个街道，户籍总人口104.15万人，登记流动人口98.10万人。全市实现国民生产总值876.16亿元，同比增长10.4%；财政一般预算收入129.30亿元，其中地方级收入71.52亿元，同比分别增长23.3%和25.1%；城镇居民人均可支配收入34123元，农村居民人均纯收入18260元，分别增长10.4%和17.7%；在2011年全国百强县排名中位居第三。该局设有5个职能科室和11个直属大队，下设22个派出所，共有民警1048

人、协警1746人、文职59人，民警数占该市实有人口总数的0.52‰。是年，该局立刑事案件11341起，破获现行刑事案件4981起（包括破年前案2198起），其中命案和五类恶性案件破案率均达100%；受理各类治安案件24875起，结案3196起；打击处理各类违法犯罪嫌疑人8514人，抓获各类逃犯755名。年内，该局有6个集体、5人获得或保持国家级荣誉，16个集体、4人获得省级荣誉，6个集体、34人获得宁波级荣誉，6个集体、34人获得慈溪市级荣誉，1名个人立一等功，1个集体、1人立二等功，7个集体、22人立三等功，26个集体、212人次受到嘉奖表彰。

【奉化市公安局】 2011年，奉化市行政区域土地面积1249平方千米，海域面积96平方千米，户籍总人口48.39万人，登记流动人口18.5万人。全市实现生产总值260.23亿元，财政一般预算收入40.16亿元，其中地方财政收入21.96亿元，城镇居民人均可支配收入和农民人均纯收入分别为32893元和15654元。该局共有7个内设机构、13个直属机构，下辖12个派出所。全局共有民警499人、协辅警1148人，民警数占该市实有人口总数的0.75‰。是年，该市刑事发案同比下降3.23%，其中“两抢”发案同比下降13.3%；破获各类刑事案件3738起（其中年前积案925起），同比上升5.59%，其中命案实现连续第八年全破；移送起诉犯罪嫌疑人1138人，治安处罚3472人。年内，该局被评为全省打防控工作优胜单位、全省执法质量优秀单位，有2个集体立二等功，9个集体、36人立三等功，64个集体、331人次受到各级表彰、嘉奖。

【宁海县公安局】 2011年，宁海县行政区域总面积1843.26平方千米，海域面积275平方千米，户籍总人口61.7万人，登记流动人口19.9万人。全县实现地区生产总值323.23亿元，同比增长11.1%，财政一般预算收入50.12亿元，其中地方财政收入26.59亿元，城镇居民人均可支配收入33045元，增长14.2%，农村居民人均纯收入14757元，增长15.8%。该局设有5个职能科室和9个直属大队，下设19个派出所（包括3个边防派出所），共有民警563人（包括5名职工）、协辅警1298人，民警数占全县户籍人口总数的0.91‰。是年，该县立刑事案件4618起，破刑事案件2507起，破命案5起，破案率100%，受理治安案件5772起，查处3986起。该局为主侦办的全国首例全环节“地沟油制售食用油”案件侦破工作取得完胜，中央媒体采访团到该局集中采访。发生交通事故150起，死亡62人，受伤161人，直接经济损失72.7万元，交通事项指标保持平稳。发生火灾38次，死亡1人，直接经济损失22.2万元。年内，该局被评为全省公安机关打防控考核优胜单位。

【象山县公安局】 2011年，象山县总面积6510平方千米，其中陆地面积1175平方千米，海域面积5335平方千米。海岸线800千米，占全省的1/8。全县户籍总人口54.17万人，登记流动人口21.48万人。实现地区生产总值319.3亿元，比上年增长10.9%；完成财政一般预算收入42.3亿元，比上年增长19%，其中地方财政收入24.8亿元，比上年增长23.6%。该局设有7个职能科室和10个直属大队，下设14个派出所（包括4个边防派出所），共有民警509人、协辅警743人，民警数占全县户籍人口总数的0.94‰。是年，该局立刑事案件4820起，基本与上年持平，发命案7起，破6起，破“两抢一盗”案件2371起，盗抢案件破案率同比上升1.27%，共起诉犯罪嫌疑人994人。交通上报事故四项指数、火灾事故四项指数同比均实现全面下降。年内，该局被评为全省公安机关执法示范单位。

【大榭公安分局】 2011年，大榭岛行政区域面积30.84平方千米，周边小岛面积4.35平方千米。全区户籍总人口2.73万人，登记流动人口2.14万人，实现工业总产值480.4亿元，同比增长32%；财政收入100.84亿元，同比增长27.6%。该分局设有办公室（指挥中心）和治安、侦察、交警3个大队，共有民警38人、协警103人，民警数占辖区户籍人口总数的1.39‰。是年，该分局辖区刑事案件同比下降8.7%；在110报警中，涉及刑事报警与上年持平，涉及治安报警比上年下降17.1%，其中“两抢”报警下降50%。年内，该分局被评为全市世博安保工作先进集体、宁波市2011年度综合治理工作先进单位、安全生产工作先进集体、宁波市卫生先进单位、第四批区级文明单位，1人获市“巾帼建功”标兵，3人分别被评为省厅、市局和区优秀共产党员，4人受市个人嘉奖，6人立三等功，14人获市、区级先进个人称号。

【高新区公安分局】 2011年，宁波国家高新技术开发区规划面积18.9平方千米，户籍总人口3.17万人，登记流动人口2.68万人。全区实现生产总值170亿元，同比增长25%；完成财政收入31亿元，同比增长26.5%，固定资产投资67亿元，同比增长10.2%。该分局下设办公室（综合部门）和侦查、治安、交（巡）警3个大队及2个派出所，共有民警52人、协辅警和文职人员341人，民警数占辖区实有人口的0.89‰。全年立刑事案件596起，与上年同比下降0.3%；侦破刑事案件119起，打击盗抢团伙9个，抓获网上逃犯8名。年内，4个集体、32人获得区级以上荣誉，其中2人立三等功。

【东钱湖公安分局】 2011年，宁波东钱湖旅游度假区行政区域面积130平方千米，其中湖区面积19.89平方千米。全区户籍总人口4.65万人，登记流动人口2.39万人。全年实现生产总值34.6亿元，同比增长10%；旅游总收入22.84亿元，同比增长58.06%。该分局设有办公室和治安、侦查、交巡警3个大队，共有民警41名、协警160人，民警数占辖区实有人口的0.58‰。是年，该分局共立刑事案件496起，受理治安行政案件532起，刑事和治安案件总量同比下降8.8%；受理道路交通事故4491起，同比上升5.9%，死亡8人，同比下降11.1%，交通管理执法13952起，各类交通违法罚没款277万元；火灾8起。查获行政拘留以上各类违法犯罪嫌疑人242人。批准逮捕59人，移送起诉83人，全局人均移诉数2.02人。全年有6个集体、29人受到记功表彰。

【宁波港公安局】2011年，该局共有6个内设机构、7个直属大队和5个派出所，民警184人、协警24人，负责宁波港域的北仑港区、镇海港区、宁波港区、穿山港区、大榭港区和梅山港区的治安保卫工作。年内，该局刑事案件批捕率96%，刑拘对象转处率97%，起诉率和起诉准确率均为100%。该局因“清网行动”成绩优异被交通运输部公安局授予集体二等功，且连续6年获全省执法质量优胜单位称号。

【机场公安分局】2011年，宁波栎社国际机场共保障起降航班44083架次，实现旅客吞吐量超500万人次的历史性跨越，货邮航吞吐量8.54万吨，顺利实现第27个安全年。该局共有5个内设机构，民警33人，协辅警65人。负责机场辖区2.5平方千米的治安保卫和民航空防安全工作。是年，该局立刑事案件10起，破案3起，抓获公安部网上逃犯11名，辖区实现“两抢”等恶性刑事案件、重大交通事故、火灾事故和队伍违法违纪“零发案”，完成专机保卫等安保任务34批次。年内，1个集体和1名个人立三等功，14个集体和个人被上级公安机关通令嘉奖或评为园区管委会以上先进。

温州公安

【市况简介】温州市地处浙江东南沿海，是浙南经济、文化、交通中心，下辖鹿城区、瓯海区、龙湾区、瑞安市、乐清市、苍南县、平阳县、文成县、泰顺县、永嘉县、洞头县等3区2市6县。全市陆地面积1.2万余平方千米，户籍人口912.21万，是浙江省人口最多的市，登记在册流动人口370万。温州是全国首批13个农村改革试验区和全国18个港口城市之一。2011年，全市实现生产总值3350.87亿元，同比增长9.5%；人均生产总值达到36733.54元。

【概述】2011年，温州市公安机关以建设社会治安新秩序为总战略，围绕“三生融合·幸福温州”战略部署以及“十二五”公安工作“十大项目”和“15510”工作目标，常态、持续、有力地推进年度各项工作。全市社会治安呈近年最好态势：刑事案件数同比下降10.01%，其中命案下降10.37%，与2008年前3年平均数相比下降12.53%，为10年来最低；“两抢”案件同比下降24.58%，与2008年前3年平均数相比下降51.47%，为6年来最低；入室盗窃案件同比下降17.55%。刑事案件破案数同比上升11.91%；命案破案绝对数列全省第一，破案率同比上升4.2%；“两抢”案件破案数同比上升7.9%；逮捕数、移诉数分别上升6.75%和3.66%。交通严重违法行为整治工作位居全省第一，未发生死亡5人以上事故。实行单位和区域消防安全挂牌整治、派出所消防监督管理、全警消防模式，消防工作各项指标位列全省第一，火灾伤人数下降20%以上。

【赵洪祝批示肯定温州公安工作】9月，中共浙江省委书记、省人大常委会主任赵洪祝在新华社《国内动态清样》（第3331期）登载的《温州警方打造“三警务”保社会平安》上批示：“温州公安以及整个政法系统，近几年工作成效显著，希望再接再厉，为维护社会和谐稳定，保一方平安，再创佳绩。”

【维护社会政治稳定】2011年，温州市公安机关成功处置1309起可能引发群体性事件的不稳定因素，没有发生影响重大的群体性事件。实现村级组织换届选举、乡镇行政区划调整、城市拆违、火车站周边综合整治、市区“四小车”综合整治、民间划龙舟活动以及金融风波等各类事项中各种不稳定因素不爆发、不扩大、不炒作的目标。

【推出温州公安十大项目建设】2011年，温州市公安机关按照“分步实施、前后承接、渐次推进”的原则和“边打边整、边改边建、固本强基”的思路，围绕人民群众“居家安”、“出行安”、“从业安”三大安全需求，以深度安全理念、社会治安攻防体系、主动警务平台、民生警务平台、实力警务平台为主线，构建“情报主导”、“主动维稳”、“常态严打”、“严密防控”和“护航发展”等五大体系，强力推行“公正执法”、“拆篱融合”、“智慧警务”、“绿色网络”、“严管厚爱”等五大工程为主要内容的“十二五”公安工作“十大项目”及2011年度50项子项目。市局30余次召开“十大项目”专题部署会、座谈会、推进会、点评会，要求各地采取挂图作战、倒排工期方式，确保项目实施落到实处。

【打击刑事犯罪】2011年，温州公安刑侦部门强化命案侦破、打黑除恶、“清网”追逃、打防“两抢一盗”等工作，全年侦破各类刑事案件35669起，刑拘犯罪嫌疑人20242名，移诉犯罪嫌疑人20651名，同比分别上升

12.30%、21.92%、10.83%，破积案绝对数列全省第一，命案综合考评列全省第二，摧毁恶势力团伙数列全省第一，打防“两抢一盗”工作绩效全省领先。乐清“1·26”抢劫金店案、龙湾“5·31”及“8·19”持刀入户抢劫案、鹿城“3·25”重大扒窃案、瑞安塘下“6·18”及“10·2”蒙面持刀抢劫金店案、瓯海“12·17”抢劫金店案、市区系列拉人上车抢劫强奸案等100余起特大案件得到及时破获。

【开展“清网行动”】 5月底开始，温州市公安机关将“清网行动”列为“一把手”工程，全警联动，实行创新劝投、奖惩推动。截至12月15日，全市共归案行动前逃犯4269名，下降率82.81%，追捕逃犯数占全省总数的25.28%，综合成绩全省第一，其中抓获部B级逃犯1名、部督逃犯9名、省督逃犯 15 名、在逃5年以上逃犯668名、故意杀人逃犯163名、外省逃犯976名，与全国36个副省级以上城市相比，温州归案绝对数仅次于上海、重庆，列全国地级市之首。公安部副部长刘金国8次批示予以肯定，公安部、省厅19次发贺电表彰。

【打击毒品犯罪】 2011年，温州公安禁毒部门以“天戟”禁毒大会战为载体，全年查获涉毒案件10319起，其中涉毒刑事案件1681起；移送毒品犯罪嫌疑人2184名，其中容留他人吸毒244名；摧毁贩毒团伙142个；破获部省级毒品目标案件7起；缴获各类毒品70.23千克；查处吸毒人员8638人次，其中社区戒毒1734人、强制隔离戒毒2029人；稳定参加美沙酮维持治疗人员2320名。全市实有吸毒成瘾人数连续七年“负增长”，受到省政府表彰；在2011年度全省禁毒工作创先争优活动中，温州位居全省第一名；严查严打严治娱乐场所涉毒问题，其经验被国家禁毒办推介。

【开展“打四黑、除四害”专项行动】 9～11月，温州市公安机关开展以打击黑作坊、黑工厂、黑市场、黑窝点和严重危害人民群众生命健康、严重危害青少年身心健康、严重危害百姓财产安全、严重危害公共安全和社会诚信为内容的“打四黑、除四害”专项行动，并将其作为服务民生的事项加以对待，其间侦破长江能源公司生产销售劣质天然气案等一批大要案，铲除了一批“四黑”场所。

【打击网络犯罪】 2011年，温州市公安机关采取设置网上虚拟警务室等手段，提升网络犯罪及突发事件处置能力。全年侦破各类网络犯罪案件1457起，抓获犯罪嫌疑人1826名、CCIC逃犯1057名，战绩列全省第一。

图为公安机关对收缴的假冒伪劣商品及包装材料进行销毁（11月6日）

【开展“亮剑”行动】 1月起，温州市公安机关开展打击侵犯知识产权和制售伪劣商品犯罪“亮剑”专项行动。截至11月30日，全市破获涉假案件489起，抓获犯罪嫌疑人289名，逮捕142名，捣毁制假售假窝点487个，打掉批发、销售侵权伪劣商品犯罪团伙42个，关闭侵权私服游戏网站17个，收缴各类假冒卷烟、白酒、鞋服、汽车配件、手表、商标标识及包装材料等 6319万余件，案值8139.82万元。在打击假冒白酒包装材料和假药的“猎手1号”、“猎手2号”、“猎鹰2号”、“猎手5号”及打击互联网侵犯著作权的“7·20”收网战役中，温州市公安局被公安部两次通令嘉奖。

【处置重特大案事件】 2011年，温州市公安机关相继成功处置乐清“2010·12·25”钱云会交通事故舆情事件、“7·23” 甬温线特别重大铁路交通事故、“3·31”泰顺非正常上访、泰顺立人集团资产重组等一系列重特大案事件。在钱云会事件处置中，开展面上维稳、舆情引导和技术措施相结合的工作手段，使事件得以有效平息，处置工作受到孟建柱、赵洪祝等领导的肯定。在“7·23”甬温线特别重大铁路交通事故抢险救援和维稳工作中，坚持突击救援、突攻善后、突出维稳，第一时间赶赴事故现场，绝不放弃救援，共救出受伤旅客数百名，包括最后一名奇迹般生还女孩项炜伊，疏散1600余人，同时针对媒体关注、网情汹涌、家属情绪激动等情况，控制教育重点人员，严防敌对势力煽动聚集，确保社会面平稳，处置工作受到中央、公安部、省委、省政府和省公安厅肯定。此外，还迅速侦破“3·29”特大持枪勒索1500万元绑架案、瓯海新桥“1·28”杀人分尸案、陈再武黑社会性质犯罪集团等一系列恶性案件，其中“3·29”案件被公安部作为全国“合成战、信息战、科技战、证据战”和侦破“有广泛社会影响案件”的成功典范向全国推介。

【整治治安乱点暨打击黄赌毒】 2011年，温州市公安机关对100个治安乱点和热点部位实施综合整治，乱点、热点部位所属64个派出所刑事发案同比下降13.9%，“两抢”和入室盗窃案件发案下降27.7%，高于全市26%的平均水平。全市刑拘、逮捕黄赌犯罪嫌疑人数同比分别上升29.7%和31.9%，打击成效连续两年列全省首位，公安部、省厅和央视“焦点访谈”在温州暗访均未发现重大黄赌问题。严厉打击涉毒违法犯罪活动，全市实有吸毒成瘾人数连续七年“负增长”，受到省政府表彰；严厉整治娱乐场所涉毒问题；易涉毒场所整治工作经验被国家禁毒办推介。

【发挥情报强侦作用】 2011年，温州市公安机关依托特定人群信息核录系统、智能嫌疑分析系统和三级三类警情研判机制，强化对案件高发时段、高发地段的提前干预、主动预警、常态打防和综合施策。针对违法犯罪团伙、地缘型抱团帮派、重大突发事件及群体性事件，通过摸清内部成员关系，找出为首组织者与骨干分子，实施斩头断线，增强精确打击、定点清除能力。通过情报强侦，全年破积案绝对数列全省第一，命案综合考评全省第二，打掉恶势力团伙数全省第一，打防“两抢一盗”全省前茅。在全省考核比武中，情报信息服务实战综合成效列全省第一，关系人分析引擎应用技战法、应对重大公共危机“人员四定”技战法在全省情报类技战法比武中获第一，海量信息侦查分析系统、车辆轨迹分析系统、视频侦查技术、警犬技术等实战成效明显。年内，温州市局和鹿城分局分别被公安部列为大情报体系建设全国市级、县级示范单位；警用地理信息平台获2011年中国地理信息产业优秀工程银奖，为全国公安机关在该领域之最高奖。公安部、省厅均在温州召开现场会予以介绍。

【应对民间借贷风波等不稳定因素】 2011年，温州市公安机关以“敏情、控网、阻跑、止闹”为目标，组织开展防范处置金融领域犯罪专项行动，其经验得到国务院、公安部肯定。年内，该市公安机关共立非法集资类犯罪案件 64起，涉案金额63亿元；立因民间借贷引发的非法拘禁案件 73起，打击查处 115人；立故意伤害案件 27起，打击查处 39人。掌握出现风险企业300家，抓回出跑企业主98名，劝回32名，对169名有债务危机且有出跑迹象的企业主及个人采取防控措施。

【社会治安防控网络建设】 2011年，温州市公安机关推进以视频监控“3211”工程（构筑三道防线、两张视频监控网络、一套无线监控系统和一套实战应用平台）为主要内容的“天网”、“地网”工程建设，设置视频监控点13360个，借此整合社会资源信息3亿余条。实行“警调衔接”机制，会同司法、行政、综治等部门和民间调解组织，及时化解矛盾纠纷，化解率达80%以上。构筑“综治主管、公安主抓、乡镇主办”的社会安全防范监督机制，在全市100个治安保卫重点单位建立“警企安全防范联络室”，为出租车驾驶员安装防护栏，社会各界及群众自防能力提升。“社区移动警务”、社区民警“E本通”、“警民一键通”、社会安全防范信息平台等在实战中发挥积极作用，户口登记管理专项清理整治、“二代证”人脸比对核查试点工作得到公安部、省厅肯定。

【护航破难攻坚大行动】 2011年，温州市公安机关树立“社会治安环境是最基本投资环境”理念,为市委、市政府破难攻坚大行动“拔钉清障”、违章“六必拆”、“拆围去丑”、“四小车”整治、建设用地清理、历年遗留项目限期整改、农房集聚和城中村“村房两改”等“七大硬仗”提供执法保障。特别是将“四小车”整治主动纳入破难攻坚内容，并作为“开路行动”，截至12月25日，市区查扣“四小车”3.48万辆，摧毁相关违法犯罪团伙5个，查处相关案件1408起，刑事拘留37人，治安拘留1381人，摧毁“四小车”非法制售窝点72个，数万名机动三轮车主、无牌三轮车主被劝离温州或转岗转业，2162辆有牌人力客运三轮车全部回收淘汰，报废回收摩托车1.17万辆，发放牌照补偿款2060.45万元。同时落实残疾人帮扶措施，除1人外，704名有牌残疾车车主签订不参与非法营运承诺书，并置换统一样式残疾车。经整治，市区“四小车”基

图为综合整治市区“四小车”（5月15日）

本绝迹，道路交通秩序和城市环境得到改善。

【保障重点工程项目建设】 2011年，温州市公安机关开展“清障除污”、“警务进项目、警务进工程”活动，对县级以上重点建设项目实行治安评估和过程监管，严厉打击阻挠正常施工、干扰征地拆迁等插手重点建设项目的“村霸”、“地霸”、“行霸”、“市霸”、“霸王搬运”，为重点工程建设创造良好社会治安秩序。该项工作得到省厅肯定，副省长、市委书记陈德荣连续三次对“警务进项目”予以批示肯定。年内，全市排查化解影响工程建设的不安定因素和群体性事件隐患182起，打掉阻碍工程建设违法犯罪“村官”93名，立案查处干扰破坏重点工程建设案件246起，91处受阻工程顺利施工。

【接处警专业化改革】 2011年，温州市公安机关推行网格化“屯警街面、有警接警、无警巡逻”接处警专业化改革。全市49个实行接处警专业化的派出所处警时间基本在5分钟之内，群众满意率提升至92.3%，辖区案件下降。接处警专业化技战法在全省岗位比武中获第一，受到省厅肯定。

【流动人口管理】 2011年，温州市公安机关实行“外商协管外口”机制，采取“以房管人”源头管理方式，精确掌握流动人口基础信息，经验得到公安部、省厅肯定。强化阵地控制，推行流动人口管理“两级联动、异地用警”检查机制，全市旅馆业住宿人员实名制等“四实”登记率达96.17%，娱乐场所从业人员登记率达96.75%。

【交通安全管理】 2011年，温州市交通事故发生数、人员死亡数、人员受伤数、直接财产损失数四项指标同比分别下降9.53%、3.93%、11.06%和2.78%，没有发生死亡5人以上事故，死亡人数为近5年最少。年内，全市开展内容为严厉查处严重交通违法行为、坚决遏制重特大道路交通事故的集中整治，查处各类交通违法323.17万起，其中酒后驾驶1.01万起、醉酒驾驶1997起、客运超员1557起、货运超载1.8万起、超速31.5万起、闯红灯25.3万起、无证驾驶8646起。罚款4.2亿元，暂扣驾驶证8901本，吊销驾驶证1529本，拘留5428人。整治绩效考核位列全省第一。

【高速公路交通管理】 2011年，温州公安高速交警部门深化“平安畅通高速”建设，为经济社会发展营造良好高速公路交通安全环境。高速辖区全年发生各类交通事故2580起，死亡52人，受伤33人，直接经济损失2835万余元，同比分别增长2.3%、40.5%、12.1%、15.4%。年内，共有2个集体、37名个人受到总队级以上表彰，高速温州支队被评为温州市精神文明建设先进集体和春运工作先进单位。

【出入境管理服务】 2011年，温州公安出入境管理部门以打造“全国文明示范窗口”为目标，共受理出入境证照申请5.75万人次，其中出国申请15.9万人次、赴港澳台4.16万人次，同比分别增长18.31%和41.74%。全市出入境制证工作“零差错”，考评列全省第一。年内，多个部门先后获浙江省群众满意基层站所（办事窗口）、浙江省公安机关出入境接待示范窗口、全省政法系统先进基层党组织、全省公安出入境制证工作优胜单位等荣誉，市局出入境受理中心被推荐为“全省五一劳动奖章”和“全市劳动模范”集体。

【消防管理】 2011年，温州市公安消防支队正式升格为副师级单位，部分下属大队升格为副团级单位。年内，全市公安消防部门全面开展“清剿火患”战役，全年发生火灾292起，死亡15人，受伤8人，直接经济损失2552万余元，同比分别下降7%、12%、20%、3%，创近年来死亡人数最少、火灾形势最稳定局面。省委书记赵洪祝在《温州消防永不生锈的“铁军”是如何打造的》的参考材料上对温州公安消防工作批示予以肯定，白景富、陈德荣、孙建国等公安部和省领导或直接视察温州消防工作、慰问消防官兵，或多次对温州消防工作作出批示，新华社、《法制日报》、《浙江日报》等多家媒体先后刊文报道温州消防工作经验。温州公安消防部队在“7·23”甬温线特别重大铁路交通事故抢险救援中的突出表现，得到中央、国务院、省委、省政府和社会各界的高度肯定。

【交通治安管理】 2011年，温州市公安局交通治安分局依托长途车、公交车、出租车和汽车客运站、公交车车站、警务查报站（简称“三车三站”），打防结合，全力维护市区公共交通领域治安秩序稳定。全年共立刑事案件868起，查破37起，立行政（治安）案件360起，查处49起，调解一般矛盾纠纷407起；刑事拘留43人，行政（治安）拘留31人，强制戒毒1人，罚款1人，警告2人；劳动教养13人，逮捕36人，移诉33人；抓获逃犯18名。

【水上治安管理】 2011年，温州市公安局水上分局以“弘扬本春精神、打造水警品牌”活动为载体，全力维护水上社会治安稳定。全年接处警387起，出动公安舰艇281航次，接受群众涉水遇险求助205次，救起落水人员30人，劝阻跳水自杀者24人，协助打捞水上尸体47具，化解各类矛盾纠纷42起，完成各类水上警卫、保卫任务21次，办理船舶进出港签证1136航次。全年发案总数持续保持低位运行，立刑事案件1起，受理行政治安案件5起。年内，分局被评为全省水上公安机关治安管理先进单位、全市海上搜救工作成绩突出单位。

【机场治安管理】 受经济增速趋缓影响，2011年，温州机场航空运输增速亦呈趋缓现象，旅客吞吐量559.87万人次，货邮吞吐量4.9万吨，航班起降近5万架次，同比分别增长5%、2.05%和0.28%，但仍保持浙江第二排名（次于杭州机场）。机场公安分局强化空防安全检查监督，共立刑事案件4起，破案3起，抓获犯罪嫌疑人14人；查处行政案件26起，行政拘留7人次；处理场区轻微交通事故122起，查处各类交通违法行为10753起。

图为温州市局举行网上办事大厅试运行启动仪式（12月12日）

【提升办事服务效能】 2011年，温州市公安机关全面推行“即办制”，坚持“每日事每日毕”，通过开辟温州公安门户网站和启动网上办事大厅，建立社区网络警务室、社区警务QQ群等渠道，提升行政效能，加强警民沟通。年内，市局机关清理行政审批类事项38项、其他事项类84项，行政审批类事项提速36.7%、其他事项类提速 46.9%。市局110接处警语音回访、龙湾审批窗口服务改革、瓯海全警齐回访、乐清QQ信访、瑞安信访积案化解工作、文成户口清理整顿工作、泰顺流动警务室等举措受到群众欢迎。优化出入境、车管、户政等便民利民服务，推出出入境证件办理进度网上查询等8项措施，开展车管所创先争优活动，推行交通违法网上自助处罚、彩信通快速处理等创新措施。

【推进执法规范化建设】 2011年，温州市公安机关继续强力推进执法规范化建设硬件改造工作，全市141个派出所和各警种108个执法场所全部完成改造任务，建设融入文化育警、从优待警、科技强警等元素，法律咨询室、心理减压室、交通法庭、可视化接处警等具有温州特色。软件建设同步跟进，开展执法素质培训，进行派出所所长法律业务测试，以大比武形式推动县局中层学法，通过司法考试对民警进行激励，全面落实所长值班坐堂制度，全市行政案件电子化率达92%。全年举办执法类、实战类等训练班99期，为上年3倍；9100余名民警参加全国执法资格基本级考试，通过率99%。每季度对县级公安机关、基层科所队、执法民警、案件执法办案情况进行评比，评出“十佳、十劣”案件，实行奖优惩劣，公开曝光追责，倒逼民警提升执法水平。推进可视化监督平台建设和执法流程监控系统应用，对存在问题较多的伤害类案件办理情况，治安、禁毒、刑侦、经侦四大警种案件办理情况及派出所执法管理情况开展重点检查，及时发现并解决问题。截至12月底，全市刑拘直接释放率、取保候审解除不处理率、监视居住解除不处理率分别为 4.42%、20.80%和38.82%，连续三年下降。因事实不清、证据不足造成不捕人员数占不捕总量同比下降12.88%。行政复议案件同比下降33%，维持率91.07%，同比上升4.48%；行政诉讼案件同比下降3.97%，胜诉率94.51%。

【队伍建设】 2011年，温州市公安机关实施“情理并重，从严治警”队伍建设战略。以建党90周年纪念为契机，开展“十大警界先锋”评选、“一先两优”评选、“红七月服务月”、功模图片展、入党宣誓、“六个一”党建活动、爱民固边等10余项活动；依托公安文联，开展公安文艺会演、红歌赛等系列文化活动；树立车管所、出入境管理局受理中心、维和警察叶红等一批先进典型；开展“形象重于生命”主题教育整顿活动，推出《局规》、《民警非公出入娱乐场所报备规定》、《重点帮扶与关注民警管理办法》等“1+10”队伍管理制度，通过《局规》记分572人次，29名重点帮扶对象离岗培训，被采取强制措施以上民警数从2008年全省首位下降到2011年第五位，涉警信访数同比下降30.2%，民警违法违纪案件和人数分别下降42%和34%，降幅全省领先。年内，共有26个集体和198名个人获三等功以上荣誉，为历年最高；212个集体和517名个人受上级表彰，其中受中央政法委表彰奖励3人、受公安部表彰奖励8个集体和12名个人。此外，还推出民警意外伤亡保险、定期体检、民警服务超市、食堂补助、班车接送、民警家属伤病残探望等惠警举措，提高民警福利待遇。

【警察公共关系建设】 2011年，温州市公安机关利用“平安温州”微博、《警方周刊》、《警界前沿》、温州电视台、《温州日报》等宣传平台，宣传公安业务工作和队伍建设成就。通过“大走访”开门评警活动，倾听群众关于交通秩序、入室盗窃等热点问题的呼声。组织开展"警营开放日"、"警民恳谈"、"警企协作"活动，开设"行风热线"、"警民时时通"、"网上微博"等新颖平台，搭建警民沟通桥梁。制定负面涉警舆情处置规程，成功处置乐清钱云会事件、交警郑毅强奸案等50余起涉警舆情，维护公安正面形象。

【鹿城区公安分局】 鹿城区为温州政治、经济、文化中心，面积294平方千米，辖管7街道1镇，常住人口156.6万，暂住人口84.6万。2011年，全区生产总值644亿元，城镇居民人均可支配收入3.6万元，农民人均纯收入1.56万元，财政收入39.1亿元，其中地方财政收入22.2亿元。鹿城区公安分局内设12个职能大队、13个科室，下辖22个派出所，实有民警1153名（不含交警），民警数占常住人口的万分之七点四。年内，全区社会治安呈"五升五降"局面，总移诉数上升3.83%，"两抢"移诉数上升5.26%，盗窃移诉数上升22.81%，黄赌移诉数上升99.06%，命案破案率上升3.45%；刑事受理数下降13.29%，"两抢"受理数在连续三年下降30%的基础上再降29.22%，盗窃受理数下降13.94%，入室盗窃受理数下降21.08%，命案发案数下降24%。分局被公安部确定为浙江唯一县区级情报联络点，被省厅评为打防控考核优胜单位和全省国保战略支撑点。

【瓯海区公安分局】 瓯海区面积467平方千米，常住人口40.66万，流动人口70.6万。2011年，全区实现生产总值320亿元，财政总收入35.8亿元，城镇居民人均可支配收入32868元，农村居民人均纯收入16405元。瓯海区公安分局内设23个机构和管理2个直属单位，下辖派出所13个，总警力679名（含职工72名）。年内，全区刑事发案同比下降11.06%，"两抢"发案同比下降25.43%，入室盗窃发案同比下降17.33%，刑事破案数同比上升48.77%，刑拘数同比上升27.29%。分局被省厅评为打防控考核优胜单位、执法质量优秀单位、队伍正规化建设优秀单位。

【龙湾区公安分局】 龙湾区面积283.5平方千米，常住人口34万余人，流动人口48万余人，经济发达，民间资本富有，是温州重要的工业区。2011年，全区实现生产总值266亿元，财政收入30.1亿元。龙湾分局内设机构20个，下辖派出所7个，民警职工416人，其中民警387人。全区全年共发各类刑事案件8637起，同比下降11.1%，破3370起，同比上升0.75%，其中"两抢"案件发763起，同比下降24.3%，入室盗窃案件发1958起，同比下降20%；打击处理2086人，同比上升15.4%；查结治安案件2280起；追捕各类逃犯744名，同比上升14.1%。

【开发区公安分局】 1992年，国务院批准设立温州经济技术开发区，面积128.33平方千米，常住人口30万。2011年，全区实现工业总产值546亿元，地区生产总值181亿元，财政总收入23.5亿元，进出口总额14.15亿美元。经济技术开发区公安分局于2010年12月底筹建，2011年12月27日正式揭牌，分局内设6个职能室队，下辖派出所4个，实有民警146名，负责星海街道、沙城街道、天河街道、海城街道以及天成丁山垦区的安全保卫、治安管理、刑事侦查、消防监督等业务。

【瑞安市公安局】 瑞安市面积1271平方千米，户籍人口121万，暂住人口60余万。2011年，全市实现生产总值521.7亿元，居全国百强县市第二十位，城镇居民人均可支配收入35082元。瑞安市公安局内设机关科室9个、大队11个，下辖公安派出所14个、边防派出所3个，看守所、强制隔离戒毒所、拘留所各1个，实有民警1123名、职工177名。全年全市刑事案件、"两抢"案件、入室盗窃案件同比分别下降11.1%、28.9%和25.6%，破获刑事案件5833起、移诉3133人，同比分别上升1.1%和11%，命案、五类恶性案件全破，"清网行动"抓获网上逃犯750名，居全省县级公安机关第一。据第三方测评，该市群众安全感达96.9%，为温州一类地区第一，群众对公安工作满意率93.6%，连续三年位居温州市前列。年内，共有54个集体和535名个人受上级表彰，市局被评为全省打防控工作优胜单位、全省执法质量优秀单位。

【乐清市公安局】 乐清市面积1174平方千米，辖9镇8街道，户籍人口126.83万，登记暂住人口64.56万。2011年，全市生产总值575亿元，财政总收入82.11亿元，城镇居民人均可支配收入34380元，农村居民人均纯收入15730元。乐清市公安局共有内设机构23个，派出所21个，公安分局2个，实有民警1095人。全市全年刑事发案同比下降11.72%，其中"两抢"、入室盗窃分别下降16.69%、18.44%。群众安全感、满意度测评分别为95.5%和97.75%，位居全省前列。年内，市局被评为全省打防控工作优胜单位、全省执法质量优秀单位。

【永嘉县公安分局】 永嘉县面积2674.3平方千米，为全市之最大、全省第四大，下辖3个功能区管委会10个镇8个街道，户籍人口94.63万，登记流动人口27.82万。2011年，全县实现生产总值236.5亿元，财政总收入32.05亿元。永嘉县公安局实有民警733人、职工55人，内设13个职能科室和15个直属大队，下设15个派出所。全年全县刑事案件同比下降10.70%，破案率46.06%，命案发13起破13起，全年刑事拘留犯罪嫌疑人1665名，"清网行动"抓获逃犯543名，归案率83.28%。年内，县局被评为全省执法质量和打防控工作优秀单位，31个集体和72名个人获省、市、县各级表彰。

【洞头县公安局】 洞头县为浙江海上南北交通要冲，距国际航线仅30海里，辖4街道1乡1镇，户籍人口12.74万人、暂住人口1万余人。2011年，全县财政收入7亿余元，财政总支出11.3亿元。洞头县公安局内设16个科室，下辖6个公安派出所、3个边防派出所，实有民警199名、职工13名、协辅警166名。在年度群众满意度测评中，洞头位列全省第一。年内，县局被评为2011年度全省公安队伍正规化建设优秀单位、执法质量优秀单位，因连续三年被评为执法质量优秀单位而被省厅记集体三等功，全局共有13个集体和52人次获各级各类表彰。

【平阳县公安局】 平阳县面积1051平方千米，下辖10镇1乡，户籍人口87.52万。2011年，全县实现生产总值234亿元，财政总收入28.5亿元，其中地方财政收入16.7亿元，城镇居民人均可支配收入26100元，农村居民人均纯收入10500元。平阳县公安局内设科室队19个，下辖公安派出所13个、公安边防派出所3个，在编民警及公务员695人、职工33人。全年受理刑事案件、“两抢”案件、入室盗窃案件分别为5350起、270起和1396起，同比分别下降10.51%、21.97%和17.15%；破获刑事案件3283起，刑拘1623人，移送起诉1734人，同比分别上升2.24%、2.85%、18.93%。县局连续三年被评为全省执法质量优秀单位，同时被评为全省打防控工作先进单位。

【苍南县公安局】 苍南县1981年从平阳析出，面积1261.08平方千米，为温州最“年轻”县，是“温州模式”发祥地、全国首批沿海对外开放县之一、浙江26个经济欠发达县之一。全县辖10镇2民族乡8社区，常住人口13万余人。2011年，全县完成生产总值295亿元，财政收入29.5亿元，其中地方财政收入17.4亿元，城镇居民可支配收入25800元，农民人均收入10280元。苍南县公安局内设23个职能科室，下辖13个派出所和5个边防派出所，实有民警926名，警力仅占常住人口的万分之七点一。全年全县受理刑事案件7756起，同比下降10.02%，其中“两抢”案件571起，同比下降15.66%，入室盗窃案件1911起，同比下降15.81%；刑拘数同比上升5.1%，移诉数同比上升9.1%。年内，县局被评为全省打防控工作优秀单位、全省执法质量优秀单位，共有1个集体和1人立二等功，3个集体和68人立三等功，因公牺牲民警钱文杰被公安部授予二级英模称号。

【文成县公安局】 文成县面积1292平方千米，辖8镇1乡56个城乡社区，户籍人口38.65万，暂住人口1.54万。2011年，全县实现生产总值48亿元，财政总收入6.4亿元，地方财政收入4.73亿元，城镇居民人均可支配收入和农民人均纯收入分别为20000元、7000元。文成县局共有内设机构46个，下辖10个派出所，实有民警330人，民警数占全县常住人口的万分之八点二。年内，县局平安县创建、“清网”追逃行动、“平安11”攻防系列行动、消防扫雷行动、情报信息工作、流动人口管理工作等均居全市前列，满意度和安全感测评分别达96.4%和92%。全县公安机关共有67个集体和163人次受各级各类表彰。

【泰顺县公安局】 泰顺县面积1761.5平方千米，辖9镇1乡，户籍人口36.3万。2011年，全县实现生产总值46.44亿元，财政收入6.1亿元，地方财政收入4.63亿元，城镇居民人均可支配收入和农民人均纯收入分别为19497元和7221元。泰顺县公安局内设5个职能科室和14个直属大队，下辖11个派出所，实有民警291人，民警数占全县常住人口的万分之八。全县全年刑事发案、“两抢”案件、入户盗窃等3项控案指标同比分别下降10.01%、18.75%、15.23%，规劝和抓获“清网行动”逃犯58名，居全市二类地区第一名。

图为泰顺县公安局“流动警务室”为村民办理户籍身份证件（10月26日）

湖州公安

【市况简介】 湖州市地处长三角中心区域，距杭州75公里、上海130公里、南京220公里，辖德清、长兴、安吉3县和吴兴、南浔、经济开发区、太湖旅游度假区4区，常住人口289.9万人，总面积5818平方千米。2011年，湖州市地区生产总值1518亿元，财政总收入和地方财政收入分别达219亿元和122亿元，城镇居民人均可支配收入和农民人均纯收入分别达2.94万元和1.54万元。与浙江大学合作共建新农村实验示范区，建成"美丽乡村"237个，建设经验被省委、省政府推广，并在全国产生一定影响。

图为孙建国厅长在湖州市局局长金伯中陪同下视察杨家埠派出所罗师庄社区警务室（8月16日）

【概述】 2011年，湖州市公安机关围绕建党90周年安保工作、平安湖州"五连冠"创建目标，全面构建民意导向型警务新模式，不断深化"三项重点工作"和"三项建设"，扎实推进"警务广场"战略"三个十"工程，刑事发案稳中有降，全市社会大局保持平稳态势。年内，"警务广场"得到公安部、省厅肯定，"民意导向"理念在全国形成共识，失踪人员排查、打黑除恶、打击整治盗窃"三车"等"惠民十大行动"得到群众认可。队伍中涌现出以王法金、马长林为代表的一批爱民为民先进典型，形成具有湖州特色的"群英现象"。在全省公安系统政风行风评价中，湖州列全省第一；在全省群众安全感、满意度考核中，群众安全感和满意度分别为96.1%、94.7%，继续保持较高水平。

【机构人员】 2011年，湖州市公安局设有政治部、办公室、国内安全保卫支队等内设机构29个，交警支队、市看守所等直属机构4个，机动车驾驶考试服务中心等下属事业单位4个，下辖德清、长兴、安吉3个县公安局和吴兴区、南浔区、开发区、太湖旅游度假区4个公安分局，共有派出所66个。全市实有民警3278人，其中大专以上文化程度占95%，民警数占全市常住人口的1.13‰。

【全面构建民意导向型警务新模式】 2011年，湖州市公安机关以民意为引领，通过完善警民交流沟通、科学民主决策、民主监督、警民合作、民意评警、干部选拔任用、干部问责、文化育警等八大机制建设，全面构建民意导向型警务新模式。建设"警务广场"实体平台、网络虚拟平台、社区警务平台，改造升级"警务e广场"网站，开通公安微博、QQ群、手机短信及96110警务民生热线，打造全天候"网上公安局"。"王法金大讲堂"、"马长林网上警务室"等社区警务平台成为百姓家门口的民意采集沟通点。全年统一开展6个固定广场警务活动（"1·10"宣传日、"3·14"国际警察日、"6·26"国际禁毒日、"8·18"全市首届警察文化节纪念日、"10·15"全市首次广场警务活动纪念日、"11·9"消防安全宣传教育日），参与群众达50余万人次，"警务e广场"网站访问量超过800万人次。推出湖州公安手机报，每天发布一条公安信息，每周制作一期专刊。出台民意研判和响应制度，把民意及时转化为警务决策和警务行动，根据群众意愿确定年度公安重点工作，并以"惠民十大行动"形式加以实现。实行"阳光警务"，出台《深化警务公开实施办法》，研发"执法办案信息公开查询系统"，公开处理行政案件360起，其经验被公安部简报介绍。组建"菰城华生"QQ群刑侦共同体、"蓝色网络志愿者"以及禁毒志愿者、交通志愿者、消防志愿者等平安志愿者队伍。被国家禁毒办确定为全国10个"深化全民禁毒宣传教育工作试点单位"之一，承办全国禁毒志愿服务工作试点项目。组织开展"首届湖州市见义勇为先进人物"评选表彰工作。出台民意评警法则，把年度综合考评中群众安全感满意度分值比重从5%提升到51%，把评判权交给群众，此做法被省厅推广。接处警回访满意率94.81%，列全省首位。以民意为导向，改革干部任用方式，选拔提任一批实绩突出、群众公认的优秀民警。修订完善全市公安机关领导失职行为处理办法，明确干部问责的民意导向原则。以人民警察核心价值观为引领，建设"民本文化、英雄文化、法治文化、廉政文化、和谐文化、生态文化"，为"警务广场"提供持久动力支撑和思想保障。"警务广场"战略创新做法获2009～2010年度全省政风行风建设争优奖和第二届中国警察公共关系最佳案例赛金奖。

【实施"警务广场"战略"三个十"工程】 2011年，湖州市公安机关深化实施"警务广场"战略，推出"三个十"工程，即十大推进项目、十大惠民行动、十大重点工作。十大推进项目：深入开展群众观点群众路线教育实践活动；深化警民沟通交流平台建设；完善科学民主的警务决策机制；完善群众诉求办理督查制度；推进"阳光警务”；加强平安志愿者队伍建设；组织实施“民意评警”；改革干部选拔任用制度；加强警察公共关系建设；开展群众工作能力培训。十大惠民行动：深入开展打击整治盗窃“三车”违法犯罪专项行动；深入开展打黑除恶专项行动；深入实施城市道路交通“排堵保畅”工程；深入开展防范打击电信诈骗专项行动；加强和完善社会治安巡防机制建设；深入开展“黄赌毒”社会丑恶现象专项整治行动；深入开展火灾现场逃生技能普及培训活动；推进110接处警工作规范化建设；深入开展打击银行卡犯罪专项行动；开展社会治安短信预警服务。十大重点工作：深入推进基层基础建设；深入推进大情报体系建设；推行“人机互动”治安防控模式；建立完善维稳工作源头治理疏导机制；加强突发事件应对处置能力建设；完善公共安全监管长效工作机制；深入推进执法规范化建设；深化网络社会动态管控；举办第二届警察文化节；推进勤廉型公安机关建设。

【编织警察公共关系网络】 7月，湖州市公安局成立警察公共关系办公室，履行信访、新闻发言人和宣传等职能。年内，德清、长兴、安吉、吴兴、南浔等公安（分）局单独设立警察公共关系办公室，开发区、度假区明确相关部门，承担警察公共关系职责。市局交警支队成立警察公共关系科。各警种、基层所队设立警察公共关系建设联络员。

【开展群众观点群众路线教育实践活动】 2011年，湖州市公安机关以“民警受教育、群众得实惠、工作上水平、警民更和谐”为目标，开展该活动。2月，以“如何做一名爱民警察”为主题，开展“爱民警察”标准大讨论，形成“爱民警察”标准226条。4月，开展“我是党员我带头、我是民警我承诺”活动，每个警种、每个所队、每名民警立足自身职能及岗位，向社会及辖区群众、服务对象公开承诺，接受群众评议和监督。市局召开公开承诺会，全体机关中层干部在特邀监督员、群众代表、媒体记者面前公开作出个人承诺。各警种各部门和派出所作出承诺1003条，民警作出个人承诺10151条。

【开展“惠民十大行动”】 2011年，湖州市公安机关按照“让民意领跑警务、让警务保障民生”的要求，使关系群众切身利益的大事、要事成为公安工作的重点。通过征求群众意见，遴选出打击整治盗窃“三车”、城市道路“排堵保畅”等“惠民十大行动”为全年公安工作的重中之重，确保成为群众看得见、摸得着、得实惠的民心工程和满意工程。12月，组成专门调查小组，到各县区行政中心和乡镇、社区、企业、学校、商场、集市、马路等区域开展认可度问卷调查活动，“警务e广场”同步开展网络问卷调查。“惠民十大行动”的全市平均知晓率为98.9%，群众平均给分90.72。

【举办“环太湖警务论坛”第八届年会】 6月18日，“环太湖警务论坛”第八届年会在湖州召开。湖州市委常委、公安局局长金伯中主持会议并作题为《实施“警务广场”战略 全面构建民意导向型警务新模式》的交流发言。嘉兴、苏州、无锡、常州、宣城、黄山等6市公安局局长作交流发言。会议决定将原“环太湖公安论坛”更名为“环太湖警务论坛”，修改通过《环太湖警务论坛工作章程》，并启用新论坛标志、会旗，同时与第九届年会主办方苏州市公安局举行会徽、会旗交接仪式。新华社、中国新闻网、《人民公安报》等多家媒体对此进行报道。

【培育湖州公安特色“群英现象”】 2011年，湖州市公安局以“全市有模范、警种有标杆、单位有典型”为目标，组织开展“爱民模范警察”和第二届“我最喜爱的十大人民警察”评选表彰活动，湖州市公安局主页开设“践行价值观典型在身边”专栏。年内，全市公安机关有82个集体和185人受到省厅、市局表彰，形成具有湖州公安特色“群英现象”。马长林获浙江省“五一劳动奖章”和“浙江骄傲——2011年度最具影响力人物”等称号，交警支队民警李翀获第四届“湖州十大杰出青年”称号，马长林、邢红华被评为浙江省“十大警界先锋”。8月18日，湖州市公安局举办“群英现象”研讨会，此外还编

图为湖州市公安局举办湖州公安“群英现象”研讨会（8月18日）

写并出版《湖州公安"群英现象"》、《平民警官马长林的故事》和《马长林群众工作法》。

【出版发行"警务广场"理论专著】 3月，湖州市委常委、市公安局局长金伯中主编的《警务广场——民意导向型警务新模式》一书由群众出版社出版，该书分战略部署、实践探索、实证实例、理论研讨、媒体报道5部分。10月，群众出版社出版金伯中主编的《民意导向警务与社会管理创新》，全书29万字。两本专著均面向全国公开发行。

图为湖州市局金伯中局长等领导通过"警务e广场"与群众进行交流（2月17日）

【加强公安文化建设】 2011年，湖州市公安局着力抓好民本文化、英雄文化、法治文化、廉政文化、和谐文化、生态文化建设，形成具有时代特征、警察特质、湖州特色的湖州公安文化现象。具体表现为抓好"六个一"：一条主线，即始终把培育和弘扬人民警察核心价值观作为公安文化建设的主线；一支队伍，即公安文化人才队伍；一个群体，即"王法金、马长林式"的先进典型群体；一批精品，即特色鲜明、形式多样、民警和群众喜闻乐见、全省及全国有影响的文化精品；一个阵地，即警官乐团、警营书屋、文化长廊、荣誉室、文化俱乐部等文化学习场所；一个保障机制，即以专项经费投入为主、社会各方支持的公安文化建设经费保障机制。8月18日～9月28日，该局举办第二届"警察文化节"，主要活动有湖州市公安文联成立大会、才艺展示评选、公安文学作品征集评选、足球友谊比赛、"8·18"广场警务活动、"爱民警察"等评选、表彰大会和文艺表演专场等。

【举办"警务广场·中国印"篆刻作品展】 8月28日，湖州市公安局启动"警务广场·中国印"篆刻作品征集评选活动，面向全国征集作品，市委常委、市公安局局长金伯中担任组委会主任，中国篆刻艺术院院长、西泠印社副社长韩天衡担任评委会主任。共收到来自广东、黑龙江、新疆、浙江等20个省、市、区的240余件作品，从中评选出一等奖2名、二等奖5名、三等奖10名、优秀作品奖若干。10月15～18日，"警务广场·中国印"篆刻作品征集评选活动作品展在湖州市群艺馆展出，展出作品190余件。

【开通"平安湖州"微博】 1月，湖州市公安局在新浪和腾讯网上注册并开通"平安湖州"微博。至年底，主动关注对象145个，拥有"粉丝"20358个，刊发微博167条。

【"警务e广场"升级】 10月，湖州市公安局完成"警务e广场"升级改造，提高了警方资讯发布、民意民声倾听、群众诉求上达、网上服务群众工作效率。

【开展局长集中开门接访活动】 4月，湖州市公安机关开展局长集中开门接待群众来访活动。共接待来访群众27批52人次，其中初访18批、重访7批，属公安机关管辖24批、非公安2批，因拆迁和维稳引起的后涉警信访问题1批。

【开展"大走访"开门评警活动】 2011年，湖州市公安机关以民意为导向，以"警务广场"为抓手，深入开展"大走访"开门评警活动，走访单位1.6万余家、群众9万余人次，征集意见2800余条，梳理出群众反映强烈的问题164个，其中涉及社会治安方面的62个、执法工作方面的31个、队伍建设方面的38个、其他方面的33个。12月，全市公安机关开展以"听民意知民情，办实事解民忧，送温暖惠民生，保平安得民心"为主要内容的"警务广场联民心"活动。

【推进警务公开工作】 9月，湖州市公安局出台《湖州市公安局深化警务公开实施办法》，重点公开机构职能、警务决策、办证办事、执法办案、干部人事管理、内部事务、基层警务和重大突发案事件等内容，途径和方式包括"警务广场"虚拟平台、"警务广场"实体平台、手机短信平台、社区警务平台、新闻发布平台等。年内，参加实体警务广场活动的群众超过150万人次，共提出意见、建议3460余件，其中涉及执法问题的1500余件。"警务e广场"日均浏览量近1万人次，网上收到涉及执法问题的意见、建议1900余条。全市公开处理行政案件300余起。召开新闻发布会14次，发布手机报30期。10月至年底，“警务广场”实体平台通过电子显示屏发布警情信息70余条；11月至年底，通过短信平台发布公开执法信息359条。

图为特警队员在湖州市中心城区进行武装巡逻（7月）

【治安防控体系建设】 7月，湖州市公安局提请湖州市委、市政府出台《关于进一步推进全市社会治安防控体系建设的实施意见》。全面推广长兴县局巡防经验和南浔分局社会化视频监控互联网管理模式，落实派出所、社区警务室、街面警务站三位一体防控节点布局，发动群防群治组织参与巡逻防范，全市街面巡控队伍达3000余人。新增治安视频监控点150个、高清卡口21个，全市统一接入社会化视频监控互联网的监控点达2600余个。采用派出所与交警部门联动方式，开展电动自行车备案登记工作；推进金融机构自助银行、自助设备智能化建设，督促银行等单位在临柜工作中加强宣传劝导，堵截电信诈骗；实施“校园安保集中整治”专项行动，全市学校校园围墙、门卫、宿舍安全防护设施达到安全标准；落实治安保卫重点单位目标责任制，单位财务室和危险物品仓库防盗门、报警器安装率达100%；推进大情报体系体制及机制建设，规范情报信息工作环节，形成较为流畅的预警、分析、研判、实战流程。

【出台支持中小微企业发展举措】 11月，湖州市公安局为贯彻落实温家宝总理在绍兴、温州调研时的重要讲话精神和省、市决策部署，专门下发文件，积极支持中小微企业发展。对公安机关涉企行政事业性收费、经营服务性收费现状进行调查摸底，不符合规定和当前实际的项目一律取消；严禁向企业乱摊派、乱集资、索要赞助，严禁强制企业订购书报刊物、音像制品，严禁违规占用企业办公楼、车辆，严禁到企业报销各种费用；严格涉企金融违法犯罪办案审批制度，慎重立案、慎重办案、慎用羁押性强制措施、慎用扣押和冻结等侦查措施；加大涉企违规违纪问题处理力度，对顶风违纪者严肃处理，并依法依纪追究领导责任。

【完成执法办案场所功能区改造任务】 2011年，湖州市公安机关做好办案场所功能区（办案区、办公区、办事区和生活区）改造工作。对办案区的改造，严格标准，严格验收。对办事区的改造，把方便让给群众，让群众有水喝、有位坐，并配建向群众开放的洗手间、残疾人通道等设施。截至年底，市局和7个县区公安机关全部建成符合省厅统一标准的集中办事区办案区，全市66个派出所全部完成功能区改造。

【开展“清网行动”】 5月底起，湖州市公安机关开展“清网行动”。截至12月，全市出动警力6000余人次，共抓获行动前网上逃犯591名，下降率89.14%，列全省第五，提前并超额完成省厅确定的“行动前网上在逃人员数量下降60%”目标，其中抓获命案在逃人员19名，涉枪、涉毒、涉黑等严重暴力犯罪在逃人员80名，严重经济犯罪在逃人员14名，抓获外省公安机关立案的网上在逃人员280名。

【打击严重暴力违法犯罪】 2011年，湖州市公安机关积极开展以命案为重点的重大刑事案件侦破工作，现发27起命案全部侦破；绑架等五类案件破案率97.83%；打掉符合“三人三起”部颁标准黑恶势力团伙51个400人，13起市局督办涉黑涉恶团伙案全部破获；在失踪人员排查专项行动中，抓获犯罪嫌疑人15名，破案9起，其中故意杀人案2起、绑架案5起。

【打击整治盗窃“三车”违法犯罪】 2011年，湖州市公安机关破获“三车”（摩托车、电瓶车、自行车）案件5470余起，打掉团伙51个221人，发还赃车5397辆。

【开展防范打击电信诈骗专项行动】 5月，湖州市公安机关与银行部门联合开展防范打击电信诈骗专项行动。其间，破获电信诈骗案13起，堵截电信诈骗案638起，涉案金额1378万余元。

【开展“天网”行动】 1～10月，湖州市公安机关开展打击银行卡犯罪“天网”行动。其间，破获各类银行卡犯罪案件117起，抓获犯罪嫌疑人141名，收缴银行卡208张，涉案金额565万余元，挽回经济损失295万余元。

【打击涉网违法犯罪活动】 2011年，湖州市公安机关受理网络刑事案件62起，侦破32起，抓获各类犯罪嫌疑人60人，移送起诉39人。

【侦破重特大经济犯罪案件】 2011年，湖州市公安机关全力侦破社会影响重大的重特大经济犯罪案件。破获部督“10·9”特大伪造信用卡案、厅督“3·28”特大网络信用卡诈骗案、厅督案值1.02亿元杨某某等POS机套现特大非法经营案、厅督牛某等生产销售伪劣泸州老窖原浆酒案、德清案值8866万元王某某等特大非法吸收公众存款案、长兴案值5636万元韩某特大非法吸收公众存款案等大要案。

【开展失踪人员排查专项行动】 4～8月，湖州市公安机关开展该专项行动。其间，累计走访25.26万户，摸排80.68万人次，梳理历年来失踪人员3031人，采集DNA信息622人次，收集照片信息2500份。查实、找回、解救各类失踪人员603名，抓获犯罪嫌疑人15名，破案9起，其中故意杀人案2起、绑架案5起。7月14日，《人民公安报》刊发报道《湖州失踪人口排查让400多家庭重获团聚》。

【开展“亮剑”专项行动】 2011年，湖州市公安机关开展该专项行动。破获生产、销售假冒伪劣商品案件122起，摧毁犯罪团伙9个、生产窝点244个。结合“打四黑除四害”专项行动，缴获假食用油、假酒、假烟、假药、假刹车片、假电缆线、假化妆品等一大批假冒伪劣商品，案值7000余万元。8月8日，新华网刊登《湖州“亮剑”行动战果赫赫》报道。

【开展灭枪治爆专项行动】 2月上旬至年底，湖州市公安机关开展该专项行动。对全市危险物品行业进行全面排查，与所有涉危从业人员签订《具结保证书》3500余份。全市出动警力2330余人次，检查涉危企业、临时爆破工程、涉危仓库等相关场所990余处，发现安全隐患32处，全部落实整改跟进措施；查处非法使用剧毒化学品企业3家；查处涉爆案件15起，查缴炸药2000克、雷管2枚、黑火药5000克；查处涉枪案件6起，收缴枪支8支，群众主动上缴枪支3支、子弹35发；收缴管制刀具118把；罚款26万元，刑拘2人，取保候审3人，治安拘留19人，其他治安处罚25人。

【整治黄赌毒治安热点】 2011年，湖州市公安机关查处赌博治安案件1161起，摧毁赌博团伙45个；查破引诱、容留、介绍卖淫嫖娼治安案件556起；破获毒品犯罪案件263起，其中团伙案件35起，抓获犯罪嫌疑人389名，同比分别上升97.74%、20.7%和56.85%，缴获毒品12.06千克，为上年同期的7倍。

【加强行业场所管理】 2011年，湖州市公安机关强化旅馆、网吧、娱乐场所等场所行业的日常检查管理，全市1739家旅馆业全部落实临时性安全技术措施，90%以上安装电脑信息化管理系统；283家废旧金属收购点全部备案，并成立行业协会；487家歌舞娱乐场所在备案的同时均建立营业日志，其中95%以上安装视频监控录像；34家印章刻制业单位全部安装信息系统，通过网上申报、审批，规范公章刻制经营行为，组织开展无证经营上网场所专项整治，全市700余家无证经营网吧全部纳入管理视线，与相关单位联合取缔“黑网吧”449家。

【落实交通管理五条常态严管措施】 2011年，湖州市公安机关落实以禁“酒驾”为重点的五条常态严管措施，共对203名醉酒驾驶人采取刑事强制措施，以危险驾驶罪移送检察院101起。全市全年共查处各类交通违法行为81.7万起，暂扣驾驶证2991本，吊销驾驶证359本，行政拘留739人。全市因驾驶人交通违法引发的交通事故数同比下降5.76%，其中涉及“酒驾”交通事故起数同比下降7.69%。全市全年交通事故发生数、死亡数、受伤数、直接经济损失同比分别下降11.54%、4.1%、15.98%、9.53%。

图为公安民警对收缴枪支进行销毁（12月14日）

【实施城市“排堵保畅”工程】 2011年，湖州市公安机关积极实施“排堵保畅”工程，改革中心城区交通勤务机制，协调有关部门在中心城区新增公共停车位670个，超额完成市委、市政府“2011年度十大民生实事项目”中新增500个停车位的目标任务。改造青铜路与陵阳路交叉路口交通工程，高峰时段路口通行能力提高近三分之一。

图为德清县接送学生的“美式校车”(5月30日)

【德清校车管理模式受央视关注】 2011年，湖州市公安机关开展校车安全管理整治。德清县公安局交警大队会同有关部门，对覆盖全县30所学校100多个乡村的138条行驶路线及周边道路逐条进行查勘，完善交通标志标线和校车停靠点设施，对全县79辆校车及57名驾驶员实行“一车一档，一人一档，管理规范”。模式运营以后，全县5000多个学生家庭在“黄色校车”接送中受益，未发生一起涉校交通安全事故。11月，央视CCTV-4“城市1对1”栏目对校车管理“德清模式”进行宣传报道。

【加强消防安全管理】 2011年，湖州市公安机关结合“防火墙”工程、“五大”活动两大重点工作，推进“清剿火患”战役，开展消防安全排查整治，狠抓“三合一”场所和居住出租房屋综合治理。年内，共督促整改火灾隐患9.46万处，全市30家政府挂牌重大火灾隐患单位全部整改完毕。全市全年火灾事故发生数同比持平，死亡数、受伤数、直接经济损失同比分别下降88.89%、50%、0.09%。

【“防火墙”工程建设经验全省推广】 5月，省政府在湖州市召开全省消防安全工作暨构筑社会“防火墙”工程现场会，湖州市在会上介绍相关经验。年内，湖州市政府将消防工作联席会议调整为消防安全委员会(成员单位由33个拓展为40个)，全市75个乡镇(街道)全部建立消防安全工作站，配备人员268名，并在农村配备信息联络员2000余名；加强政府、企业专职消防队，“保消合一”消防队，农村社区义务消防队建设，共建各类消防队伍243支；全市建成消防安全达标村313个，新增消防车道293.6公里、消防取水口185个。

【国际红十字会专家代表团参访湖州市看守所】 9月21日，红十字国际委员会东亚地区代表处主任蒂埃里·梅拉一行8人组成的红十字国际委员会专家代表团参观访问湖州市看守所。代表团实地参观看守所实体警务广场(接待受理中心)和收押室、515监室、医务室、在押人员食堂后，对看守所的医疗、卫生、伙食、羁押环境等予以肯定。

【开展案件评查及专项执法检查】 6月，湖州市公安机关开展该活动。经查，2010年6月1日～2011年5月31日，市局本级共收到行政许可申请481704件，其中受理479812件，不予受理1892件；办结的479812件中，准予许可479027件，不予许可785件。已办结案卷资料基本齐全，均装订成卷，归档及时；行政许可均有法律法规依据，无自行设定项目，无超期现象。同一时期，共受理行政处罚案件157691件，其中按一般程序作出行政处罚的9395件。已办结案卷资料基本齐全，均装订成卷，归档及时；行政处罚均有法律法规依据，无经复议诉讼被撤销情形。有4个单位在全省执法质量考评中获得优胜。

【出入境人员管理服务工作】 2011年，湖州市公安出入境管理部门加强对特岗人员、不准出境人员、在逃人员等数据库的报备管理工作，严格录入与复核，注重与相关部门的沟通协调，全市有效特定岗位报备对象达27917名。严格境外人员临时住宿登记管理，组织开展聘用外籍教师专项调查工作。办理中国公民出国(境)申请63103人次，临时境外人员住宿登记27743人次，受理境外人员业务1038人次，发现查处出入境“三非”案件42起。非工作时间受理出国出境预约7起21人次，办理加急服务155人次，“绿色通道”办理商务签注76人次，全市范围内异地办理出国申请279人次。

【安全执行各项警卫任务】 2011年，湖州市公安机关完成各类警卫任务40批次，其中外宾一级2批、内宾二级3批、内宾三级6批、外宾三级3批、参照三级任务1批、市委交办任务25批。

【成功处置织里"10·26"群体性事件】10月26日上午，湖州市吴兴区织里镇个别税收代征人员工作方法简单，与两名安徽安庆籍童装小业主发生纠纷，导致安庆籍童装业主不满，引发群体性事件。当日白天，百余人上访并围攻镇政府，被公安机关及时劝阻。晚18时许，又有五六百人集聚于富民路一带，围观群众最多时达数千人，少数不法人员投掷石块，打砸路灯、广告牌、汽车，公安机关当场抓获数人，事态得到控制。27日中午，又有部分人员在镇政府前集聚，少数不法分子拦截车辆、打碎车窗玻璃，13时许，一辆执行任务的警车被打砸烧毁。28日晚，少数人员再次闹事，打砸汽车和一童装加工场。公安机关迅速采取措施，有效控制事态蔓延，没有发生特大打砸抢烧等行为，并确保了不死人底线。事件发生后，中央政治局常委、政法委书记周永康，国务委员、公安部部长孟建柱，省委领导赵洪祝、夏宝龙等对处置工作作出重要批示。省委常委、秘书长、政法委书记李强，省委常委、副省长葛慧君，省厅党委书记、厅长孙建国，省厅党委副书记、副厅长张景华，省厅党委委员、副厅长凌秋来，及湖州市、区领导先后赶赴织里指导和指挥处置工作。安徽省委、省政府派出近70人的工作组至织里协助工作。浙江调集各市公安局特警和武警部队驰援织里，参战总警力近5000人。事件共造成37辆汽车车窗玻璃被砸，8辆汽车被掀翻，1辆警车被烧，20家沿街店铺卷闸门等被砸，还有部分广告牌、垃圾箱受损。整个处置过程中，现场抓捕和强行带离300余人，其中刑事拘留47人，取保候审6人，治安拘留70人，治安警告30人。至30日，事态基本平息，群众生产和生活秩序恢复正常。

图为省厅和湖州市局领导指挥处置织里群体性事件（10月28日）

【吴兴区公安分局】吴兴区面积871.9平方千米，下辖5镇2乡5街道。2011年，地区生产总值316.1亿元，财政总收入27亿元，其中地方财政收入15亿元，城镇居民人均可支配收入和农村居民人均纯收入分别为 3.1万元和1.57万元。该分局下设17个处室、科队和13个派出所，共有民警475人，其中大专以上文化程度的占93%，协辅警1041人、文职82人。分局积极参与处置织里"10·26"群体性事件，在全市率先建设"警务广场"实体平台，破获刑事案件4324起，抓获刑事作案人员1135人，打击处理1019人，命案、五类案件破案率均为100%，受理治安（行政）案件8115起，治安处罚2481人，拘留1692人，实际刑事发案同比下降2.2%。行政案件公开处理工作得到省厅肯定，并被评为全省打防控工作优胜单位。

【南浔区公安分局】南浔区面积716平方千米，辖9个建制镇和1个省级经济开发区，常住人口51.4万人。2011年，全区生产总值265.98亿元，同比增长10%，财政总收入、地方财政收入分别达24.02亿元、12.02亿元，城镇居民人均可支配收入、农村居民人均纯收入分别达2.96万元、1.55万元。分局共有内设机构15个，下辖派出所12个，共有民警365人、协辅警630人、文职142人。是年，分局辖区刑事案件发案同比下降6.3%，破获刑事案件2566起，刑事拘留661人，移送起诉711人，同比分别上升2.27%、6.1%、0.42%，受理行政案件97433起，行政（治安）处罚93434人，交通消防安全生产事故三项指标实现零增长。年内，分局被评为全省执法质量考核优秀单位（实现"三连优"）、全省"清网行动"成绩突出集体，4个集体和4名个人获省级表彰。

【湖州经济技术开发区公安分局】湖州经济技术开发区面积144平方千米，辖1镇2街道，常住人口12.5万人、流动人口约8万人。2011年，全区生产总值112.04亿元，财政收入约25亿元。分局共有4个机关内设科室和4个直属大队，下辖3个派出所，民警104人。全年破获刑事案件863起，移诉337人，查处治安案件383起，处理违法行为人699人。年内，该分局涉案财物"三公开"机制被《人民公安报》等媒体介绍，先进典型马长林获浙江省"十大警界先锋"、全国政法系统优秀党员干警、"浙江骄傲——2011年度最具影响力人物"等多项称号。

【湖州太湖旅游度假区公安分局】湖州太湖旅游度假区面积45.92平方千米，下辖2个街道19个行政村5个城市社区，常住人口4.34万人，是湖州滨湖大城市建设重点打造的滨湖新区，集旅游、购物、休闲、度假、居住为一体的国家AAAA级旅游区。2011年，完成财政收入1.5亿元，市重点建设项目完成投资16.8亿元，旅游人次超过150万。该分局内设4个机构，下辖3个派出所，共有民警61人、协辅警113人、文职38人。年内，该分局全力营造开发区建设良好局面，确保辖区社会政治稳定和治安平稳。

【德清县公安局】 德清县面积936平方千米，辖9镇2乡22个社区居委会，户籍人口43.1万人、登记流动人口12.3万人。2011年，全县实现生产总值278.9亿元，财政总收入44.2亿元，城镇居民人均可支配收入2.97万元，农民人均收入1.58万元。该局内设机构16个，下辖派出所（包括莫干山分局和水上派出所）14个，共有民警468名、协辅警823人、文职115人。是年，该局破刑事案件2349起，抓获作案人员991人，命案、五类案件破案率100%；查处治安案件5277起，治安处罚1674人；"清网行动"抓获在逃人员114名，逃犯归案率87.79%；道路交通事故四项指数和火灾事故四项指数继续实现"零增长"；创新社会管理，自行研发"员工登记管理系统"，加强流动人口管理；启动"学生交通安全保障工程"，在湖州市首创校车安全管理工作机制。年内，该局有3个单位立集体三等功，1名民警立二等功，11名民警立三等功。

【长兴县公安局】 长兴县面积1430平方千米，辖10镇6乡1开发区3街道，常住人口62.6万人。2011年，全县实现地区生产总值334.9亿元，财政总收入54.5亿元，其中地方财政收入30.8亿元，城镇居民人均可支配收入和农村居民人均纯收入分别为2.97万元和1.56万元。县局内设机构17个，下辖派出所13个（含长广分局），共有民警595人、协辅警718人、文职223人。是年，该县社会治安形势平稳，刑事发案率同比下降0.9%，刑事破案数和打击处理数同比分别上升1.5%和12.0%。群众安全感和满意度分别达95.71%和93.0%。年内，该局被评为全省打防控优胜单位、全省执法质量优秀单位，有1个集体、2人立二等功，8个集体、14人立三等功，1人获全省优秀人民警察称号。

【安吉县公安局】 安吉县面积1887平方千米，常住人口45.9万余人，登记流动人口12万余人。2011年，全县生产总值222亿元，财政总收入29.1亿元，地方财政收入16.7亿元，城镇居民人均可支配收入2.8万元、农民人均纯收入1.4万元。该局内设23个科室、业务大队，下辖10个派出所，共有民警473人、协辅警631人、文职92人。是年，该县共发刑案5039起，同比下降0.47%，破案968起，同比上升21.76%，刑拘770人，逮捕583人，起诉879人，逮捕、起诉数同比分别上升8.97%、10.71%；交通、消防三项指标实现"零增长"。群众安全感和满意度测评分别为97.5%和93.7%，列湖州市第一。年内，该局被评为全省打防控工作优胜单位、全省执法质量优秀单位、全省队伍正规化建设优秀单位；有2个集体立二等功、5个集体立三等功，1人立一等功、20人立三等功。

嘉兴公安

【市况简介】 嘉兴市位于长江三角洲南翼的杭嘉湖平原，东接上海，南濒杭州湾，西连杭州，北临苏州，是马家浜文化发祥地之一，被誉为"鱼米之乡，丝绸之府"。下辖嘉善、海盐县，平湖、海宁、桐乡市和南湖、秀洲区7个县（市、区）。2011年，全市常住人口 343.1 万人，登记流动人口221.9万人，实现生产总值2668亿元，财政总收入416亿元，城镇居民人均可支配收入3.15万元，农村居民人均纯收入1.67万元。

【概述】 2011年，嘉兴市公安机关围绕"打造长三角最具安全感的城市"总目标，传承弘扬世博安保精神，推进"三项重点工作"和"三项建设"，深化合作警务，强化队伍建设，着力提升群众安全感满意度，为建党90周年和全市"十二五"开局之年创造和谐稳定的社会环境。年内，立刑事案件3.66万起，破1.75万起，同比分别下降0.70%、上升0.09%；查处治安案件5.67万起，同比上升2.57%；打击处理违法犯罪嫌疑人8219名，移送起诉8092人，同比分别上升6.74%、7.69%；道路交通事故

图为国务委员、公安部部长孟建柱在嘉兴视察（5月23日）

发生起数、死亡人数、受伤人数及直接经济损失同比分别下降1.26%、1.18%、1.94%及持平；火灾事故起数、受伤人数及直接经济损失同比分别下降0.79%、100%和0.73%，死亡人数同比上升66.7%。年内，该市公安机关有276个集体、1065名个人立功受奖或获得各种荣誉称号，其中嘉兴市公安局被省委、省政府评为第八届全国残运会筹办工作先进集体，被公安部评为全国公安机关集中整治执法过程涉案人员非正常死亡工作成绩突出集体，被省厅评为2011年度全省公安机关打防控工作市级优胜单位，并获全省市级公安机关2011年度工作综合考评第一名。

【机构人员】 2011年，嘉兴市公安局内设 30个职能处室（队、所）和政治部，下属事业单位4个、企业3家，下辖南湖区、秀洲区、经济技术开发区（国际商务区）、港区分局，嘉善县、海盐县公安局，平湖市、海宁市、桐乡市公安局，有派出所 85个（含水上、边防派出所），全市实有民警4821名，占全市常住人口的万分之十四点一，其中大专以上文化程度占95.8%。

【推进执法规范化建设】 2011年，嘉兴市公安机关加强执法软实力建设，进一步推进执法规范化建设。3月，出台《嘉兴市公安机关执法办案场所使用管理规定（试行）》，全面落实局领导和所队长坐堂值守等制度；4月、9月，分别制定实施《嘉兴市公安机关执法质量日常考评实施办法》、《关于进一步提升全市公安机关执法质量的意见》，进一步完善常态化执法监督机制；10月底，将全部刑事案件审核职能调整至法制部门。3～7月，组织开展执法主体素质专题教育培训活动，其中市局举办33期997人参加的专题教育培训班；6月，在市局主页开设网上学习平台，建立网上学法积分考试系统；组织全市4476名民警参加全省公安机关首次基本级执法资格考试，参考率占全体民警总数的94.8%；鼓励民警参加国家司法考试，全市共有6名民警通过；全市县级公安法制部门除海盐外，全部实行队建制；落实县级公安机关办案单位专兼职法制员制度，确定17个一类处警派出所建立法制初审室。年内，嘉兴市局法制处被公安部评为组织推动执法质量考评工作成绩突出集体；在省厅执法质量考评中，嘉兴获执法优秀单位比例最高和综合成绩全省第一的成绩。

【开展“红船先锋”创先争优活动】 2011年，嘉兴市公安局把开展“红船先锋”创先争优活动与各项公安工作紧密结合，推动市局机关服务型党组织建设。开展单位、窗口及党员公开承诺工作和“开门评警”、“岗位奉献”、“亮牌示范”以及“组织创新”活动，市局机关在职的35个党（总）支部和631名党员全部书面作出争当先锋承诺；开展各类纪念建党90周年活动，组织党员参加央视“红歌颂党”——嘉兴篇庆祝建党90周年特别节目演出晚会以及全省庆祝中国共产党成立90周年大会、南湖革命纪念馆新馆开馆仪式、唱红歌、党史知识竞赛、征文比赛等多项活动。市局被嘉兴市委评为党建工作先进单位，机关党委等21个党（总）支部分别受到省厅党委、市直机关党工委等表彰，63名党员被评为优秀党员，18名党务工作者被评为优秀党务工作者。

【完成创建全国文明城市迎检工作任务】 9月，嘉兴市公安局按照市委、市政府部署，发挥牵头单位作用，顺利完成创建全国文明城市迎检工作任务。其间，从市、县两级公安机关抽调700余名民警和244名保安，动员200余名青年志愿者、362名驻嘉部队官兵充实到市区各主要交通路口，参加每日6时至22时在岗执勤。联合交通、城管等部门组建6个联合执法组，合力打击非法营运“黑车”143辆，会同城管执法部门最大限度拓展停车泊位，市区新增停车泊位15986个。实施“文明交通行动计划”，及时发布路况信息442条，曝光各类交通违法行为400余起。

【防范打击“法轮功”邪教组织捣乱破坏活动】 2011年，嘉兴市公安机关破获法轮功案件若干起，抓获“法轮功”违法人员若干名，查缴“法轮功”反动宣传品若干份。连续12年实现“法轮功”邪教案件无积案。

图为民警在“红船先锋”创先争优活动中向群众发放宣传资料（9月3日）

【开展"清网行动"】 5月26日，嘉兴市公安机关开展"清网行动"。截至12月15日，全市抓获行动前网上在逃人员634名，清网率90.31%，列全省第三名，省厅17次发电予以表扬。

【严厉打击严重刑事犯罪活动】 2011年，嘉兴市公安机关开展社会治安"春季攻势"、"秋冬会战"等专项行动，加强对"有广泛社会影响案件"的侦办。年内，现行52起命案全部侦破，同时破获历年命案积案7起；强化涉黑信息采集录入比对，打掉黑恶势力犯罪团伙105个，打击处理恶势力团伙成员754人。

图为海盐县公安局举行打击"两盗"犯罪公开处理大会(7月12日)

【开展打击整治"两盗"专项行动】 2011年，嘉兴市公安局集中整治群众反映突出的"两盗"（盗窃居民住宅、盗窃单位财物）治安问题。每月10日进行集中宣传活动，每季开展一次专项行动周活动，先后对治安复杂区域实施合围式定点清查整治"排雷"系列行动17次。全市全年发"两盗"案件1.96万起，破3837起，同比分别下降25.24%、上升34.68%；打击处理1416人，同比上升35.24%，打掉职业犯罪团伙101个392人，追回赃款、赃物价值650余万元。

【打击黄赌违法犯罪】 2011年，嘉兴市公安机关侦办赌博刑事案件256起，同比上升16.36%；采取刑事强制措施973人，同比上升11.45%；劳动教养8人；移送起诉940人，同比上升7.7%。侦办涉黄刑事案件220起，同比上升61.8%；采取刑事强制措施481人，同比上升82.9%；劳教57人，移送起诉412人，同比上升65.5%。该市黄赌打击处理数列全省同类地区第二名，打防控考核中"四类"案件（组织妇女卖淫、协助组织妇女卖淫、强迫妇女卖淫、开设赌场）查处数得满分。

【开展"打四黑、除四害"专项行动】 8～12月，嘉兴市公安机关开展该专项行动。其间，破获制售伪劣商品，有毒有害，假冒伪劣药品、食品和农资等犯罪案件63起，抓获犯罪嫌疑人93名（其中逮捕43名），捣毁制假、售假窝点101个，打掉犯罪团伙17个，抓获网上通缉逃犯6名；破获赌博刑事案件54起，采取刑事强制措施150人，劳动教养2人，移送起诉131人；破获涉黄刑事案件54起，采取刑事强制措施105人，劳动教养11人，移送起诉62人。

【打击经济犯罪】 2011年，嘉兴市公安机关立经济犯罪案件547起，破507起，破案率92.7%；挽回经济损失7789.6万元，挽回损失率64.6%；抓获犯罪嫌疑人554名，移送起诉531人，同比分别上升15%、16%。同时，该市开展经济犯罪案件积案攻坚专项行动，截至年底，共化解积案141起，化解率87.04%，列全省第二名。省厅经侦总队督办的11起积案全部化解。

【开展打击银行卡犯罪"天网—2011"专项行动】 1～10月，嘉兴市公安机关开展该专项行动。其间，全市破获银行卡犯罪案件169起，捣毁非法套现窝点12个，收缴银行卡236张，挽回经济损失150.31万余元，移送起诉犯罪嫌疑人145名，抓获涉卡网上逃犯36名。

【开展打击侵犯知识产权、制售假冒伪劣商品"亮剑"专项行动】 2010年10月19日～2011年11月30日，嘉兴市公安机关开展该专项行动。其间，共组织集中统一行动4次，破获侵犯知识产权和制售伪劣商品犯罪案件246起，逮捕犯罪嫌疑人95名，捣毁印刷、制造生产窝点400个，摧毁批发、销售犯罪团伙17个，抓获网上通缉在逃人员86名。

【开展打击网络犯罪"铁拳"专项行动】 3～12月，嘉兴市公安机关开展该专项行动。其间，共破获各类涉网案件64起，其中网络淫秽案件28起、网络赌博案件7起、网络诈骗案件2起、网络盗窃案件5起、其他案件22起，抓获犯罪嫌疑人244名。

【建立"黑网吧"快速查处取缔工作机制】 6月15日，嘉兴市公安局会同市综治办、工商、文化与电信、联通等部门，联合印发《关于建立"黑网吧"快速查处取缔工作机制的通知》。截至年底，共通报"黑网吧"线索120余条，协助取缔“黑网吧”67家，自动关停“黑网吧”90余家，当场查扣电脑500余台。

【完成重大活动安保工作】2011年，嘉兴市公安机关完成春节元宵节系列文化活动、全市“两会”、亚洲田径大奖赛、端午民俗文化节、高考、足球中超联赛、第八届全国残疾人运动会、建党90周年系列活动等107批次大型活动的安保任务，没有发生因安保措施不落实而引发的突发事件。

【推进城乡警务一体化建设】2011年，嘉兴市公安机关深化城乡新社区治安防控体系建设，织密城乡新社区群防群治、视频监控、设卡堵截、内部安防“四张网”，在新社区安装社会治安视频监控点148个，组建专职巡防队17支103人、义务巡逻队31支459人；加强撤乡并镇后原集镇所在地和城乡接合部外来人口聚集地等重点区域社区警务工作。截至年底，全市投入建设资金3910万元，建成新社区警务室17个，配备社区民警20名、各类协辅人员85名。

【深化“大走访”开门评警和民主评议活动】2011年，嘉兴市公安机关以“三民三送”（听民声、问民计、解民难，送法律、送服务、送温暖）和提升群众安全感满意度十项举措为主题，开展以每月集中走访、开辟意见整改直通道、推行阳光执法活动和打造群众满意队伍为内容的“大走访”开门评警和民主评议活动。其间，建立重大事项交办督办制度，对征集到的意见建议，分级分类落实整改措施，并及时反馈当事人。年内，共走访单位2.53万家次、群众20.79万人次，征求意见建议7409条次，整改落实4041条次。

【开展110接处警改革】7月26日，嘉兴市公安局印发《关于切实加强和改进110接处警工作努力提升人民群众满意度的意见》，要求按照“速度＋态度”、“规范＋高效”的改革方向，建立“网格化巡逻、扁平化指挥、专业化处警、规范化管理”的110接处警动态快速反应机制。全市共投入1300万余元加强接处警装备保障，市、县两级公安机关抽调165名民警充实基层参与接处警工作。以警情为主要指标，将全市78个派出所划分为133个巡区、11个交警大队划分为84个巡区。年内，110报警服务台共接各类报警197万余起，其中有效报警91万余起，处警73万余起，群众对110接处警满意度为95.6%，居全省第一。

【完成银行业金融机构安全评估工作】2010年12月1日～2011年11月底，嘉兴市公安机关和银监部门联合开展银行业金融机构安全评估工作。其间，共完成25个银行业金融机构、797个营业场所、478个自助银行（包含在行式、离行式自助银行）、692台自助机具（不含自助银行内自助机具）的安全评估工作。按照《银行业金融机构安全评估办法》计分方法，全市无低于85分的银行业金融机构，达标率100%。

【强化刑侦专业工作】2011年，嘉兴市公安刑侦部门共勘查各类案件现场2.59万起，提取物证1.03万件，认定案件3012起，串并案件448串；通过DNA检验直接认定案件440起，突破疑难命案2起；应用视频侦查，突破海宁许村“10·03”抢劫金店、海盐西塘桥“7·16”持刀抢劫等一批社会影响较大的案件；完善阵地控制和传统情报工作，籍此直接破获桐乡濮院“11·16”、海盐武原“4·6”等多起伤害致死案件。

【开展重点单位集中统一专项检查】9月，嘉兴市公安机关开展治安保卫重点单位专项检查。其间，出动警力1000余人次，检查治安保卫重点单位及重点要害部位1080余处，发现安全隐患400余处，当场整改320余处，下发《治安防范建议书》160余份。

【常住人口管理】9～12月，嘉兴市公安机关开展户口登记管理专项清理整治活动。其间，全市复核各类户口卷宗4.63万卷，清理人口管理信息系统数据项1.04万个，纠正错误数据项482个，核查重点清理整治对象信息1.59万条，发现各类违法违规落户线索7条，查实注销一人多户口27人、不符合收养户口条件1人、符合户口政策规定

图为桐乡民警在开门评警活动中向茅盾高级中学的外籍教师征求意见（1月10日）

但手续不齐全77人；完成“同名同号”人口清查核对工作，全市2814条“同名同号”人口信息清理率99.4%；组织开展跨省重号纠错工作和“一代证”换发“二代证”工作，共纠重号74对，纠正比例97.37%，受理群众办理“二代证”17.31万人次，年满16周岁人群中“二代证”持证率96.6%。

图为海宁交警对客车司机进行酒精检测（1月27日）

【创新场所特业管理新模式】2011年，嘉兴市公安机关在场所特业管理中推出“公安+协会+场所”管理新模式，在娱乐场所、星级饭店、A级旅游景区等场所日常管理中推行联席会议制度、书面通报制度和联合督导制度，在嘉善县西塘镇开展旅游景区“民宿”（农家乐）日租屋管理工作试点，严密场所特业管理。年内，通过有关信息系统抓获违法犯罪嫌疑人员668名，其中网上逃犯77名，破获刑事案件60起，查处治安案件418起。

【开展治爆缉枪专项行动】5～12月，嘉兴市公安机关组织开展该专项行动。其间，共查处涉枪案件18起，抓获违法犯罪嫌疑人员18人，收缴非法枪支20支、仿真枪32支、各类子弹4570发、管制刀具589把、剧毒化学品50.8千克。其中，抓获公安部督捕涉枪涉爆逃犯刘连军，在全省率先实现公安部督捕涉枪涉爆逃犯抓获成功率100%的目标。

【处置海宁因环境污染引发群体事件】8月26日一场大雨后，海宁段运河鱼群大面积死亡，村民认为系浙江晶科能源公司污染所致。9月15日晚7时30分许，海宁市袁花镇红晓村500余名群众聚集在该公司门前讨要说法，部分人员冲入公司内，将停放的8辆汽车掀翻，部分办公用品及财物受损。事件发生后，经公安等部门迅速果断处置，围观群众被劝散，现场秩序得到控制。16日晚8时30分，又有数百人在该公司门前聚集围观，因劝说无效，公安部门进行清场，少数人损坏警车4辆。海宁市公安局抓获部分在该事件中涉嫌盗窃和故意毁坏财物的违法犯罪嫌疑人。

【强化治安巡逻防控工作】2011年，嘉兴市公安机关通过治安巡逻抓获各类违法犯罪嫌疑人1.96万人，其中刑事拘留2220人、行政拘留3580人，缴获赃车3143辆、管制刀具1287把（件）、毒品835克；抓获“两抢”犯罪嫌疑人207名，“两抢”发案率同比下降11.08%。

【开展“禁酒驾”专项行动】2011年，嘉兴市公安交警部门继续贯彻落实以“禁酒驾”为重点的五条常态严管措施。5月1日“醉驾入刑”后，嘉兴市公安局确定每月10日、25日为全市集中统一行动日，进一步加大整治力度。年内，全市组织开展9次集中整治行动，查处各类交通违法行为172万余起，其中酒后驾驶9315起、醉酒驾驶980起。交警支队，直属一、二、三大队，秀洲、海盐、海宁、桐乡、嘉善交警大队等9个单位作为全省禁“酒驾”工作成绩突出集体，受到省厅通报表扬。

【开展遏制重特大道路交通事故安全隐患专项整治行动】2009～2011年，嘉兴市公安机关开展以农村危桥和临水危险路段为重点的道路交通安全隐患排查治理工作。其间，全市排查整治隐患8918处，治理率100%。通过整治，道路交通事故四项指数全面下降，道路交通事故死亡人数连续九年“零增长”。

【开展市区道路交通拥堵整治工作】3月15日，嘉兴市政府印发《嘉兴市开展市区道路交通拥堵整治工作实施意见》，就缓解市区道路交通拥堵问题提出19条具体措施。嘉兴市公安局制定公安牵头项目的细化实施方案，主动配合其他项目牵头单位开展工作。通过综合治堵，在私家车年增长30%的情况下，市区道路交通状况保持平稳。

【完成警卫及交办任务】2011年，嘉兴市公安警卫部门完成党和国家领导人及重要外宾视察、参观、途经的警卫任务38批，完成各级党政代表团及各级领导在嘉兴期间的安全保卫等省、市交办任务36批。

【建立境外人员“三访”制度】 7月，嘉兴市公安局建立境外人员“三访”（办证初访、重点走访、涉案回访）制度，以提升对境外人员的管理服务水平，实现“底数清、情况明、管得住、服务好”。截至年底，全市共走访1333人次，其中办证初访1249人次，重点走访22人次，涉案回访7人次，出入境部门查访55人次。

图为港区民警走访外轮（8月3日）

【开展“清剿火患”战役】 9月26日起，嘉兴市公安机关开展为期5个月的“清剿火患”战役。截至年底，全市公安机关开展突击检查、错时检查、交叉检查等23次，召开各类动员会、分析会、推进会、实战会商等21次，检查单位场所3万家，发现火灾隐患9.27万处，消除火灾隐患8.98万处，下发责令改正通知书1.56万份，处罚单位1059家，临时查封1428家，责令“三停”（停止施工、停止使用、停产停业）401家，行政拘留390人。

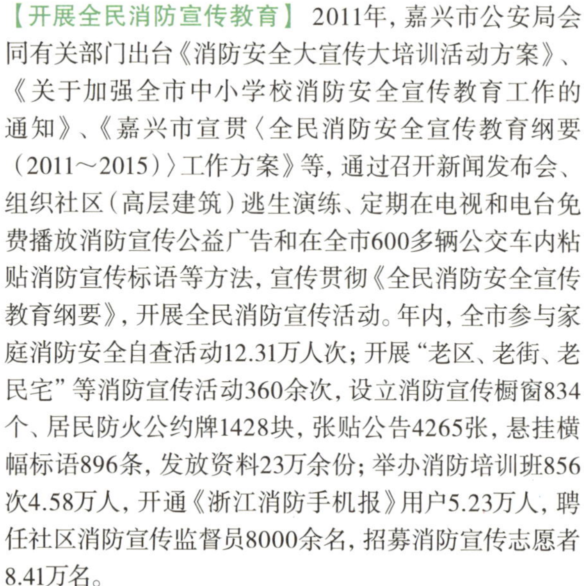

【开展全民消防宣传教育】 2011年，嘉兴市公安局会同有关部门出台《消防安全大宣传大培训活动方案》、《关于加强全市中小学校消防安全宣传教育工作的通知》、《嘉兴市宣贯〈全民消防安全宣传教育纲要（2011～2015）〉工作方案》等，通过召开新闻发布会、组织社区（高层建筑）逃生演练、定期在电视和电台免费播放消防宣传公益广告和在全市600多辆公交车内粘贴消防宣传标语等方法，宣传贯彻《全民消防安全宣传教育纲要》，开展全民消防宣传活动。年内，全市参与家庭消防安全自查活动12.31万人次；开展“老区、老街、老民宅”等消防宣传活动360余次，设立消防宣传橱窗834个、居民防火公约牌1428块，张贴公告4265张，悬挂横幅标语896条，发放资料23万余份；举办消防培训班856次4.58万人，开通《浙江消防手机报》用户5.23万人，聘任社区消防宣传监督员8000余名，招募消防宣传志愿者8.41万名。

【监管场所连续七年安全无事故】 2011年，嘉兴市公安机关落实公安部提出的“两防一退”（防事故、防非正常死亡、退出舆情关注热点）要求，推进监管场所规范化建设，确保监所安全。全市监管场所实现连续七年以上安全无事故，其中，嘉兴市、海宁市看守所连续二十年以上安全无事故。

【实行亲情帮教远程会见制度】 11月9日，嘉兴市公安局在网上服务集群平台开辟网上视频会见专栏，留所服刑在押人员家属因各种原因无法到达监管场所进行会见的，只需在网上申请，经看守所审查后，符合会见条件的即可在约定时间通过QQ视频与服刑人员进行远程视频会见，全市看守所留所服刑人员每月可与家属进行1次有声同步视频会见。年内，114人次留所服刑人员通过视频与家属会见。

【开展“禁毒基层基础建设年”活动】 3月，嘉兴市禁毒委印发《全市“禁毒基层基础建设年”实施方案》，对社区戒毒（康复）工作、禁毒宣传教育、堵源截流、吸毒人员动态管控等6个方面21项工作提出明确要求。年内，全市破获涉毒违法案件413起，抓获涉毒犯罪嫌疑人536人，查处吸毒人员2548人，缴获毒品4.01千克；配备禁毒专职社工168名；投入禁毒宣传专项经费100余万元，组织各类禁毒主题宣传教育活动90场（次），下发禁毒宣传资料10余万册（份），制作禁毒宣传图板200余块。

【优化警力资源配置】 2011年，嘉兴市公安局完善以竞争上岗为主要方式的干部选拔任用机制，共选拔中层干部15名，交流8名，选派2名中层干部到下属分局和新疆沙雅县公安局挂职锻炼。推进民警轮岗交流，全市公安机关交流民警877名，市局从机关选调14名后备干部或业务骨干下派到基层所队挂职锻炼，并从各县（市、区）选调10名民警到市局上挂锻炼。

【落实从优待警举措】 2011年，嘉兴市公安局全面落实民警法定工作日之外加班补贴制度，推进执法勤务机构警员职务套改，增加科级非领导职数，放宽科级非领导职务任职条件（市局42名民警晋升科级非领导职务）；深化“三警”（听警声、解警忧、暖警心）活动，推进“局领导面对面接待民警”工作，受理民警反映的实际困难和问题22件，办结18件；落实民警健康体检制度，建立民警健康档案；组织开展民警心理辅导讲座，舒缓民警工作压力，保持民警身心健康；贯彻落实服务和保障派出所工作的有关规定，对连续从事派出所工作30年以上的2名民警、20年以上的10名民警分别颁发金、银质荣誉奖章；抓好因公伤亡民警优抚工作。

【开展涉案财物管理问题专项整治工作】3～12月，嘉兴市公安机关开展该专项整治工作。其间，共排查案件5.1万件，其中有涉案财物的案件3.11万件，排查清理涉案财物8.2万件、涉案款项3756.4万元。全市公安机关共制订完善涉案财物管理制度127项，新建、改造涉案财物保管场所41个。

【《嘉兴人民公安志》正式出版】9月，《嘉兴人民公安志》由浙江人民出版社正式出版。该书全彩印刷，共110万字，分章、节、目三个层次，采用述、记、志、附、图、表、录、传等形式，翔实记述嘉兴公安机关1949～2009年间各个历史时期的工作状况。

【南湖区公安分局】2011年，南湖区行政区域总面积426平方千米，下辖5个镇8个街道，常住人口43.95万，登记流动人口20余万。全区生产总值250亿元，财政总收入41.2亿元，地方财政收入17.3亿元。该局内设职能部门16个，下辖派出所（含水上派出所）12个，共有民警515名、职工14名、协辅警898名。年内，该局立刑事案件5839起，破刑事案件2733起，移送起诉970人，实现“命案”连续12年全破。全年道路交通事故死亡数与2010年持平，发生数、受伤数、直接经济损失数分别同比下降26.4%、46.3%、60.1%；火灾事故发生数同比下降47.1%，未发生人员伤亡火灾事故。是年，该局被评为全省公安机关执法质量优秀单位、全省公安机关打防控工作优胜单位。

【秀洲区公安分局】2011年，秀洲区行政区域总面积542平方千米，下辖5个镇、2个街道、114个行政村、28个居委会，常住人口32.6万人，登记流动人口26.1万人。全区生产总值210亿元，财政一般预算总收入32.1亿元，城镇居民人均可支配收入2.7万元，农村居民人均纯收入1.5万元。该局内设职能部门16个，下辖派出所7个，全局有民警380人、职工10人、保安及协辅警772人。是年，该局共立刑事案件2940起，破案1855起，同比分别下降1.9%、上升5.6%；打击处理犯罪嫌疑人651人，抓获网上逃犯106人，2起现行命案全部告破，保持连续13年命案全破；道路交通事故和火灾事故四项指数实现“零增长”。年内，该局被评为全国“八残会”安保工作先进集体、全省公安机关执法质量优秀单位（连续10年）、全省打防控工作优胜单位，3个集体受到省级表彰、16个集体获得市级荣誉、2个集体和4个专案组立集体三等功，1人立二等功、9人立三等功、6人受到省级表彰。

【嘉善县公安局】2011年，嘉善县行政区域面积506平方千米，下辖3个街道、6个镇，常住人口38.1万人，登记流动人口41.6万人。全县实现地区生产总值321.4亿元，财政总收入48亿元，城镇居民人均可支配收入3.2万元，农民人均纯收入1.65万元。该局内设职能部门11个，下辖派出所10个，实有民警579名、协辅警890名。是年，该局立刑事案件4680起，破2000起，打击处理各类犯罪嫌疑人1059人，抓获各类逃犯187人；严厉打击“两盗”犯罪活动，“两盗”案件发案同比下降16.6%，破案同比上升42.3%；“两抢”发案同比下降36%；查处黄赌案件564起，抓获违法犯罪嫌疑人1581人，收缴赌博机1520台，取缔、关停无证经营场所52家。年内，该局被评为全省公安机关打防控工作优胜单位、队伍正规化建设优秀单位、执法质量优秀单位。

【平湖市公安局】2011年，平湖市行政区域面积537平方千米，下辖6个镇、3个街道，户籍人口48.6万，登记流动人口29.5万。全市生产总值394.7亿元，同比增长11.2%。财政收入64.1亿元，城镇居民人均可支配收入3.32万元，农村居民人均纯收入1.66万元。该局内设职能部门16个，下辖派出所9个，实有民警517名，占全市常住人口的1.06‰，协辅警1097名。年内，该局继续实现刑事发案、交通事故、火灾事故三个“零增长”，立刑事案件3416起，同比下降0.8%；破刑事案件1927起，破案率同比增长0.9%；打击处理犯罪嫌疑人1084名，同比上升2.7%；6起命案全破。受理各类治安案件7573起，查结4536起。“亮剑”专项行动以及“天网—2011”专项行动实绩均列嘉兴市第一。是年，该局被评为全省执法质量优秀单位（连续11年）、全省打防控工作优胜单位（连续3年），1人立一等功，11个集体、12人立三等功，19个集体、62人受嘉奖。

【海盐县公安局】2011年，海盐县行政区域面积535平方千米，下辖4个街道、5个镇、85个行政村、46个社区，常住人口37.4万人，登记流动人口13.7万人。全县国民生产总值272.4亿元，财政总收入32.05亿元，其中地方财政收入17.18亿元，城镇居民人均可支配收入3.33万元，农民人均纯收入1.68万元。该局下设27个科所队，其中派出所10个（含水上派出所），实有民警449名，占全县户籍人口的1.2‰，协辅警913名。年内，该局连续五年实现命案全破；强势推进“清网行动”，清网率居全市第二；立刑事案件3056起，同比下降0.5%，破1783起，同比持平；道路交通、火灾事故四项指数均实现“零增长”。是年，该局被评为全省打防控工作优胜单位，有85个

(次)集体、304人(次)获得上级表彰奖励。

【海宁市公安局】2011年，海宁市行政区域总面积731平方千米，下辖8个镇、4个街道，常住人口66.31万人，登记流动人口35.50万人。全市实现生产总值531.27亿元，财政总收入和地方财政收入分别达到71.79亿元和38.82亿元。该局内设职能部门22个，下辖派出所16个，在编民警715名、协辅警1346名。年内，该局妥善应对处置“9·15”群体性事件和“8·31”大潮等突发事件，实现观潮保卫连续二十八年安全无事故；集中开展“天网”、“亮剑”、“排雷”、打击整治“两盗”、“打四黑除四害”、“秋冬会战”等专项行动，移送起诉1430人，同比增长10.68%，6起命案全破；破获涉黄涉赌刑事案件82起，同比增长7.89%；“清网行动”共归案行动前逃犯101名，清网率93.52%；全市道路交通事故三项指标连续九年“零增长”，监所安全连续二十二年无事故。是年，该局被评为全省执法质量优秀单位、打防控工作优胜单位、队伍正规化建设优秀单位。

【桐乡市公安局】2011年，桐乡市行政区域总面积727平方千米，下辖9个镇、3个街道，常住人口67.68万人，登记流动人口41.90万人。全市生产总值478.99亿元，同比增长11.3%；财政总收入67.46亿元，同比增长27.28%；城镇居民人均可支配收入3.24万元，农村居民人均纯收入1.65万元。该局内设职能部门20个，下辖派出所15个，实有民警743名，占常住人口的万分之十一，协辅警1782名。是年，该局侦破各类刑事案件3588起、经济案件123起、毒品案件98起，逮捕犯罪嫌疑人1071名，移送起诉犯罪嫌疑人1743名；查处涉赌、涉毒、涉丑等行政案件1831件，处罚违法人员2869名；办理劳动教养案件26件，实施劳动教养27人；54名吸毒人员被强制隔离戒毒，100名被责令社区戒毒，544名被行政拘留；发生火灾10起，直接经济损失48.03万元，无人员伤亡；保持道路交通事故死亡人数连续十年“零增长”，发生交通事故352起，死亡71人，受伤352人，直接经济损失247.5万元，同比分别下降1.67%、2.74%、1.95%、1.19%。

【经济技术开发区(国际商务区)公安分局】2011年，嘉兴经济技术开发区(国际商务区)规划面积110平方千米，受委托管理城南、嘉北、塘汇、长水4个街道，全区常住人口8.51万人，登记流动人口17.59万人。该局共设职能部门9个，下辖派出所4个，实有民警120名、协辅警400名。年内，该局完成建党90周年等系列重大活动和体育赛事安保任务20余次、等级以上警卫任务4次；共接处警2.32万起，“两盗”、“两抢”案件发案同比分别下降21.3%和15.6%；移送起诉犯罪嫌疑人193人，同比上升12.9%，打掉黑恶势力团伙3个，查处吸毒人员83人，继续保持命案全破；查获涉黄刑事案件12起、涉赌刑事案件5起，移送起诉涉黄涉赌人员38人。是年，该局被评为全省执法质量优秀单位。

【港区公安分局】2011年，嘉兴港区管理范围为乍浦镇域54平方千米和嘉兴市74.1千米海岸线，全区常住人口5.5万，登记流动人口4.9万，全年完成一般财政预算收入14.2亿元。该局内设职能科室(队)10个，下辖乍浦派出所，协管乍浦边防派出所，实有民警72名，占全区常住人口的万分之十三点一，协辅警265名。年内，该局破获各类刑事案件310起，同比上升2.6%，打击处理各类犯罪嫌疑人162名，同比上升23.7%；破获“两盗”案件63起，同比上升34%，打击处理“两盗”犯罪嫌疑人19人，同比上升46.15%，“两盗”案件发案同比下降36%；实现命案“零发案”；受理交通事故报警3920起，交通事故死亡人数8人，同比持平；未发生死亡2人(含)以上重大交通事故或火灾事故。

绍兴公安

【市况简介】绍兴市地处长三角南翼、浙江省中北部，西接杭州，东临宁波，北濒杭州湾，下辖绍兴县、诸暨市、上虞市、嵊州市、新昌县、越城区、袍江新区、镜湖新区，总面积8256平方千米，其中市区面积362平方千米。2011年末，该市有常住人口440.01万人，登记流动人口182.28万人。实现生产总值3291.23亿元，财政总收入426.45亿元；城镇居民人均可支配收入3.33万元，农村居民人均纯收入1.59万元。

【概述】2011年，绍兴市公安机关深入推进“三项重点工作”和“三项建设”，确保社会大局稳定。年内，该市立刑事案件4.28万起，破获1.97万起，破案率46.03%；发生交通事故1578起，死亡517人，受伤1557人，直接经济损失426.61万元，同比分别下降16.29%、7.35%、19.70%、6.96%；发生火灾事故113起，经济损失220.95万元，起数和经济损失数同比分别下降30.25%和46.11%，无人员死亡，交通、火灾事故主要指数实现“零增长”目标。所辖3个县(市、区)局被评为全省打防控工作优胜单位；5个县(市、区)局被评为全省执法质量优秀单位。40个集体、111人被记功授奖。

【机构人员】2011年，绍兴市公安局设职能处室28个、直属单位4个(10月19日新设反恐怖支队)，下辖越城区、袍江新区、镜湖新区、滨海新城、诸暨市、上虞市、嵊州市、绍兴县、新昌县等9个公安(分)局(6月16日，滨海公安分局举行成立授牌仪式)，89个派出所。全市共有民警4824人，其中大专以上学历的占97.2%，民警人数占全市常住人口的1.10‰。

【完成第八届全国残疾人运动会绍兴赛区安保工作】 10月12～17日，本届运动会游泳比赛在绍兴举行，全国31支代表队的330名运动员参加比赛。其间，绍兴市公安机关共投放安保力量1880人次，动用各类警用车辆180余辆次、各类安检设备11台(套)、安保专用视频摄像头254只，交通隔离护栏1500米，确保赛事顺利进行。

【完成第九届世界荷球锦标赛安保工作】 10月27日～11月5日，16个国家（地区）的16支代表队、400余名运动员参加该赛。其间，绍兴市公安机关共投入各类安保力量1945名、安保志愿者652人，动用各类警用车辆150余辆次、各类安检设备15台(套)、警戒带1500余米、交通隔离护栏2000米，圆满完成赛事活动的各项安保工作任务。

【开展“四仗”大会战】 2011年，绍兴市公安机关开展“紧盯命案、严除黑恶、重打盗抢、穷追逃犯、确保稳定”大会战（简称“四仗”）。年内，该市发命案85起，破82起，破案率为96.47%；破命案积案13起，破案绝对数列全省第四。打掉黑社会性质组织2个、恶势力团伙79个，打处黑恶团伙成员602名，成绩列全省第四。打处侵财犯罪嫌疑人3180名，其中“两抢”犯罪嫌疑人723名。抓获各类网上逃犯817名，其中命案逃犯48名、本省七类逃犯27名，“清网行动”刑侦线逃犯下降率和故意杀人逃犯下降率均居全省第三。

【开展“大走访”开门评警活动】 1～6月，绍兴市公安机关开展该项活动。其间，共有384个部门（单位）、4554名民警参加活动；共走访单位1.22万家，走访群众4.25万人次，征求意见建议3671条，解决实际困难725件，化解矛盾6150个，推出便民利民措施425条。

图为绍兴市局和市委宣传部在警媒合作暨“大走访”开门评警活动意见征询会上签订《公安宣传合作推进机制协议》（5月5日）

【开展“清网行动”】 5～12月，绍兴市公安机关开展该行动。其间，抓获各类逃犯1458名，行动前网上逃犯由1308名下降到150名，清网率达88.53%。

【开展“春季追逃百日”行动】 1月10日～4月20日，绍兴市公安机关开展该项行动。其间，有160名年前逃犯归案，归案率增加16.61%；抓获市局本级年前逃犯38名，本省年前逃犯120名，公安部B级通缉令和部督逃犯各1名。

【建立合成作战研究室】 7月21日，绍兴市公安局建立合成作战研究室（代号“909”工作室），选调刑侦、技侦、网监等支队相关专业人员组成。年内，该局抓获逃犯58名，其中市局本级逃犯4名、故意杀人逃犯6名，破命案积案3起。

【开展“春季攻势”行动】 1～5月，绍兴市公安机关开展以“两打三防”（严厉打击涉枪涉爆等严重暴力犯罪，严厉打击“两抢一盗”等多发性侵财犯罪，严密社会面的防范控制，严密重点要害部位的防范控制，严密个人极端暴力犯罪的防范控制）为主要内容的该项行动，先后开展“攻坚”系列4次集中统一行动，严厉打击整治各类违法犯罪活动。其间，查处治安案件576起，破获刑事案件178起，消除各类隐患289处。

【开展不安定因素排查及群体性事件处置工作】 2011年，绍兴市公安机关排查出不安定因素809条，同比上升31%；化解率为77.99%，同比上升2.83个百分点。成功处置杨汛桥血铅、城区出租车罢运、特殊群体闹访等605起群体性事件。

【开展打击黄赌专项行动】 1～2月，绍兴市公安机关开展该项行动。其间，共出动警力2.71万人次，查处涉赌案件819起，刑拘194人，逮捕74人，取保候审88人，移送起诉124人，劳动教养2人，行政拘留836人，罚款1876人，收缴罚没款1532.09万元。4～12月，再次开展打击黄赌专项行动。其间，共查处涉黄赌刑事案件144起，行政案件1948起；刑拘491人，逮捕178人，移送起诉560人，劳动教养26人，行政拘留2996人，罚款2773人，收缴赌博机17050台，摧毁涉黄涉赌团伙

53个，抓获涉黄涉赌逃犯121人。

【开展“打四黑、除四害”专项行动】9～12月，绍兴市公安机关开展该专项行动。其间，共破获“四黑、四害”刑事案件598起，查处相关治安案件1177起，摧毁犯罪窝点101个；抓获违法犯罪嫌疑人1429人。

【开展治爆缉枪专项行动】5～12月，绍兴市公安机关开展该专项行动。其间，检查涉危企业653家，发现并整改安全隐患523起，整改率为100%，立案查处涉危案件51起，抓获违法犯罪人员67人，收缴各类枪支129支、子弹11930发、管制刀具1912把。

图为凌秋来副厅长在新昌县局检查指导“打四黑、除四害”专项行动（9月21日）

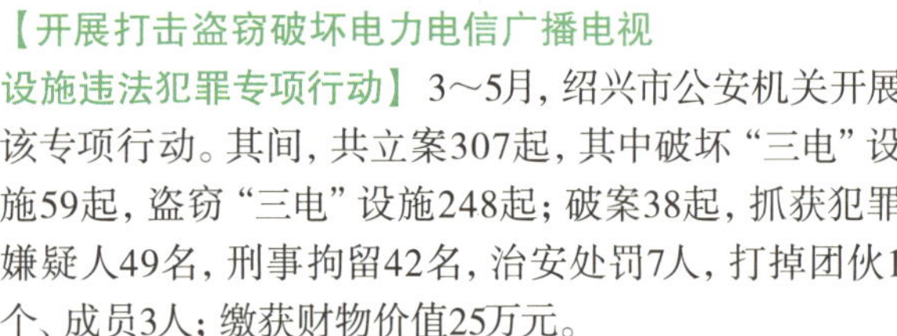

【开展打击盗窃破坏电力电信广播电视设施违法犯罪专项行动】3～5月，绍兴市公安机关开展该专项行动。其间，共立案307起，其中破坏“三电”设施59起，盗窃“三电”设施248起；破案38起，抓获犯罪嫌疑人49名，刑事拘留42名，治安处罚7人，打掉团伙1个、成员3人；缴获财物价值25万元。

【开展“亮剑”专项行动】1～11月，绍兴市公安机关开展该专项行动。其间，立案315起，破案315起；抓获犯罪嫌疑人262名，逮捕70名，移诉139名；捣毁生产窝点477个，打掉犯罪团伙19个；缴获各类假冒伪劣商品852.43万件；成功破获“1·14”特大制售茅台酒、五粮液等假酒案，受到公安部通令嘉奖。

【开展“天网—2011”专项行动】1～10月，绍兴市公安机关开展该专项行动。其间，共立各类信用卡犯罪案件155起，破案136起，破案率达87.74%，其中破获公安部督办、批办案件3起，省厅督办案件5起；抓获犯罪嫌疑人157名，逮捕46名，移送起诉148名，逮捕、移送起诉三类犯罪嫌疑人104人；抓获网上通缉逃犯52名，逃犯缉捕率100%；追缴银行卡1600余张，挽回经济损失360余万元。

【排查治理交通事故黑点（段）】2011年，绍兴市公安机关联合交通、安监等部门，排摸出交通事故黑点（段）和隐患路段28处，投入资金1250余万元，整治完成26处，整治率为92.86%；4处省级临水临崖高落差危险路段治理共投资1433余万元，全部整治完成。28处市级事故多发点（段）共发生交通事故324起，死亡20人，同比分别下降19.60%和60%；4处临水临崖高落差危险路段共发生交通事故16起，死亡10人，同比分别下降30.4%和37.5%。

【严治严管酒后驾车】2011年，绍兴市公安机关共查处酒后驾驶7504起，其中饮酒后驾驶7044起，醉酒驾驶460起，已执行拘留416人，提起公诉84人，执行拘役55人。

【打击毒品犯罪】2011年，绍兴公安机关破毒品犯罪案件253起，同比上升31.77%，其中2起为公安部目标案件；抓获毒品犯罪嫌疑人462名，同比上升0.87%；缴获各类毒品6077克。共移送起诉毒品犯罪嫌疑人354名，一案3人以上毒品犯罪团伙35个，6人以上毒品犯罪团伙16个。移送起诉容留他人吸毒犯罪嫌疑人98名，共查处吸毒人员1501名。

【出入境管理】2011年，绍兴市公安机关共受理、审批临时入境境外人员9.3万人次，批准出国3.46万人次，批准出境（赴港澳）17.68万人次，批准大陆居民赴台8811人次，办理台胞签注、外国人签证和居留许可共7445人次，其中台胞签注 459人次，外国人签证2553人次，外国人居留许可4432人次，上传制证数据8.56万余条；查处涉外案（事）件371 起。

【开展整治“三非”专项行动】5月24日～6月30日，绍兴市公安机关开展整治“三非”（非法入境、非法就业、非法居留）违法犯罪外国人专项行动。其间，查处境外人员161人次，其中拘留4人次，执行遣送出境6人次。

【建成全省首个执法办案公开查询系统】9月，绍兴市公安局建成该系统并投入试运行。群众通过互联网可以实时查询涉及自己案件的受（立）案情况、办案单位、办案民警情况及案件办理过程和结果，并对案件办理情况进行满意度测评。同时，对行政复议、国家赔偿案件的受理，专门开设网上受理渠道，当事人通过网络提交相关资料，即可提出复议、赔偿申请。

【监管场所对社会开放】 5月25日，绍兴全市看守所开展集中对社会开放日活动。163名社会各界人士到监所参观，其中各级人大代表18人、政协委员16人、特邀监督员5人，被监管人员家属人数57人，新闻媒体记者4人，社会各界群众67人。

【监管实战平台通过省厅验收】 11月，绍兴市公安监管实战平台通过省公安厅监管总队初步验收。该平台主要由监管网上办事大厅和监所实战应用平台两部分组成。

【警务工作平台建设】 4月，绍兴市公安局开展警务工作平台建设。年内，共完成门户、统一身份认证、打防控系统嵌入、执法办案平台嵌入、与大情报平台的对接工作及情报落地5项内容开发。此外，还开发了具有绍兴特色的执法办案流程的监督和提醒系统，具有110接警系统、处警反馈系统、证据保全系统、案事件PGIS标注系统四合一功能，实现人、车、物的自动比对报警。

【警卫工作】 2011年，绍兴市公安机关完成警卫接待任务86批次。其中警卫任务52批次（一级内外宾警卫4批次，二级内外宾警卫23批次，三级内外宾警卫25批次）；接待交办任务34批次。此外，还完成大型活动2批次、会议1场次的警卫任务。

【建立网上服务中心】 1月13日，绍兴市公安局网上办事大厅正式上线，为社会提供各类网上办事服务。同时，绍兴市公安局互联网门户网站正式命名为“绍兴公安网上服务中心”。年内，网站总访问量达到1000万人（次），日均访问量3.6万人（次），提供便民服务查询809.3万（次），办理各类网上申请事项6.1万件，接收处理网上咨询和信件8144件、电话咨询5万余条，获“浙江省十大民生工程推荐项目奖”、“绍兴市行风建设十大亮点”、“绍兴市网络传播创新项目”等多项称号。

【绍兴县公安局】 2011年，绍兴县行政区域面积1177平方千米，户籍总人口72.56万人，登记流动人口88.04万人。全县实现生产总值920亿元；财政总收入超过百亿元，达到117亿元；城镇居民人均可支配收入3.65万元、农村居民人均纯收入1.95万元，同比分别增长13.4%、17%。该局设综合部门、直属大队25个，派出所20个，共有民警858人（大学以上学历589人，专科学历258人）、协辅警1537名。年内，该局110有效接警总量为10.96万起；立刑事案件11133起，破获刑事案件3984起；起诉犯罪嫌疑人1633人，抓获逃犯511人；查处治安案件1.18万起，行政拘留2239人。年内，该局被评为全省执法质量优秀单位和全省优秀公安基层单位，柯岩派出所被公安部评为全国基层执法示范单位，看守所被公安部监管局授予全国看守所管理机制创新示范单位；傅超获全国“五一”劳动奖章，任宏亮、李江、金玉峰被评为全省公安机关优秀共产党员，俞建良被评为全省优秀人民警察，4个集体、14人立功，32个集体、156人受到嘉奖。

【诸暨市公安局】 2011年，诸暨市行政区域面积2311平方千米，户籍总人口107.25万人，登记流动人口42.26万人。全市实现生产总值739.62亿元，固定资产投资343.64亿元；财政总收入80.05亿元；城镇居民人均可支配收入3.57万元，农民人均纯收入1.71万元。该局设综合部门、直属大队19个，派出所16个，共有民警879人、协辅警1927人。是年，该局110有效接警总量为11.39万起，同比上升17.1%；立刑事案件8954起，破获刑事案件4364起；起诉犯罪嫌疑人2111人，同比上升1.9%，劳动教养69人，抓获逃犯748人，查处治安案件8819起，查处违法人员6265人，治安处罚5997人。2个集体、22人立功，23个集体、115位民警受到嘉奖，取得省级以上荣誉13个。

图为“浙江省年度十大民生工程评选”调查组考察“绍兴公安网上服务中心”项目（11月24日）

【上虞市公安局】 2011年，上虞市行政区域面积1403平方千米，户籍总人口77.64万人，登记流动人口26.2万人。全市实现生产总值520.7亿元；财政总收入

65.11亿元；城镇居民人均可支配收入3.4万元，农民人均纯收入1.58万元。该局设综合部门、直属大队18个，派出所12个，另有一级警务室2个，共有民警600人（大学以上学历416人，专科学历167人）、协辅警992人。年内，该局110有效接警总量为7.23万起，同比下降3.67%；立刑事案件6835起，破获刑事案件3569起；起诉犯罪嫌疑人1200人，劳动教养33人，抓获逃犯324人；查处治安案件8386起，查处违法人员6079人，治安处罚3059人。年内，该局被评为全省队伍正规化建设优秀单位、全省执法质量优秀单位、打防控工作优胜单位以及绍兴市优秀公安局、上虞市“五好党委”。有5个集体、11人立功，12个集体、119人受到嘉奖。

【嵊州市公安局】 2011年，嵊州市行政区域土地面积1784平方千米，户籍总人口73.43万人，登记流动人口8.77万人。全市实现生产总值320.92亿元；财政一般预算收入30.50亿元，同比增长24.4%；地方财政收入16.79亿元；城镇居民人均可支配收入和农民人均纯收入分别为3.36万元和1.33万元。该局设政治处、指挥中心等18个内设机构，下设13个派出所，共有民警532人、协辅警589人。是年，该局立刑事案件5955起，破3171起，打击处理犯罪嫌疑人1022人；发治安案件6115起，查处5210起，处罚6905人。未发生严重影响社会稳定的重特大案（事）件，实现刑事发案、交通事故、火灾事故“零增长”的目标。年内，全局有2个集体立二等功，5个集体和7名个人立三等功，17个集体和121名个人受到嘉奖。

【新昌县公安局】 2011年，新昌县土地面积1213平方千米，户籍总人口43.77万人，登记流动人口3.98万人。全年实现生产总值250亿元，地方收入16.99亿元，城镇居民人均可支配收入3.08万元，农民人均纯收入1.31万元。该局设综合部门10个、机关实战部门8个、派出所12个，有民警454名，其中大专以上学历的占96.03%；协辅警704人。是年，全县共发刑事案件4554起，同比下降0.76%；破获各类刑事案件1990起，同比上升7.62%。年内，该局被评为全省公安机关执法质量优秀单位、省级文明县城复评创建工作十佳先进集体。110接处警工作、110自动语音短信回访满意率、重点人员动态管控工作被评为考核优胜单位等。

【越城公安分局】 2011年，该分局管辖越城区和绍兴国家高新技术产业开发区3个镇7个街道，共121个行政村、80个社区（居委会）。两区行政区域面积212.74平方千米，户籍总人口45.38万人，登记流动人口17.91万人。年内，越城区实现地区生产总值245.06亿元，城镇居民人均可支配收入和农村居民人均纯收入分别为3.14万元和1.7万元；绍兴国家高新技术产业开发区实现地区生产总值59.9亿元，城镇居民人均可支配收入3.14万元。该局设8个职能科室、10个直属大队和11个派出所，无交警大队和看守所，共有民警458人、协辅警704人。年内，该局共接报处置各类警情5.89万起，同比上升2.98%；立刑事案件7625起，同比下降0.04%，破3652起，同比上升0.22%；其中命案立10起破10起，五类案件立20起破20起，“两抢”案件258起，同比下降3.73%；移送起诉1261人，劳动教养59人，抓获逃犯235人；查处治安（行政）案件8561起，查处违法人员1.15万人，行政处罚5997人。年内，该局被评为全省执法质量优秀单位（连续9年）、全省打防控工作优胜单位、全省公安队伍正规化建设优秀单位（连续4年）、“全省涉案财物管理问题专项治理先进集体”和绍兴市优秀公安局（连续5年）。

【袍江公安分局】 2011年，袍江经济技术开发区区域土地面积87平方千米，户籍总人口10.38万人，登记流动人口9.5万人。全区规模以上工业企业实现工业现价产值642亿元 。该局设综合部门、直属大队7个，派出所2个，有民警84人（大学以上学历66人，专科学历16人）、协辅警189人。年内，该局110接处警总量为1.12万起，同比上升19.88%；立刑事案件714起，同比下降6.30%，破获刑事案件354起（包括破年前案件76起），同比上升6.63%；起诉犯罪嫌疑人203人，同比上升30.13%；查处治安案件1204起，打击处理违法嫌疑人1297次，同比上升5.3%；行政拘留208人，同比增加56.3%。年内，该局被评为全省执法质量优秀单位、绍兴市优秀政法基层单位，1个集体立二等功，1个单位和5人立三等功，先后有5个集体和17人受到嘉奖。

【镜湖公安分局】 2011年，镜湖新区行政区划 76 平方千米，其中核心区块（城市绿心）开发建设面积 53.4 平方千米，户籍总人口9.52万人，登记流动人口5.36万人。全区实现产值 73亿元。该分局设有纪委、政治处、监察室、办公室、法制科等5个科室和治安、刑侦、巡特警3个直属大队，下辖3个派出所，共有民警83人、协辅警132人。是年，该分局110有效接警总量为7418起；立刑事案件693起，破获刑事案件224起；起诉犯罪嫌疑人161人，同比上升6.62%，查处治安案件793起；“清网行动”清网率达95.7%，抓获逃犯23人，为绍兴市第二、全省第七的好成绩，被记三等功；全年信访考核获绍兴市第一、全省第十三；全年执法质量考评列绍兴市第二。该局东浦派出所被评为全省“清剿火患”先进单位。

【绍兴滨海公安分局】 2011年，滨海新城行政区域面积500平方千米，户籍总人口5.9万人，登记流动人口0.6万人。是年，新城实现生产总值19.5亿元，财政总收入1.35亿元；城镇居民人均可支配收入3.14万元，农民人均纯收入1.59万元。该局于6月16日成立，设政治处、办公室2个职能科室和治安大队、刑侦大队2个直属大队，下辖1个派出所，共有民警28人（大学以上学历20人，专科学历8人）、协辅警65人。截至年底，该局110有效接警总量1271起，刑事立案387起，破获刑事案件44起，抓获作案成员25人，起诉犯罪嫌疑人17人，抓获逃犯17人；共立治安案件75起，查处治安案件45起，抓获违法人员92人。年内，该局2个集体立三等功，12人获得嘉奖或荣誉称号。

金华公安

【市况简介】 金华市位于浙江省中部，东邻台州，南毗丽水，西连衢州，北接绍兴、杭州。南北跨度129千米，东西跨度151千米，土地面积 10941 平方千米。2011年，金华市设婺城、金东2个市辖区，辖武义、浦江、磐安3县和兰溪、义乌、东阳、永康4市；财政总收入328亿元，其中地方财政收入186亿元；农村居民人均纯收入11877元，城镇居民人均可支配收入29729元。全市（不含现役军人、武警官兵，下同）总户数为184.15万户，总人口数为469.07万人，人口自然增长率3.3‰。

【概述】 2011年，金华市公安机关围绕新一轮“五化三治”（即防范社会化、打击专业化、管理法制化、服务人性化、执法规范化，科学治警、民主治警、依法治警）的总体部署，及时侦破涉恐制爆团伙，调处矛盾纠纷和不安定因素33126起，调处成功率达98.3%；化解息访疑难信访积案51件，化解率达100%。完成警卫（保卫）任务48批次，确保676场（次）大型活动安全有序进行。组织开展“清网”、“亮剑”、“天网”、“打四黑、除四害”等专项行动。全市全年破获刑事案件25387起，破案数同比上升1.66%；“亮剑行动”战果居全省第一。抓获网上逃犯1813名，清网率达86.75%，综合成绩排名全省第三。打击淫秽色情违法犯罪成绩全省第一。共摧毁47个贩毒团伙，破获涉毒案件253起，移送起诉涉毒犯罪嫌疑人481名，缴获各类毒品18余千克。全市已建成专职巡防力量2935人，巡防队伍稳定率达72%，新建公安视频监控1559个、社会视频监控10928个、CK报警设备1895套、公交车视频监控系统273套。组建群防群治队伍3672支共计2.6万余人，同比增加15.9%。加强110社会联动、出入境、交通、消防等管理服务工作，查处酒驾成绩连续3年保持全省第一，交通事故四项指标连年下降。在全省率先开展“毒驾”整治工作。全市执法质量考评成绩居全省第二，全市新通过司法考试人员35名，占全省通过民警数的30.7%，数量居全省第一。推进监管场所“两防一退”和“四防一体化”建设，全市公安监管场所安全稳定。完成视频共享实战平台、警用地理信息基础平台等重点项目建设。年内，金华公安机关共有1个集体立一等功，10个集体立二等功，52个集体立三等功；3名民警立个人一等功，16名民警立个人二等功，632名民警受到地市级以上部门表彰。

【机构人员】 2011年，金华市公安局（简称“金华市局”）设政治部、纪委（监察室）、机关党委等党委办事机构3个，刑侦、治安等内设机构31个，其中新增反恐怖支队、反邪教处等内设机构2个；设金华市看守所、金华市人民警察培训学校等直属单位4个，金华市安康医院等下属事业单位4个，保安公司等下属企业单位2个，下辖婺城、江南、金东3个分局，兰溪、义乌、东阳、永康4个市公安局，武义、浦江、磐安3个县公安局，实有派出所108个。全市共有在编民警5700人（女警595人），占总人口的1.22‰，其中初中及初中以下学历21人、中专（高中）学历168人、大专学历1735人、本科学历3734人、硕士研究生学历42人，分别占民警总数的0.37%、2.95%、30.44%、65.51%、0.74%。

图为金华市局领导欢迎“6·30”专案组民警凯旋（9月29日）

【加强命案侦破工作】 2011年，金华市共发命案90起，破89起，现行破案率为98.89%，与上年同期相比，发案下降24.37%，破案率上升2.25个百分点，除婺城区外，其他9个县（市、区）现行命案破案率均达100%。破命案积案13起，协助本省兄弟市公安机关破命案积案2起，抓获外省命案逃犯119人，命案侦破成绩全省排名第四。

【开展“打黑除恶”】 2011年，金华市公安机关继续开展“打黑除恶”斗争，截至年底，先后组织兰溪“3·28”、永康“斩恶五号”等集中抓捕行动5次，共摧毁黑社会性质犯罪组织2个、恶势力团伙109个、涉案成员423人，破案1271起。该市“打黑除恶”专项工作成效全省排名第三。

【组织开展“清网行动”】 2011年，金华市公安刑侦部门全力开展缉捕逃犯工作，全市共抓获各类逃犯1147人，下降率为85.79%，抓获数占全市抓获总量的63.26%；其中，部督逃犯2名、省督逃犯3名、命案等重点逃犯49名。

图为兰溪市公安局召开“3·28”专案媒体通气会（8月9日）

【开展“反盗抢、打团伙”专项行动】 3月18日，金华市公安局组织开展“反盗抢、打团伙”专项行动。截至年底，该市共起诉、劳教盗抢犯罪嫌疑人7496名，起诉案件15385起，其中系列性案件624串、9490起；破获“两抢”案件1236起，起诉犯罪嫌疑人1089名，同比上升8.8%。

【加强出租车治安管理工作】 2011年，金华市公安局刑侦部门依托GPS系统，加大路面治安安全检查，推动出租车治安管理有序、健康发展。年内，共抓获各类违法犯罪嫌疑人员1113名，其中在逃犯罪嫌疑人员72名，刑事拘留454名，缴获各类毒品5767.2克、赃款赃物价值489万元，破获刑事案件898起，查处治安案件398起，查找返还乘客遗忘物品价值225万元。

【启用防范电话诈骗提醒反制平台】 6月24日，金华市公安局防范电话诈骗提醒反制平台正式启用。至12月25日，该平台共拨打提醒电话94775次，反制190028次。自平台启用至年底，全市共发电信诈骗案件639起，涉案金额1633万元，同比发案下降41.2%，损失金额下降43.5%。

【加强现场勘查工作】 7月，金华市公安局制定《金华市公安机关现场勘查考核办法》、《现场勘查标兵评比办法》，有效提高全市现场勘查质量。截至12月，该市十类案件现场勘查率达到100%，现场指纹、足迹、生物检材的提取率分别达到15.2%、28.9%、11.1%。共勘查刑事案件现场23839起，比去年同期多勘现场3070起，增加14.8%，现场足迹、生物检材分别比去年同期多提359起、439起，分别增长5.5%、19.9%。

【提升视频及GPS研判工作成效】 2011年，金华市公安机关通过GPS查询研判案件1314起，其中主动研判案件657起，受理委托查询案件657起；图像处理24起，视频研判14起，提供线索131起，起关键作用直接破获案件114起，其中系列性案件20串，带破案件417起；协助抓获犯罪嫌疑人243名，总共涉案价值389.6万元。

【开展“亮剑”专项行动】 2011年，金华市公安局开展该专项行动，先后开展“4·06”、“7·20”、“9·23”等一批在全国范围影响较大的集群战役。“4·06”假药案得到温家宝、李克强、周永康、王岐山等党和国家领导人的批示肯定。“7·20”假药案获得公安部部长孟建柱通令嘉奖。截至11月30日，该市公安机关共破获侵犯知识产权和制售假冒伪劣商品案件717起，逮捕275人，移送起诉539人，捣毁窝点712个，摧毁批发团伙64个，抓获网上通缉逃犯97人，破获公安部督办案件9起，发起专案集群战役4起。2012年1月20日，经省厅考核，金华市“亮剑”专项行动成绩获全省第一名。

【开展“铁拳”专项行动】 3月，金华市公安机关开展该专项行动，严厉打击网络盗窃、网络诈骗等网络违法犯罪活动。先后侦破省厅督办婺城“3·23”电信资费盗窃专案、“5·5”特大网络域名诈骗案、“4·19”比奇网络公司被盗案等一批有影响的涉网犯罪案件，挽回直接经济损失150余万元。截至12月15日，该市共抓获329人，其中刑拘58人，逮捕93人，起诉174人，专项行动成绩名列全省第三。

【开展打击制售假药、假保健品犯罪“猎鹰二号”行动】 5月25日5时，金华、永康两级公安机关共组织1000多名警力，以永康市为主战场，辐射杭州、温州、绍兴、台州等市及河南、湖北、广东、陕西、江苏数省，开展对制售假药、假保健品犯罪嫌疑人统一抓捕行动。截至当日10时，共抓获涉案人员263名，捣毁制假窝点41个，缴获作案工具汽车23辆、电脑203台、制假设备68台，收缴各类假冒产品价值2000多万元。12月，“猎鹰二号”被公安部评为2011年度“亮剑”行动打击食品、药品犯罪十大精品案例。

图为省厅副厅长徐定安在金华市督导“猎鹰二号”集中统一行动开展情况。（5月25日）

【开展全市农村道路交通安全隐患排查整治】 3月，金华市公安局治安支队与交警支队联合组织开展全市农村道路交通安全隐患排查整治工作。4月中旬，市公安局治安、交警、宣传等部门联合制定《农村道路交通安全隐患排查整治工作推进计划》，明确各部门的职责分工和各项工作的推进时间表。5月19日，金华市局在义乌召开工作推进会，实地察看义乌市局整治工作成果，整治工作经验，对全市农村道路交通安全隐患排查整治工作进行再动员再部署。5月23日，金华市将此项工作纳入金华市平安综治考核，以市政府联席会议扩大会的形式对隐患点整治工作进行分解落实。截至11月20日，全市共排查出隐患点3394处，完成安全隐患整改736处，向当地党委、政府报告需由各职能部门牵头落实整治的安全隐患1743处。

【开展“打四黑、除四害”专项行动】 9月，金华市公安机关开展该专项行动。截至12月20日，该市共破获“四黑、四害”案件341起，其中刑事案件140起，治安案件216起，涉及食品、药品、伪劣产品类案件14起，采取刑事强制措施42人，捣毁各类黑作坊、黑窝点87个，相继侦破涉及安徽合肥、江苏镇江、福建厦门等地的东阳“10·06”地沟油案，公安部督办的婺城倪海青假药案。

【开展扫黄禁赌“零点”行动】 12月12日零时，金华市公安局以永康为主战场，抽调800余名警力，在永康捣毁以永嘉籍人员为首的特大组织、强迫妇女卖淫犯罪团伙，共抓获涉案犯罪嫌疑人220余人，其中刑事拘留60人，取保候审2人，监视居住1人，解救失足妇女100余人。

【扎实开展“治爆缉枪”专项行动】 6月28日～11月30日，金华市公安机关开展“治爆缉枪”专项行动。其间，共立案查处涉枪涉爆案件21起，抓获违法犯罪嫌疑人23人，收缴炸药48.8公斤、枪支28支、子弹7463发、仿真枪24.8万余支，抓获涉枪涉爆逃犯5人，提前两个月完成省厅下达的80%缉捕率任务。

【开展金融机构安全评估】 2010年11月～2011年11月，金华市公安局联合银监会金华监管分局组成16个金融安全评估小组，对全市1036个金融机构进行全面评估，其中优秀1016家，占总数的98%；合格20家，占总数的2%；落实整改措施831处。

【组织开展春节大巡防活动】 1月17日，金华市公安局举行市区公安机关2011年春节大巡防启动仪式，抽调百名机关民警和武警官兵到婺城、江南、金东分局协助开展为期35天的春节大巡防活动。其间，共出动警力12087人次、巡逻车辆4439辆次，盘查可疑人员10857人、可疑车辆5810辆，抓获违法犯罪嫌疑人228人（其中刑事拘留42人、行政拘留21人），抓获网上逃犯13人，查获被盗摩托车、电动车55辆。活动期间，金华市区“两抢”刑事发案9起，比上年同期下降52.6%；盗窃“三车”刑事发案176起，比上年同期下降61.3%。

【加强巡防协辅警队伍建设】 2011年，金华市公安局严格落实《关于全市巡特警系统巡防队员管理考评的指导性意见》，组织开展全市优秀巡防协辅警及典型案例评选、业务技能培训及比武等一系列活动，激发协辅警工作积极性。4～6月，金华市公安局推选的5名优秀协辅警，组成巡讲团到全市各地举行7场专题报告会。11月，在全市巡特警系统训练工作考核暨业务技能比武中，50余名协辅警与民警一起参加业务基础理论及协助盘查等科目的抽考，成绩计入各队得分。积极推广协辅警入党、转职工、带薪休假制度，保障协辅警工作、生活切身利益。确保2011年各地专职巡防协辅警人均年收入（含五金）达到2.5万元以上。至年底，该市共有专职巡防协辅警2935名，巡防队伍稳定率达72%。

【开展吸毒人员驾驶机动车整治工作】 3月9日，金华市公安局召开电视电话会议，根据2010年11月15日印发的《金华市公安机关加强吸毒人员驾驶机动车管控工作暂行规定》，决定开展为期半年的吸毒人员驾驶机动车问题整治行动。其间，金华市公安机关集中对全市7589名职业机动车驾驶员进行涉毒问题排查，共清理管控涉毒驾驶人员985名，依法处罚“毒驾”违法人员27名，注销吸毒成瘾人员机动车驾驶证15个，代保管机动车驾驶证并终止驾驶许可88人。

【开展交通秩序整治专项行动】 3～8月，金华市公安机关开展该专项行动。其间，共排查出严重堵点14处、需完善设施点段200余处、需科学调控信号灯路口20处。查处8类重点违法行为73万起，查获违法电动三轮车900多辆。同时，组织千名交通志愿者、万名机关党员干部上路劝导行人、非机动车各行其道，劝导非机动车、行人35万多人次。经整治，争道抢行及机动车、行人、非机动车等互相干扰现象大幅减少，交通参与者安全意识不断增强，城区道路通行率大幅提升。

【开展事故多发点段和临水临崖高落差危险路段“双排查，双整治”工作】 4月6日，金华市人民政府办公室印发《关于进一步加强道路交通安全工作的紧急通知》，决定在全市开展事故多发点段和临水临崖高落差危险路段“双排查，双整治”工作。截至11月20日，该市86处2011年度省、市级交通事故多发点段和临水临涯高落差危险路段全部治理完成，共投入治理经费3479.53万元。

图为金华市局在义乌市召开全市农村道路交通安全隐患排查整治工作现场推进会（5月19日）

【搭建道路交通违法外网自助处理平台】 6月，金华市公安局与市财政局、市工商银行等部门协调，部署全市“道路交通违法外网自助处理平台”搭建工作。8月1日，该平台开始试运行；11月16日，金华市公安局举行交通违法网上自助处理新闻通报会，宣布该平台正式运行。截至12月底，该平台共处理非现场简易程序（200元以下违章罚款）56069起，总注册人数62109个，绑定机动车36610辆，成功交易23350笔。

【开展监管场所隐患排查整治工作】 2011年，金华市公安机关开展该项整治工作。年内，共排查各类影响监所安全的隐患及问题225处，有效整改217处，累计下发公安监管工作建议书15份、整改通知书8份。

【开展监所在押人员非正常死亡整治工作】 3月，金华市公安机关监管场所开展在押人员非正常死亡整治“回头看”工作。年内，该市公安监管场所共支出医疗费用近500万元，发现并处置在押人员突发疾病救治300余人次，变更处理因病危及生命在押人员76人，未发生在押人员非正常死亡事件。

【推进监所“四防一体化”建设】 2011年，金华市公安局监管部门先后4次下发文件，落实、督促各地“四防一体化”建设工作，并多次会同武警金华市支队逐所实地论证“四防一体化”建设方案。至年底，全市绝大多数监所完成“四防一体化”建设。

【开发并推广视频会见系统】 1月，金华市公安局在市本级监管场所先期试点运行基础上，在全市公安监管场所推广视频会见系统。截至12月20日，该市公安监管场所共接受视频会见申请240人次，安排视频会见173人次。

【完善应急联动工作机制】 2011年，金华市公安局不断完善指挥中心应急联动工作机制，通过构建“一体化、网络化、可视化、专业化”应急联动指挥信息化运作模式，整合部分联动单位视频互联以及水文、气象、道路监控等社会信息资源，实现联动信息资源优化配置与高效利用。年内，该市局指挥中心接警57.53万起，调度处警16.7万起，其中联动单位处警1.2万起，同比上升25.67%；协助市中级人民法院查询被执行人信息4.5万人次，查获被执行人66人，查控案件204件，执行到位标的310.4万元。4月22日，金华市应急联动工作获第二届全国“管理科学创新奖”，金华市应急联动指挥中心被中国管理科学学会授予“社会管理创新基地”称号。

【开展警用地理信息平台建设】 2011年，金华市公安局相继完成7个县（市）局警用地理信息基础平台建设方案的制订及方案会审。截至12月20日，金华市局信通部门完成警用地理信息系统二期开发，共整合各类数据1190万条，其中常口467万条、暂口280万条、车辆162万条、驾驶证163万条、案件118万条。共采集数据14730条，其中标准地址1352条、建房2358间、单位11020家。

图为金华市公安机关民警在“大走访”活动中为学生讲解安全防范知识（3月24日）

【整合视频监控系统】 3月，金华市公安局制订交警道路监控系统整合到全市社会治安视频监控系统共享平台方案。在市本级及东阳市局试点基础上，9月底前，金华市在全省率先完成交警道路监控系统整合到全市社会治安视频监控系统共享平台工作，共接入包括高速公路在内的699个监控点、1830路监控视频图像、733路卡口信息。截至年底，金华市治安监控、交警道路监控、3G车载监控共9484路视频信息以及交警智能卡口、治安卡口全部整合，在全市范围内形成交警监控和治安监控的联网格局，实现监控视频信息全警种的统一调用和资源共享。年内，该市通过视频监控系统破获各类案件2782起，查获违法犯罪嫌疑人3036名，其中逃犯93名。

【开展“孙炎明式实干型民警”的评选表彰活动】 6月，金华市公安机关开展“孙炎明式实干型民警”评选活动。6月27日，经群众推荐、组织审核、网上公示，邵理根等30人评为“孙炎明式实干型民警”。

【全省警种岗位业务技能抽考成绩名列前茅】 11月12～19日，在省厅组织的2009～2011年全省公安机关12个警种抽考活动中，金华市公安局共有 11个警种获得全省第一名，5个警种获得全省第二名，3个警种获得全省第三名，团体总分连续3年位居全省各市公安局之首。2012年1月6日，金华市局为此获集体二等功。

【组织开展全市公安机关新警综合能力大比武活动】 6月11～12日，金华市公安局举行该大比武活动。来自各县、市（区）公安局（分局）及市局机关的11支代表队的110名在2007～2009年参加公安工作的新民警，围绕法律知识、基本体能、信息化应用和警体技能四大科目进行比武。

【开展“大走访”活动】 1～6月，金华市公安机关开展“大走访”评警活动。其间，走访单位2.12万家、群众17.37万人次，举办警民恳谈等活动2097场次，发放社会调查问卷403万份，发送评警短信600多万条，征求到意见建议3.9万条，制定出台便民、利民、惠民措施1100条。

【开展执法主体素质专题培训】 2～10月，金华市公安局举办指挥中心和国保、经侦、治安、刑侦、禁毒、巡警、网警、监管、交警、法制10个警种的培训共计25期，3691人次的民警参加培训。

【开展金华市第三届亲民爱民模范人民警察评选活动】 1月，金华市公安局组织开展该活动。经过评选，盛建银等11人当选“金华市亲民爱民模范人民警察”；朱筱华等20 人当选“金华市亲民爱民优秀人民警察”。

【金华公安陈列馆建成并开放】 12月，金华公安陈列馆在市公安局2号楼十一楼建成并对外开放。该陈列馆总面积416平方米，分“前沿”、“亲切关怀”、“机构沿革”、“闪光金盾”、“警务业绩”、“科技强警”、“队伍建设”、“对外交流”、“后记”9个部分，通过丰富的图片及相应的实物展示金华公安60多年来的发展历程。

【构建全市涉案财物信息化管理平台】 2月，金华市公安局为加强全市公安机关执法环节财物管理，决定依托公安局域网，构建全市公安机关涉案财物信息化管理平台。6月底，市局在金东分局召开涉案财物信息化管理现场会，要求在全市各警种全面推开涉案财物信息化管理。8月底，省厅在东阳市局召开全省公安机关涉案财物管理专项治理工作现场推进会，在全省公安机关推广金华市局建设涉案财物信息化管理平台经验。截至年底，金华市局涉案财物管理系统平台访问量达23.19万余人次，录入涉案财物信息1.52万件，预交款1.27亿元，保证金3264.66万元，罚没款944.07万元。

【开展转移支付专项资金审计】 5～7月，金华市公安机关开展转移支付专项资金审计工作。经审计核实，2009～2010年该市中央、省转移支付资金应拨数11673.22万元，截至2011年6月底，实际到位数为11650.72万元，到位率为99.8%；全市各级财政未安排配套资金。支出共计11324.78万元，资金结余325.94万元，资金使用率为97.1%。

【婺城公安分局】 2011年，婺城区行政区域土地面积1388平方千米，户籍总人口478151人，登记流动人口112357人。生产总值221.8亿元，人均生产总值46396元，财政总收入32.1亿元，区级财政收入7.5亿元。城镇居民人均可支配收入28539元，农民人均纯收入10980元。该分局设有政治处等10个职能科室和国内安全保卫等8个直属大队，下设派出所17个，共有民警463人、协辅警205人。年内，该分局排查化解矛盾纠纷1522起，妥善处置67起因土地征用、医患纠纷等引起的突发事件。共立刑事案件8078起，侦破刑事案件3621起，刑拘犯罪嫌疑人846人，移送起诉897人，抓获各类逃犯194名。年内，该局被评为全省公安队伍正规化建设优秀单位、全省公安机关执法质量优秀单位，被省公安厅记集体三等功，在公安机关综合考评中位列全市第二。

【江南公安分局】 金华经济技术开发区管辖婺城区1乡4街道，行政管辖面积102平方千米，城区面积30平方千米，常住人口145372人，登记流动人口172706人。开发区实现规模以上工业总产值383.85亿元；完成财政总收入50亿元，其中税收24.59亿元。该分局负责金华经济技术开发区的治安管理工作，设有政治处等职能科室7个，国内安全保卫等直属大队8个，下属单位1个，派出机构5个，共有民警275人、协辅警385人。是年，该局共立刑事案件5723起，破2597起，移送起诉犯罪嫌疑人702名，抓获各类逃犯192名，重大恶性案件连续8年保持全破；共受理治安案件10823起，查处6512起，治安处罚1288人。登记出租房屋5863间，同比上升8.3%。打防控工作、执法质量连续3年被评为全省和金华市优胜、优秀单位，198人次和41个部门次受到表彰奖励。

【金东公安分局】 2011年，金东区行政区域土地面积661.8平方千米，辖2街道、9乡镇和1办事处，户籍人口312939人，登记流动人口86228人。全区实现生产总值112.3亿元，完成财政一般预算收入8.3亿元，其中地方财政预算收入3.25亿元，农民人均纯收入9918元。该分局设有政治处、办公室、国内安全保卫大队等内设机构16个，下设10个派出所，共有民警职工260人、协辅警255人。年内，该分局共立各类刑事案件1885起，同比下降0.05%；破案1087起，同比上升0.18%，破案率为57.67%；采取刑事强制措施556人，移送起诉457人，缉捕网上逃犯173人；共立各类行政（治安）案件4133起，同比上升20%；查结1249起，同比上升34.74%；调处各类矛盾纠纷4997起。年内，该分局被评为全省执法优秀单位、全省文明单位、全省学习型党组织建设工作先进单位和金华市社会治安综合治理先进集体，辖区群众安全感满意度列金华市各县（市、区）第一。

【兰溪市公安局】 2011年，兰溪市行政区域总面积1313平方千米，户籍人口666438人，登记流动人口57004人，全市实现生产总值178.62亿元，财政一般预算收入20.3亿元，地方财政收入11.2亿元，城镇居民人均可支配收入和农民人均纯收入分别为18409元和7554元。该局设有办公室等职能科室14个、国内安全保卫等直属大队12个（1个未挂牌）、看守所等直属机构2个，下设派出所11个，共有民警468人、职工10人、协辅警417人。是年，该局共接报刑事类警情5086起，其中盗窃警情4747起、入户盗窃警情1709起、盗窃电动自行车警情842起、“两抢”警情69起，同比分别下降6.5%、7%、25.6%、9.5%和19.8%；破刑事案件2841起，抓获犯罪嫌疑人1008人，抓获上网逃犯197人，移送起诉710人，同比分别上升3.4%、19%、0.5%、7.9%。年内，该局被评为全省队伍正规化先进单位、全省执法质量优秀单位和全省打防控工作优胜单位，32个单位、105名个人受到上级表彰，其中立集体二等功1次，2位民警立个人二等功，3个单位立集体三等功，27位民警立个人三等功。2位民警被评为全省优秀人民警察，6位民警被评为金华市优秀人民警察。

【义乌市公安局】 2011年，义乌市行政区域总面积1105平方千米，中心城区建成区面积83平方千米。户籍人口74.6万人，登记流动人口151.4万人。全市实现地区生产总值726.1亿元，同比增长18.3%；完成财政一般预算收入90.2亿元，地方财政预算收入50.5亿元；农民人均纯收入17121元，城镇居民可支配收入40078元。该局编制43个单位，其中内设机构22个、派出机构18个、直属机构3个，共有行政编制1142名，实有民警、职工1034名（其中职工42名）；协警编制4188名。是年，该市社会治安同比上一年呈现“一平三降五升”的良好态势：即发案总量（12885起）同比（12724起）基本持平；命案（29起）、入室盗窃（2124起）、“两抢”（811起）案件同比分别下降9.3%、5.6%、15.8%；破案总量（7343起）、命案破案率（100%）、“两抢”案件破案率（60.8%）、移送起诉数（报表数3805，实际数为4415，同比上升17.3%）、治安拘留数（7320名）同比分别上升2.5%、9.4% 、10.4% 、11.3% 、15.1%。经侦预警平台受到公安部副部长刘金国的批示肯定。该局自行研发的“执法办案流程监控系统”被评为全省2011年度执法规范化建设创新项目。年内，该局被评为全省执法示范单位、全省执法质量考评优秀单位、全省打防控工作优胜单位和全省卷烟打假工作特殊贡献单位。命案侦破、重点人员管控、缉捕逃犯专项工作成绩名列金华市各县（市、区）第一。

【东阳市公安局】 2011年，东阳市行政区域总面积1739平方千米，下辖6个街道、11个镇和1个乡，全市生产总值337.06亿元；全年财政总收入40.98亿元，其中地方财政收入23.95亿元，人均生产总产值41018元，城市居民人均可支配收入27256元，农村居民人均纯收入13403元。户籍人口823384人，登记流动人口337793人。该局设有办公室等职能科室9个、国内安全保卫等直属大队12个、派出机构16个、直属机构2个，共有民警690人、职工20人、协辅警1235人。是年，该局侦破各类刑事案件5628起，抓获作案成员2193人，11起命案、20起五类恶性案件得到全部侦破。侦破毒品案件39起，移送起诉犯罪嫌疑人56名，查获吸毒人员146名。侦破经济案件221起，查获作案成员82人，挽回经济损失4200余万元。查处违反治安管理案件8737起5814人，其中行政拘留1656人，罚款处罚1573人。查处酒后驾驶1892人，其中醉酒驾驶244人。处理交通事故182起，交通事故死亡92人、伤141人、直接经济损失59.95万元。打掉恶势力团伙17个204人，抓获逃犯319人。城区治安视频监控点增至957个、集镇295个，共建立专业巡防队55支420人、志愿者35人、义务巡逻队员609人。年内，该局被评为全省打防控工作优胜单位，全省公安机关新闻宣传工作先进单位等，“清网行动”获集体二等功。

【永康市公安局】 2011年，永康市行政区域总面积1049平方千米，辖4个街道、10个镇及经济开发区、城西新区。全市实现地区生产总值355.27亿元；实现财政总收入47.12亿元，其中地方财政收入25.26亿元，增长12.8%；城镇居民人均可支配收入达到28998元，农民人均纯收入达到12961元。总人口57.34万人，登记流动人口43余万人。该局设20个职能科室，看守所、拘留所2个直属单位，派出机构12个，共有民警623名、职工44名、协辅警1190名。是年，该局共立刑事案件9861起，同比下降2.41%，破案绝对数6618起；刑拘各类犯罪嫌疑人1752人，起诉1854人；命案和五类恶性案件连续7年保持全破；治安案件查处率93.32%。打掉黑恶势力团伙26个；“清网行动”共抓获逃犯338名，其中公安部B级逃犯2名，部督逃犯1名；立经济案件154起，破140起，挽回经济损失1946.98万元，其中“4·06”假药专案被公安部评为2011年度打击食品药品犯罪十大典型案例。“打黑除恶”、“亮剑”专项行动、网上作战、涉黄涉赌四类案件移送起诉数考核位列金华第一。年内，该局274人次、107个（次）集体受到表彰奖励，其中侦破“郑军等人黑社会性质组织犯罪案”专案组和市看守所被省厅记集体二等功。

【浦江县公安局】 2011年，浦江县行政区域总面积920平方千米，辖7镇5乡3街道，户籍人口39万，登记流动人口25万。实现生产总值150.3亿元，财政总收入18.99亿元，其中地方财政收入10.57亿元。该局设17个职能机构、3个直属单位、3个下属单位及9个派出机构，有在职民警376人、协辅警869人。是年，该局破刑事案件2396起、移送起诉1013人，与上年同比分别上升0.67%及16.57%，命案、五类恶性案件破案率达100%，抓获清网逃犯230名（其中抓获潜逃10年以上逃犯15名、命案逃犯5名），清网率达88.38%，成绩位列金华市四个重点地区第二名。建成治安视频监控探头276个，集电子警察、过车记录、实时监控功能为一体的智能卡口30个。年内，该局51个集体、132人次被记功嘉奖或评为先进。

【武义县公安局】 2011年，武义县行政区域总面积1577平方千米，辖8个建制镇、7个乡、3个街道和1个省级经济开发区，实现生产总值148.3亿元，财政收入20.5亿元，其中地方财政收入11.1亿元，城镇居民人均可支配收入20067元。户籍人口33.85万人，登记流动人口约15万人。该局设职能科室20个，派出机构9个，共有民警326人、协辅警650人。是年，该局共排查重大不安定因素296起，及时有效处置248起。立刑事案件3060起，同比下降0.33%。其中发七类恶性案件12起，同比下降25%；破刑事案件2045起，同比上升1.1%。命案实现连续8年全破，五类恶性案件实现连续4年全破。移送起诉688人，同比上升10.9%。“清网行动”中抓获网上通缉逃犯99名，其中命案逃犯9人。查处吸毒人数75人，同比上升59.57%。查处治安案件3298起，行政拘留736人。新建公安视频监控探头104个，社会视频监控258个。查处交通违法行为46415起，查处酒后驾驶555起，行政拘留399人，交通死亡事故数下降9%，火灾事故数同比下降28.13%。是年，该局8个集体及个人10人次获省公安厅各种表彰，其中被评为全省公安机关执法质量优秀单位。5个集体和14名个人获三等功。县公安局民警王于京在工作之余利用互联网与群众进行沟通，粉丝量已达57万余人，全国民警排名第一，跻身全国政务人员微博十强。

【磐安县公安局】 2011年，磐安县行政区域总面积1199

平方千米，下辖19个乡镇、363个行政村、8个居委会。2011年，全县实现生产总值55.75亿元；完成一般预算总收入7.28亿元，地方财政收入4.01亿元，城镇居民可支配收入19601元，农民人均收入7039元。户籍人口209914人，登记流动人口18218人。该局设职能科室17个，直属单位2个，派出所8个（其中新渥派出所与仁川派出所合署办公，盘山派出所与方前派出所合署办公），共有行政编制数276名，实有民警225人（女民警18人）、职工14人、协辅警186人。是年，该局立刑事案件1278起，同比下降0.39%，破案922起（其中杀人案件发1起破1起），同比上升0.1%，移送起诉犯罪嫌疑人221人；查处治安案件1360起，治安处罚278人。该局被评为2011年度全省执法质量优秀单位，"清网行动"逃犯下降率全市第三，实现连续16年未发生重大群体性事件和命案全破，连续18年监所安全无事故等。

衢州公安

【市况简介】衢州市位于浙江西部，为钱塘江源头，南接福建南平，西邻江西上饶、景德镇，北连安徽黄山，东与杭州、金华、丽水三市相衔。地理位置独特，素有"四省通衢"之称。2011年，该市辖柯城、衢江、龙游、开化、常山、江山2区3县1市，面积8841平方千米，总人口251万人。全市实现生产总值890.3亿元，财政总收入95.0亿元；城镇居民人均可支配收入2.49万元，农村居民人均纯收入9635元。

【概述】2011年，衢州市公安机关始终坚定建设全省最安全城市和构建最和谐警民关系的目标不动摇，牢牢抓住"三项重点工作"和"三项建设"中心任务不松劲，以"开新局、建新业、开门评警、创先争优"擂台赛、"发扬传统，坚定信念，执法为民"主题教育等系列活动为载体，完成村级组织换届选举、建党90周年等维稳任务，推进群众工作综合体、互联网办事大厅等社会管理创新，开展"清网行动"、"打黑除恶"等专项行动，推动各项公安业务和队伍建设，实现全市社会政治稳定和治安局势平稳。是年，衢州市发刑事案件1.44万起，破案6716起，破案率达46.64%。立经济案件133起，破案121起，挽回经济损失5811.38万元。受理查处治安案件1.86万起，查处违法人员1.49万人。交通消防主要事故指标保持平稳。群众安全感、满意度连续6年超过98%。年内，该市公安机关6个集体记二等功，46个集体记三等功，68个集体受到嘉奖；1人记一等功，4人记二等功，72人记三等功，442人受到嘉奖；92个集体和189人受到表彰。

【机构人员】2011年，衢州市公安局（简称衢州市局）共设27个职能处室队和政治部、纪委、监察、直属机关党委，下辖柯城、衢江、龙游、江山、常山、开化6个行政区划公安（分）局以及柯山和衢州经济开发区2个非行政区划公安分局，实有公安派出所55个、路面交警中队44个。同时为适应公安工作的需要，市局设立衢州市保安服务公司和衢州市安邦护卫有限公司。全市民警编制数2826人，至年底实有在编民警2632人，警力占全市实有人口的1.13‰。

【开展"开新局、建新业、开门评警、创先争优"擂台赛】2011年，衢州市公安机关开展该擂台赛。共设置"接处警、打击破案、追逃追赃、维稳防控、社区警务、管理创新、信息实战、执法办案、爱岗敬业和谐卫士、爱警带兵美丽警队"等涵盖公安各项业务的10个擂台，采取组织推荐、群众提名、自行申报等方式，鼓励各警种民警（协警）踊跃参加擂台比赛。每月15日前，市局机关和各县（市、区）局各评出10名月度之星，并向市局进行报备。每季首月15日前，各评出10名季度之星候选人。市局评审团在上报的季度之星候选人基础上，评出10名季度之星。被评为季度之星的，不再重复评选。十大年度冠军在季度之星中产生。对月度之星通报表扬，对季度之星记三等功，年终召开颁奖大会，对年度冠军授予平安勋章。活动借助新闻媒体和网络等渠道广邀群众评警，让普通老百姓理解和支持公安工作。年内，全市共评出928名"月度之星"、40名"季度之星"和11名"年度冠军"。

图为衢州市局举行擂台赛季度之星授奖仪式（5月13日）

【深化社区警务打造群众工作综合体】2011年5月，衢州市公安局印发《关于进一步加强社区和农村警务工作的意见》，对各地警务室进行重新规划调整，衢州市政府划拨50万元经费，开展警务群众工作综合体建设。年内，全市共建53个群众工作综合体，接待群众11.62万人次，开展警民互动活动2000余场，为群众办理交通等各类证件1800余件。

【完成衢州公安互联网办事服务大厅升级改造】10月，衢州市公安局启用2011版互联网办事服务大厅，该办事大厅设有142个栏目、169项审批、348项服务项目。年内，该市公安机关通过服务大厅为群众提供服务信息3.41万条，办事服务37.52万次，网站日均点击量最高达12万次。该服务大厅被评为“浙江省文化传播创新十佳网站”。

图为衢州市局举行公安互联网办事服务大厅(2.0版)和衢州公安官方微博启动仪式(10月13日)

【开通衢州公安微博群】 7月1日，衢州市公安局在新浪、腾讯注册开通官方微博，并经过官方认证。截至年底，共发博文3245条，其中被网民转发或评论1.11万次，新浪“浙江衢州公安”微博粉丝量达3.2万、腾讯“平安衢州”微博听众超过20万。该市8个县(市、区)公安机关和市局业务警种也在新浪、腾讯开通40个官方微博，500余名民警开通个人微博。

【“清网行动”追逃下降率名列全省第一】 5月26日至年底，衢州市公安机关开展“清网行动”，共抓获行动前网上在逃人员330人，清网率达91.47%，从下降率30%开始，该市始终保持全省第一位。10月9日，省公安厅厅长孙建国签署嘉奖令，对衢州市公安机关“清网行动”全体参战单位和民警予以通令嘉奖。11月15日，根据刘金国副部长的批示，公安部对衢州市在“清网行动”中取得的重大工作战果致电表示祝贺。11月28日，衢州市委书记赵一德批示表扬该市公安机关“清网行动”取得的成绩。

【完成各类安全保卫任务】 2011年，衢州市公安局先后完成春季人力资源交流大会、春季汽车博览会、衢州市残疾人文化艺术月、首个“中国旅游日”、中国女排国家青年队VS浙江开元女排对抗赛、“绿色中国行——走进衢州”大型系列公益活动、建党90周年文艺晚会、衢州市人才交流大会暨高校毕业生专场招聘会、“天下浙商衢州行”参观考察、第十届中国优质稻米博览交易会、第三届中国(衢州)农博会粮交会、第八届全国残疾人运动会火炬传送衢州站、2011中国·衢州工业科企合作洽谈会、孔子诞辰2562周年祭祀典礼等18起大型活动安全工作。

【开展打击整治黄赌违法犯罪专项行动】 5～12月，衢州市公安机关开展该专项行动。其间，该市破获涉黄涉赌刑事案件60起，刑事处罚177人；查处涉黄涉赌行动案件486起，行政处罚2269人。

【开展治爆缉枪等危险物品专项行动】 6～10月，衢州市公安机关开展该专项行动。其间，该市排查整治爆炸物品从业单位135家、枪支弹药从业单位86家、剧毒化学品从业单位61家、放射性物品从业单位84家、易制爆化学品生产经营单位2997家、管制刀具生产经营单位2家，发现各类安全隐患53起(全部落实整改)。收缴非法枪支2支，销毁市局弹药库遗留废旧弹药34枚。查获非法运输烟花爆竹案件16起，收缴非法烟花爆竹5000余件，处理违法人员8名。

【开展“打四黑、除四害”专项行动】 8月，衢州市公安机关开展“打四黑、除四害”专项行动。截至年底，该市共侦破案件33起(其中涉及食品方面的案件9起，黄赌类案件24起)，抓获涉嫌违法犯罪人员100人(其中23人被采取强制措施)，摧毁违法犯罪组织团伙9个(其中涉及食品类团伙6个，制假售假团伙2个，黄赌团伙1个)，端掉违法犯罪窝点29个(其中涉及食品类窝点25个，黄赌窝点4个)。

【开展治安安全大排查大调处工作】 5～11月，衢州市公安机关开展该工作。其间，共召开各类会议722次，派出工作组155个，参加干部人员2031人，走访群众数2.15万户。排查出群体性事件隐患49条、城乡跨越人员高危人员606人、涉危涉爆涉毒物品206处、重点内部单位376个、社会治安乱点27处，共计1264个。

【大中专院校毕业生户口“非转农”】2011年，衢州市一些大中专院校毕业生通过信访、电话、QQ群聚集上访等途径要求户口“非转农”。衢州市公安局开展专题调研，6月底会同市信访局向衢州市政府提交《衢州市公安局、衢州市信访局关于我市大中专院校毕业生户口“非转农”问题的调查报告》。9月30日，市政府召开常务会一致通过《关于市区大中专院校毕业生户籍“非转农”政策》。据此，衢州市公安局、衢州市人力资源和社会保障局联合下发了《关于市区部分大中专院校毕业生户口“非转农”办理规定》，并于2012年1月1日正式出台实施。《规定》明确了申请办理对象具备的条件、办理程序、办理期限及权益保障。

【开展户口清理专项整治】9～10月，衢州市公安机关开展该专项整治工作。其间，该市共清理人口管理信息系统数据3.65万项（其中纠正错误数据190项），复核各类户口卷宗3.42万卷，发现各类违法违规落户线索6条，查实纠正一人多户18人，不符合户口迁入条件5人，不符合收养户口条件10人，符合户口政策规定但手续不齐全469人，清理不具有执法资格户口协管员1人。

【全面开展精神病人排查信息交换工作】2011年，衢州市公安机关排查出精神疾病患者4776名，确定为三级以上的肇事肇祸评价426名，新排查出169名，全部录入有关系统。同时与卫生部门进行重性精神疾病患者信息交换，实现资源共享。年内，该市未发生一起因排查不到位而引发的精神病人重大肇事肇祸事件。

【命案侦破工作绩效考评名列全省第一】2011年，衢州市公安机关取得现行命案发33起、破33起，破案率达100%的成绩，破获各类命案积案9起，抓获命案积案逃犯7名（其中2名命案逃犯被公安部认定死亡），实现现行命案侦破和命案积案侦破工作双突破。

【开展“亮剑”专项行动】2010年10月1日～2011年11月30日，衢州市公安机关开展该行动。其间，破获侵犯知识产权和制售伪劣商品犯罪案件61起，其中案值100万元以上的大要案件15起，逮捕嫌疑人34名，抓获公安部网上通缉逃犯42名，捣毁生产窝点94个，批发、销售侵权伪劣商品犯罪团伙16个，移送审查起诉59人。破获部督案件1起，厅督案件2起。

【开展“打黑除恶”】2011年，衢州市公安机关打击涉恶类犯罪团伙41个，其中省厅认定恶势力团伙29个，共破获各类涉恶类案件249起，其中刑事案件211起；抓获犯罪嫌疑人216名，缴获各类枪支7支。

【开展“天网-2011”专项行动】1月1日～10月30日，衢州市公安机关联合金融机构开展该专项行动，以打击伪卡、套现和涉网等三类银行卡犯罪为重点，共立案54起，破案52起，移诉57起(含年前案件)，抓获犯罪嫌疑人66人，挽回经济损失100余万元。

【打击涉烟犯罪】4月1日～12月30日，衢州市公安机关联合烟草专卖部门开展打击涉烟犯罪“蓝天”专项行动。其间，查获涉烟大要案6起，查获卷烟5742.86件，案值2375.44万元，其中假烟4086.48件、标值2293.79万元，真烟1656.38件、价值47.34万元；逮捕11人，取保候审5人。相继破获涉案金额1800万元的“3·21”销售假烟网络案、涉案金额170万元的“8·3”运销假烟网络案等一系列大要案。

【开展涉案财物专项治理】3月～12月1日，衢州市公安机关开展该专项治理工作。其间，建立健全涉案财物案件情况登记本，冻结查封登记本，冻结/解除冻结存款、汇款登记本，排查涉案财物案件数3.58万件，清理涉案财物价值8000余万元。

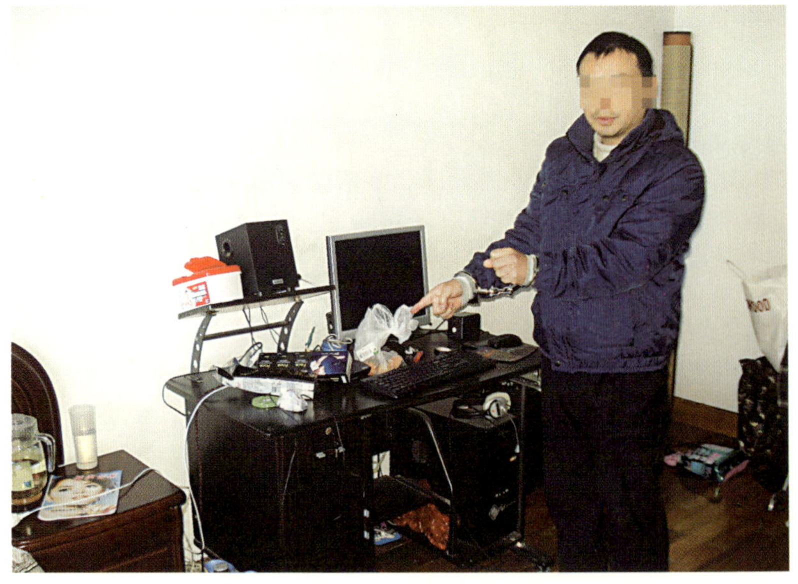

衢江分局民警破获一起涉嫌抢劫、敲诈勒索案。图为犯罪嫌疑人常某在指认抢劫现场（1月13日）

【开展积案清理工作】6月1日，衢州市公安机关开展积案清理工作。172件积案中，属一般类积案139件、特殊类积案33件。截至12月15日，清理积案109件（其中清理一般类积案88件、特殊类积案21件），尚未化解63件，积案清理率为63%。

【深化完善重大群体性事件隐患专案经营机制】2011年3月，衢州市公安局在提炼专案经营“三五”工作法五定责任的基础上，制订印发《重大群体性事件隐患专案经营“五分”工作制度和“五常”工作要求》（“三五”工作法，即五大机制：群体性事件隐患专案经营排查机制，研判机制，社会稳定风险评估机制，化解机制，责任分工和追究机制；五分工作制度：分级预警制度，分层评估制度，分责化解制度，分类经营制度，分期专报制度；五常工作要求：实战民警常培训，重要隐患常指导，维稳协调常开展，典型案例常点评，处置队伍常加强），促使“党政领导、公安参谋、部门负责、社会协同”隐患化解工作格局的形成。5月，中国人民公安大学将“衢州专案经营机制”列为公安部调研课题。11月，衢州市委常委、公安局局长黎伟挺赴京为中国人民公安大学警监晋升培训班学员做重大群体性事件隐患专案经营机制专题讲座。通过全面落实“三五”工作法在实战中的运用，衢州市排查出不安定因素240起，化解59起，列入重大群体性事件隐患专案经营27起。全年全市没有发生影响社会稳定的重大群体性事件。

【推进反劫制暴能力建设】7月，衢州市公安局召开全市公安机关劫持人质案件现场处置工作研讨会，制订《衢州市公安机关劫持人质案件现场处置工作预案》，建立特警突击队、武警机动中队、消防特勤中队的“三队”联训联动机制。年内，该市公安局成功处置龙游“3·30”持刀劫持人质案件，抓获“4·24”持枪聚众斗殴案主犯。

【道路交通事故四项指数同比全面下降】衢州市发生上报道路交通事故1025起，同比下降0.1%；死亡240人，同比下降0.41%；受伤1025人，同比下降0.87%；直接财产损失458.4万元，同比下降0.79%。全市共发生一次死亡3人以上道路交通事故3起，未发生一次死亡10人以上的道路交通事故。

【开展消防安全排查整治大会战】8月1日～9月30日，衢州市公安机关联合安监、文化、工商、环保等部门开展该项行动。其间，该市共出动人员1.64万人次，检查单位8174家，发现隐患7765处，下发责令改正通知书3760份，督改隐患5068处，临时查封336家，责令“三停”38家，拘留24人，罚款203.31万元，下发行政强制决定书12份。

【“清剿火患”战役】9月26日，衢州市公安机关开展“清剿火患”战役。截至12月，全市共检查单位2.3万家，发现火灾隐患11.94万处，督改火灾隐患12.05万处，下发《责令改正通知书》1.53万份，下发《行政处罚决定书》681份，责令“三停”372家，临时查封920家，强制执行22家，罚款642.69万元，拘留167人，实现10年以来火灾“四项指标”的历史新低。

【开展“双有双感”教育转化活动】2011年，衢州市公安监管场所开展“使每一个被行政拘留的人都有所收获，让每一个留所服刑人员都学有所成，使每一个被羁押过的对象都感激离开，让每一个被处以极刑的罪犯都感恩离世”的“双有双感”教育转化活动。年内，7228名犯罪嫌疑人、留所服刑罪犯、行政拘留人员得到教育感化。有84名留所服刑人员通过考核，获得电工操作、种植、养殖等国家颁发的职业资格证书；106名留所服刑罪犯释放后即被企业聘请为来料加工管理人员。

【推进执法规范化建设】3月25日，衢州市公安局召开全市公安法制工作会议，对全年的执法规范化建设工作进行部署。8月9日，该局召开会议点评半年执法规范化建设工作，对《衢州市公安机关以群众工作统领执法工作，深化“执法革命”十条措施》各项具体工作进行部署，并出台《衢州市公安机关派出所领导坐堂值班工作规范》和《衢州市公安机关执法办案积分计分办法》，规范派

图为衢州市局领导检查指导国庆节前道路交通安全工作（9月30日）

出所的执法行为，建立科学、客观的执法办案评价制度，鼓励民警多办案、办好案。年内，该局开展6次所领导值班坐堂、功能区使用、涉案非涉案财物管理等执法规范化建设有关内容的检查，对检查中发现的问题及时进行通报。

【提升执法主体素质】 2011年，衢州市公安局组织一期派出所所长培训班，组织市、县两级公安局法制干部参加全省兼职教官培训。10月11～12日，该局组织2500余名人民警察在41个考场参加基本级执法资格考试。10月26～27日，该局举行业务技能抽考活动，全市8个县级公安局代表队的16名法制干部参加基本法律知识测试、刑事案件审核和治安案件公开处理。年内，该市有112名公安民警受聘为专、兼职法制员，在公安一线依法履行对执法重要环节实施监督的职责。

【实施“2533”人才发展战略】 6月15日，衢州市公安局党委印发《衢州市公安局2533人才发展战略实施方案》。“2533”人才发展战略是指立足于公安基础和公安专业两大领域，围绕指挥综合、信息应用、群众工作、规范执法、岗位业务5个大的门类，细化到33个具体的业务分类，每个类别均按照专家、行家和能手3个层面实施公安人才分类分层次管理和培养的机制。9月，该局公布首批6个以民警名字命名的专业工作室。同时，5大门类的资格评审专家组，分别提出相关各类人才的评选评审条件，经审核后形成“2533”人才手册，下发全市公安民警人手一册，对照学习。民警对照各门类人才的评选评审条件，个人申报对应门类的人才级别。

【建设警用地理信息应用平台】 10月，衢州市公安局建成以覆盖衢州中心城区35平方千米1：500矢量地图和400平方千米2.5米卫星影像数据为基础的警用地理信息应用平台。该平台具有实有人口管理、打防控、视频监控、方预案等功能模块，实现地理信息查询、地图缩放、数据维护等功能。

【建设移动警务系统】 10月，衢州市公安局完成移动警务系统建设，开发常住人口、打防控人员、在逃人员、居住人口、驾驶证、旅馆住宿、机动车信息系统等移动查询功能。截至年底，刑侦、治安、网警支队和柯城分局巡防大队、府山所、荷花所、衢江樟潭所等单位完成系统试运行。

【建设警务工作平台】 6月，衢州市公安局完成《衢州市公安局警务工作平台总体框架设计方案》和《衢州市公安局警务工作平台建设实施方案》编制，做好重点人员管控、打防控、执法办案等功能模块开发、对接和数据交互。10月15日，根据省厅的统一部署，衢州市警务工作平台正式启用。

【建设视频指挥系统】 2011年，衢州市公安局和7个县级公安机关指挥中心配备专用音视频编解码设备、通信设备，完成衢州市公安三级网视频指挥通信系统，实现指挥中心省厅对地市、地市对县的专门视频通信指挥。7月28日，顺利完成省厅指挥中心的点名演练。

【柯城公安分局】 2011年，柯城区管辖行政区域面积362.66平方千米，户籍人口22.7万人，登记流动人口5.7万人，所辖5个街道、1个镇、4个乡、22个社区、147个行政村。全区财政收入6.03亿元，地方财政收入4.07亿元。该分局设9个大队、7个科处室和6个派出所，有民警270人、协辅警238人。是年，该分局立刑事案件3618起，破案2345起，移送起诉479人，追赃返赃159.6万余元，缉捕各类逃犯199名，其中抓获“清网行动”逃犯44名，逃犯下降率达93.6%。成功破获公安部督办案件1起，省厅挂牌督办案件1起，市局挂牌督办案件6起。查结各类行政（治安）类案件3895起。年内，该分局命案侦破、“打黑除恶”等重点工作居衢州市第一，打防控总成绩位列衢州市第二，被评为全省打防控工作优胜单位，获省级荣誉12项，其中集体荣誉5项，个人荣誉7项；衢州市级荣誉44项，区级荣誉6项。5个集体、17人立三等功；10个集体、77名民警获嘉奖。

【衢江公安分局】 衢江区位于浙江省西部，钱塘江上游，总面积1748平方千米，辖10个镇、8个乡、2个街道、1个办事处，271个行政村（村规模调整前514个）、3个社区，总人口40余万。该分局设15个职能科室和9个派出所，有民警232人、行政职工4人，其中大专以上学历231人；协辅警137人。是年，该分局立刑事案件1194起，破案1070起，移送起诉303人，其中移送起诉各类侵财型案件496起，同比上升34.4%，抓获犯罪嫌疑人86人，摧毁各类侵财犯罪团伙8个。缉捕各类逃犯100名，其中抓获“清网行动”逃犯30名，占行动前网上逃犯总数的81.8%。是年，该分局连续2年夺得“全省执法质量优秀单位”称号；连续5年夺得“五问五评”综合绩效考评全市二类地区第1名；连续6年跻身全区最满意单位行列；连续7年实现公安队伍“零违法”。同时，打防控考核名列全市第三，同序列第二。“亮剑”、“扫黄禁赌”、“社会治安乱点整治”、“治爆缉枪”四个专项行动绩效考核全部名列全市第一。侵财型案件侦防工作继续名列全市第一。获省级荣誉12项，其中集体荣誉6项，个人荣誉6项；衢州市级荣誉32项，区级荣誉5项。1个集体、1人立二等功，12个集体、12人立三等功。该分局被省委授予“浙江省先进基层党组织”、被省厅授予“全省打防控工作先进单位”称号。

【柯山公安分局】 2011年，柯山区辖区土地面积270余平方千米，辖区实有人口约20.2万（其中常住人口17.65万人，流动人口2.55万人）。该分局设18个职能科室和4个派出所，共有民警173人、协辅警153人。是年，该分局成功破获刑事案件1050起，同比上升2.3%，七类案件发6破6，其中故意杀人案件发5起、破5起，破案率达100%；移送起诉犯罪嫌疑人187人，抓获各类逃犯72名。局裁行政案件239起，同比上升6.7%；行政处罚535人，同比上升13.8%；行政拘留244人，同比上升45.2%。该分局被评为全省执法质量优秀单位，在全市公安机关“五问五评”综合绩效考核中同序列排名第二位，在区级满意单位评选中排名第七位。在全市“清剿火患”战役中取得执法工作全市第二名，获集体三等功。获省级以上荣誉7项，其中集体荣誉2项，个人荣誉5项；7个集体和22人立三等功。

【衢州经济开发区公安分局】 2011年，开发区辖区行政区域土地面积48.4平方千米，总人口8.7万余人，其中户籍人口2.72万人，流动人口5.98万人。所辖2个街道、4个社区、19个行政村以及市经济开发区东港工业功能区和柯城经济开发区东港功能园区。该分局设有6个职能科室、8个直属大队和2个派出所，有民警84人，其中专科以上学历83人；协辅警87人。是年，该分局立刑事案件849起，破案462起；立行政（治安）案件1304起，查处943起；移送起诉案件48件111人；抓获公安部网上通缉逃犯47人；命案和五类恶性案件破案率实现两个100%。在“清网行动”中，该局率先实现行动前网上通缉逃犯下降率100%，名列全省第一。年内，该分局14个集体和个人被记功，有6个集体和个人获得市级以上荣誉称号。

【龙游县公安局】 2011年，龙游县行政区域土地面积1143.2平方千米，户籍人口40.4万人，登记流动人口2.8万余人。下辖6镇7乡2个街道和262个行政村、7个社区。实现生产总值141.7亿元；财政总收入11.1亿元，其中地方财政收入7.1亿元；城镇居民人均可支配收入2.23万元，农民人均纯收入1.01万元。该局设4个综合管理机构、11个执法警务机构，下辖8个公安派出所和1个看守所（拘留所），共有民警346人、协辅警246人。是年，立刑事案件1765起，同比上升4.31%，破案832起，同比上升11.52%；移送起诉417人；受理行政治安案件2108起，查处1828起，查处率同比上升6.52%；交通事故四项指数、火灾事故四项指数同比持平。侦破命案10起，侦破率100%。在“清网行动”中，本地44名网上通缉逃犯中抓获归案43名，“清网行动”逃犯下降率达97.7%，下降率战绩位在全省103个县（市、区）公安机关排名第五。年内，该局被评为全省执法质量优秀单位、全省和谐警民关系建设先进集体、全省队伍正规化建设优秀单位，6个集体和15人立三等功，1人立二等功。

【江山市公安局】 2011年，江山市行政区域土地面积2019平方千米，户籍人口60.13万人，登记流动人口4.8万余人。下辖13个镇6个乡2个街道，295个行政村、13个社区。实现生产总值201.04亿元；财政总收入16.03亿元，其中地方财政收入10亿元；城镇居民人均可支配收入22704元，农民人均纯收入10887万元。该局内设科所队30个，其中派出所9个；有民警423人、协辅警350人。是年，该局共立刑事案件2875起，同比上升22.55%；破刑事案件2383起，同比上升24.05 %。移送起诉人员733人，同比上升4.86%。受理治安案件2990起，同比上升7.6%；查处2563起，同比上升4.7%，查结率85.7%；治安处罚2215人。共发生交通事故135起，死亡40人，受伤93人，造成直接经济损失83.355万元，同比分别下降11.2%、14.9%、17.7%、13.8%。年内，该局被评为全省打防控工作县级优胜单位、全省执法示范单位和衢州市“五问五评”考核先进单位，获省级荣誉19项、衢州市级荣誉47项。

【常山县公安局】 2011年，常山县行政区域土地面积1099.1平方千米，下辖7个乡、7个镇、342个行政村。全县有户籍人口33.40万人，登记流动人口1.49万人。生产总值88.6亿元；财政总收入8.5亿元；城镇居民可支配收入和农村人均纯收入分别达到1.86万元和9309元。该局内设机构27个，下辖8个派出所；实有民警269人、协辅警214人和文职人员15人。是年，该局立刑事案件1326起，同比下降0.08%，破783起，同比上升0.25%。抓获各类犯罪嫌疑人369名，逃犯166名，其中刑拘258人，逮捕192人，取保候审192人，移送起诉374人。缴获各类损失物品价值265.88万元。立经济案件14起，破11起，追赃挽回损失630余万元。摧毁贩毒团伙3个，侦破毒品违法犯罪案件36起，抓获毒品违法犯罪人员74名，其中移送起诉犯罪嫌疑人27名，治安处罚47名，强制戒毒3名，缴获冰毒24克、麻古98粒，铲除罂粟64株。年内，该局10个单位和个人受到省级奖励，16个单位和个人受到市级奖励，16个单位和个人受到县级奖励。

【开化县公安局】 2011年，开化县行政区域土地面积2227.8平方千米，户籍人口35.43万人，登记流动人口3747人。实现生产总值82.26亿元，财政总收入6.28亿元，其中地方财政收入4.34亿元，城镇居民人均可支配收入1.75万元，农民人均纯收入8583元。该局设政治处等19个职能科室，下辖9个派出所，有民警284人、协警174人。是年，该局立刑事案件1494起、破1180起，同比分别上升0.4%、0.51%，破案率为78.98%；打击处理犯罪嫌疑人405人，同比上升15.71%；查处治安案件1473起、违法人员1041名，同比下降1.27%、37.36%；发生交通事故99起，死亡38人，受伤133人，直接经济损失70.3万元，同比分别下降1%、持平、0.75%、0.14%；发生火灾事故14起，直接经济损失10.69万元，同比分别上升7.69%、下降16.74%。群众安全感达97.6%，居衢州市第一。保持1999年以来命案及五类恶性案件全破势头。其中，命案连续13年全破纪录位列衢州市各县市区第一。交通安全事故三项指数连续7年实现"零增长"，看守所连续24年安全无事故。年内，开化县连续6年被命名为"平安县"，该局被衢州市委评为"创建学习型党组织先进单位"，67个集体、280人次受到各类表彰。

舟山公安

【市况简介】 舟山市位于长江口南侧、杭州湾外缘的东海海域，辖定海、普陀2区和岱山、嵊泗2县。全市由1390个岛屿、3306座海礁组成，其中，住人岛103个，是全国唯一的群岛型城市。总面积2.22万平方千米，其中海域面积2.08万平方千米，岛屿陆地面积1440.2平方千米，岸线总长度2444千米，为全国第四大岛。2011年，舟山市户籍人口96.99万人；全市生产总值达765.30亿元；财政总收入达到127.18亿元，其中地方财政收入76.48亿元；城镇居民人均可支配收入3.05万元，渔农村居民人均纯收入1.66万元。

【概述】 2011年，舟山市公安机关共立刑事案件10418起，同比上升0.2%，破案6498起，破案率为62.4%，同比上升1个百分点；抓获刑事作案人员2097名，同比增加4.3%；受理治安案件11119起，同比上升3%；道路交通事故起数、受伤人数、经济损失同比分别下降0.3%、0.3%和0.1%；火灾事故同比下降2.3%，未发生亡人火灾事故。据省厅社会调查结果显示，群众安全感、对公安工作满意度均列全省第一；市公安局在省厅年度综合考评中连续4年位列同类地区第一。年内，该市2人被省厅记一等功，8个集体和11人立二等功，13个集体和56人立三等功，涌现出全省"十大警界先锋"徐双燕、全国政法系统优秀共产党员刘良芳等一批先进典型。

【机构人员】 2011年，舟山市公安局（以下简称"舟山市局"）设政治部等23个机构，下辖定海、普陀2个城市公安分局和岱山、嵊泗2个县公安局，以及普陀山风景区公安分局、新城公安分局、洋山公安分局。全市共有治安派出所29个、边防派出所23个。至2011年底，全市共有公安民警1816人，其中大专文化程度以上占94%，总警力占全市实有人口的1.87‰。

【做好警（保）卫工作】 2011年，舟山市公安机关完成温家宝总理在舟视察等14批次警卫任务，各级"两会"和浙江省首届海洋运动会、中国航海日、全国第八届残运会舟山火炬传递活动等95起大型活动安保工作。

【开展防范处置金融犯罪专项行动】 2011年10月～2012年2月，舟山市公安机关开展该专项行动。其间，舟山市局成立打击非法集资犯罪专项行动领导小组，并出台《舟山市公安局维护经济金融秩序稳定六项措施》，提请市政府召开防范处置金融风险专题会议，主动协同相关职能部门对辖区企业和融资性中介机构开展全面排摸。共走访排查企业1100余家及投资公司、调剂行100家，掌握企业倒闭、存在隐患、企业主外逃或集资参与者出走等信息8条，对130余人采取了相应措施。

图为舟山市委常委、公安局局长蔡步雄（左）为全国政法系统优秀党员、二等功获得者刘良芳（右）颁发奖章和证书（10月8日）

【打击经济犯罪】 2011年，舟山市公安机关开展"亮剑"、"天网"等专项行动，打击防范新型经济犯罪，共受理各类经济犯罪案件63起，侦破63起，涉案金额3.85亿元，抓获犯罪嫌疑人78名。

【命案、五类案件侦破率100%】 2011年，舟山市共发生命案21起，其中杀人案件11起，故意伤害致死案件10起；破现行命案21起，破获外地杀人命案1起，破获本市历年积案3起；命案、五类恶性案件侦破率均达100%。因侦办命案成绩优秀，舟山市局受到省厅通报表扬。

【"清网行动"率全省第一】 6～12月，舟山市公安机关开展"清网行动"。其间，选定安徽、河南等9个重点省作为攻坚对象，派出230个追逃组、民警835人次，转战全国20多个省（直辖市、自治区），行程数万公里，抓获行动前逃犯190名，其中命案逃犯2名。据省厅通报，舟山市清网率达93.14%，居全省11个地市第一。省公安厅先后7次发贺电、1次签发嘉奖令肯定舟山工作成效。嵊泗县清网率达100%，嵊泗和岱山两县清网率进入全省前10名。

图为舟山市局召开"清网行动"新闻通报会（11月25日）

【实施"居安工程"】 5月，舟山市局提请舟山市委、市政府出台《关于开展"居安工程"建设的实施意见》，在全市选择有代表性的10个城市和渔农村社区、居民区开展"居安工程"试点工作，提升居民区整体防控水平。年内，该市共投入专项资金338万元，配备专职治保人员96名，安装监控365只。截至年底，试点区内基本建成集技防、物防、人防为一体的治安防范体系，80%试点小区刑事案件发案下降。

【构筑"铁桶固防"工程】 2011年，舟山市公安机关调整卡点设置，建一级卡点20个、二级36个、三级134个，常设卡点19个；加强小区视频监控等技防设施建设，组建社区治安理事会等自治组织，实行封闭式小区防范管理物业化、半封闭小区治安防控专业化、开放式小区治安管理多样化；加强社会视频联网建设，自建监控探头达1122只，接入社会单位探头2114只，构筑起"点上卡、线上堵、面上巡、区上防"的防控新格局。年内，该市通过卡点破获案件700余起，抓获刑拘人员184名；通过视频侦查破案465起，抓获犯罪嫌疑人273名；全市入室盗窃案件同比下降12.1%。

【打击电动车盗窃】 2011年，舟山市公安机关通过防盗备案登记、销售实名登记、集中打击查处、物防技术升级等措施，遏制电动车被盗问题。年内共登记备案电动车30.5万辆；破获电动车被盗案件602起，抓获违法犯罪嫌疑人190名；电动车盗窃案件同比下降22.3%。

【开展"打四黑、除四害"专项行动】 9月起，舟山市公安机关开展该专项行动。截至年底，共出动警力2894人次，排查社区228个、农村293个，各类重点部位、场所7656处，其中建筑工地和厂房车间336处、废旧仓库73个、集贸市场84家、宾馆旅店775家、娱乐场所190家、废旧收购站点244处，发现各类违法犯罪线索32条；受理群众举报线索143条；查处治安案件83起；破获刑事案件32起，其中制售假劣食品案件1起，制售假劣药品案件2起，涉黄案件1起，涉赌案件2起；抓获违法犯罪人员142人，其中刑事拘留10人、批准逮捕10人、移送起诉33人。

【查获涉黄涉赌刑事案件】 2011年，舟山市公安机关通过明查暗访、集中打击、线索督办，规范场所行业的经营行为，共查处涉黄涉赌刑事案件18起，打击涉黄涉赌犯罪嫌疑人54人；查处违法娱乐场所30家，其中停业整顿5家；收缴赌博游戏机903台。

【打击涉毒犯罪】 2011年，舟山市公安机关侦破涉毒犯罪案件52起，抓获犯罪嫌疑人106名，移诉3～5人涉毒犯罪团伙数12个，6人以上涉毒犯罪团伙数3个，打击团伙数达省定任务数的115%；缴获毒品海洛因233.08克、冰毒1576.46克、麻古8892.06片；作出社区戒毒决定122人，同比上升13%；作出强制隔离戒毒决定81人，同比上升12.5%。

【打黑除恶】 2011年，舟山市公安机关开展建筑市场涉恶犯罪专项整治和"清障护航"行动，严打强揽"四小"工程、强卖建筑材料、强行阻挠施工等"三强"违法犯罪行为，积极打处介入民间融资的涉黑涉恶犯罪和开场设赌、暴力护赌等涉赌涉恶犯罪。年内，共打击处理涉黑涉恶犯罪团伙64个，其中打击部标恶势力团伙6个43人；破获案件600起，抓获违法犯罪人员262人；缴获枪支4支、子弹18发、管制刀具50余把。

【整治"酒驾"】 2011年，舟山市公安机关以5月1日实施刑法修正案为契机，开展以"醉驾入刑"为重点的集中宣传，并加大夜查行动力度，掀起禁"酒驾"整治高潮。年内，共查处酒后驾驶721起，46人因"醉驾"被追究刑事责任。

【完成村级组织换届选举安保工作】3～5月，舟山市公安机关配合党委、政府和有关部门对571名重点人员落实管控措施，审查候选人资格3668人次，完成选举安保工作1032场次，投入警力3705人次，查处破坏选举秩序案件4起，治安拘留7人，确保全市338个村级组织顺利完成换届选举。

【实行轻微物损交通事故快速处理机制】8月1日，舟山市公安局、市保险协会出台的《物损交通事故自行协商、快速处理实施办法》正式实施。在定海、普陀成立的3个保险理赔中心对符合快处快撤的交通事故中心进行事故责任定责、损失定损、保险理赔。截至年底，可实行快速处理的4012起物损事故，99.73%经接警台工作人员电话引导自行撤离，每起事故处理时间比原先缩短三分之二。

【开展灭枪治爆行动】2011年，舟山市公安机关共检查爆炸物品从业单位113家、枪支弹药从业单位53家、剧毒化学品从业单位43家、放射性物品从业单位70家、管制刀具生产经营单位130家，发现、整改47起安全隐患；查处涉危违法违规案件27起，拘留37人，罚款20余万元；收缴仿真枪101支、管制刀具159把，群众主动上缴民用枪支9支。

【开展"清剿火患"战役】2011年9月～2012年2月，舟山市公安机关深入家庭旅馆、居住出租房屋、"三合一"场所、各类小单位小场所、高层地下建筑、人员密集场所、石油储运企业开展"清剿火患"战役。其间，共检查单位22573家，发现火灾隐患92977处，督促整改92356处；下发责令改正通知书12898份；办理行政处罚579起，罚款565.7万元，责令"三停"288家，对543家单位实施临时查封，拘留84人；对11家重大火灾隐患单位提请政府挂牌整改。

【创建网上警务室】2011年，舟山市公安机关发挥互联网在基础管理、服务群众、治安防控及公开评警等方面的优势，创新社区警务工作平台，在全市推广建设"网上警务室"。全市236个社区设立"网上警务室"，建立社区QQ群，在线解答群众咨询、警民实时开展互动交流。

【建设网上办事大厅】2011年，舟山市公安局投入资金133万元，对原有网站"千岛警察网站"进行改版升级，建成"舟山市公安局网上办事大厅"，推出"网上警务室"、"网格群众求助"、"电动车失窃网上报案"等7个特色栏目。截至年底，该办事大厅实名注册会员5700余人、企业323家，办结各类事项、答复群众诉求890余件，网站日均浏览量超过6000人。

【建立接处警快速反应机制】2011年，舟山市公安机关投入可视化指挥体系建设资金4038万元，为171辆警用车辆安装GPS系统，购置手持式GPS系统174部、带GPS系统功能的移动警务通272部，87辆警用车辆安装3G无线视频传输系统，配置便携式3G无线视频传输系统32套，55%接处警车辆安装3G无线视频传输系统，城区处警车辆全部安装3G无线视频传输系统和GPS定位系统，新建治安高清卡口系统20套，实现报警电话定位、警车卫星定位、移动警务通、接处警音视频无线传输和视频监控系统在警用地理信息平台上"一站式"集成显示。在整合巡特警、派出所和交警等路面力量基础上，抽调机关警力予以辅助，建立"屯警街面、有警处警、无警巡逻"的巡处一体化接处警模式。截至年底，该市95%以上处警单位可在城区10分钟到达现场。

【公安微博群三级联动】8月16日，舟山市局在新浪网上正式注册开通"舟山公安"官方微博。9月，印发《舟山市公安局微博管理试行办法》，提出"三级联动"理念，该局官方微博为第一层级，县区局及主要警种作为第二层级组建各自的官方微博，鼓励作为第三层级的民警开设个人微博，并在市局门户网站"千岛警察网"建立"舟山公安

图为岱山县公安消防部门开展冬季正确用火及扑灭初期火灾与防范等宣传工作（1月25日）

微博群”。截至年底，舟山公安官方微博有粉丝2261名，发布各类信息504条，网民评论550余条，转发560余次。交警、刑侦、治安、特警等20余个警种、窗口单位和各县（区）公安机关相继开通各自官方微博，100余名民警开通公开警察身份的个人微博，整个微博群粉丝数达3万余人。

图为舟山市局在定海文化广场开展“1+1协动警务”暨“6·26”国际禁毒日宣传活动（6月26日）

【开展“服务新区建设、公安建功立业”大讨论活动】 3月，浙江舟山群岛新区建设正式列入国家“十二五”规划纲要。6月30日，国务院正式批复成立浙江舟山群岛新区。5～9月，舟山市公安机关开展以“服务新区建设、公安建功立业”为主题的大讨论活动。其间，全市形成专题性调研报告10余篇，征集到服务新区建设“金点子”、“好计策”50余条，推出延长窗口服务时间、4S店办理小型汽车上牌业务等130项新的便民利民措施，健全和完善全市公安机关局领导和各部门联系企业制度，为企业和项目落地建设保驾护航。

【开展打击网络犯罪“铁拳”行动】 4～12月，舟山市公安机关开展该专项行动。其间，共立各类涉网刑事案件43起，破获13起（网络赌博1起、网络诈骗及网络盗窃9起、传播淫秽物品案件3起），抓获犯罪嫌疑人22名，累计为受害人挽回经济损失100余万元。

【推进“阳光执法”机制建设】 2011年，舟山市公安机关拓展治安案件公开查处工作推行范围，共办理公开查处案件315起，案件优质率达97%，当事人满意度达97.7%，未发生一起上诉、复议或信访案件；推进轻微治安案件社会化查处工作，设立驻派出所调解室、交通事故纠纷人民调解委员会，共受理各类矛盾纠纷5000余起，调处成功率达99%以上；实施执法告知服务制度，向社会公开承诺刑事案件立案破案等6项执法告知事项，共告知28856事项。

【推行轻微治安案件社会化查处】 5月，舟山市局印发《关于试行轻微治安案件社会化查处工作机制的意见》，并在定海区分局城东所开展试点，将原先由民警承担的矛盾纠纷调解任务第一时间移送至驻所调解室，由专兼职人民调解员调处。截至年底，该市39个派出所（含边防所）设立人民调解室，配备专兼职调解员251名（含民警和辅警）；受理社会化查处案（事）件6300余起（含兼职调解员随警现场调处4000余起），在移送驻所调解室调解的2298起案件中，调解成功率达98.8%，未发现一起调解成功后又反复的案例。

【实施“1+1协动警务”工作模式】 2011年，舟山市公安机关实施“1+1协动警务”工作模式（“警察+群众，协作互动开展各类警务活动”），依托城乡街道、马路、广场、公园、校园等公众场所，搭建公安机关展示风采、群众参警议警、警民互动交流的平台，建立开放、合作、参与、共赢的警民互动、共创平安的运行模式。年内，该市公安机关在“110”宣传日、“3·14”国际警察日、“6·26”国际禁毒日、“119”消防宣传日等特定日子，到广场、企业开展上门服务、宣传、警民恳谈等互动活动400多次。

【公选“群众满意警务室”】 5～12月，舟山市局依托《舟山日报》警察版、舟山电视台“千岛警界”专栏和市局官方微博开辟专栏，展示27个候选社区警务室的成功经验、先进事迹、工作成果，并在千岛警察网上开设“‘群众满意警务室’评选活动”专题网页，5万群众参与评选投票。12月中旬，来自社会各界的20名群众评委到18家候选警务室，听取群众评价。经县（区）海选、专业考评、公众评委考核和群众投票3轮竞争，定海区西园警务室、普陀区小干警务室等10个社区警务室获得“群众满意警务室”称号。

【定海区公安分局】 2011年，定海区行政区域土地面积1444平方千米，其中陆域面积568.8平方千米；拥有海岸线428千米。户籍总人口37.82万人，登记流动人口11.8万人。实现工业总产值555亿元，占全市比重的49.8%，增幅列全市第一。完成全社会固定资产投资220亿元。实现财政收入43亿元，地方财政一般收入25亿元，区本级首次跨过10亿元的重要台阶。该分局设17个职能科室（所）和 7个公安派出所、5个边防派出所及看守所、治安拘留所，共有民警（含职工）429人、协警755人。年内，该分局共立各类刑事案件4758起，同比上升0.61%；破获3235起，其中现行案件2609起，破案率为54.83%，破案率同比上升0.15%，破案绝对数同比上升0.89%；其中6起命案全部告破，五类恶性案件破案率继续保持100%，“两抢”案件破案率为50.88%；抓获刑事作案人员761人，同比下降4.4%；受理治安案件5179起，查处违法人员3439名，其中治安拘留1174名。年内，该分局有31个（次）单位和101人（次）个人受到各级表彰，2个集体立二等功、8个集体立三等功，1人立一等功、2人立二等功、32人立三等功。

【普陀公安分局】2011年，普陀区行政区域土地面积387平方千米，户籍总人口32.2万，登记流动人口16.02万人。全区实现生产总值246.2亿元，财政收入36.63亿元，城镇居民人均可支配收入29967元，渔（农）民人均纯收入16313元。该分局设有政治处、指挥中心等13个职能科室（大队）。下辖9个治安派出所（分局、警察署）、6个边防派出所和看守所、治安拘留所，共有民警433人、协警362人。是年，该分局立刑事案件3909起，同比下降1.1%，其中严重影响群众安全感的“两抢”、入室盗窃和“两车一瓶”案件同比分别下降20.4%、9.5%和26.1%；破获刑事案件2685起，同比上升2.1%；打击处理739人，同比上升30.1%；摧毁各类团伙46个186人；抓获各类网上逃犯173名，同比上升8.1%；查处各类治安案件3887起4308人。年内，该分局有58个集体和315名个人受到各级表彰，其中1个集体和2人立二等功，4个集体和16人立三等功。

【岱山县公安局】 2011年，岱山县行政区域总面积为5242平方千米，其中陆地面积326.5平方千米。户籍总人口19万人。全县实现地区生产总值152亿元，其中海洋经济增加值达95.5亿元；财政总收入16.4亿元，其中地方财政收入8.5亿元；城镇居民人均可支配收入和渔（农）民人均纯收入分别达到26860元和16740元。该局设19个职能科室和政治处，下辖5个治安派出所（分局）、5个边防派出所和看守所、治安拘留所，共有民警257名、辅警270名。是年，该县局共立刑事案件1289起，同比上升1.42%，破案879起，破案率为68.2%，命案、五类恶性案件破案率均为100%，移送起诉犯罪嫌疑人336人，同比增长49.3%，裁决查处治安案件1292起533人。年内，该县局共有2人立一等功，1人立二等功，8人和8个集体立三等功。

【嵊泗县公安局】 2011年，嵊泗县位于长江口与杭州湾的交汇处，由404个岛屿组成，其中常住人岛16个，海域面积8738平方千米，陆域面积86平方千米，拥有471千米黄金海岸线。辖3镇4乡，含38个行政村、26个社区，户籍人口79034人。全县实现地区生产总值55.6亿元；财政总收入5.44亿元，其中地方财政收入4.37亿元；城镇居民、渔（农）民人均可支配收入分别达到26500元和15900元。县局设政治处、法制室、行政审批科等6个职能科室和国内安全保卫大队等6个直属大队，下辖菜园派出所、嵊山警察署、看守所等6个派出机构，5个边防派出所，共有民警189人、辅警105人。是年，该局刑事案件立案数同比下降1%，破案率65.5%，命案、五类恶性案件破案率均为100%。交通上报事故四项指数、火灾事故四项指数继续保持零增长。年内，县局连续第11年被评为全省执法质量优胜单位，法制室受公安部通报表彰，并立集体三等功。

【普陀山公安分局】2011年，普陀山面积12.5平方千米，户籍总人口4865人，登记流动人口6422人。全年接待中外游客519.7万人次，实现旅游经济总收入34.5亿元。该分局设办公室、治安大队、刑侦大队、国保大队、法制大队5个机构，副科级单位1家交通派出所；联系指导交警大队、消防大队、边防派出所和森林派出所；共有民警29名、辅警51名。是年，该分局破获刑事案件22起，破案率为68.2%；查处治安行政案件147起。年内，该分局有4个集体、28人次受到上级表彰。

【新城公安分局】 2011年，新城区域土地面积59.66平方千米，户籍人口4.1746万人，登记流动人口25244人。该分局设有指挥中心等7个职能部门，有民警39名、协辅警115名。3月10日，该分局新办公大楼正式落成启用，占地面积9.4亩，总建筑面积8600平方米，出资2600万元，历时17个月建成。年内，该分局辖区未发生命案，刑事案件批捕率、移诉率、准确率均达100%，行政许可案件办结率和准确率均为100%，被新城管委会评为“2010～2011年度社会治安综合治理工作先进集体”，获集体三等功1次，2人立三等功，4人受嘉奖。

【洋山公安分局】 2011年，洋山镇位于长江口和杭州湾的交汇处，全镇由大洋、小洋、滩浒等大小76个岛礁组成，陆域总面积36.36平方千米。下辖城东、圣港、滨海、雄洋4个社区居委会和滩浒1个行政村，全镇总人口12027人，总户数5103户。2011年，全镇实现工农业总产值34531万元；实现渔业产量24000吨，渔业收入18400万元；渔民人均收入44823元；实现工业总产值19631万元，工业销售产值19599万元；全年接待游客44090人次。该分局设综合室和刑侦队、治安队、交警队等，指导洋山边防派出所开展各项警务工作，有民警9人、辅警4人。是年，该分局辖区未发生有重大影响的案（事）件，交通上报事故四项指数、火灾事故四项指数继续保持“零增长”。

台州公安

【市况简介】台州市位于浙江省中部沿海，北接宁波、绍兴，南连温州，西邻丽水、金华，东濒东海，下辖椒江、黄岩、路桥、经济开发区4个区，临海、温岭2个县级市，玉环、天台、仙居、三门4个县，陆地面积9411平方千米，浅海大陆架海域8万平方千米。2011年，全市常住人口586.79万人，登记流动人口205.33万人。全市实现国内生产总值2794.91亿元，财政收入370.47亿元，其中地方财政收入200.12亿元。城镇居民人均可支配收入3.05万元，农村居民人均纯收入1.31万元。

【概述】2011年，台州市公安机关以“三项重点工作”和“三项建设”为主线，开展“控发案、强打击、保安全”专项行动、“平安建设”三大专项整治和“铁锤整治”百日大会战等工作，推进社会管理创新和“十项重点基础工程”建设，维护全市社会和谐稳定。年内，该市未发生影响大局稳定的案(事)件，实现全市公安归口信访人“零进京滋事”目标。立刑事案件5.34万起，同比下降0.53%，破案2.82万起，同比上升8.21%；逮捕8540人、刑拘1.2723万人、移送起诉1.36万人，分别同比上升1.70%、0.95%、12.17%；抓获各类逃犯4936人，其中“清网行动”中抓获归案行动前逃犯2607人，清网率达85.93%；发命案105起，同比下降12.50%，破案率为97.14%，五类恶性案件立126起，破126起，破案率为100%；发“两抢一盗”案件4.32万起，同比下降2.26%，破2.25万起，同比上升7.59%；发生交通事故3170起，死亡493人，受伤3456人，直接财产损失1231.68万元，同比分别下降9.69%、8.53%、11.13%、7.56%；发生火灾704起、直接经济损失714.41万元，同比分别下降7.12%、6.62%。年内，国务委员、公安部部长孟建柱批示肯定该市网上公安局工作；省厅在台州分别召开现场会，推广该市交警系统重点车辆动态监管、保安服务管理、公安廉政文化教育课堂等工作经验和做法。“阳光执法”工作在台州市委全会上作典型经验书面交流，并在全市政法系统推广。年内，该市公安机关1人立一等功，10个集体和12人立二等功，25个集体和100人立三等功，黄岩分局王义生入选第四届全国“我最喜爱的人民警察”候选人，并获“全国特级优秀人民警察”称号。

【机构人员】2011年，台州市公安局(以下简称“台州市局”)地址设台州市经济开发区康平路2号，有内设职能处室29个(支队、局)和政治部、纪委(监察室)。下辖椒江、黄岩、路桥、开发区4个直属分局，临海、温岭2个县级市局，玉环、天台、仙居、三门4个县局，97个派出所，共有民警5932人，总警力占全市实有人口的1.01‰。

【开展“十项重点基础工程”建设】5月24日，台州市公安局印发出台《全市公安机关2011年“十项重点基础工程”建设实施方案》的通知，梳理出台州市网上公安局、信息化建设和应用机制、公安大情报体系、“阳光执法”体系、快速反应机制、重点流动人口和出租私房实效管理、民意导向考核评估机制、业务技能大练兵、治安防范“五支队伍”、侦查合成作战机制等10个公安机关急需破解的难题和基础性问题。成立领导小组，量化工作目标，明确部门责任，由市局领导牵头，进行项目化运作。截至年底，这10个项目取得明显突破，有效解决一批制约公安工作发展的瓶颈问题。

图为台州市委常委、公安局局长陈棉权在网上与网民进行恳谈(8月3日)

【“台州市网上公安局”正式运行建设】6月7日，“台州市网上公安局”正式上线运行(始建于2010年10月)。该“网上公安局”具有“1个集群、6大版块、76个栏目”构架和实名认证、网上支付、网上办事、网上预约、网上咨询、网上查询、网上互动、网上管理、网上服务、网上宣传等十大特色功能。其中实名认证和网上支付两大功能，为全国公安机关首创。截至年底，“台州市网上公安局”总访问人数达206万，实名认证24万人，成功办理车管业务54万余起，车辆违法网上缴款2.15万笔，在线自首331人。台州市网上公安局建设工作得到国务委员、公安部部长孟建柱和副部长张新枫、黄明等领导批示肯定。该网站被公安部评为“应用创新计划”项目，入选《浙江省加强和创新社会管理典型案例》，获“2011中国特色政府网站用户体验奖”和“2011浙江省文化创新传播十佳网站”。

【集中清理信访积案】 2011年，台州市公安局开展信访积案集中清理工作，共办理信访案件580件，办结566件。其中，中央政法委交办的44起和省公安厅交办的215起进京重复访案件全部化解，省委政法委交办的207起信访积案全部化解，中央政法委交办的2起“三跨三分离”信访案件全部办结息访。台州市局、临海市局被评为全省政法系统集中清理涉法涉诉信访积案活动先进集体。

【开展“控发案、强打击、保安全”专项行动】 1月1日～3月31日，台州市公安机关开展该专项行动。其间，侦破刑事案件4499起，查处治安案件2.27万起，移送起诉3191人，打击处理涉黄涉赌犯罪嫌疑人569人。

【建设治安防范“五支队伍”】 6月7日，台州市公安局印发《台州公安机关治安防范“五支队伍”建设实施方案》，要求按照“党委领导、综治牵头、公安主抓、部门配合、社会参与”原则，开展村居治保队伍、巡防队伍、企事业单位内部治安保卫队伍、保安队伍、治安志愿者队伍等治安防范“五支队伍”建设，10月31日～11月10日，分级分批对“五支队伍”有关人员进行大培训、大比武活动，提升队伍正规化水平。截至年底，全市治安防范“五支队伍”达12万余人，基本覆盖全市各乡镇街道、村居企业，实现防范网络“一体化”和“网格化”。

图为台州市黄岩区城西派出所民警和双江社区“夕阳红”巡逻队在社区巡逻（10月26日）

【构建“阳光执法”体系】 2011年，台州市公安局推进“阳光执法”体系建设，坚持“以公开为原则、不公开为特例”的原则，通过限制裁量权、阳光执法权、保障知情权、行使监督权、享有公平权，确保“标准程序向全社会公开、行政许可和审批向申请人公开、行政管理向同行业公开、行政处罚向利益相关方公开”，切实做到“以公开促公正、以透明促公平”。通过“网上公安局”等载体，实时接受社会各界监督，有效提高公安执法公信力。年内，该市诉讼案件下降23.91%，群众满意度上升7%，经公开处理的案件全部得到群众认可。

【打击“法轮功”等邪教组织违法犯罪活动】 2011年，台州市公安机关主动开展“天鹰”、“天驭”、“天网”三大战役，加大对“法轮功”等邪教组织打击和防控工作。年内，共破获法轮功案件若干起，破案率100%；抓获“法轮功”分子若干人，刑事拘留若干人，其中2人被法院判处有期徒刑；收缴法轮功宣传品368份；查处“实际神”案件若干起，行政拘留若干人；查处“呼喊派”案件若干起，行政拘留若干人，教育训诫若干人。

【完成各类警（保）卫任务】 2011年，台州市公安机关完成警（保）卫任务16批次，其中二级警卫任务2批次，三级警卫任务2批次，省主要领导保卫任务3批次，党政代表团任务7批次，过境备勤任务2批次。

【建设进攻型打击整治机制】 2011年，台州市公安机关严厉打击命案、绑架、劫持、涉枪、涉爆等严重暴力性犯罪、涉黑涉恶犯罪，推进反盗抢合成作战机制建设。年内，共破获系列性“两抢”案件49串，系列性盗窃案件304串，摧毁“两抢”团伙126个，盗窃团伙299个，有效整治盗抢乱点35处，抓获各类逃犯4936人。

【打击重大涉黄涉赌案件】 2011年，台州市公安机关严厉打击重大涉黄涉赌犯罪活动。3月，温岭市局成功打掉以魏某某为首的组织妇女卖淫犯罪团伙，共逮捕22人，取保候审6人，起诉28人，刑拘在逃4人，行政拘留15人，追缴非法所得70余万元。4月，该市局成功查获方远国际大酒店舒某某等人组织卖淫案件，抓获违法犯罪嫌疑人27名，刑拘16人，取保候审1人，逮捕13人，起诉14人。5月，开展打击整治黄赌违法犯罪专项行动，其间，逮捕涉黄涉赌犯罪嫌疑人748人，起诉涉黄涉赌犯罪嫌疑人2363人，破获省厅挂牌督办案件1起。7月，该市局会同黄岩分局成功查处黄岩某休闲会所组织他人卖淫案件，逮捕14人，取保候审1人，起诉13人，刑拘在逃3人。

图为台州市局召开网上追逃专项督察“清网行动”大决战30天电视电话会议（11月14日）

【侦破恶性案件】 2011年，台州市公安机关立命案105起，破102起，破案率为97.14%，全市7个县（市、区）局实现命案全破；强奸、绑架、放火、爆炸、劫持等五类恶性案件立126起，破126起，破案率为100%；侦破命案积案23起，抓获历年来本地命案逃犯106名，侦破命案积案绝对数列全省第一。

【“清网行动”】 5～12月，台州市公安机关开展“清网行动”。其间，抓获行动前逃犯2607名，逃犯下降率达85.93%，逃犯归案总量名列全省第二。公安部副部长刘金国9次批示表扬，省公安厅和台州市委、市政府领导7次批示表扬，公安部和省公安厅编发“贺电”28份。全省公安机关“清网行动”月度总考核实绩居全省第二位。

【“打黑除恶”】 4月2日，台州市公安局印发《关于进一步加强“打黑除恶”工作的意见》，部署开展“打黑除恶”斗争，要求加强“打黑除恶”工作情报建设和涉黑涉恶信息系统应用，强化黑恶案件的侦查。年内，该市判决黑社会性质组织1个，移诉涉黑团伙1个，判决恶势力团伙130个、1075人，破获案件563起。

【推进流动人口和出租房屋实效管理】 2011年，台州市公安机关开展流动人口和出租房屋实效管理工程建设，在流动人口200人以上村居和流动人口100人以上的企业建设流动人口服务管理站，在流动人口40人以上的村居和流动人口20人以上的企业建立流动人口管理联络员，将流动人口管理工作延伸到村居与企业，同时加强出租房屋管理。年内，该市流动人口在册登记人数达205万名，同比增长28%；新登记录入出租房屋8.5万余间。年内，通过流动人口出租房屋实效管理工程建设，抓获网上逃犯271名，查破刑事案件1938起、治安案件2533起。

【推进视频监控系统三期建设】 2011年，台州市公安机关推进社会管理视频监控系统三期建设。7月14日，市政府在仙居专门召开现场会，组织专项督查推进。年内，该市落实新建资金2.59亿元，新建摄像头约8300个。完成全市娱乐场所视频监控联网建设、警用3G车载视频建设，推动校园、网吧、村居、民爆、易制毒企业等社会面视频联网建设，共接入外网平台的摄像头6000个。同时进行视频侦查作战平台软硬件升级，完善实战应用功能。

【创新交通管理服务工作】 2011年，台州市公安机关推进道路交通事故快速处理机制和人民调解机制建设，全市9个县市区全部建成交通事故人民调解中心，构建起人民调解、行政调解、司法调解、仲裁调解四位一体“大调解”工作格局，有6个县市区建立交通事故快速处理中心。各地通过网上公安局交警网上办事大厅，实现违法处理、补牌补证、考试预约及委托验审等功能。创新互联网自主选号、汽车4S店现场上牌、外地证满分考试、“流动车管所”等服务举措。年内，台州市公安局交警支队车管所被评为“省级群众满意基层站所（服务窗口）”先进单位。

【重点车辆动态监管工作经验全省推广】 8月10日，省公安厅和省安监局、交通厅在台州联合召开现场会推广该市重点车辆（客运车辆、校车、危险品运输车、工程车）动态监管工作。年内，台州市公安机关在重点车辆动态监管工作中，建立重点车辆及驾驶人数据库，对重点车辆安装具有行驶记录功能的卫星定位装置、3G动态视频监管等设备，实现对重点车辆及驾驶人的及时、动态监管。

【整治“酒驾”违法行为】 2011年，台州市公安机关建立禁酒驾专业队，开展交叉检查，“零容忍”开展禁酒驾工作。年内，全市共查处酒后违法驾驶1.63万人，其中饮酒后驾驶1.52万人，醉酒后驾驶1099人，酒后驾驶查处总人数居全省各市第一。

【开展"清剿火患"战役】 2011年9月26日～2012年2月，台州市公安机关开展"清患攻坚战"、"技防攻坚战"和"宣传攻坚战"三大战役（开展9次"红剑"系列专项行动和5次"零点行动"）。其间，全市共出动检查组4000余个，检查单位25.3万家、出租房16.5万家、合用场所3689个，发现隐患40.6万处，停业整改8490家，取缔4356家，拘留706人，处罚2610.5万元。

【强化执法主体培训】 2011年，台州市公安机关强力推进执法主体培训工作。4月，该市局出台《台州市公安局民警参加国家司法考试暂行规定》，对通过国家司法考试的民警，在政治、经济等方面给予从优待遇，鼓励民警参加国家司法考试。年内，全市共有14名民警通过国家司法考试。6月，该市局印发《执法主体素质专题教育培训实施方案》，部署开展执法主体素质专题培训，全市6579余名民警参加培训。10月中旬，该市5932名民警顺利通过公安部组织的基本级执法资格考试。

【评选2011年度台州市"我最喜爱的人民警察"】 11月，台州市公安局联合中共台州市委宣传部、台州日报报业传媒集团、台州广播电视总台和中国台州网，共同举办2011年度台州市"我最喜爱的十大人民警察"评选活动。其间，共收到95万多张选票，经评比，汪峰等12人当选2011年度台州市"我最喜爱的人民警察"，张扬等12人获得2011年度台州市"我最喜爱的人民警察"入围奖。12月，《心系百姓·情暖万家》——2011台州市"我最喜爱的人民警察"颁奖晚会在台州市广播电视总台演播厅举行。

图为台州市局举行欢迎全国特级优秀人民警察王义生归来仪式（6月12日）

【举办台州市第二届警察运动会】 9月初至10月底，台州市公安局在市人民警察培训学校举办第二届警察运动会，共设篮球、田径、游泳、射击等7个警体竞赛项目和指挥中心、国保、治安、特警、刑侦、交警、纪检、政工、办公室等12个业务警种部门开展的43个业务技能比武项目，全市10个县市区公安局、武警、海警、边防、消防支队等单位的17支代表队、近1860名运动员参加。最终，路桥、黄岩、玉环三县（区）公安局获团体总分前三名。

【椒江公安分局】 2011年，椒江区行政区域陆地面积280.1平方千米，海域面积1604平方千米，海岸线长56千米。下辖8个街道、1个海岛镇、275个行政村、31个社区。在册常住人口51.3万人，登记流动人口17.4万人。年内，全区实现生产总值352.59亿元，财政总收入46.08亿元，地方财政收入27.52亿元，城镇居民人均可支配收入3.09万元，农民人均纯收入1.44万元。该分局设指挥中心（办公室）等7个职能科室和国内安全保卫大队等10个直属大队，下辖9个派出所和4个边防派出所，有民警559人、协辅警932名。是年，该分局立刑事案件4959起，同比下降0.14%；破2296起，同比上升17.99%；命案破案率100%；共刑拘1166人，移送起诉1338人；查处治安案件10607起，查处违法人员4518人。年内，该分局被评为全省打防控、执法质量、队伍正规化建设优胜单位，台州市优秀公安局和维稳、综治工作先进集体，椒江区综合目标考核优秀单位和党建、宣传、组织、对口联系工作先进单位；被授予椒江区人民满意机关示范单位称号。

【黄岩公安分局】 2011年，黄岩区行政区域土地面积988平方千米，常住人口59.39万人，登记流动人口19.75万人。全区实现生产总值267.4亿元，财政总收入38.7亿元，其中地方财政收入19.7亿元，城镇居民人均可支配收入2.91万元，农民人均纯收入1.31万元。该分局设17个科室，下辖11个派出所和1个看守所，有民警550名、协辅警760名。年内，该分局立刑事案件6042起，同比下降0.28%；破2933起，同比上升1.70%；其中命案发8起，破7起；打掉黑恶犯罪团伙11个，抓获违法犯罪嫌疑人87名；摧毁"两抢"团伙15个、盗窃团伙35个，移送起诉408人。年内，该分局共有16个单位(集体)和159名个人受到上级的表彰奖励，其中，分局被评为全省公安机关执法质量优秀单位和台州市世博安保先进集体、信访工作先进集体。交警大队城区中队被省政法委评为全省政法系统先进基层党组织，"清网行动"成绩获集体二等功，民警王义生被评为"全国特级优秀人民警察”。

【路桥公安分局】 2011年，路桥区行政区域土地面积274平方千米，辖10个镇（街道）。有常住人口44.58万人，登记流动人口29.77万人。全区实现生产总值 356.05亿元，财政总收入53.5亿元，其中地方财政收入28.81亿元，城镇居民人均可支配收入3.7万元，农村居民人均纯收入1.61万元。该分局设指挥中心（办公室）等9个职能科室和10个直属大队1个看守所（拘留所），下辖10个派出所和2个边防派出所，有民警566人、协辅警1065人。是年，该分局立刑事案件7965起，同比下降1.04%，破刑事案件6414起（其中年前案件1860起）；七类案件发23起，命案发12起，全部破获，并破获10年前命案积案3起，连续4年实现命案全破；“两抢”案件发327起，同比下降3.82%，破225起；移送起诉1763人，追回各类逃犯544人；摧毁涉恶团伙16个100人；查处治安案件1.77万起，行政拘留1741人。年内，台州市公安局以现场会方式推广该分局少数民族领域维稳机制建设、流动人口村企自主管理模式、看守所“四防一体化”建设3项工作经验和做法。是年，该分局被评为全省打防控工作优胜单位（连续第七年居全省前列）、全省执法质量优秀单位（连续第六年保持该称号）、全省队伍正规化建设优秀单位和台州市“铁锤整治”百日大会战优秀单位、“十项重点基础工程”建设优秀单位；“清网行动”清网率居台州市同类地区第二名；涌现出全省“十大警界先锋”林伟、全省优秀人民警察郑文彬等先进典型。

【临海市公安局】 2011年，临海市陆域面积2203平方千米，海域面积1819平方千米，下辖5个街道、14个镇。有常住人口117.2万人，登记流动人口16万人。年内，全市实现生产总值382.05亿元，财政总收入48.02亿元，地方财政收入26.20亿元，城镇居民人均可支配收入2.82万元，农民人均纯收入1.25万元。该局设办公室等7个职能科室10个直属大队，下辖19个派出所（其中2个边防派出所）、2个刑侦中队、8个交警辖区中队，有民警788人、协辅警1200人、文职25人。是年，该局立刑事案件6756起，同比下降1.49%，破刑事案件5380起，同比上升0.79%，七类案件破案率100%；交通事故四项指数全面下降；火灾事故起数同比下降19.4%，无人员伤亡，直接财产损失同比下降11.5%，死亡和受伤人数实现零增长。年内，该局被评为全省打防控考核工作优胜单位（已连续5年获得该称号）、全省集中清理涉法涉诉信访积案活动先进集体。

【温岭市公安局】 2011年，温岭市行政区域土地面积926平方千米，有常住人口119.93万人，登记流动人口76.96万人。全市实现生产总值678.6亿元，财政总收入66.6亿元，其中地方财政收入36.2亿元，城镇居民人均可支配收入3.13万元，农民人均纯收入1.5万元。该局设7个科室、12个直属大队，下辖17个派出所、1个警务区、3个边防派出所，有民警908人、协辅警2400人。是年，该局立刑事案件1.17万起，同比下降0.03%；破4948起，同比上升20.42%；其中命案发32起，破31起；摧毁恶势力团伙24个，起诉221人，移送起诉2605人，同比上升14.86%。年内，该局共有30个单位(集体)和109人受到上级表彰奖励，其中，市局被评为全省世博安保先进集体、全省社区矫正工程先进集体、全省第六次全国人口普查户口整顿工作先进集体、“亮剑”专项行动先进集体；“清网行动”成绩获集体三等功；刑侦大队及其党支部分别被评为全省公安优秀基层单位和全省先进基层党支部，交警大队被评为全省公安优秀基层单位。

【玉环县公安局】 2011年，玉环县行政区域面积1200平方千米（其中陆地面积378平方千米），有常住人口42.25万人，登记流动人口21. 89万人。全县实现生产总值361.52亿元，财政总收入46.44亿元，其中地方财政收入21.69亿元，城镇居民人均可支配收入3.67万元，农民人均纯收入1.65万元。该局设警令室（指挥中心、情报中心、办公室）等5个职能科室和刑侦等9个直属大队，下辖6个公安派出所、4个边防派出所和1个看守所、拘留所，有民警 547人、协辅警1200人。是年，该局立刑事案件5017起，同比下降0.02%，其中命案14起，同比下降12.5%，移诉1838人，同比上升12.48%。开展消防“清剿火患”战役，实现火灾零死亡，县看守所实现49年安全无事故。年内，该局4个集体25人荣立二、三等功，132个集体534人受到县级以上表彰。行政审批科荣获“全国巾帼文明岗”称号，县看守所荣获“全省监所安全金奖”。沙门所民警沈晋被评为“全省优秀人民警察”，刑侦大队民警郭炳文被评为“全省政法系统优秀党员干警”。该局在全县创人民满意机关和行风评议中，分别列同序列第一、第二名，“清网行动”成绩获集体二等功。

【天台县公安局】 2011年，天台县行政区域土地面积1431.98平方千米，户籍总人口58.6万人。全县实现生产总值139.83亿元，地方财政收入9.66亿元，城镇居民人均可支配收入2.49万元，农民人均收入1.01万元。该局设有22个职能科室，下辖10个派出所，有民警488人、协辅警251人。是年，该局全力开展“平安建设”三大整治、“清网行动”、“铁锤整治”等专项行动，圆满完成建党90周年、中国天台旅游日、“两岸三地”佛教天台宗交流大会等重大安保工作任务，全县治安形势稳定，没有发生一起有重大影响的案（事）件。破获刑事案件3324起；查结治安案件5379起；五类恶性案件破案率达100%。年内，该局被评为全省打防控工作优胜单位、全省执法质量优秀单位、全省执法示范单位、台州市综合考评先进单位和全县目标责任制考核先进单位。

【仙居县公安局】2011年，仙居县行政区域土地面积2000平方千米，户籍总人数49.5万人。全年实现生产总值116亿元；完成财政总收入13亿元，其中地方财政收入6.9亿元；城镇居民人均可支配收入和农民人均纯收入分别为2.29万元和9376元。该局设4个综合管理机构、10个执法勤务机构，下辖7个派出所和1个看守所，有民警403人、协辅警405人。是年，该局110接报有效报警3.23万起；命案破案率连续6年保持100%；摧毁盗抢团伙16个，破获盗抢系列性案件22串；打掉恶势力团伙12个，判决84人。"清网行动"共抓获行动逃犯208名，减少率89.66%。年内，该局被评为台州市"清网行动"先进单位、"铁锤整治"专项行动先进集体。

【三门县公安局】2011年，三门县行政区域土地面积1072平方千米，有常住人口43万人，登记流动人口7万人。全县实现生产总值125.81亿元，财政总收入16.43亿元，其中地方财政收入9.60亿元，城镇居民人均可支配收入2.48万元，农民人均纯收入1.03万元。该局设20个内设科室，下辖8个公安派出所和3个边防派出所，有民警职工414人、协辅警290人。是年，三门县公安局成功处置多起因环境污染、权属纠纷、非正常死亡引发的群体性苗头事件，继续保持信访总量全市最低的良好态势。全县立刑事案件1902起，同比下降0.05%；破1216起，同比上升13.96%；摧毁恶势力团伙15个129人；实现全年命案"零发生"，"两抢"案件破案率达100%。年内，该局被评为全省打防控工作优胜单位、全省执法质量优秀单位、台州市综治工作先进集体、三门县县级"十佳社会信任机关"，获台州市公安机关综合考评第一名、县级机关年度综合考评优秀等次；连续8年实现"队伍无严重违纪"，群众对社会治安的安全感和满意度连续6年位居台州市第一。

【台州经济开发区公安分局】2011年，台州经济开发区行政区域土地面积74平方千米，实际开发建设区域由中心城区、滨海新区、三山北涂围垦区三大区块组成。户籍总人口6万余人，登记流动人口7.7万余人。年内，开发区财政总收入为22.87亿元，同比增长21.65%，其中地方财政收入11.30亿元，同比增长24.88%，实现市本级规模以上工业总产值86.32亿元，同比增长26.96%。该分局设5个职能科室、2个直属大队和区东、区西、滨海边防（筹）3个派出所，有民警144人、协辅警260人。是年，该分局立刑事案件2580起，同比下降3.3%，破获刑事案件1019起，同比上升6.25%；打击处理457人，同比上升32.46%；辖区发生的3起命案、9起五类案件全部告破。"两抢"案件立62起，同比下降16.2%，破案率43.5%；查结治安案件5944起，查处3819人次。

丽水公安

【市况简介】丽水又名处州、括州、莲城，地处浙江西南，东南与温州接壤，西南与福建宁德、南平毗邻，西北与衢州相接，北与金华交界，东北与台州相连。丽水市下辖莲都、经济开发区及青田、缙云、遂昌、松阳、云和、景宁、庆元、龙泉2区7县1市，全市总面积1.73万平方千米。据省统计局统计，2011年，全市户籍总人口261.33万人，登记流动人口47.16万人。全市实现生产总值784.37亿元，同比增长11.5%；全社会固定资产投资362.21亿元，同比增长21.5%；财政总收入100.09亿元，其中地方财政收入57.36亿元，分别增长30.3%和27.6%；城镇居民人均可支配收入25278元，增长12.4%；农村居民人均纯收入7809元，增长19.5%。

【概述】2011年，丽水市公安机关认真推行"民生警务"战略，创新管理，继续推进"三项重点工作"，加快打防控一体化建设，深化"大走访"开门评警活动和民主评议工作，集中力量办好公安机关"十件民生实事"。及时化解银泰、同心等房地产企业因集资问题引发的不稳定因素，完成第十四届国际摄影艺术展暨2011中国·丽水摄影艺术文化节、首届浙江·丽水文化精品展览等安全保卫任务，配合完成全市2830个行政村基层组织换届选举工作，全力维护社会大局稳定。全年共立刑事案件1.59万起，同比上升0.95%，破获7228起，同比上升2.92%；查处治安案件3.06万起，同比上升1.26%；交通

图为全国公安经典摄影作品展在丽水市举行（11月5日）

事故459起，死亡人数连续8年下降；火灾事故67起，火灾起数连续5年下降。全市“天网工程”建设已拥有治安监控探头4600余个，街面犯罪大幅下降。人民群众安全感、满意率和对公安系统满意度位居全省第二。年内，丽水市获浙江省2011年度“平安市”称号，实现“平安丽水”建设“七连冠”。该市公安局被评为全国全民健身活动优秀组织奖、全省政法系统集中清理涉法涉诉信访积案活动先进集体、市级综合考核优秀单位等称号。全市公安机关获全国先进个人1名、省级先进集体23个、先进个人52名、市级先进集体6个、先进个人25名；集体二等功7个、个人二等功9名，集体三等功74个、个人三等功105名。

【机构人员】2011年，丽水市公安局（以下简称“丽水市局”）址设丽水市莲都区人民街505号，有内设科级行政机构35个、科级事业单位2个。年内，增设反恐怖支队，出入境管理局增挂行政审批处牌子，人口（流动人口）管理处、后勤处、城市管理警察支队分别更名为流动人口管理处、警务保障处、治安机动支队。辖莲都、青田、缙云、遂昌、松阳、云和、景宁、庆元、龙泉和经济开发区10个公安（分）局，全市有公安派出所90个，共有民警3360人，占全市常住总人口的1.29‰，其中大专以上文化程度的占96.31%。

【严厉打击刑事犯罪】2011年，丽水市公安机关立各类刑事案件1.59万起，同比上升0.95%，其中命案、盗窃案件同比分别上升7.69%、1.15%，“两抢”案件同比下降15.52%；破获案件7228起，破案率45.46%，同比上升2.92%；破获年前和外地案件3763 起，同比上升2.67%；命案、五类案件破案率分别为92.86%、98.15%。抓获犯罪嫌疑人2240名，抓获各类网上逃犯1040名，同比上升8.22%。

【“清网行动”】5月27日～12月15日，丽水市公安机关开展该专项行动。其间，共抓获逃犯557人，其中本地命案逃犯14名；公安部督捕逃犯2名；省厅督捕逃犯3名；身份“漂白”逃犯8名；潜逃国外逃犯33名；外省市上网命案逃犯5名。归案率85.56%，其中丽水市局归案率100%，龙泉市局、开发区分局归案率突破90%。

【打击经济犯罪活动】2011年，丽水市公安机关严厉打击扰乱市场秩序、集资诈骗、非法吸收公众存款、信用卡诈骗、职务侵占、挪用资金等涉众型、危害国家经济安全的经济犯罪活动。年内，全市共立案侦查经济犯罪案件131起，破案128起，移送起诉92起、145人，涉案总价值27791.97万元，挽回经济损失15397.21万元。

【开展“亮剑”专项行动】2010年10月～2011年12月，丽水市公安机关开展该专项行动，严厉打击侵犯知识产权、制售假冒伪劣商品、非法经营犯罪活动。年内，共立案侦查侵犯知识产权案件21起，破案19起，捣毁生产窝点31个，摧毁犯罪团伙1个，逮捕犯罪嫌疑人16名，抓获逃犯9名，移送起诉19人。

【开展“天网—2011”专项行动】1～10月，丽水市公安机关开展该专项行动，坚决遏制银行卡犯罪出现反弹，维护社会公众切身利益和国家金融安全。其间，共立银行卡犯罪案件17起，破案17起，抓获犯罪嫌疑人18名，移送起诉17人，抓获往年涉银行卡犯罪网上逃犯3名。

【打击网络违法犯罪活动】2011年，丽水市公安机关主侦网络违法犯罪案件93起，抓获犯罪嫌疑人55名，起诉47人；配侦本地案件182起，抓获犯罪嫌疑人263名。年内，该市网警部门抓获清网逃犯58名，其中本市逃犯54名，协助外地抓获清网逃犯4名；其中自办案件清网逃犯10名，完成率100%。同时，对本地723名在逃人员逐一清理建档，共抓获本市清网逃犯44名，其中通过主动挖掘线索抓获23名，协助抓捕21名。

【打击涉毒违法犯罪】2011年，丽水市公安机关共破获涉毒犯罪案件63起，摧毁贩毒团伙23个；查获吸毒人员800人次，移送起诉涉毒犯罪嫌疑人155人，强制隔离戒毒44人；缴获各类毒品共2280余克。禁毒系统“清网行动”前网上通缉的9名逃犯全部归案。

【开展积案侦破攻坚战】2011年，丽水市公安机关共排

图为云和县公安局举行欢迎“1997·9·19”命案追捕组凯旋仪式（11月30日）

摸出2010年12月31日前立案至今未结的经侦积案数119起、1990年以来未破命案积案数82起。年内，该市共办结清理经侦积案80起，清理率67.2%，其中2008年前积案24起，清理率48%；侦破命案积案6起（其中5起命案时间达10年以上，最长的达21年）。

【开展打击整治黄赌违法犯罪专项行动】 5～12月，丽水市公安机关开展该专项行动。其间，该市共检查娱乐服务场所1839家，其中停业整顿10家，取缔11家，罚款3家，吊销证照2家；打掉团伙15个，其中涉黄团伙5个，涉赌团伙10个。破获涉黄刑事案件112起，刑事拘留82人，逮捕52人，移送起诉113人。破获组织、强迫、介绍、容留卖淫、强奸、非法拘禁等案件31起，查处卖淫窝点18个，依法起诉犯罪嫌疑人33人，其中宾馆、美容厅业主25人，解救失足妇女12人。破获涉赌刑事案件277起，刑事拘留156人，逮捕71人，移送起诉244人；查处赌博机违法犯罪案件100余起，处理人员250余名，没收赌博游戏机2500余台，处罚关停赌博机场所18家、行政罚款及没收违法所得共30余万元。

【开展“打四黑、除四害”专项行动】 8月22日～12月31日，丽水市公安机关开展该专项行动。其间，共查处治安案件702起；刑事案件立案312起，破案141起，其中制售假劣食品案件立案5起，破案4起；制售假劣药品案件立案5起，破案4起；盗销自行车、电动车、轻便摩托车、手机案件立案171起，破案30起；盗销“三电”、市政、铁路等基础公共设施器材设备案件立案2起，破案1起；涉黄案件立案41起，破案40起；涉赌案件立案67起，破案66起。抓获违法犯罪人员372人，其中制售伪劣商品人员21人，“黄赌”组织者、经营者、获利者58人，治安拘留128人，刑事拘留97人，批准逮捕14人，移送起诉88人；捣毁黑窝点30余个，查扣涉案商品总金额600余万元，缴获赌资30余万元，返还公私财物2000元。

【加强互联网信息巡查和舆情引导】 2011年，丽水市公安机关加强网上负面有害信息的巡查处置工作，发现并删除有害信息3690条，关闭网站238个，关闭论坛栏目459个。搜集编报情报信息614条，编辑《互联网信息专报》27期、《涉警信息专报》13期。

【强化网吧和网站管理】 2011年，丽水市公安机关加大网吧实名登记管理力度。年内，对全市1150家网吧进行326批次检查，警告143家，处罚112家。同时，各地建立重点网络安全事件应急处置机制。7月4日，松阳县局成功侦破“6·28”高考考生网报志愿被恶意修改案。

【加强互联网基础管理】 2011年，丽水市公安机关加大基础网络数据备案和互联网依法公开管理工作。年内，共搜集备案IP信息4698条、本地网站2036个、上网宾馆酒店341家、专线联网单位723家，并在本市各地重点网站论坛上设立62个“报警岗亭”、4个“虚拟警察”。在丽水信息港、丽水网、丽水在线、浙江创嘉科技有限公司、浙江腾佑科技有限公司5家单位设立“网络警务室”，成为丽水公安创新虚拟社会管理的品牌。年内，对全市22家单位61个信息系统完成初备案工作，其中14家单位49个系统录入省厅重要信息系统安全监察管理系统，23个系统通过等级保护测评工作。

【建立卞卫平指纹工作室】 3月，以丽水市公安局刑侦支队指纹中心主任卞卫平名字命名的指纹工作室正式建立。年内，该市运用指纹对比破获刑事案件1003起，其中公安部协查案件674起（B级案件25起，凶杀案件2起），占全省总量的66.67%。在公安部跨省指纹协查工作绩效考核中，协查案件比中数名列全省第一，位居全国前列；其中卞卫平比中293起，占全市总量的43.47%，名列全国第三。

【实现道路交通事故死亡人数连续8年下降】 2011年，丽水市共发生上报交通事故459起，死亡259人，受伤465人。其中事故发生数、死亡人数、受伤人数三项指数分别下降19.05%、3.36%和30.8%。死亡人数实现自2004年以来连续8年下降，与2003年相比，减少150人，下降36.67%。

【深化交通专项整治工作】 2011年，丽水市公安机关查获饮酒驾驶7156起、醉酒驾驶373起。其中，5月1日后查获醉酒驾驶239起，移送起诉185起，法院判决118起。年内，该市开展“5次、10次以上机动车违法和客运车辆违法”为内容的“三项违法处罚达标率”专项整治活动。截至年底，三项重点违法处理率均为100%。

【开展事故多发点段和临水临崖高落差危险路段整治】 2011年，丽水市公安机关会同公路、安监等部门开展该项整治活动。年内，该市共投资2246万元，治理事故多发点段3处、临水临崖高落差危险路段8处；安装波型防撞护栏2392米，加强型双层钢质防撞护栏250米，漆划标线2980米，增设各类交通标志牌18处。

【开展户口登记管理专项清理整治工作】 9月至年底，丽水市公安机关开展该项整治工作。其间，该市共复核各类户口卷宗86585卷，核查重点清理整治对象存疑信息46711条，核对市外迁入户口6532个，查实、注销一人多户问题74个，纠正错误数据项886个，抓获逃犯2人，发现各类违法违规落户线索10条。

【加强出入境管理工作】 2011年，丽水市公安机关出入境部门受理审批因私出境申请5.62万人次，同比增长11.06%。其中普通护照3.20万人次，同比增加8.13%；港澳申请1.76万人次，同比增加20.45%;赴台申请6496人次，同比下降0.71%；审批华侨回国定居申请2893人次，同比增加39.72%。办理外国人、居留许可和台胞签证签注2247人次，同比增加9.34%。6月，该市局出入境新办证大厅投入使用。

【加强“境外新娘”后续管理工作】 2011年，丽水市公安机关出入境管理部门办理“境外新娘”居留许可366人，主要来自越南、柬埔寨、缅甸三国。对持合法手续入境的“境外新娘”及时登记造册，摸清底数，列入实有人口管理。

图为丽水市公安局举行出入境大厅乔迁暨揭牌仪式（6月30日）

【强化消防安全管理】 2011年，丽水市公安机关推进“防火墙”工程建设，重点抓好出租私房、公共聚集场所、高层建筑等重点场所的消防安全整治工作，举行灭火救援实战演习，提高快速救火能力。年内，共组建乡镇专职消防队、农村义务消防队、企业专职消防队180支，配备1596人、消防车辆16辆、手抬泵194台。是年，该市共发火灾事故67起，同比下降6.94%，直接财产损失332万元，未发生亡人火灾事故。年内，该市消防部队共接警出动1590次，出动消防车2707辆次，出动警力16508人次，抢救被困人员243人，疏散人员1087人。成功处置开发区“3·1”油罐、缙云“4·1”铝粉爆炸火灾和松阳“4·15”乙二胺泄漏等灾害事故，第一力量增援温州“7·23”动车追尾事故，成功完成指定车厢的搜救任务。

【开展“清剿火患”战役】 2011年9月～2012年2月，丽水市消防支队开展该项战役。11月9日，丽水市人民政府举行“119”消防日暨“清剿火患”战役宣传活动启动仪式。是年，该市公安机关共检查社会单位21778家，发现消防隐患57976处，整改56240处，下发责令改正通知书10937份，责令“三停”577家，临时查封1117处，拘留265人。

【完成监所“四防一体化”建设和功能分区及标牌标识设置改造】 2011年，丽水市公安机关投入资金近400万元，完成监管场所“人防、物防、技防、联防一体化”建设和功能分区及标牌标识设置改造工作。其中，全市各看守所实现与县武警中队的报警系统联网工作。该市看守所投入专项资金32万元，安装与更新所内监控系统，有效解决监控有死角、放风场无监控的问题；完成检察、公安特审室（各1间）的物理隔离。该市拘留所按照教育管理新模式的标准，配备电脑、打印机、大课教育用投影仪等设备和血压计、血糖计、血液检测仪等医疗器械。

【推行在押人员网上视频会见制度】 11月起，丽水市看守所推行在押人员网上视频会见服务，有效解决在押人员家属、亲属因路途遥远、工作繁忙等原因不便到监管场所进行会见的困难。年内，30名留所服刑人员通过网上视频与家属会见。

【完成功能区改造工作】 2011年，丽水市公安机关共完成改造执法办案场所116个、功能区111个，完成率100%，其中派出所80个；交警执法办案场所68个。

【完成各类警（保）卫任务】 2011年，丽水市公安机关共完成警（保）卫任务45批次，其中二级任务2批次，三级任务4批次，准三级3批次，其他保卫任务36批次。做好全国第七届城运会皮划艇预赛暨全国青年皮划艇锦标赛、第八届全国残疾人运动会火炬传递活动、首届世界浙商大会“光彩事业丽水行”活动、中国第十四届国际摄影艺术展暨2011中国·丽水国际摄影文化节等155起各类重要会议、活动的安全保卫工作。

【完成银行业金融机构安全评估工作】 2011年，丽水市公安机关与银监部门联合成立9个领导小组、11个评估小组，完成102个市级和368个县级金融网点安全评估工作，覆盖面100%，发现隐患1485处，整改隐患1295处。

【公安信访工作成效显著】 2011年，丽水市公安机关继续实行公安局局长开门“大接访”和每月接待日工作制度，取得显著成效。年内，该市信访总量1741件（批），同比下降28.06%。其中，市本级接收群众来信来访总量567件（批）、来信367件、来访200批，同比分别下降28.77%、28.60%、29.08%。实现全年无公安归口信访对象进京赴省上访，未发生“告洋状”事件。该市局信访室被评为全省政法系统“集中清理涉法涉诉信访积案活动”先进集体。

【110接处警工作】 2011年，丽水市公安机关110报警台共接到报警67.69万起，同比上升1.79%，其中有效报警19.39万起，指令出警14.85万起，有效接警率28.64%，同比下降2.00%；刑事类报警1.71万起，同比下降26.36%，治安类报警4.43万起，交通事故4.05万起，火警4859起，同比分别上升5.36%、7.01%、38.90%。

【启用110接处警自动回访系统】 5月1日，丽水市公安机关指挥中心全面启动110接处警自动回访系统。年内，该系统自动回访58962次，有效回复27384次，报警或涉警当事人回复满意20686次，基本满意4973次，分别占有效回复数的75.54%和18.16%，全市平均满意率达93.70%。

图为丽水市委常委、公安局局长陈钟在接待来访群众（5月18日）

【建设网上办事大厅】 12月12日，丽水市公安局外网新版和网上办事大厅投入运行。开通网上申报项目15项，其中出入境5项，交警部门5项，治安部门3项，消防部门2项；查询服务类7项，包括出入境查询、交通违法查询、身份证查询、高速违章查询、保安员证查询、车辆与驾照信息查询、易制毒化学品证件核查等。

【开通丽水公安官方微博】 7月8日，丽水市公安局通过腾讯微博平台开通官方微博，成为权威发布信息、加强对外宣传、与网民互动的平台。发布的广播涵盖“警方提醒”、“交通安全”、“防骗指南”等内容，设有网民留言办理单。年内，共发布广播1081条，收听各类政府机关、企事业单位和个人239位，听众2248人；办理各类网民留言、咨询、举报共470余条。在市级机关单位官方微博考核中位居第三名，获“丽水市微博达人”称号。

【推进信息化应用建设】 4月，丽水市公安机关完成网络安全管理平台中的边界检查管理、敏感信息检测两个子系统建设。其间，在全市范围内建立起监测、预警、通报等安全技术和管理流程相结合的安全管理平台。8月20日～9月9日，开展网上信息化应用技能达标考试工作。在编民警3000余人分批参加考试，参考率达98.9%，合格率达100%。12月15日，警用地理信息平台一期建设工作通过验收。年内，投入43万元资金用于警务综合应用平台建设，9月15日，该项目完成一期建设并投入运行。

【开展涉案财物管理问题专项治理】 6月，丽水市公安局出台《丽水市公安机关涉案财物管理规定》，组织开展涉案财物管理问题专项治理。年内，该局组织11个督导检查组3次对各县（市、区）局和市局机关执法办案单位进行督导检查，共排查案件68212件次，发现问题167个，整改问题167个，处置涉案财物3732件次，妥善清理处置机动车930辆、现金及有价证券等1493万元。年内，该市公安机关共投入资金146.1万元，新建、改造涉案停车场16个、保管场所91个，完成县级公安机关危险物品收缴库建设。8月，丽水市局在全省涉案财物专项治理推进会上作经验介绍。

【开展执法主体素质专题教育培训】 2011年，丽水市公安局开展执法主体素质专题教育培训，共举办培训班23期，培训人员1413人，其中以警衔晋升对象为主体的素质教育培训班9期，培训574人；科所队长执法主体素质教育培训班3期，培训260人；业务部门执法主体素质教育培训班11期，培训579人。

【开展民主评议　深化“开门评警”工作】 2011年，丽水市公安机关开展民主评议工作，深化“开门评警”大走访活动。年内，共发放22.32万份问卷，收集5762条建设意见，对161个问题按照项目化管理的要求，以列表的形式进行整改。11月，全省民主评议结果显示，该市公安系统群众满意率88.36%，位居全省第二。

【开展“审计整改年”活动】 3～12月，丽水市公安机关组织开展该项活动。对2008年以来审计发现的问题进行集中清理整治，有效落实单位财经制度，经济活动违纪违规问题得到有效处理。其间，共集中清理整治问题65个，涉及金额1.12亿元，审计整改率100%。11月，丽水市局被评为全省内部审计先进单位。

【举办全国公安经典摄影作品展暨全国公安摄影家走进丽水公安活动】 11月5日～9日，首届全国公安经典摄影作品展在丽水举行。该展由全国公安文联、浙江省公安文联主办，丽水市公安局承办，被评为丽水·国际第四届摄影节最佳展览，共有作品70余幅参展。全国摄影家协会分党组书记、副主席兼秘书长李前光，全国公安文联副主席李忠信，全国公安摄影家协会主席冯凯文，丽水市委常委、市公安局局长陈钟等出席剪彩仪式并观看影展。其间，举行“全国公安摄影家走进丽水公安”活动，50余名全国公安战线摄影家到龙泉、遂昌两地摄影采风，创作警察题材作品。

【丽水市局刑侦综合楼投入使用】 10月，丽水市公安局刑侦综合楼投入使用。该楼共4层，建筑面积2840平方米，共投入资金1000余万元。该楼的建成和使用，为刑科所实验室计量认证复评审和创建国家实验室的顺利开展提供硬件条件。

【莲都区公安分局】 2011年，莲都区行政区域面积1502平方千米，户籍总人口35.90万人，登记流动人口15.32万人。全区实现生产总值204.62亿元，财政总收入12.92亿元，地方财政收入7.23亿元，城镇居民人均可支配收入和农村居民人均纯收入分别为25278元和9551元。该局设有办公室等8个职能科室和国内安全保卫等8个直属大队，下辖12个派出所，共有民警382人、职工4人、协辅警506人。3月，天宁派出所正式挂牌成立。是年，该局共立刑事案件5685起，同比上升0.18%，破获刑事案件3270起，侦破年内案件2484起，破案率43.69%，其中“两抢”案件破案率39.2%，盗窃案件破案率43.95%，命案、五类案件破案率均100%；受理治安案件9821起，查处9786起，查处率99.64%。年内，该局被省厅评为全省2011年度打防控工作县级优胜单位、全省“六普”户口整顿工作先进集体。

【青田县公安局】 2011年，青田县总面积2484平方千米，共辖10镇21乡1个管委会436个行政村，户籍总人口51.44万人，登记流动人口5.39万人。全县实现生产总值135.62亿元，财政总收入15.74亿元，地方财政收入9.32亿元，规模以上工业产值260.89亿元，全县综合经济指标评比名列全市前茅。城镇居民人均可支配收入和农村居民人均纯收入分别为25037元和8063元。该局设有指挥中心（办公室）等4个职能科室和国内安全保卫等9个直属大队，下辖15个派出所，共有民警400人、职工64人、协辅警485人。年内，该局共立刑事案件2211起，同比上升4.9%；刑事案件破案率39.76%，其中命案、五类案件破案率均100%，“两抢”案件破案率34.57%，盗窃案件破案率28.7%；受理治安案件3547起，查处3546起，查处率99.97%。共发生上报道路交通事故104起，死亡56人，受伤102人，直接经济损失31.36万元，分别同比下降17.46%、1.75%、46.32%和24.29%。年内，该局被评为2011年度全省执法质量优秀单位、全省禁毒社会管理创新先进集体和全县综合考核先进单位，立集体三等功1次。

【缙云县公安局】 2011年，缙云县行政区域土地面积1482平方千米，户籍总人口45.70万人，登记流动人口9.62万人。实现生产总值134.07亿元，财政总收入13.32亿元，地方财政收入6.62亿元，城镇居民人均可支配收入和农民人均纯收入分别为23897元和7995元。该局内设机构13个，下辖10个派出所，共有民警414人、职工49人、协（辅）警140人。年内，该局共立刑事案件2027起，同比下降0.05%；刑事案件破案率45.39%；其中命案破案率100%，“两抢”案件破案率21.71%，盗窃案件破案率39.02%，五类案件破案率92.30%；受理治安案件7704起，查处率100%。该局被评为2011年度全省打防控优胜单位、全省执法质量优秀单位、丽水市公安工作综合考评优胜单位、县级综合考评优胜单位、信访工作优胜单位和综治工作优胜单位。共有5个集体和12名民警被记三等功，8个集体和70名民警受到嘉奖。

【龙泉市公安局】 2011年，龙泉市行政区域土地面积3059平方千米，户籍总人口29.01万人，登记流动人口1.24万人，辖3街道8镇8乡444个行政村。实现生产总值75.68亿元，财政总收入6.71亿元，地方财政收入突破4亿元，城镇居民人均可支配收入24904元，农民人均纯收入突破8000元。该局设有指挥中心（办公室）等7个职能科室和刑事侦察大队等10个直属大队，下辖11个派出所，共有民警297人、职工14人、协辅警248人。年内，该局共立刑事案件929起，刑事案件破案率49.94%，其中命案立5起破5起（破年前命案积案1起），“两抢”破案率66.67%，五类案件破案率80%，盗窃案件破案率59.08%；受理治安案件1112起，查处1030起，查处率92.63%。年内，该局被评为2011年度全省执法质量优秀单位、2011年度队伍正规化建设优秀单位。

【遂昌县公安局】 2011年，遂昌县行政区域土地面积2539平方千米，下辖9镇11乡203个行政村。户籍总人口23.16万人，登记流动人口1.30万人。全县实现生产总值67.24亿元，增长12.2%；财政总收入7.51亿元，增长10.5%；地方财政收入4.18亿元，增长13.2%；城镇居民人均可支配收入和农民人均纯收入分别为24431元和7962元，分别增长12%和19.6%。该局设有指挥中心（办公室）等5个职能科室和治安等10个直属大队，下辖11个派出所、1个看守所（拘留所），共有民警261人、职工8人、协辅警243人。是年，该局共立刑事案件971起，破

724起。其中命案发2起，破2起；五类案件发3起，破3起；“两抢”案件发7起，破3起；盗窃案件立788起，破534起。“清网行动”逃犯归案率85.71%，受理各类治安案件1710起，查处1707起。查结毒品违法活动案件50起、处罚80人，同比上升100%、110.53%。交通上报事故30起，同比下降6.25%。火灾事故5起，与去年持平。年内，该局被评为全省平安家庭创建活动先进集体、“十一五”全省人口和计划生育系统先进集体；县局看守所被评为全省公安机关集中整治涉案人员非正常死亡问题工作成绩突出集体；4人获省级先进称号，1个集体、1人立二等功，1个集体、8人立三等功。

【松阳县公安局】 2011年，松阳县行政区域土地面积1406平方千米，辖5镇15乡，户籍总人口23.83万人，登记流动人口2.95万人。实现生产总值57.70亿元，同比增长12.3%，增幅居全市第二，财政总收入4.88亿元，增长20.6%，地方财政收入2.92亿元，增长14.7%，城镇居民人均可支配收入和农民人均纯收入分别为21725元和7255元。该局内设机构10个，下辖7个派出所，共有民警273人、职工13人、协辅警172人。是年，该局共立刑事案件1314起，同比持平，刑事案件破案率68.7%，其中命案、五类案件破案率100%，“两抢”案件破案率57.14%；受理治安案件2741起，查处率100%。年内，该局5个集体、3人获全国、省级先进称号，1人立二等功，1个集体、12人立三等功。

【云和县公安局】 2011年，云和县行政区域土地面积984平方千米，户籍总人口11.35万人，登记流动人口2.64万人。实现生产总值38.93亿元，增长9.5%；财政总收入4.33亿元，地方财政收入2.45亿元，城镇居民人均可支配收入和农村居民人均纯收入分别为22549元和7570元。该局设有内设机构14个，下辖4个派出所，共有民警201人、职工12人、协辅警149人。是年，该局共立刑事案件972起，同比下降0.1%，补立年前案件166起；破获刑事案件771起，同比下降2.39%；其中命案破案率75%，盗窃案件破案率41.04%，五类案件破案率100%；交通事故发生数15起、受伤人数14人、死亡人数7人，同比分别下降31.82%、44%、41.67%；发生火灾事故4起，经济损失4.6万元，同比分别下降63.6%、87%；受理治安案件1707起，查处1656起，查处率97.01%。该局连续第二年获全省公安队伍正规化建设优秀单位称号，连续第五年获全省执法质量优秀单位称号。

【景宁县公安局】 2011年，景宁县行政区域土地面积1949.98平方千米，户籍总人口17.32万人，登记流动人口2.05万人。实现生产总值32.17亿元，同比增长12.1%；财政总收入8.05亿元，同比增长111.6%，地方财政收入3.67亿元，同比增长63.6%；城镇居民人均可支配收入和农村居民人均纯收入分别为20315元和7412元，同比分别增长13.5%、19.5%。该局设有指挥中心（办公室）等12个职能科室队，下辖6个派出所，共有民警190人、职工25人、协辅警74人。是年，该局共立刑事案件577起，同比持平；刑事案件破案率71%，同比持平，其中命案、五类案件破案率均为100%，“两抢”案件破案率50%、盗窃案件破案率37%；受理治安案件803起，同比上升2.42%，查处803起，结案276起，共查处违法人员199人，治安处罚191人，其中罚款84人，拘留107人；发生上报道路交通事故14起，死亡8人，受伤13人，连续5年未发生一次死亡3人以上的交通事故；发生火灾事故3起，无人员伤亡，直接财产损失15.4万元，同比下降2.5%。“清网行动”共归案行动前逃犯24名，清网率75%。在丽水全市率先实现将3G无线视频接入已建的路面治安视频监控系统，完成接处警现场音视频信息系统建设。8月4日，新公安业务用房举行开工奠基仪式，11月正式动工兴建。该楼总投资6895万元，总用地面积6082平方米，总建筑面积16055.72平方米。

【庆元县公安局】 2011年，庆元县行政区域土地面积1898平方千米，户籍总人口20.50万人，登记流动人口1.78万人。实现生产总值37.75亿元，财政总收入3.15亿元，地方财政收入1.88亿元，城镇居民人均可支配收入和农民人均纯收入分别为20164元和7143元。该局设有办公室（指挥中心）等6个职能科室和国内安全保卫等10个直属大队（所），下辖10个派出所，共有民警241人、职工32人、协辅警143人。是年，该局共立刑事案件692起，同比下降0.29%，刑事案件破案率54.05%，其中命案、五类案件破案率100%，“两抢”案件破案率20%，盗窃案件破案率53.17%；受理治安案件729起，查处721起，查处率为98.90%；道路交通事故和火灾三项指数继续保持“零增长”。年内，该局共有26个集体、51人分别受到立功、嘉奖等表彰。

【丽水经济开发区公安分局】 2011年，丽水生态产业集聚区（经济开发区）行政区域土地面积108.81平方千米，下辖2个街道35个行政村，户籍总人口3.12万人，登记流动人口4.87万人。实现生产总值50.68亿元，财政总收入23.47亿元，地方财政收入15.01亿元。该局设有5个职能科室和5个直属大队，下辖2个派出所，共有民警73人、协辅警127人。是年，该局共立刑事案件629起，破获334起，破案率53.1%，其中命案破案率100%，“两抢”案件破案率35.3%，盗窃案件破案率43.5%，五类案件破案率45%；受理行政治安案件897起，查处884起，查处率98.5%。实现连续7年涉爆责任事故零发生。年内，该局共有6个集体、25人分别受到立功、嘉奖等表彰。

人 物

新(升、转)任厅领导

【刘力伟】 男，1955年10月出生，湖南桃源人。1973年1月参加工作，1976年10月加入中国共产党，湘潭大学经济系毕业，中共十六大代表，副总警监警衔。历任湖南省桃源县盘塘公社青草岗大队团支部书记，桃源县盘塘公社信用社职工，桃源县盘塘公社党委办公室干部，湘潭大学经济系教师，常德地委政策研究室干部，湖南省委政策研究室副科级研究员、副处级研究员、副处长、正处级研究员、处长、副厅级研究员，湖南省委副秘书长，湖南省委副秘书长兼省委政策研究室主任，湖南省张家界市委副书记(正厅长级)、书记，湖南省政府党组成员，湖南省副省长、省委政法委第一副书记，湖南省副省长、省委政法委第一副书记、省公安厅党委书记、省公安厅厅长。2011年10月27日，任浙江省委常委；11月7日，任浙江省公安厅党委委员、书记，省委政法委副书记；11月25日，任浙江省公安厅厅长；2012年3月26日，兼任浙江省武警总队第一政委；5月5日，兼任浙江省武警总队党委第一书记；6月10日，在中共浙江省第十三届委员会第一次全体会议上当选为省委常委。

【华乃强】 男，1957年2月出生，浙江宁波人。1976年5月参加工作，1978年10月加入中国共产党，大学文化，一级警监警衔。历任省公安厅政治保卫队干部，省公安厅办公室、省委政法委秘书，副科、正科职机要秘书。1986年7月～1987年9月，任省公安厅办公室科长。1987年9月～1992年6月，任省公安厅副处职机要秘书。1992年7月～1993年9月，挂职任杭州市公安局局长助理。1993年10月～2000年4月，任省公安厅技侦处(科技处)副处长、处长。2000年4月～2004年7月，任丽水市委常委、市公安局党委书记、局长。2004年4月，任省公安厅党委委员、政治部主任。2010年7月，兼任省公安厅巡视员。2012年1月，任省公安厅党委委员、副厅长、政治部主任；8月，免去兼任的政治部主任职务。

【华远平】 男，1956年12月出生，浙江遂昌人。1978年8月加入中国共产党，研究生学历，二级警监警衔。1976年入伍，历任空军雷达兵第十七团战士、排长，济南军区空军政治部组织处干事、政治部秘书处秘书，空军航空兵第五师十三团飞行三大队副政治教导员、政治教导员，济南军区空军政治部组织处干事、科长、副处长，政治部宣传处处长，济南军区空军航空兵运输团代理政治委员，2003年至2006年7月，任空军航空兵第十二师政治委员。2007年4月任浙江省公安厅党委委员、纪委书记、督察长。2012年1月，任省公安厅党委委员、副厅长。

【王海仁】 男，1957年5月出生，浙江海宁人。1975年7月参加工作，中共党员，研究生学历，二级警监警衔。历任嘉兴市郊区大桥乡党委副书记，嘉兴市郊区七星乡党委书记，嘉兴市郊区区委组织部正乡级组织员、部委成员，嘉兴市郊区纪委副书记，嘉兴市郊区区委常委、纪委书记，嘉兴市郊区区委副书记，嘉兴市司法局局长、党组书记，海盐县委书记，嘉兴市委副秘书长，绍兴市委常委、政法委书记、市公安局党委书记、市公安局局长。2011年12月，任省公安厅党委委员、纪委书记。

【叶寒冰】 男，1965年10月出生，浙江三门人。1982年8月参加工作，1985年10月加入中国共产党，中央党校研

究生学历，二级警监警衔。

1982年8月～1984年9月，为三门县健跳中学、花市中学教师。1984年9月～1986年7月，为浙江省人民警察学校学生。1986年7月～2004年6月，先后任省公安厅三处办事员（其间下派金华县公安局锻炼）、科员，办公室机要秘书、副科级机要秘书、正科级机要秘书（机要组组长）、副处级机要秘书（机要组组长），三处副处长，治安总队总队长。2004年6月～2009年3月，任湖州市委常委、市公安局党委书记、市公安局局长。2009年3月～2012年1月，任温州市委常委、市委政法委副书记、市公安局党委书记、市公安局局长。2011年12月，任省公安厅党委委员；2012年1月，任省公安厅副厅长。2012年6月，当选为中共浙江省纪律检查委员会委员。

【黎伟挺】男，1965年7月出生，浙江上虞人。1986年7月毕业于浙江省人民警察学校，同年同月参加工作，1994年1月加入中国共产党，省委党校研究生学历，二级警监警衔。历任绍兴市公安局越城区分局府山派出所民警，绍兴市公安局政治处干事，绍兴市公安局办公室科长、副主任、主任，绍兴市公安局党委委员、办公室主任。1999年6月，任省公安厅办公室副主任。2001年6月，任省公安厅办公室主任。2004年8月，任省公安厅治安总队总队长。2005年3月，任衢州市委常委、市公安局党委书记、市公安局局长。2011年12月，任省公安厅党委委员、副厅长级。

【石小忠】男，1963年10月出生，浙江临安人。1981年7月毕业于浙江省人民警察学校，同年8月参加工作，1985年5月加入中国共产党，复旦大学工程学硕士学历，三级警监警衔。1981年8月～1986年7月，任省公安厅办事员、科员；1986年7月～1996年8月，任省公安厅副科长、科长；1996年8月～2002年5月，任省公安厅办公室副主任（其间于2000年8月～2002年5月下派绍兴市公安局任副局长）；2002年5月～2005年3月，任省公安厅公共信息网络安全监察处处长、公共信息网络安全监察总队总队长；2005年3月，任省公安厅办公室主任；2008年4月，任省公安厅党委委员、办公室主任；2012年8月，任省公安厅党委委员、政治部主任。

离任厅领导

【孙建国】男，1955年1月出生，山东沾化人。1970年12月入伍，1974年5月加入中国共产党，浙江省委党校研究生学历，副总警监警衔（2012年8月授衔）。历任中国人民解放军杭州警备区独立连战士、班长，富阳县武装部干部，杭州市物资局干部，杭州市政府办公厅综合处秘书、市委办公厅秘书处机要秘书，杭州市委办公厅副处级机要秘书，浙江省委办公厅调研写作处副处级调研员、副处长，浙江省委办公厅一处处长、副主任，浙江省委副秘书长，浙江省经济体制改革委员会办公室主任、党组书记，衢州市委副书记、代市长、市长。2008年4月，任衢州市委书记。2011年7月11日，任浙江省公安厅党委书记；7月29日，任浙江省公安厅厅长。同年10月27日，任湖南省委常委；11月7日，免去浙江省公安厅党委书记职务；11月25日，免去浙江省公安厅厅长职务。

【董晓伟】男，1951年11月出生，宁波镇海人。1969年12月入伍，1973年1月加入中国共产党，大学文化，一级警监警衔。历任中国人民解放军六十军一八〇师五四〇团特务连战士，团机关给养员，团后勤处参谋、党委委员，六十军后勤部战勤处参谋、副处长，第一集团军后勤部战勤处处长、后勤部副部长，六十军党委委员、军纪委副书记，六十军后勤部党委副书记、部长、部党委书记，第一集团军党委委员、常委。2001年8月，任省公安厅党委委员、纪委书记；2001年9月，兼任省公安厅督察长；2007年2月，任省公安厅党委委员、副厅长；2011年10月，兼任正厅级。2012年1月，免去省公安厅党委委员、副厅长职务，同年2月退休。

【陈重天】 男，1951年6月出生，浙江宁波人。1972年1月参加工作，1973年12月加入中国共产党，大学文化，一级警监警衔。历任鄞县（现宁波市鄞州区）公安局侦察员、政保股副股长、政保股股长、副局长。1984年6月～1991年5月，任鄞县县委委员、县公安局党委书记、公安局局长。1991年5月～1992年9月，任余姚市委常委、政法委书记。1992年9月～1995年10月，任省公安厅交通管理处副处长、治安管理处处长。1995年10月～2000年7月，任金华市委常委、政法委书记、市公安局局长。2000年7月～2004年11月，任省公安厅交巡警总队总队长、交通管理局局长。2004年10月，任省公安厅党委委员；2004年12月，任省公安厅副厅长；2007年1月，兼任省公安厅巡视员。2011年10月退休。

英模（烈）

【吴仁贤】 男，1965年10月出生，杭州萧山人。1986年7月毕业于杭州市人民警察学校，同年8月参加工作，2000年7月入党。历任杭州市公安局高新技术产业开发区（滨江）分局西兴派出所民警、刑侦大队民警、刑侦大队重案中队中队长等职；2006年10月起，任杭州市公安局高新区（滨江）分局刑侦大队副大队长。吴仁贤长期奋战在公安一线基层，无论是在派出所还是在刑侦队，吴仁贤都敬业、负责、热忱，帮助群众解决了许多实际问题，攻克了一批疑难要案。他担任刑侦大队副大队长并分管重案中队后，滨江刑侦大队主侦的命案和五类恶性案件破案率连续四年达100%。2006年3月，滨江区发生一起凶杀案，受害者为一名身份特殊的湖北妇女，其夫十多年前外出打工因交通事故离世，因肇事者逃离未获任何赔偿，家里上有两位古稀老人，下有3个正在上学的女儿。面对3个不幸的孩子，吴仁贤和滨江刑警们承担起了孤女们的抚育任务，定期资助她们的学习、生活费用，时间长达6年，在孩子们心里，吴叔叔“就像父亲一样”。吴仁贤及滨江刑警们的事迹被媒体报道后，受到社会如潮好评，中共中央政治局常委、中央政法委书记周永康批示予以充分肯定。2011年6月，在全国第四届十大“我最喜爱的人民警察”评选中，吴仁贤作为20名入围者之一被授予特别奖，并被公安部、人力资源与社会保障部联合授予二级英雄模范称号。同年，吴仁贤先后被评为2011年度杭州市“十大道德模范”、杭州市第七届“十大平民英雄”，并立个人二等功1次。

【王叶飞】 男，1965年12月出生，浙江杭州人。1985年8月参加工作，1985年4月入党，中央党校研究生学历。历任杭州市人民警察学校学生管理处办事员、教务处副主任、副校长，杭州市公安局西湖区分局副局长，杭州市公安局特警支队党委委员、副支队长。2010年12月，任杭州市公安局特警支队政委。2008年“5·12”汶川大地震发生后，6月2日，时任杭州市公安局特警支队副支队长的王叶飞率领200余名杭州特警奔赴四川广元、青川等地，在灾区的53天时间里，带领警队冒着不断发生的余震，克服各种困难，出色完成了救援和维护灾区治安秩序的任务。第二批杭州援川特警被公安部前线指挥部评为“灾区群众满意公安特警队”，王叶飞本人被评为“灾区群众满意公安特警”，并立个人一等功1次。2009年7月和2010年1月，王叶飞两次带领杭州援疆特警奔赴乌鲁木齐，担负维稳任务。杭州援疆特警队工作得到公安部援疆特警协调组的充分肯定，为推广杭州特警执法规范化建设和信息化应用等方面的经验，公安部协调组在杭州特警队驻地召开现场会，向全国其他援疆特警介绍“杭州经验”，称之为“最优秀的特警队伍”。2011年1月，国务委员、公安部部长孟建柱签署命令，授予王叶飞全国公安系统二级英雄模范称号。

【王义生】 男，1960年4月出生，台州黄岩人。1978年12月入伍，1990年7月入党。1980年12月转业至黄岩县公安局，曾在派出所、看守所等岗位工作，现为台州市公安局黄岩分局交警大队民警。1996年4月29日，王义生在执行警卫开道任务时为排除险情而负伤，导致左臂粉碎性骨折，经鉴定为三等残废。伤愈后，王义生谢绝了组织上给他调换一份较为轻松工作的安排，要求继续坚守交警岗位且到了黄岩交通管理任务最为繁重的九峰路口执勤。王义生在严格管理的同时，创造了极具人性化特色

的“2345工作法”，即克服不愿管、怕麻烦，不敢管、怕报复这2种心理；执勤管理上始终坚持规范指挥手势、规范执勤用语、规范执法程序这3个规范；查纠交通违法行为耐心做好法律法规解释、贴心做好事实依据解释、真心做好违法危害解释、诚心做好处理结果解释这4个解释；遇上情绪急躁不服管理的人杜绝5种行为：不说无理无据的话，不讲伤人自尊的话，不喊高声训人的话，不言语气过激的话，不接不利气氛的话。“2345工作法”体现了理性、规范、文明、平和的执法理念，密切了“管”与“被管”的和谐关系，受到群众的真情拥护。王义生所在的九峰路口岗亭，年查纠交通违法8000余起，无一投诉；日通行车辆行人万余次，无拥堵现象。2010年5月7日，公安部在黄岩隆重举行“王义生文明执法示范岗”授牌仪式，这是全国交警系统第一次以交警姓名命名示范岗亭，也是浙江省唯一获此荣誉的交通岗亭。至2011年底，王义生2次立三等功、1次立一等功，先后获台州市优秀共产党员、台州市自强模范、台州市道德模范、台州市“我最喜爱的十大人民警察”、第二届感动台州人物、浙江省优秀共产党员、浙江省优秀基层公安民警、浙江省优秀人民警察、全国交警系统执法标兵、全国公安机关爱民模范、全国政法机关优秀共产党员、全国第四届“我最喜爱的人民警察”提名奖、全国特级优秀人民警察、中国文明网“中国好人榜上榜”人物等荣誉。2009年9月，他被授予浙江省劳动模范称号。

【赵海峰】 男，1982年9月出生，乐清虹桥人，大专文化。2007年6月加入乐清市公安局交警大队市区中队，从事路面协警工作，2009年1月调至虹桥中队。赵海峰从小喜爱人民警察职业，为了接近梦想，他成为一名交通协警。赵海峰在交通协警岗位的3年多时间里，协助民警接警7500余起，加班加点2000多小时，帮助群众600多人次。在协警月度和年度考核中，赵海峰总是名列前茅。在同事眼里，赵海峰“任劳任怨，以队为家，经常连续一两个星期战斗在中队交管岗位上”。2010年8月10日晚，根据公安部统一部署，乐清市公安局交警大队虹桥中队分两组开展严厉查处酒后驾驶集中统一行动，赵海峰等11名警力被安排在虹南公路蒲岐镇东门外村路段设卡。19时50分许，一辆拒不停车接受检查的“马自达”轿车连续闯过一名民警和一名协警的拦截，向卡点末端的赵海峰冲来，在赵海峰意欲用反光背心警示停车时，轿车高速冲卡，将躲闪不及的赵海峰迎面撞飞。事后查明，身份为农村合作银行分社主任的驾驶员李某酒精测试含量达157毫克/100毫升，超出醉酒驾驶标准近1倍。虽经多地专家努力抢救，终因伤势过重，9月9日，赵海峰不幸牺牲，年仅29岁。赵海峰牺牲后，乐清市公安局党委作出决定，号召全市公安民警、协辅警队员向赵海峰学习。2011年12月23日，浙江省人民政府批准赵海峰为革命烈士。

典型案例

经济案件

【杭州市公安局侦破“1·30”特大合同诈骗案】 1月30日，该局根据受害企业报案立案侦查该案。经查，犯罪嫌疑人斯某某自2009年8月至2010年12月间，以租车经营为名，与有关汽车租赁公司及个人车主签订协议，先后租赁车辆共计219辆，价值3800万元。该斯在租赁车辆后，谎称为走私车、罚没车和银行抵债车，转手低价出售他人，非法获利1000余万元，用于个人挥霍和支付租赁费用。公安机关追缴被骗车辆181辆。10月17日，该案移送检察机关审查起诉。

【杭州市公安局破获云南鸿如茶业有限公司非法吸收公众存款案】 2007年6月，犯罪嫌疑人李某某伙同他人注册成立云南鸿如茶业有限公司，在不具有兑现能力情况下，借“普洱茶升值”概念，以承诺虚假高额投资回报为饵，诱骗老年群众投资，涉及受害集资对象900余名，涉案金额1.27亿元。2011年5月11日，杭州市公安局经侦支队、景区公安分局开展集中收网行动，抓获李某某等犯罪嫌疑人14名，取缔在杭非法活动场所6处，冻结账户资金近200万元，查封用作诱骗群众参与非法集资的劣质茶叶近100吨。

图为杭州市公安局抓获云南鸿如茶业有限公司涉案犯罪嫌疑人（5月11日）

【杭州余杭公安分局侦破“5·8”非法经营案】 6月10日，该局立案侦查该案。经查，犯罪嫌疑人应某某等人通过租用在异地申请的POS机，大肆在余杭从事刷卡套现非法经营业务。经1个多月侦查，该局抓获涉案人员15人，查获POS机10余台、银行卡500余张，涉案金额43亿元。12月15日，该案全部15名涉案成员均被依法移送起诉。该案系公安部打击银行卡犯罪“天网”行动第三批督办案件。

【慈溪市公安局侦破系列保险诈骗案】 1月18日，该局立案侦查该案。经查，2010年8～12月，犯罪嫌疑人徐某某伙同犯罪嫌疑人蒋某某、徐某某等人，经过事先合谋，利用自己或者借用他人的农村医疗保险卡（以下简称“农保卡”）及身份证，持伪造的上海长征、长海等7家医院住院医药费发票及住院药品费用明细清单等资料，向慈溪市城乡居民医疗保障管理中心各乡镇（街道）卫生院结算服务点报销一定比例的医疗费用，诈骗医疗保险补偿金。诈骗成功后，犯罪嫌疑人徐某某与犯罪嫌疑人蒋某某、徐某某按六四分成。犯罪嫌疑人徐某某共计参与诈骗107次，涉案金额达227万元。2010年10月间，犯罪嫌疑人单某某伙同邹某某、金某某也利用上述手法实施诈骗，其中单某某到长河卫生院报销补偿金12次，骗得医疗补偿金达20万余元。7月5日，该案60名犯罪嫌疑人依法移送慈溪市检察院审查起诉，所有赃款均被追回。

【温州龙湾公安分局侦破非法吸收公众存款、非法经营案】 8月29日，该局根据受害群众报案立案侦查该案。经查，自6月至案发，犯罪嫌疑人郑某某陆续从虞某某、项某某等人处收取承兑汇票，并承诺在40～45天不等期限后全额兑现承兑汇票上的金额。后再将承兑汇票放至季某某姐妹两人（均已另案处理）处进行贴现和转借吴某某承兑汇票，涉嫌非法经营罪。另外，犯罪嫌疑人郑某某以购买家电、资金周转等为由，以1.5～3分的高息作为回报，向陈某某等多名社会不特定人员借款，涉嫌非法吸收公众存款罪。该案涉及受害人161名，涉案金额1.7亿余元。2012年3月20日，该案移送检察机关审查起诉。

【省、市两级公安机关参与侦破制售假冒高档白酒包材系列案】 1月24日，根据工商部门移送线索，绍兴市公安机关立案侦查涉嫌销售假冒"茅台酒"犯罪案件。经深入侦查，3月23日，在公安部统一指挥下，全国29个省市及浙江省绍兴、温州、杭州、台州等地公安机关开展打击假冒高档白酒及包材的"猎手一号"行动，对制造假冒包材、生产假酒和批发销售各环节的犯罪链条实施全程打击。一举摧毁假冒高档白酒犯罪团伙11个，捣毁生产窝点99个，缴获各类高档白酒5700余瓶及标志1000余万件。6月24日、9月27日，温州市公安机关又通过多种侦查举措，先后策动发起全国范围内的打击高档白酒包材"猎手二号"、"猎手五号"战役行动，省内共破获制售假冒高档白酒包材案件16起，抓获违法犯罪人员209名，捣毁生产假冒窝点19个，缴获各类高档白酒包材4000多万套。

【嘉兴公安机关侦破特大组织领导传销活动案】 5月20日，嘉兴南湖公安分局根据报警，解救1名被骗入传销团伙的群众。经调查发现，该团伙从事以"国家连锁经营"为名的资本运作类传销活动，单笔入门费达6.98万元，团伙成员众多。经深入侦查，7月6日晚，嘉兴公安机关调集全市1000余名警力，对盘踞在当地出租房的147个窝点展开统一清查，抓获组织、领导传销活动A级头目34人，参与人员近800人，缴获赃款100余万元，冻结银行存款120余万元，扣押大批书证材料。10月12日，34名主要犯罪嫌疑人移送南湖区人民检察院审查起诉。

【省、市、县三级公安机关参与侦破"7·20"制售假药案】 7月20日，义乌市公安局在1名出租车乘客随身携带的黑色包内，查获700余套立普妥、拜糖平、易瑞沙等处方药的包材。金华公安机关高度重视，抽调精干人员组成专案组，开展专案侦查。经顺线深挖、扩展线索，省内杭州、衢州等多个市县公安机关积极跟进、联动侦查。同时，在公安部组织协调下，全国多个省市公安机关开展同步侦查。经过近3个月侦查，查明浙江及北京、上海、广州等多个省市的犯罪嫌疑人员，通过从医院回收高档药品包材，并自行勾兑、灌装后，将假药分销给全国各地，其中部分流向医院。11月17日，根据公安部统一指令，涉案省（市、自治区）公安机关开展集中统一收网。全省11个涉案市集结1100名警力，一举破获制售假药案47起，抓获犯罪嫌疑人83名，打掉制售假药犯罪团伙14个，捣毁制假售假窝点98个，缴获大量高档药品空壳盒等包材。如灌装成品，价值将达1亿元。

图为金华市局领导在"亮剑"行动"7·20"专案指挥部现场指挥全市统一行动（11月17日）

【湖州市公安局侦破"3·28"特大网络信用卡诈骗案】 4月8日，该局立案侦查该案。经查，2010年7月～2011年4月间，以犯罪嫌疑人刘某、陈某某、高某某等为首的多个诈骗和销赃团伙以网络为平台，利用"钓鱼"、"洗卡"等非法程序软件，通过以低价诱惑受害人在网络点击其事先设置的假购物网站链接、假银行支付页面，从而获取被害人银行卡信息资料，再利用该银行卡在网上购买游戏卡进行套现，获取巨额非法所得。该案17名作案人员分布天津、河北、河南、山西、山东、江苏、安徽、湖北、广东、福建等省、市，涉及被害人206人，涉案金额120余万元。10月26日，该案移送检察机关审查起诉，并被公安部评为"天网—2011"专项行动"十大精品案例"。

【衢州市公安局侦破"12·22"骗取出口退税案】 2010年12月22日，根据衢州市国家税务局移送线索，该局立案侦查该案。经查，2009年以来，犯罪嫌疑人吴某某、徐某某等人利用国家再生资源回收利用行业增值税优惠政策，共同出资在常山县和衢州市区分别设立废旧物资回收公司、太阳能电池片生产厂和外贸公司，虚构废旧太阳能电池片收购业务，虚开取得增值税专用发票。同时，吴某某等人将太阳能电池片通过外贸公司销售给由其实际控制的香港公司，货物到达香港后，通过走私入境并重复报关出口。其间，吴某某等人又通过香港公司及个人账户，将从"地下钱庄"换取的外汇汇入外贸公司，取得外汇核销单，最终达到骗取出口退税款的目的。该案涉及浙江、安徽、广东、福建等地38家公司，其中涉嫌在衢州市通过常山兴隆物资回收有限公司等企业伪造出口销售2.8亿余元，涉嫌骗取国家退税款2600余万元。该案系公安部督办案件。9月30日，该案6名主要犯罪嫌疑人移送检察机关审查起诉。

【青田县公安局侦破青田县保利房地产开发有限公司金某某集资诈骗案】 1月19日，该局立案侦查该案。经查，2004年2月～2011年1月，犯罪嫌疑人金某某隐瞒所经营和投资的公司连年亏损的真相，以月利率1%～9%不等的高额利息为诱饵，虚构公司经营良好的状况，明知没有还款能力，不顾财务成本向社会不特定公众集资，共诈骗700余人的巨额资金，至案发时尚有2亿余元集资款不能归还。11月23日，该案移送检察机关审查起诉。

刑侦案件

【浙江公安机关参与侦破“6·30”特大电信诈骗专案】 9月28日9时，公安部指挥大陆10省区市公安机关，联手台湾警方，与印度尼西亚、柬埔寨、菲律宾、越南、泰国、老挝、马来西亚、新加坡等东盟8国警方采取集中统一行动，成功摧毁由浙江和广东公安机关分别侦办的两个特大跨国跨两岸电信诈骗犯罪集团，抓获犯罪嫌疑人828名，其中大陆籍犯罪嫌疑人532名，台湾籍犯罪嫌疑人284名，其他国家犯罪嫌疑人12名；捣毁拨打诈骗电话、转账洗钱、开卡取款和诈骗网络平台等犯罪窝点162处，缴获银行卡、电脑、手机、网络平台服务器等一大批作案工具和赃款。浙江省“6·30”专案工作组由厅党委副书记、副厅长张景华任组长，董晓伟副厅长和厅刑侦、技侦、网警总队负责人任副组长，行动指挥部设在金华市公安局。本次统一行动，派出赴柬埔寨、新加坡2个国家和广东、福建、山东等省共15个抓捕组，出动金华、绍兴和衢州等市的警力200余名，车辆20余辆，当地配合警力120余人。截至9月29日，全省共摧毁15个境内外窝点，抓获180人（大陆籍140人、台湾籍39人、印度尼西亚籍1人），其中刑拘押回61人，查扣、冻结资金1500余万元，查扣汽车7辆，查扣电脑30余台、移动硬盘13个、服务器硬盘6个，取证通话等数据2400余万条。

【温州、瓯海两级公安机关侦破温州市瓯海区“2011·1·28”特大杀人案】 1月28日，温州市瓯海区新桥街道附近的河里发现一个行李箱，内装一具男性尸体躯干，系杀人分尸。经温州、瓯海两级公安机关侦查，于1月30日下午在河南信阳抓获犯罪嫌疑人吴某某（男，40岁，河南省人）。经审讯，该吴交代了1月25日凌晨，伙同吕某某（男，20岁，河南省人）将潘某某（男，36岁，缙云县人）绑架，索要钱财不成后将潘某某杀害分尸，之后又在其暂住处将潘的妻子和2个女儿杀害后埋藏在潘在温州市瓯海区娄桥街道出租房的犯罪事实。

【宁波鄞州区公安分局侦破“2011·2·6”故意伤害致人死亡案件】 2月6日，犯罪嫌疑人唐某某因琐事纠纷，与受害人卢某某、彭某某夫妇在宁波市鄞州区邱隘镇盛垫村委会附近发生争执，持刀将2人刺伤致死。后唐某某坐长途大巴逃离。经省厅协调，专案组民警在湖北黄石收费服务站抓获唐某某。经审讯，唐某某交代因与卢某某2月5日晚打架受伤一事，向卢某某夫妇讨要医药费并引起争执，遂用刀将卢、彭2人捅死的犯罪事实。

【宁波市海曙区公安分局侦破“2011·2·23”特大杀人案】 2月23日，宁波市海曙区德威会计事务所员工叶某（男，38岁，江北区人）在该事务所内，用刀将部门经理忻某（女，41岁，江东区人）及同事黄某某（男，40岁，海曙区人）2人刺死。该叶被民警当场抓获。经审讯，叶某因在日常工作中与忻某等人产生矛盾，便怀恨在心，对持刀杀人的犯罪事实供认不讳。

【绍兴、上虞两级公安机关侦破“2011·3·17”特大杀人案】 3月17日，上虞市汤浦镇上街村山上发现2具女尸。经查，死者为潘某（女，17岁）、潘某某（女，15岁，均系贵州惠水县人），系他杀。经绍兴市和上虞市两级公安机关缜密侦查，专案组成功确定嫌疑人，并于3月27日在金华抓获犯罪嫌疑人余某某（男，18岁，河南信阳市人）。经审讯，该余如实供述了因受到两名受害人的言语刺激而将两人杀害的犯罪事实。

【宁波、余姚两级公安机关侦破吴某系列杀人案】 3月3日下午，余姚市凤山街道通达小区发生一起抢劫杀人案件，1名女性被害。3月9日下午，奉化市岳林东升路一居民住宅内发现1具女性尸体，系他杀。经勘验，确定该两起案件系同一人所为。经宁波市局和余姚市局、奉化市组成的专案组缜密侦查，锁定两起案件均系犯罪嫌疑人吴某（男，30岁，余姚市人）所为。3月15日，专案组在桐乡公安机关大力协助下，成功将犯罪嫌疑人吴某抓获。经审查，该吴交代了3月3日中午以租房为名进入被害人吕某住宅，用斧头击打吕头部致其死亡，劫取财物后又潜逃至奉化，与受害人吴某某结识姘居；3月5日，因口角纠纷，用随身携带的匕首将吴捅死，并劫走手机的犯罪事实。

【台州市黄岩公安分局侦破“2011·6·20”杀人分尸案】 6月20日，台州市黄岩区永宁镇江东城街道王西村段发现女性人体尸块，经勘验，系一起恶性杀人分尸案件。案发后，该分局立即抽调精干力量成立专案组，开展侦查工作。经侦查，确认死者系李某某（女，34岁，贵州桐梓县人），同时查明曾某（男,35岁，四川宜宾市翠屏区人）有重大作案嫌疑，案发后已潜逃。经查，发现8月21日在缅甸发生的一起故意杀人案中，跳楼自杀的犯罪嫌疑人疑为曾某。经鉴定比对，确定该自杀男子为犯罪嫌疑人曾某，案件成功告破。

【嘉兴、南湖两级公安机关侦破“2011·6·24”故意杀人案】 6月23日晚，嘉兴市南湖区新丰镇广场花园内发现一具高度腐败的女性尸体，经现场勘查和尸体检验，系他杀。经调查和DNA鉴定，确认死者系6月14日晚下班途中失踪的苏某某（女，24岁，云南彝良人）。案发后，嘉兴市、南湖区两级公安机关立刻组成专案组全力开展侦查。8月1日，专案组成功锁定犯罪嫌疑人史某某（男，28岁，安徽省定远县人），并于当晚在新丰镇某出租房内将其抓获。经审讯，史某某交代了6月14日晚在新丰广场公园内杀害苏某某并剥衣藏尸的犯罪经过。

【衢州、柯城两级公安机关侦破“2011·8·21”故意杀人案】 8月21日15时24分许，该局110指挥中心接衢州供销宾馆工作人员报警称：606房间内有3人被杀。经查，死者为陈某某（女，27岁，衢州市开化人）及陈某某的女儿（6岁）、外甥女（8岁）。经查，8月22日6时30分许，专案组民警在宁波警方大力协助下，于宁波市明州医院住院部8楼12床成功将犯罪嫌疑人牟某某抓获归案，并缴获作案工具。经审讯，该牟交代了其于8月19日将被害人陈某某安排住在供销宾馆606房间，8月20日凌晨1时许，用随身携带的匕首将陈某某等3人杀死在客房内的犯罪事实。

【省、市、县三级公安机关侦破诸暨“2011·8·23”、“2011·8·29”系列特大持枪抢劫杀人案件】 8月23日和8月29日，诸暨市大唐镇、三都镇相继发生两起针对银行取款人员实施持枪抢劫的特大杀人案件,先后致2人死亡。案件发生后，经省、市、县三级公安机关侦查，专案组于9月5日成功确定重大犯罪嫌疑人许某某（男，61岁，诸暨市马剑镇人），并于9月6日凌晨在诸暨市大唐镇一出租房内将其成功抓获，同时缴获作案用仿六四式手枪1支及子弹15发。

【玉环县公安局侦破“2011·9·4”特大杀人案】 9月4日8时许，阴某某（男，27岁，四川内江人）在玉环县龙溪乡塘厂村永康路40号，采用电线缠手再通电方法，电伤自己2岁的儿子和李某某（男，4岁，阴妻舅的儿子）、徐某（男，6岁，阴妻舅的儿子），3名小孩经医院抢救无效死亡。专案组经过五昼夜艰苦追击，于9月8日在成都火车站抓获犯罪嫌疑人阴某某。经审讯，阴某某交代了9月4日8时许，在玉环县龙溪乡塘厂村永康塘40号房内用铁丝捆绑3名小孩的手脚后通上电，将他们电死的犯罪事实。

【嘉兴、南湖两级公安机关侦破“9·26”特大杀人案】 9月26日20时21分，嘉兴市南湖区凤桥派出所接到110指令，称南湖区凤桥镇星火村十八组王某某家有纠纷。民警到达后，发现王某某及其妻子、外孙3人倒在血泊之中（经医院抢救无效死亡）。经嘉兴市、南湖区两级公安机关组成的专案组侦查，发现王某某的大女婿苏某某（男，46岁，南湖区大桥镇由桥村人）有重大作案嫌疑。经现场勘查和调查访问，专案组于10月10日抓获苏某某。经审讯，苏某某交代了杀死3人的犯罪事实。

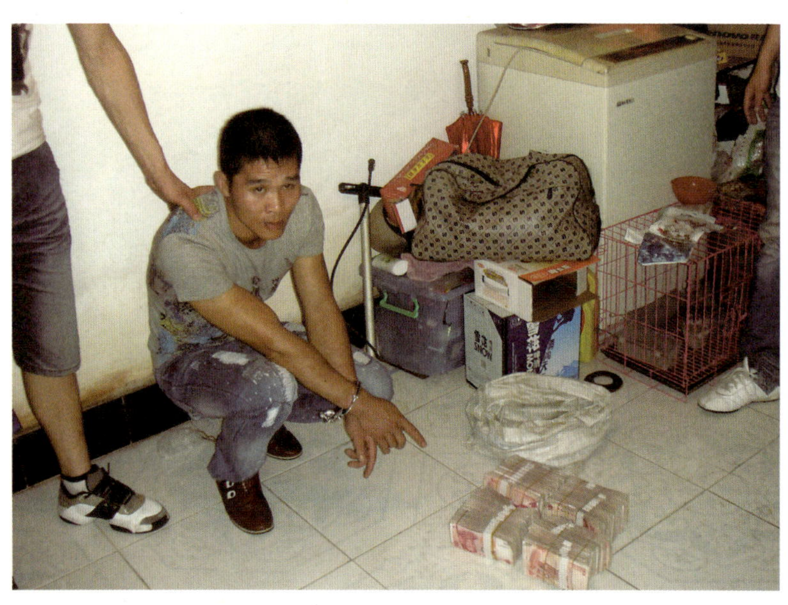

图为公安机关抓获苍南“2011·9·5”绑架案犯罪嫌疑人（9月6日）

【温州、苍南两级公安机关侦破“2011·9·5”重大绑架案】 9月5日18时许，苍南县中医院院长魏某被两名持刀歹徒绑架，勒索100万元。案件发生后，温州、苍南两级公安机关立即组成专案组，展开侦查工作。经过一昼夜的艰苦侦查、连续追踪、巧妙谈判，成功解救被害人，抓获犯罪嫌疑人谢某某（男，34岁，苍南县藻溪镇龙船坑村人）、章某某（男，33岁，苍南县灵溪镇塘下村人），追回被勒索的100万元赎金，并缴获作案车辆1辆。

【省、市、区三级公安机关侦破“2011·3·29”特大持枪绑架案】 3月29日，温州市鹿城区的孙某在温州江滨路被绑架，犯罪嫌疑人向其家属勒索赎金1500万元。案件发生后，省、市、区三级公安机关周密设计工作方案，综合运用侦查手段，于4月4日在河南驻马店市安全解救出被害人孙某，但犯罪嫌疑人携300万元赃款潜逃。随后，在公安部的统一组织指挥下，专案组转战山西、河南、山东、河北等地，成功锁定3名犯罪嫌疑人，于4月12日在河北省成功抓获杨某某、王某某、杨某某3名河北藁城籍犯罪嫌疑人，缴获4支作案枪支及砍刀、汽车等作案工具，追回赃款280多万元，并带破2005年以来发生在河南、山东、河北及浙江嘉兴等地案值600余万元的多起持枪绑架人质和持枪抢劫金店案件。

【乐清市公安局侦破刘某黑社会性质组织案】2009年以来，以刘某为首的黑社会性质组织以暴力、威胁或其他手段，有组织地进行寻衅滋事、故意伤害、敲诈勒索等违法犯罪行为，称霸一方，为非作恶，欺压、残害群众，多次实施犯罪活动，插手基建工程，严重破坏当地经济秩序、社会生活秩序。2011年8月，乐清公安机关摧毁该犯罪团伙，12月19日，法院按刑法第294条对该团伙作出判决。

【瑞安市公安局侦破赵某某黑社会性质组织案】2009年以来，以赵某某为首的黑社会性质组织在瑞安市塘下镇一带的山头、民宅、村居多次开设赌场，以赌养黑、以黑护赌，先后实施开设赌场、寻衅滋事、聚众斗殴、非法拘禁、非法持有枪支等违法犯罪活动。2011年5月，瑞安公安机关摧毁该犯罪团伙，12月19日，法院按刑法第294条对该团伙作出判决。

【慈溪市公安局侦破“2011·2·3”特大盗窃案】该市局接到报警称：2月3日凌晨2时许，慈溪古塘街道大润发超市一楼卖场的明牌首饰柜台黄金被盗。失窃的有千足金、黄金、铂金、钻石制作的吊坠、项链、手镯、戒指等首饰数件，总价值约350万元；现金35万余元；大润发超市购物卡5万元，总计损失400万元。2月15日，市局根据线索，在广东惠州市惠阳区塘吓镇一出租房内抓获涉嫌盗窃的犯罪嫌疑人左某某（男）、郭某某（女，均为安徽宿州市人）。经审讯，犯罪嫌疑人左某某交代了2月3日凌晨发生在古塘街道大润发超市的明牌首饰柜台盗窃首饰及现金的犯罪事实；郭某某交代了窝藏赃物的犯罪事实。

【杭州市、区两级公安机关侦破“XJ001”专案】针对近年来杭州市区涉疆扒窃犯罪多发的情况，2011年，杭州市公安局成立“XJ001”专案组展开侦查。经前期侦查，发现位于江干区新塘路上的一家新疆维吾尔饭店老板娘吐尔逊·古力（女，30岁，新疆莎车县人）及其多名关系人有重大犯罪嫌疑。该团伙以开设新疆饭店为据点，采取提供毒品、毒打等摧残身体方式控制初来杭州谋生的新疆籍人员为其贩毒、扒窃。为逃避打击，该团伙还采取怀孕、怀抱婴幼儿、吞食异物、自伤自残等伎俩对抗公安机关，不少嫌疑人还患有艾滋病、开放式肺结核等传染性疾病。3月3日晚，杭州市局集结300余名警力，组成19个抓捕组在江干城东、笕桥，拱墅大关，余杭良渚等地同时开展集中抓捕行动。共抓获新疆籍犯罪团伙成员66人，其中男性45名、女性21名，未成年人8名，一举捣毁窝点13处，主犯和骨干成员无一漏网，当场缴获作案用车辆4辆及现金、刀片、匕首、电警棍、仿真枪等涉案物品一批，成功打掉“古力团伙”。杭州市局刑侦支队循线深挖，于4月1日凌晨调集100余名警力再次展开收网行动，一举抓获以图如普·图合尼亚孜为首的18名新疆籍扒窃犯罪团伙成员，其中男性9名、女性5名，未成年人4名，捣毁窝点5个。

【遂昌县公安局“11·24”盗窃金店案】11月24日上午7点45分，该局110指挥中心接到报警，位于遂昌县妙高镇北街8—12号“中国黄金”金店被盗，失窃黄金首饰价值约100万元。经侦查，11月25日，抓获犯罪嫌疑人陈某某（男，41岁，遂昌人）。经审查，犯罪嫌疑人如实交代了11月24日凌晨4时许，窜至遂昌县妙高镇北街8—12号“中国黄金”金店，采用剪断窗栅钢筋进入店内，窃得黄金手镯、项链、戒指等黄金首饰价值100余万元及现金5万余元的犯罪事实。

图为“11·24”金店特大盗窃案案发现场（11月24日）

【杭州拱墅公安分局侦破“2011·3·8”湖南道县籍孕妇帮特大盗窃团伙案】 经前期侦查，4月12日上午10时许，杭州市公安局拱墅分局在市局刑侦支队、行动技术支队、特警支队、监管支队、法制支队、拱墅交警大队等相关部门大力配合下，集结300余名警力开展集中收网行动，一举抓获女性盗窃团伙成员49名（其中孕妇22名），成功摧毁“3·8”湖南道县籍孕妇帮特大盗窃团伙。根据前期案件串并及比中案件情况估算，该团伙涉案150余起，案值达150余万元。审讯期间，为确保孕妇安全，公安机关租下了医院一个楼层的病房，边调查边给“孕妇小偷”上法律、卫生课；对于钻法律空子从事犯罪活动的孕妇进行严厉打击。

禁毒案件

【杭州市公安机关破获冯某某等人运输贩卖毒品案】 5～9月，杭州市公安机关在四川成都、合江县等地公安机关配合下，成功破获冯某某等人运输贩卖毒品案。共抓获违法犯罪嫌疑人54人，其中刑拘29人，行政拘留25人；缴获冰毒7.8千克、麻古3000余粒，缴获毒资人民币76万元、港币0.3万元；缴获汽车11辆、手枪1支、子弹6发及假武警牌照、武警制服等。

【杭州市公安机关破获朱某某运输贩卖毒品案】 5～11月，杭州市公安机关破获朱某某运输贩卖毒品案，共抓获贩毒嫌疑人9名，查获冰毒2.5千克、K粉5千克、大麻1.3千克、麻古900粒及其他毒品若干，缴获仿制手枪2支、子弹9发、毒资4万元、车辆2辆。

【余姚市公安机关破获张某、蒙某某等人贩卖毒品案】 6月17日凌晨，余姚市公安局在云南、贵州等地公安机关配合下，破获张某、蒙某某等人贩卖毒品案，共抓获以贵州纳雍籍为主的吸贩毒人员120余名，其中移送起诉41人；缴获毒品海洛因、冰毒、麻古等28千克，捣毁制毒窝点1个，起获制毒原材料5千克，摧毁贩毒通道5个，缴获作案车辆1辆、毒资30余万元，查获毒品包装物、掺加物、称量工具一批。

【温州、苍南两级公安机关破获“4·15”公安部毒品目标案】 6月20日，温州市公安局、苍南县公安局与广东汕尾警方携手，对“4·15”公安部毒品目标案进行收网，先后在温州、广东汕尾等地抓获庄锡灶（男，30岁，广东汕尾人）等13名涉毒犯罪嫌疑人，缴获冰毒、麻古等毒品9000多克、仿六四式手枪1支、子弹7发、自制手枪2支、钢珠枪3支、管制刀具22把、毒资35万余元及运毒车1辆，截断了一条由广东汕尾至温州的贩毒通道。

【温州市公安局破获“部目标2011-036”毒品案】 2010年11月，温州市公安局禁毒支队和鹿城禁毒大队在工作中发现，以陈某某为主的犯罪团伙通过雇佣马仔运毒、托运和邮寄等方式从武汉将毒品运往温州贩卖，团伙人员众多，涉及浙、鄂两省多地，2011年2月23日被公安部列为毒品目标案件。3月10日晚，温州警方抽调80余名警力实施收网行动，一举抓获陈某某（男，43岁，温州市区人）等19名违法犯罪嫌疑人，缴获冰毒、麻古、氯胺酮等各类毒品合计10余千克。抓捕中，陈某某驾车拒捕，致3名民警受伤，在被击伤后制服。

【嘉兴市秀洲区公安机关破获戴某某等人贩卖毒品案】 7～9月，嘉兴市秀洲区公安机关破获戴某某等人贩卖毒品案，共抓获犯罪嫌疑人14名，查获吸毒违法人员18名，缴获毒品及半成品“麻果”400余颗，咖啡因、色素等制毒原料500余克，缴获枪支2支、车辆3辆、毒资5万余元及制毒工具若干。

【嵊州市公安机关破获徐某某等人贩卖毒品案】 3～5月，嵊州市公安机关破获徐某某等人贩卖毒品案，共抓获犯罪嫌疑人36名，缴获冰毒570余克、麻古2204粒，查获毒资300余万元，缴获涉案汽车7辆，捣毁制毒窝点1个，成功摧毁一条从四川至浙江的制、运、贩一条龙式的犯罪通道。

【常山县公安机关破获毛某等人贩卖毒品案】 3月，常山县公安机关通过对320国道白石省际卡点信息分析，发现一起贩毒案件线索。3～6月，常山县公安机关经对线索深入侦查，在江西上饶公安机关的大力协助下，破获毛某等人贩卖毒品案，共抓获犯罪嫌疑人18名，缴获冰毒15克、毒资1万余元及作案车1辆。

深挖犯罪案件

【诸暨市看守所突破系列抢劫杀人案】 9月，诸暨市公安局抓获涉嫌持枪抢劫杀死2人的犯罪嫌疑人许某，羁押在诸暨市看守所。该看守所对许某开展工作，获取重大线索。经查证，破获义乌市烈士陵园“1991·4·27”杀人抢劫案件、诸暨市三都镇“2001·11·28”杀人抢劫案件、嘉兴“1991·9·26”杀人抢劫案件，成功深挖许某抢劫作案杀死6人的犯罪事实，抓获同案犯罪嫌疑人2名、涉枪犯罪嫌疑人4名。

【杭州市萧山区看守所突破纵火案】 2月，杭州市萧山区公安分局抓获涉嫌纵火的犯罪嫌疑人郭某，羁押在萧山区看守所。该看守所对其重点管控，成功突破犯罪嫌疑人心理防线，促使其供认2009年以来在绍兴等地多次纵火作案、致4人死亡的犯罪事实。

【宁波市看守所突破制销“地沟油”案】 9月，宁波市公安局、宁海县公安局组织警力抓获涉嫌将“地沟油”精炼后销往食用油市场的鲁某等3名犯罪嫌疑人，该案社会影响较大，被公安部列为督办案件。但嫌疑人到案后拒不供认作案经过，案件无法进展。该看守所对鲁某开展工作。通过内外配合，多策并举，终于促使鲁某如实供认了详细犯罪经过，使这起部督案件顺利告破。

【温州市看守所突破盗窃案】 3月，温州市平阳县公安局抓获涉嫌以技术性手段开锁盗窃作案的犯罪嫌疑人谢某。此案为2011年第4批省厅挂牌督办案件。为顺利突破全案，温州市看守所精心谋划，多管齐下，内外配合，促使谢某如实供认了涉及多个省市、以高档居民小区为主要目标、以技术性开防盗门锁为手段，疯狂作案100余起，总案值150多万元的系列案件。

【温岭看守所突破杀人案】 “清网行动”开始后，该看守所在监内积极营造声势，鼓励在押人员检举揭发。通过对某在押人员提供的线索进行研判比对，发现一名杀人逃犯的踪迹，并于6月3日协同其他警种一举抓获潜逃18年的故意杀人逃犯孙某某（男，1972年出生，安徽省灵璧县人）。孙于1993年在安徽灵璧杀人后潜逃，被安徽警方列为网上逃犯。

治安案件

【宁海县公安局破获柳某某等非法制售“地沟油”案】 7月，宁海县公安机关在公安部协调部署下，在山东、河南等地公安机关协助下，首次全环节侦破制售“地沟油”案件。在5个月时间里，专案组先后深入山东、河南等地，对精加工“地沟油”的济南格林生物能源有限公司和销售“地沟油”的河南惠康油脂有限公司开展调查，抓获柳某某等28名涉案犯罪嫌疑人，查扣“地沟油”原料、成品1700余吨，查实涉案金额3.5亿余元。柳某某等21名犯罪嫌疑人以涉嫌生产、销售有毒、有害食品罪被追究刑事责任。该案的破获，在全国首次印证了“地沟油”流向餐桌的事实，得到国务院、公安部和省委、省政府领导的高度肯定。该案被中国法学会评为“首届全国食品安全制度创新十佳案例”。

【永康市公安局破获章某某等组织、强迫妇女卖淫案】 12月12日，永康市公安局在公安部、省厅、金华市局的协调指挥下，打掉涉及广西、安徽和浙江金华、温州、湖州等地区，以永嘉籍人员章某某等为首的特大组织、强迫妇女卖淫犯罪团伙，抓获涉案违法犯罪嫌疑人180余名，缴获砍刀、“警棍”、窃听器、对讲机以及用于卖淫的工具一批。经查，2008年9月以来，犯罪嫌疑人章某某、张某某等人从全国各地拐骗或拐卖妇女和未成年少女，在永康市经济开发区一带组织、强迫妇女卖淫。案发后，共批准逮捕60人，刑拘上网缉逃44人，挽救解救失足妇女115人，其中 41人系未满18周岁少女，82人系被强迫卖淫。

【余姚市公安局破获徐某等利用游戏机赌博案】 8～11月，余姚市公安局针对城郊接合部赌博游戏机泛滥的状态，组织警力分两次开展统一行动，摧毁1个以湖南临武籍犯罪嫌疑人徐某为首的赌博犯罪团伙，刑拘犯罪嫌疑人80名，收缴赌博游戏机一批。据查，该团伙于2010年5月开始，在余姚市梨州街道等地的小店、小超市内摆放赌博游戏机，后逐步发展为公司化运作，非法获利600余万元。案发后，78名犯罪嫌疑人被依法批准逮捕。

【杭州市拱墅区公安分局破获郑某某等组织卖淫案】 5月25日，杭州市拱墅区公安分局经1个多月前期侦查，对湖州街一带20多家美容美发、休闲足浴场所开展突击检查，摧毁以郑某某为首的温州永嘉籍人员组织、强迫妇女卖淫犯罪团伙，抓获犯罪嫌疑人83名。经查，该团伙自2010年初开始，通过招工广告、网上招工等形式拐骗年轻女性并实施控制，强迫其从事卖淫活动。该案共解救被拐卖、强迫卖淫妇女25名。郑某某等22名犯罪嫌疑人被移送起诉。

【苍南县公安局破获周某某等组织卖淫案】 2月24日，该局对龙港镇礼品城三楼“天一水”浴场进行清查，抓获老板周某某等涉案人员66名。经查，2008年9月～2011年2月，周某某伙同他人合股经营浴场，组织妇女进行卖淫活动，共组织卖淫5.2万余次，非法收入2100余万元。该案系浙江历年来破获的涉黄案件中认定卖淫次数最多、涉案金额最大的案件。

【瑞安市公安局破获薛某某等非法行医案】 9月初，该局接计划生育部门举报，一犯罪团伙在温州一带使用B超非法鉴定胎儿性别，致多名孕妇引产。9月8日，该局对位于温州市瓯海区梧田街道月落洋东路的B超非法鉴定窝点进行突击检查，抓获违法犯罪人员一批。经查，该案涉及温州鹿城、瓯海、龙湾、瑞安、永嘉、平阳、乐清等7个地区300余名孕妇，致多名孕妇引产。案发后，薛某某等13名犯罪嫌疑人被刑拘。

【嘉善县公安局破获赵某某等生产销售病、死猪肉案】

9月26日，该局立案侦查赵某某兄弟等人生产销售病、死猪肉案。经查，2009年以来，以赵某某兄弟两人、王某某等人和另一位王某某等人分别为首的3个有组织生产、销售病、死猪肉团伙，从嘉善姚庄镇及周边乡镇养猪户处收购病、死猪，贩卖给江苏、上海、嘉善等地猪肉经销户和食品生产企业，共交易病、死猪肉70余吨，案值100余万元。案发后，21名犯罪嫌疑人被逮捕，1人被刑事拘留，1人被取保候审。

【绍兴县公安局破获余某某等赌博案】 2011年初，该局经1个多月前期侦查，先后在柯桥城区沃德酒店、凯豪酒店等地抓获天台籍违法犯罪嫌疑人165名，缴获赌资200余万元，摧毁以余某某等人为首的赌博团伙。经查，2010年下半年以来，该团伙通过股份制，统一安排食宿，统一接送，招揽天台籍同乡在绍兴县的农庄、城郊接合部等地进行聚众赌博。案发后，余某某等20人被依法起诉，戴某某等96人被治安拘留。

【台州市公安局破获赵某某等侵犯著作权案】 2010年9月11日，该局接上海盛大网络有限公司报案，称该公司代理的“热血传奇”、“传奇世界”两款网络游戏遭台州地区200余家非法私服运营站侵权。经查，犯罪嫌疑人赵某某等人通过开办网络公司，非法为传奇私服广告发布站提供服务器及网络防护业务，收取高额费用。截至2011年6月，共抓获犯罪嫌疑人13名，其中8人被判处有期徒刑。

【衢州市公安机关破获生产、销售病、死猪肉系列案】 2010年底以来，衢州市公安机关发现柯城、衢江、开化、江山、龙游等地有人宰杀、销售病、死猪肉。经专案侦查，先后破获经济开发区林某某生产、销售伪劣产品案，龙游县钱某某生产、销售伪劣产品案，江山市陈某某生产、销售伪劣产品案，衢江区赖某某等人生产、销售伪劣产品案，捣毁病、死猪肉生产窝点12个，查获病、死猪肉44吨，涉案金额178万余元。案发后，14名犯罪嫌疑人被采取刑事强制措施。

【龙泉市公安局破获全某某等组织卖淫案】 5月，该局经近1个月前期侦查，组织警力对长途汽车站旁金狮路、酒厂弄一带宾馆、美容美发、休闲足浴场所开展突击检查，摧毁以全某某为首强迫妇女卖淫犯罪团伙，抓获犯罪嫌疑人33名，解救受害妇女16人，帮助30余名失足妇女改业或遣返原籍。经查，2010年10月以来，该团伙以提供食宿、介绍工作等形式诱骗年轻女性并实施控制，强迫其从事卖淫活动。案发后，全某某等29名犯罪嫌疑人被移送起诉，其中全某某犯强迫卖淫罪、强奸罪、非法拘禁罪，被判处有期徒刑十三年六个月。

【杭州市萧山区公安分局破获李某某等地下“六合彩”赌博团伙案】 11月3日，该分局经2个多月专案侦查，打掉以贵州籍、湖南籍人员为主的地下“六合彩”销售团伙，捣毁地下赌博窝点11个，破获案件10余起，抓获涉案人员90余名，案值200余万元。案发后，16人被刑事拘留、12人被采取其他刑事强制措施。

【义乌市公安局破获王某某等开设赌场案】 1月21日，义乌市公安局经3个多月前期侦查，破获以义乌籍人员王某某为首利用赌博游戏机开设赌场团伙案，当场查获赌博游戏机3组17台，抓获参赌人员25名，缴获赌资20余万元。案发后，涉案27名违法犯罪嫌疑人员全部归案并被追究刑事、行政责任，非法所得100余万元被追缴。

【温岭市公安局破获魏某某等组织卖淫案】 3月31日，温岭市公安局摧毁一个以江西籍人员为主的组织妇女卖淫犯罪团伙，主犯魏某某及团伙成员31人被采取强制措施，其中逮捕20人，追缴非法所得70余万元。经查，2008年8月以来，魏某某伙同他人，与酒店人员勾结，在温岭和路桥部分酒店客房放置招嫖广告，通过酒店内部电话转接，组织进行卖淫活动。

【三门县公安局破获何某某销售伪劣产品案】 5月，该局与烟草专卖局、检察院等部门合作，深挖旧案积案，破获何某某销售假烟案，查清涉案人员36名，案情涉及浙江、安徽、福建、山东、广东、广西、云南、内蒙古8个省区，涉案金额1092万余元。

【新昌县公安局破获部督梁某某等特大生产销售假药案】 7月8日，该局破获该制售假药案件，抓获梁某某等24人，捣毁制假窝点19个，查获假冒药品2亿多粒。2007年以来，以梁某某为首的生产、销售假药、假保健品犯罪团伙，采用异地生产、异地销售、单线联系方式，涉及10余个省、市，其中假保健品远销国外，涉案金额达1亿多元。

网络案件

【台州椒江公安机关侦破“6·23”网上贩卖枪支弹药专案】 3月，台州椒江公安分局网警大队发现有人在互联网上发布贩卖枪支的信息。经侦查，发现高某某在淘宝网开设的假售手机实卖枪支的店铺，并鉴定该店铺销售的一支M911型手枪为国家管制枪支。6月23日，椒江分局成立专案组开展侦查，并于7月19日在江苏无锡将高某某抓获。随后，专案组以枪支流向为主线，深挖抓获涉案犯罪嫌疑人59名，收缴枪支1500余支，仿霰弹、钢珠弹、BB弹等100余万发，冻结涉案资金28万元。该案涉及网上交易金额达345万元,涉案人员遍布全国32个省、自治区、直辖市的265个地市，人数达1934名。

【嘉兴市公安局破获部督、省督“3·23”特大网上传播淫秽物品案】2010年10月，嘉兴市局网警支队通过工作发现，海盐县一网民频繁登录“色界”淫秽色情论坛，并对该论坛的淫秽色情帖子进行编辑和审核。该案先后被省公安厅和公安部挂牌督办。经侦查，在数万条线索中梳理出涉案对象账号250个。2011年7月，嘉兴警方出动33个抓捕小组，在北京、广东等27个省（市、自治区）抓获涉案人员112名。此后，112名犯罪嫌疑人全部被移送起诉，其中100人被判刑。该案是浙江历史上涉案人数最多的一起网络犯罪案件。

【杭州市公安局侦破杭州阿里巴巴网站B2B平台系列性国际诈骗案】2010年12月以来，美国、澳大利亚、马来西亚等国家的数十位买家陆续投诉阿里巴巴金牌会员“杭州名景遮阳门窗装饰有限公司”，称其以收款不发货或发送与购买物品不相符的廉价物品等方式实施诈骗。经阿里巴巴公司梳理统计，2010年10月以来，此类案件一直高发，涉案金额已累计高达660余万美元。2011年2月19日，杭州市局成立以网警部门为主的专案组，全力侦破该系列性案件。专案组奋战近3个月，查明杨某某等人在网上购买“杭州名景遮阳门窗装饰有限公司”账号后实施诈骗并进行奖励分成的犯罪事实，同时查实另外5个诈骗团伙成员的真实身份。4月，专案组在福建等地公安机关协助下，抓获并刑拘包括杨某某在内的24名涉案人员，扣押各类银行卡30余张、作案用电脑30台，带破涉网诈骗案件218起。

【温州市龙湾公安分局侦破章某等特大网络游戏赌博团伙案】2月，温州龙湾区公安分局网警大队民警发现，该区有人涉嫌以网络棋牌的方式进行网络赌博。经侦查发现，该网络赌博团伙以公司化的形式进行运作，涉案人员众多，涉案金额4亿余元。经侦查，专案组查明以章某、董某某为首的犯罪团伙依托游戏网站，通过发行、买卖虚拟游戏币组织他人进行网络赌博的犯罪事实。6月1日，在基本掌握赌博团伙的犯罪事实后，专案组实施统一收网行动，抓获包括章某、董某某在内的涉案人员30名，缴获赌资620万元。

出入境案件

【椒江公安分局查处椒江环球语言培训学校非法雇用外国人案】11月13日，台州椒江公安出入境管理部门会同海门派出所，查获椒江环球语言培训学校在1名英国公民和1名波兰公民没有办理外国人专家证或就业证情况下，与他们签订劳动合同，聘请其从事英语教学活动，该培训学校的做法构成非法雇用外国人行为，两名外国人的行为涉嫌非法就业。根据《中华人民共和国外国人入境出境管理法实施细则》规定，椒江公安分局对椒江环球语言培训学校罚款4万元，对两位外国公民各罚款1000元。

【温岭市公安局查处21名非法入境越南人】5月5日，温岭市公安局泽国派出所在对温岭市兆盛鞋厂检查时发现18名身份不明外地人，调查发现，18人均为非法入境越南人，由一叫“李妈妈”的广东女人带至泽国打工。5月6日，温岭市公安出入境管理部门会同当地派出所，又在泽国夹屿工业区查获3名非法入境越南人。温岭市公安局对其中17人拘留审查，4人监视居住。经越南驻华大使馆确认身份后， 21名越南人于6月1日、7月10日被分批遣送出境。同时，温岭市公安局对两家私自雇用外国人的企业按规定进行处罚，并责令负担部分遣送费用。

【绍兴县公安局破获台湾居民曾某某酒驾肇事逃逸案】8月22日凌晨4时许，绍兴县华舍街道安华大桥地段发生一起轿车与电动三轮车相撞事故，导致电动三轮车上2人当场死亡，轿车驾驶员弃车逃逸。经查，台湾居民曾某某有重大嫌疑。当日9时20分，民警赶至杭州萧山机场，在即将于9时30分起飞出境的CA149航班上将曾某某抓获。经查，曾某某为酒后肇事逃逸。

【杭州市公安局破获尼日利亚人非法入境案】2月27日，杭州公安出入境管理部门查获一持加纳护照的不准入境人员（OWUSU FRED KOFI，男，1975年生）。该人以浙江工业大学语言生身份向杭州市公安局出入境管理局申请签证，并谎称首次来华。经查，该外国人真实姓名EMEKA CALLISTUS AMUZIE，尼日利亚籍，1975年生，2010年4月因长期在华非法居留被广州市公安局查获，拘留审查后遣送出境，同年4月8日被报列不准入境人员。此人出境后更改姓名等身份资料，在加纳申请新护照后从北京机场蒙混入境，后在上海被查获。行为败露后，此人故技重施，再次更换身份资料在加纳重新申领护照，并于2011年7月17日、11月20日两次从杭州机场蒙混入境。其在杭州骗领签证被查获后，经拘留审查，被依法遣送出境。

边防案件

【舟山公安边防支队破获部督周某某特大组织偷渡案】5月，该支队在前期侦查基础上，先后抓获周某某等6名涉嫌组织偷渡的犯罪嫌疑人，打掉2个长期盘踞上海、舟山，涉嫌组织41批次170余人偷渡至美国、韩国、澳大利亚等地的特大犯罪团伙。

【台州公安边防支队破获公安部“毒品目标案”】7月13日，该支队在高速公路黄岩出口处抓获贩毒嫌疑人欧某。经循线侦查，抓获朱某等9名同案犯罪嫌疑人，缴获冰毒1579克、毒资5万元。

【温州公安边防支队破获“10·18”特大贩毒案】10月18日，该支队龙港边防派出所在平阳县水头车站行包托运部抓获贩毒犯罪嫌疑人林某，缴获冰毒1855克。

【温州公安边防支队破获“11·3”特大贩毒案】11月3日，该支队龙港边防派出所在苍南县灵溪镇抓获贩毒犯罪嫌疑人谢某、温某，缴获鸦片1699克。

【宁波公安边防支队破获“11·14”特大贩毒案】11月14日，该支队石浦边防派出所在石浦镇某酒店内抓获贩毒犯罪嫌疑人罗某、赖某，缴获冰毒380克。

【海警一支队破获“6·16”非法买卖成品油案】6月16日，省公安边防总队海警一支队在台州海域查获涉嫌非法买卖成品油的瀛江213号船，当场查扣走私柴油280余吨。

火灾事故

【嘉善县魏塘街道民房火灾】2月3日2时30分许，嘉善县魏塘街道车站北路354号民房发生火灾，造成3人死亡，过火面积约60平方米，直接财产损失4.3万元。经调查勘验，起火原因为电动车电瓶充电器线路故障所致。

【台州路桥区新桥镇田际村民房火灾】3月8日4时27分许，台州市路桥区新桥镇田际村2区51号民房发生火灾，造成3人死亡，过火面积约260平方米，直接财产损失11.5万元。经调查勘验，起火原因为电线短路所致。

【海宁市尖山新区黄湾村民房火灾】3月27日20时59分许，海宁市尖山新区黄湾村里花门17号民房发生火灾，造成3人死亡，过火面积约40平方米，直接财产损失6000元。经现场勘验及调查询问，起火原因为闫某使用汽油放火所致。

【苍南县龙港镇纺织二街民房火灾】4月11日23时25分许，苍南县龙港镇纺织二街230号民房发生火灾，造成7人死亡、3人受伤，直接财产损失8.8万元。火灾发生后，龙港镇沿江办事处综治办副主任林某以玩忽职守罪被追究刑事责任。

【杭州拱墅区花园岗街工棚火灾】4月13日10时45分许，杭州市拱墅区花园岗街111号金通汽配城三期工地发生火灾，造成4人死亡、3人受伤，直接财产损失约300万元。经调查勘验，起火原因为其中一名死者纵火所致。

【义乌市义亭镇民房火灾】5月13日0时40分许，义乌市义亭镇雅文楼村247号民房发生火灾，造成3人死亡，过火面积约180平方米。经现场勘验及调查询问，火灾原因系住户人员家庭纠纷自焚所致。

【浦江县仙华街道厂房火灾】5月20日1时52分许，浦江县仙华街道星碧大道58号万祥工艺品有限公司发生火灾，造成3人死亡，过火面积约1200平方米，直接财产损失约3万元。经调查勘验，起火原因为铁线槽内电线与搭铁产生电火花引燃可燃物所致。

【台州黄岩区宏隆塑料厂火灾】7月26日15时43分许，台州市黄岩区南城街道十院线工业区宏隆塑料厂发生火灾，并蔓延至康佳食品有限公司、千若美家居用品有限公司部分厂房，造成4人死亡、1人受伤，过火面积约2800平方米，直接财产损失156.8万元。经现场勘验及调查询问，起火原因为李某某夫妇在简易仓库屋顶使用明火进行补漏作业，高温沥青（SBS防水卷材）滴落至仓库二层引燃可燃物蔓延所致。

【温岭市鑫卓鞋业有限公司火灾】9月9日4时47分许，温岭市横峰街道石刺头村鑫卓鞋业有限公司发生火灾，造成7人死亡（均为外来务工人员）、5人受伤，总过火面积约500平方米，直接财产损失100.3万元。经现场勘验认定，起火原因为电线短路引燃可燃物所致。火灾发生后，鑫卓公司法人代表蒋某等以重大责任事故罪被追究刑事责任。

【义乌市北苑街道民房火灾】9月25日23时37分许，义乌市北苑街道塘坦村一民房发生火灾，造成3人死亡，过火面积约15平方米，直接财产损失5000元。经现场勘验及调查询问，火灾原因为五层住户贺某杀死葛某和熊某后自焚所致。

【温州经济技术开发区海城街道鸭棚火灾】 11月15日2时37分许，温州市经济开发区海城街道埭头村一养鸭棚发生火灾，造成3人死亡、2人受伤，过火面积约300平方米，直接财产损失约1万元。经现场勘验及调查询问，认定该起火灾具有放火嫌疑。

道路交通事故

【开化“2·12”特大道路交通事故】 2月12日12时许，邵某某驾驶浙BAR672号“起亚”牌轿车，行至17省道7km＋690m开化县华埠镇青阳村路段时，与对向行驶由陈某某驾驶的沪B44887号大型普通客车发生碰撞，造成浙BAR672号轿车上乘员5人死亡的交通事故。

【龙游“4·2”特大道路交通事故】 4月2日4时10分许，成某某驾驶浙HD1148/浙HF0006挂货车，途经222省道27km ＋900 m龙游县沐尘乡大车村上坡地段时，因严重超载，车辆在呈S形爬坡时驶至对向车道，因动力不足而停车。在拦截对向由黄某某驾驶的皖0961765拖拉机欲行牵引时，对向驶来的豫P61181/豫P9963挂货车追尾碰撞皖0961765拖拉机尾部，导致两车冲出道路钢质护栏，坠落至落差10米的农田，造成5人死亡、2人受伤、两车严重受损的交通事故。

【湖州“6·27”特大道路交通事故】 6月27日22时20分许，张某某驾驶浙A3512R号小型普通客车，途经G50沪渝高速公路湖州路段往江苏方向169km＋700m处时，车辆碰撞中央护栏后向右侧翻，造成7人死亡、13人受伤，车辆和路产损坏的交通事故。

【温州“7·21”特大道路交通事故】 7月21日4时45分许，邢某某驾驶浙J60959号重型厢式货车（驾驶室核载3人，实载5人，另后车厢载8人），途经G15沈海高速公路温州路段往福建方向1783km＋300m处时，追尾碰撞前方由高某某驾驶的赣K11977/赣K0221挂号重型半挂牵引车/重型普通半挂车，造成浙J60959号车9人死亡、浙J60959号车4人受伤，两车不同程度损坏的道路交通事故。

【路桥“10·6”特大道路交通事故】 10月6日1时11分许，李某某驾驶浙GG6159号重型普通货车，行驶至台州路桥路泽太一级公路2km＋320m（三中路口）处时，与张某某驾驶的川EH5955号小型轿车发生碰撞，造成川EH5955车内7人死亡、1人受伤，两车损坏的交通事故。

【长兴“10·10”特大道路交通事故】 10月10日9时57分许，盛某某驾驶皖H20678号大型普通客车，沿孝泗线行驶至204省道与新318国道岔口时，与邱某某驾驶的苏E6XH17号小型轿车发生碰撞，造成5人死亡、3人受伤的交通事故。

【玉环“11·17”特大道路交通事故】 11月17日1时11分许，顾某某驾驶沪CDT889号小型轿车，途经泽坎线34km＋560m（玉环县清港下凡村路段）时，碰撞路外停驶的中型普通客车后起火，造成沪CDT889车内5人死亡的交通事故。

行业公安机关侦破案件

【省厅机场公安局破获杭州机场“6·16”维吾尔族孕妇人体藏毒运输毒品案】 6月16日，省厅机场公安局在地面抓获乘坐成都至杭州MU5433航班运输毒品的犯罪嫌疑人海某（女，24岁，维吾尔族，新疆莎车县人）。经送医院检查，发现该妇女体内藏有大量毒品，且怀有身孕。在采取相关工作措施后，6月18日晚，该犯罪嫌疑人共排出毒品海洛因胶囊154颗，毛重600余克。

【宁波机场公安分局破获“10·31”特大盗窃珠宝案】 11月7日，宁波机场公安分局接报案称：10月31日上午，货主香港某翡翠珠宝店委托宁波某速递有限公司通过CZ3776航班发往广州的货物中，价值116万元人民币的首饰被盗。11月11日，专案组在宁波鄞州区石矸车何村抓获犯罪嫌疑人李某（男，黑龙江省萝北县人），并追回翡翠珠宝、戒指等全部赃物。

【温州机场公安分局破获系列盗窃团伙案】 10月25日，犯罪嫌疑人苏某、廖某、陈某等在温州机场以航班延误可改签为借口，将受害人苏某骗出机场，盗取其随身携带财物，价值约2万元。12月15日，苏某、廖某、陈某等在温州双屿客运站以旅客乘坐班车出事故，可以搭坐汽车为由，盗取受害人龙某随身携带财物，价值约8000元。温州机场公安分局于12月将该系列案件侦破，并发现该团伙于9～11月在南昌机场、贵阳机场、石家庄机场以及浙江省金华、台州、宁波、嘉兴、温州等地盗窃作案的线索。全案抓获犯罪嫌疑人5名，串并浙江省内盗窃案件14起、民航机场案件4起，涉案金额28万余元，摧毁一个以四川仪陇、南溪籍犯罪嫌疑人为主，专门盗窃机场或车站旅客的犯罪团伙。

【建德市公安局森林警察大队破获俞某特大滥伐林木案】 4月18日，该大队接上级指令，建德市三都镇凤凰村朱岭自然村大甘竹山有无证采伐现象，要求查处。经查，3月24日，犯罪嫌疑人俞某从他人处转得该山场，后未经林业行政主管部门审批，即雇人滥伐林木，共计177.615立方米。案发后，俞某自动投案，4月22日，依法予以取保候审。

【江山市公安局森林警察大队破获特大非法收购珍贵、濒危野生动物案】 5月9日，高速交警衢州支队三大队在对苏B70277客运班车进行检查时，发现5只疑似巨蜥的活体野生动物，遂移交该大队办理。经鉴定，确定5只活体野生动物为国家一级保护动物巨蜥。6月22日，江苏籍犯罪嫌疑人袁某因涉嫌非法收购珍贵、濒危野生动物罪，被依法逮捕。

【庆元县公安局森林警察大队破获特大滥伐林木案】 6月1日，该大队接举报，称庆元县五大堡乡黄坪村洋后坑山场大量林木被无证砍伐。经查，犯罪嫌疑人项某承包该山场后，在未取得林木采伐许可证的情况下，滥伐林木149.95立方米。6月10日，犯罪嫌疑人项某投案自首。

【仙居县公安局森林警察大队侦破特大失火案】 3月29日，仙居县湫山乡陈村村民杨某因上坟烧纸不慎，引发田婆山场森林火灾，造成湫山乡陈村、抱龙村、东回村等所有的山场森林受灾。经鉴定，过火林地面积79.27公顷。3月30日，犯罪嫌疑人杨相成因涉嫌失火罪被取保候审。

【杭州铁路公安处侦破“12·29”温州西站货场特大诈骗案】 2010年12月30日10时许，该处温州西站派出所接货主杨某某报案：29日17时许，其雇用的驾驶员“小刘”驾驶一辆“欧曼”牌蓝色半挂车（价值约48万元）在温西货场提走40吨麦芽（价值20万元）后连车带货失踪。接报后，该处迅速开展侦查，派员转战浙江、江西、湖南、广西、广东5个省，行程数千公里，最终确定被诈骗车辆及犯罪嫌疑人的动向，于2011年1月14日在广东省四会市一停车场内成功抓获广西桂林市灵川县籍犯罪嫌疑人康某某等两名犯罪嫌疑人，当场缴获被骗车辆。同日，在灵川县桂矿路一仓库内起获被盗的40吨麦芽。

【杭州铁路公安处破获特大涉外盗窃旅财案件】 3月27日16时40分，该处杭州南站派出所民警在车站出口处，接温州南开往南京的D5590次列车下车旅客李某某（男，54岁，持美国绿卡）报案称：其下车时发现放在行李架上的棕色手提包被盗，内有人民币2.32万元、美元380元、“江诗丹顿”男表和“欧米茄”女表各1块及居民身份证、护照等，总价值人民币25万余元，盗窃嫌疑人可能在杭州南站下车。接报后，该所迅速开展询布控和查缉，于当日16时50分，在杭州南站广场外一快餐店内将犯罪嫌疑人马某某（男，17岁，青海籍）抓获。经审查，嫌疑人对当日在D5590次列车上盗窃旅客手提包的犯罪事实供认不讳，并交代3月以来在沪宁高铁动车组列车上盗窃作案5起的犯罪事实。

【杭州铁路公安处破获“3·30”在建杭州东站职务侵占案件】 3月30日，该处杭州东站所接浙江省建工集团新建杭州火车东站站房项目部负责人报案称：其公司下属泥工班组收料签单员与商品混凝土供货方（天和公司）驾驶员存在相互勾结、私自将用于新建杭州火车东站的商品混凝土外销牟利的非法行为。接报后，该处迅速开展情况核查，在报请浙江省公安厅取得案件管辖权后，全力开展侦查破案。经侦查，发现收料签单员王某某（男，44岁，江苏籍）、舒某某（男，53岁，湖南籍）与驾驶员刘某（男，28岁，江苏籍）、刘某某（男，31岁，江苏籍）有重大作案嫌疑。通过突击审讯，犯罪嫌疑人王某某、舒某某交代在1～3月间，利用职务之便伙同刘某、刘某某等多名天和公司驾驶员，先后私自外卖商品混凝土80余次，涉案总价值20余万元的犯罪事实。上述涉案嫌疑人到案后，专案组在强化审查深挖同时，组织专门人员到涉案单位开展内部法律教育，敦促其他涉案员工主动投案自首。在公安机关强有力的侦查和法律震慑下，先后有8名涉案人员到公安处自首，追捕抓获同案在逃人员4名。5月17～18日，专案组又将收赃犯罪嫌疑人杨某某（男，47岁，重庆籍）、曹某（男，30岁，安徽籍）抓获归案。通过审讯，全面查清犯罪嫌疑人内外勾结、“隐、占、销”一条龙的犯罪链，共破获职务侵占案件72起，为施工单位挽回经济损失40余万元。

【杭州萧山机场海关缉私分局侦办走私毒品案】 1月25日，该分局立案侦查“1·25”毒品走私案，抓获由香港至杭州入境的菲律宾籍男、女犯罪嫌疑人各1名，在两人携带的6个箱包中查获12个用黄色塑料纸包裹的块状物，内藏毒品海洛因12.369千克。4月27日，该案侦查终结并移送起诉。

【舟山海关缉私分局侦办“4·28”海上成品油走私案】 4月28日凌晨，舟山分局调集缉私艇和警力，缉获在舟山海域进行走私活动的1艘走私船，当场抓获犯罪嫌疑人19名，查获走私柴油923吨。经查，2010年初以来，以黄某、史某、朱某等人为首的走私团伙将渔船改装成专门用于走私的油船，先后40余次从台湾海峡走私柴油至浙江沿海一带境内，走私柴油数量共计1.1万吨，涉案案值1.06亿元，涉嫌偷逃税款2900万元。

【杭州海关缉私局侦办“5·11”走私进口象牙案】 5月10日，杭州海关驻邮局办事处在4个由日本寄往杭州的邮包中查获夹藏的象牙11.59千克。5月11日，该局立案侦查此案。5～10月，该局在广东中山、甘肃兰州、天津、浙江杭州、安徽合肥等地抓获犯罪嫌疑人10名，查获走私进口象牙315千克，涉及案值1300余万元。

【金华海关缉私分局侦破走私进口旧机动车案】 2010年11月9日，该分局立案侦查此案，抓获涉案人员8名，查扣走私进口高档旧汽车42辆。经查，涉案团伙自2009年以来，利用116家外国常驻机构及相关常驻人员的名义申领《进出境自用物品申请表》，共走私进口“奔驰”、“宝马”等高档旧汽车153辆，案值近1亿元，在扣汽车46辆。2011年6月13日，该分局侦查终结“11·1”走私进口旧机动车案并移送审查起诉。

图为宁波海关缉私局侦破全国首起走私出口木炭案现场（3月18日）

【杭州萧山机场海关缉私分局侦办浙江省首起艾滋病患者人体藏毒走私案】 8月22日，该分局立案侦查两起人体藏毒走私毒品案，共查获毒品海洛因2254.7克，抓获乌干达籍男、女犯罪嫌疑人各1名，其中女性犯罪嫌疑人为艾滋病患者。当日，该名女性犯罪嫌疑人乘坐亚的斯亚贝巴至杭州航班入境，现场海关关员在其随身携带行李中查获13粒黄色胶囊状物品，后该犯罪嫌疑人共从体内排出“毒丸”87粒，共含有海洛因1214.2克。该名男性犯罪嫌疑人同机入境，经人体X光机检查确定有人体藏毒嫌疑。经排毒，共从体内排出“毒丸”89粒，内含海洛因1040.5克。2012年1月，杭州市中级人民法院对该案作出一审判决，两名犯罪嫌疑人均被判处死刑，缓期两年执行。

【台州海关缉私分局侦办海上成品油走私案】 10月16日，该分局调集警力，在地方公安等单位配合下，采取海、陆联合行动的方式，在台州海域查获走私油船1艘，现场抓获犯罪嫌疑人9名，查获走私柴油354吨，成功打掉一个境内外勾结、专业化的成品油走私团伙。经查，1月以来，该走私团伙先后购买、建造两艘油船用于走私，先后数十次前往外海加装走私柴油并偷运进境，共走私成品油1.03万吨，案值9635万元，涉税2377万元。该案是全国打击成品油海上走私“国门利剑”专项行动中浙江省查获的最大一起海上成品油走私案。

【杭州萧山机场海关缉私分局侦查人体藏毒走私毒品入境案】 12月14日，该分局立案侦查一起人体藏毒走私毒品入境案件，抓获南非籍女性犯罪嫌疑人1名。当日，该犯罪嫌疑人由马来西亚吉隆坡至杭州入境，经人体X光机检查发现有较高人体藏毒嫌疑。后其共从体内排出用塑料薄膜包装的“毒丸”48粒，其中24粒含海洛因242.01克，24粒含可卡因240.55克。这是杭州海关缉私局首次在旅检渠道查获走私毒品可卡因。

【宁波海关缉私局侦办的全国首例走私出口木炭案被判决】 12月29日，宁波市中级人民法院对上海某工贸有限公司走私木炭案作出一审判决。该案系全国首起以“走私国家禁止进出口的货物罪”对走私出口木炭行为追究刑事责任的案件。2010年1～11月间，该公司为逃避海关监管，在总经理薛某负责下，委托章某以伪报品名方式，从上海、宁波等口岸走私出口原木烧制的木炭累计25票，共计381吨。2010年11月，该公司欲从宁波口岸走私出口木炭时，被宁波海关现场查获。法院判决，上海某工贸公司犯走私国家禁止进出口货物罪，判处罚金100万元；判处薛某有期徒刑五年六个月，并处罚金25万元；章某有期徒刑五年，并处罚金10万元；走私木炭5400箱予以没收。

【宁波海关缉私局破获一起涉嫌走私进口牛皮案】 7月26日，该局所属北仑分局侦破一起涉嫌低报价格走私进口牛皮案。经查，温州某公司为牟取非法利益、偷逃国家税款，采用伪造单证、低报价格的方式走私进口牛皮93票，共计5800余吨。该案案值约4694.44万元，涉嫌偷逃税款785.54万元。

【宁波海关缉私局侦办的走私出口稀土案被判决】 7月26日，宁波市中级人民法院对上海某国际贸易有限责任公司走私出口稀土案作出一审判决。经查，该公司在2007年12月～2010年6月间，为牟取非法利益，逃避海关监管，在杨某的主管下，以低报价格方式走私出口稀土1300余吨，案值1480万余元，涉嫌偷逃应缴税额229万余元。法院判决，上海某国际贸易有限责任公司犯走私普通货物罪，判处罚金500万元；杨某犯走私普通货物罪，判处有期徒刑五年。

发文目录

浙江省公安厅2011年度发文目录（部分）

发文时间	文件名称	文号
1月7日	浙江省公安厅关于印发全省公安工作会议文件的通知	浙公发〔2011〕1号
1月11日	转发公安部关于印发孟建柱同志和杨焕宁、张新枫副部长在全国公安厅局长座谈会上的讲话的通知	浙公发〔2011〕2号
1月21日	转发公安部关于印发孟建柱同志在全国公安机关深入开展“大走访”开门评警活动电视电话会议上的讲话的通知	浙公发〔2011〕3号
6月9日	转发公安部关于印发孟建柱、杨焕宁同志在全国公安厅局长座谈会上的讲话的通知	浙公发〔2011〕4号
6月29日	浙江省公安厅关于印发张景华同志在全省各市公安局长会议上的讲话的通知书	浙公发〔2011〕5号
8月3日	浙江省公安厅关于印发蔡奇、孙建国和张景华同志在省公安厅领导干部会议上的讲话的通知	浙公发〔2011〕6号
11月14日	浙江省公安厅关于印发李强、刘力伟、张景华同志在省公安厅领导干部会议上的讲话的通知	浙公发〔2011〕7号
1月4日	关于全省市级公安机关2010年度工作综合考评结果的通报	浙公通字〔2011〕1号
1月4日	关于2010年度全省公安队伍正规化建设优秀单位的通报	浙公通字〔2011〕2号
1月4日	关于全省公安机关2010年度打防控工作市级、县级优胜单位的通报	浙公通字〔2011〕3号
1月4日	关于做好《浙江省居住房屋出租登记管理办法》贯彻实施工作的通知	浙公通字〔2011〕4号
1月4日	关于2010年度全省公安机关执法质量考评结果的通报	浙公通字〔2011〕5号
1月5日	转发公安部《关于在全国公安机关深入开展“大走访”开门评警活动的工作方案》的通知	浙公通字〔2011〕6号
1月12日	关于开展打击银行卡犯罪“天网－2011”专项行动的通知	浙公通字〔2011〕7号
1月11日	关于印发浙江省公安机关人员信息采集室建设管理办法和装备标准及操作规范的通知	浙公通字〔2011〕8号
1月17日	关于印发《全省公安机关深入开展“大走访”开门评警活动实施方案》的通知	浙公通字〔2011〕9号
1月18日	转发公安部 人力资源和社会保障部 卫生部 全国妇联关于在查禁卖淫嫖娼等违法犯罪活动中加强对卖淫妇女教育挽救工作的通知	浙公通字〔2011〕10号
1月19日	关于全省公安机关开展“三查一治”专项工作情况的通报	浙公通字〔2011〕11号
1月17日	浙江省公安厅 浙江省住房和城乡建设厅关于贯彻执行浙江省地方标准《城市道路交通标志和标线设置规范》（DB33/T818-2010）的通知	浙公通字〔2011〕13号
1月27日	关于印发《看守所在押人员物品管理规定》的通知	浙公通字〔2011〕15号

续表

发文时间	文件名称	文号
2月10日	关于印发《浙江省公安机关命案积案侦查工作机制》的通知	浙公通字〔2011〕16号
2月10日	关于对全省禁“酒驾”工作成绩突出集体予以表彰的通报	浙公通字〔2011〕17号
2月25日	关于2010年全省公安机关侦办命案工作评估结果的通报	浙公通字〔2011〕18号
2月16日	关于印发《浙江省科技强警“十二五”规范》的通知	浙公通字〔2011〕19号
2月27日	关于认真做好打击拐卖儿童犯罪和加强流浪乞讨儿童救助工作的通知	浙公通字〔2011〕20号
2月18日	浙江省公安厅关于公布2011年打黑除恶第一批挂牌督办案件的通知	浙公通字〔2011〕21号
2月22日	关于印发《浙江省交通警察道路执勤卡点设置规范（试行）》的通知	浙公通字〔2011〕22号
2月18日	关于进一步加强学生接送车交通安全工作的通知	浙公通字〔2011〕23号
2月22日	关于印发《全省公安机关深化禁“酒驾”五条严管措施》的通知	浙公通字〔2011〕24号
2月21日	关于命名2010年度全省消防安全教育示范学校的决定	浙公通字〔2011〕25号
3月1日	关于认真贯彻实施《吸毒成瘾认定办法》的通知	浙公通字〔2011〕26号
2月25日	关于印发《加快推进全省看守目标“四方一体化”建设实施方案》的通知	浙公通字〔2011〕27号
2月25日	关于印发《浙江省公安机关干部对口援藏工作方案》的通知	浙公通字〔2011〕28号
2月25日	关于公布2010年度全省公安机关档案工作目标管理省级认定单位的通知	浙公通字〔2011〕29号
3月14日	关于印发《浙江省“你我手拉手，平安路上走”中小学生交通安全主题宣传教育活动方案》的通知	浙公通字〔2011〕32号
3月16日	关于印发《浙江省公安机关表彰奖励授奖仪式试行办法》的通知	浙公通字〔2011〕33号
3月18日	关于印发《浙江省县级公安机关DNA实验室建设规范（试行）》的通知	浙公通字〔2011〕34号
3月22日	关于公布2011年省级道路交通事故多发点段和临水临崖高落差危险路段的通知	浙公通字〔2011〕36号
3月23日	关于加快推进我省国有企业信息安全等级保护工作的通知	浙公通字〔2011〕37号
3月28日	关于在全省公安机关深化“三查一治”专项工作的通知	浙公通字〔2011〕38号
3月31日	关于印发《全省公安机关涉案财物管理问题专项治理工作实施方案》的通知	浙公通字〔2011〕39号
3月30日	关于印发《浙江省公安机关法医学人体损伤检验鉴定室建设规范（试行）》的通知	浙公通字〔2011〕40号
4月11日	关于做好2011年公安警察院校招生考试工作的通知	浙公通字〔2011〕41号
4月11日	关于印发《浙江省公安机关门户网站群及“网上办事大厅”建设技术规范》的通知	浙公通字〔2011〕43号
4月13日	关于公布2010年度全省看守所和拘留所等级名单的通知	浙公通字〔2011〕44号

续表

发文时间	文件名称	文号
4月11日	关于印发《全省公安机关2011年度打防控工作考评办法》的通知	浙公通字〔2011〕45号
4月13日	关于印发《浙江省公安机关执法质量考核评议实施办法》的通知	浙公通字〔2011〕46号
4月7日	浙江省公安厅关于出国人员所生子女落户问题的通知	浙公通字〔2011〕47号
4月13日	关于印发《浙江省公安机关常见出入境管理行政处罚案件裁量标准》的通知	浙公通字〔2011〕48号
4月18日	关于印发《浙江省公安机关刑侦部门现场物证保管室建设规范（试行）》的通知	浙公通字〔2011〕50号
4月20日	关于印发《全省市级公安机关2011年度工作综合考评办法》的通知	浙公通字〔2011〕51号
4月20日	关于印发《全省公安队伍正规化建设评估要点（2011年度）》的通知	浙公通字〔2011〕52号
4月21日	浙江省公安厅关于规范吸毒成瘾认定工作文书的通知	浙公通字〔2011〕54号
4月22日	浙江省公安厅关于《公布2011年打黑除恶第二批挂牌督办案件》的通知	浙公通字〔2011〕55号
4月20日	关于印发《第八届全国残疾人运动会安保工作总体方案》的通知	浙公通字〔2011〕56号
4月22日	关于加强全省中小学校消防安全宣传教育工作的通知	浙公通字〔2011〕58号
4月21日	关于命名表彰浙江省“十佳热心消防公益事业企业家”等先进个人的决定	浙公通字〔2011〕59号
4月25日	关于印发《全省军警民联合护线宣传月活动实施方案》的通知	浙公通字〔2011〕60号
5月4日	转发公安部、工业和信息化部、国家工商行政管理总局、国家质量监督检验检疫总局关于加强电动自行车管理的通知	浙公通字〔2011〕61号
5月6日	关于对全省公安机关集中整治涉案人员非正常死亡问题工作成绩突出的集体和个人予以表扬的通报	浙公通字〔2011〕62号
5月9日	关于表彰第三届浙江省十佳保安服务公司、优秀保安员的决定	浙公通字〔2011〕63号
5月6日	转发公安部关于组织开展公安机关人民警察基本级执法资格考试的通知	浙公通字〔2011〕64号
5月18日	关于印发《浙江省公安机关鉴定规则（试行）》的通知	浙公通字〔2011〕66号
5月19日	关于印发《全省防范各类网络诈骗犯罪集中宣传活动方案》的通知	浙公通字〔2011〕67号
5月30日	浙江省公安厅关于公布2011年打黑除恶第三批挂牌督办案件的通知	浙公通字〔2011〕71号
5月30日	关于印发《浙江省公安、文化、旅游部门治安信息通报办法（试行）》的通知	浙公通字〔2011〕72号
6月31日	关于全省公安机关在执法办案工作中启用电子印章和电子签名的通知	浙公通字〔2011〕73号
6月3日	关于印发《浙江省公安厅表彰奖励审核审批权限规定》的通知	浙公通字〔2011〕74号
6月3日	转发公安部关于充分发挥保安队伍作用积极开展消防安全工作的通知	浙公通字〔2011〕75号
5月27日	关于贯彻执行《民用爆炸物品警示标识、登记标识通则》有关事项的通知	浙公通字〔2011〕76号

续表

发文时间	文 件 名 称	文 号
6月8日	关于印发《全省公安机关开展民主评议工作实施方案》的通知	浙公通字〔2011〕77号
6月8日	浙江省公安厅关于贯彻实施《保安服务管理条例》工作的意见	浙公通字〔2011〕78号
6月8日	关于印发反拐工作协调会议纪要的通知	浙公通字〔2011〕79号
6月10日	关于印发《浙江省公安排爆工作规范（试行）》的通知	浙公通字〔2011〕81号
6月13日	关于加强吸毒人员驾驶机动车辆管理工作的通知	浙公通字〔2011〕82号
6月14日	关于印发《全省看守所押解勤务规范（试行）》的通知	浙公通字〔2011〕83号
6月14日	关于切实做好维护监管安全工作的通知	浙公通字〔2011〕84号
6月15日	关于印发《浙江省公安机关人民警察因私出国（境）管理实施办法》的通知	浙公通字〔2011〕85号
6月14日	关于表彰全省连续十年以上安全无事故监所和全市连续五年以上监所安全无事故监管支队的通报	浙公通字〔2011〕86号
6月16日	关于印发《加快推进看守所“四防一体”化建设实施意见》的通知	浙公通字〔2011〕87号
6月20日	关于做好国家标准《农村防火规范》宣贯工作的通知	浙公通字〔2011〕88号
6月24日	关于表彰2010年度省级治安安全示范单位的决定	浙公通字〔2011〕89号
6月30日	关于合作共建“数字城市”与警用地理信息系统的通知	浙公通字〔2011〕90号
6月29日	浙江省公安厅关于贯彻落实《浙江省海外高层次人才居住证管理暂行办法》有关问题的通知	浙公通字〔2011〕91号
6月29日	关于下发《浙江省治安保卫重点单位治安信息系统建设实施方案》的通知	浙公通字〔2011〕92号
6月29日	关于印发《浙江省保安员基本技能培训教学大纲（试行）》的通知	浙公通字〔2011〕93号
6月30日	关于2011年度执法质量考评建议书落实整改情况的通报	浙公通字〔2011〕94号
6月30日	关于印发《办理刑事案件若干问题的操作规定（试行）》的通知	浙公通字〔2011〕95号
7月1日	关于印发《浙江省保安员资格考试实施办法（试行）》的通知	浙公通字〔2011〕96号
7月5日	关于印发《浙江省公安机关110接处警常见警情处置工作指导意见（试行）》和《浙江省公安机关110接处警疑难警情处置工作指导意见（试行）》的通知	浙公通字〔2011〕97号
7月6日	关于规范违反《浙江省消防条例》的违法行为名称的通知	浙公通字〔2011〕98号
7月11日	关于印发《浙江省公安机关110接处警工作规定》的通知	浙公通字〔2011〕99号
7月11日	转发公安部《关于进一步加强和改进打击商业贿赂犯罪工作的意见》的通知	浙公通字〔2011〕100号
7月14日	关于印发违反《互联网上网服务营业场所管理条例》和《计算机信息网络国际联网安全保护管理办法》行政处罚裁量标准的通知	浙公通字〔2011〕101号
7月25日	关于认真贯彻落实《全民消防安全宣传教育纲要（2011-2015）》的通知	浙公通字〔2011〕102号

续表

发文时间	文件名称	文号
7月26日	浙江省人民检察院 浙江省公安厅关于进一步规范侦查监督工作的意见（试行）	浙公通字〔2011〕104号
7月28日	浙江省公安厅关于开展网警警务室创建工作的意见	浙公通字〔2011〕105号
8月3日	关于印发全省消防安全排查整治大会战方案的通知	浙公通字〔2011〕106号
8月5日	关于聘任陈凯等103名同志为浙江省公安机关第四届刑事犯罪侦查专家或行家的通知	浙公通字〔2011〕107号
8月8日	转发中共中央宣传部等八部门关于评选表彰第十一届全国见义勇为英雄模范活动的通知	浙公通字〔2011〕108号
8月12日	关于印发《全省道路交通安全隐患排查整治工作方案》的通知	浙公通字〔2011〕112号
8月17日	关于印发《第八届全国残疾人运动会火炬传递安保工作总体方案》的通知	浙公通字〔2011〕113号
8月19日	浙江省公安厅关于深入推进消防安全大排查大整治大宣传大培训大练兵活动的意见	浙公通字〔2011〕114号
8月23日	关于做好国家标准《建设工程施工现场消防安全技术规范》宣贯工作的通知	浙公通字〔2011〕115号
8月23日	关于开展防火涂料及防火建材类产品质量专项整治的通知	浙公通字〔2011〕116号
8月26日	关于印发《浙江省公安机关涉案财物管理实施细则（试行）》的通知	浙公通字〔2011〕117号
9月1日	转发公安部关于调整对延长外国人拘留审查监视居住期限审批权限的通知	浙公通字〔2011〕118号
9月13日	浙江省公安厅关于命名2010年度二级公安（边防）派出所和撤销部分二级公安派出所的决定	浙公通字〔2011〕119号
9月30日	转发公安部等六部门关于开展平安畅通县市创建活动意见的通知	浙公通字〔2011〕120号
9月19日	关于命名“全省公安机关执法示范单位”的决定	浙公通字〔2011〕121号
9月13日	关于做好省级见义勇为先进人物推荐申报工作的通知	浙公通字〔2011〕122号
9月21日	关于印发《浙江省公安机关水上接处警工作规定（试行）》的通知	浙公通字〔2011〕123号
9月21日	浙江省公安厅关于印发《保安服务公司审批细则（试行）》的通知	浙公通字〔2011〕124号
9月22日	转发公安部关于印发《公安机关人民警察职业道德规范》的通知	浙公通字〔2011〕125号
9月22日	关于贯彻落实公安部进一步加强公安特警队正规化建设意见的通知	浙公通字〔2011〕126号
9月27日	关于印发全省公安机关深化消防安全五大活动开展清剿火患战役实施方案的通知	浙公通字〔2011〕127号
9月28日	关于公布2010年度全省一级公安（边防）派出所名单的通知	浙公通字〔2011〕138号
9月30日	转发公安部关于学习宣传贯彻新修订《公安机关督察条例》的通知	浙公通字〔2011〕139号
10月13日	转发公安部 国家文物局关于进一步加强博物馆安全工作的通知	浙公通字〔2011〕140号
10月14日	关于印发《浙江省省际公安检查站管理工作规范（试行）》的通知	浙公通字〔2011〕141号

续表

发文时间	文件名称	文号
10月14日	关于印发《浙江省公安机关防范处置金融犯罪专项行动工作方案》的通知	浙公通字〔2011〕142号
10月21日	关于加强保安服务企业管理的通知	浙公通字〔2011〕143号
10月20日	关于印发《浙江省公安声像资料管理若干规定》的通知	浙公通字〔2011〕144号
11月2日	关于印发《浙江省公安机关涉外案（事）件通用登记系统信息采集及审核规范》的通知	浙公通字〔2011〕145号
11月3日	关于全省看守所“四防一体化”建设工作进展情况的通报	浙公通字〔2011〕146号
11月3日	关于印发《浙江省消防工程施工和检测行业不良行为处理办法》的通知	浙公通字〔2011〕147号
11月8日	关于印发《人体损伤程度鉴定标准有关条款的适用意见（试行）》的通知	浙公通字〔2011〕148号
11月2日	关于全省机关、团体、企业、事业单位创建治安安全单位考核工作的通知	浙公通字〔2011〕149号
11月10日	关于省级银行业金融机构安全评估工作的情况通报	浙公通字〔2011〕150号
11月15日	关于印发《建筑外墙保温材料消防安全专项整治工作方案》的通知	浙公通字〔2011〕151号
11月18日	关于印发《全省公安机关重点信访案件专项治理工作方案》的通知	浙公通字〔2011〕152号
11月18日	关于印发《浙江省公安基础设施建设“十二五”规划》的通知	浙公通字〔2011〕153号
11月22日	浙江省公安厅关于印发《浙江省居住出租房屋消防安全要求》的通知	浙公通字〔2011〕154号
11月22日	关于印发《浙江省消防监督执法若干规定》的通知	浙公通字〔2011〕155号
11月24日	关于印发《浙江省公安厅机关网络特警工作规定（试行）》的通知	浙公通字〔2011〕156号
11月24日	转发公安部关于印发《公安机关强制隔离戒毒所等级评定办法》的通知	浙公通字〔2011〕157号
12月7日	关于印发《浙江省公安厅关于支持浙商创业创新促进浙江发展的若干意见配套政策》的通知	浙公通字〔2011〕158号
12月14日	关于表彰全省公安机关出入境接待示范窗口与“服务之星”的通报	浙公通字〔2011〕159号
12月19日	关于印发《刘力伟、凌秋来同志在全省公安特警队建设会议上的讲话》的通知	浙公通字〔2011〕160号
12月26日	关于印发《浙江省省际公安检查站日常勤务工作规定（试行）》的通知	浙公通字〔2011〕161号
12月27日	关于印发《全省公安机关开展“三访三评”深化“大走访”活动实施方案》的通知	浙公通字〔2011〕162号
12月28日	关于深化警企合作、联合推进互联网安全保护措施落实工作的通知	浙公通字〔2011〕163号
12月28日	浙江省公安厅 浙江省交通运输厅关于表彰浙江省“安全运输先进企业”和“安全驾驶先进个人”的通知	浙公通字〔2011〕164号
12月31日	关于全省公安机关2011年度打防控工作市级、县级优胜单位的通报	浙公通字〔2011〕165号

索　引

说　明

一、本索引采用主题分析方法编制。

二、本索引以汉语拼音为排序依据，按索引条目首字汉语拼音（同音字按声调）顺序排列；首字相同的，按第二字拼音排序，以下依次类推。

三、索引词后的阿拉伯数字表示内容所在的页码，数字后的拉丁字母a、b分别表示左栏和右栏。

四、本年鉴的专文、彩图、特载、大事记、组织机构、人物、典型案例、发文目录等内容不作索引。

A

B

C

D

F

G

H

J

K

L

M

N

O

P

Q

R

S

T

Z

数　字

图书在版编目（CIP）数据

浙江公安年鉴. 2012 / 浙江公安史志编纂委员会编.
—杭州：浙江人民出版社，2012.11
ISBN 978-7-213-05165-4

Ⅰ. ①浙… Ⅱ. ①浙… Ⅲ. ①公安工作－浙江省－2012－年鉴 Ⅳ. ①D631-54

中国版本图书馆CIP数据核字(2012)第248293号

书名	浙江公安年鉴（2012）
作者	浙江公安史志编纂委员会 编
出版发行	浙江人民出版社
	杭州市体育场路347号
	市场部电话：(0571) 85061682 85176516
责任编辑	王福群 陈 春
责任校对	叶 宇
封面设计	杭州林智广告有限公司
电脑制版	浙江新华图文制作有限公司
印刷	浙江新华数码印务有限公司
开本	889mm×1194mm 1/16
印张	16.25
字数	52万
插页	25
版次	2012年11月第1版・第1次印刷
书号	ISBN 978-7-213-05165-4
定价	168.00元

如发现印装质量问题，影响阅读，请与市场部联系调换。